NARCÓTICOS ANÓNIMOS

Otras publicaciones disponibles de los Servicios Mundiales de NA

Libros

Sólo por hoy
Vivir limpios: el viaje continúa
Funciona: cómo y por qué
Los principios que nos guían: el espíritu de nuestras tradiciones
Guías para trabajar los pasos de NA
El padrinazgo

Literatura general

Quién, qué, cómo y por qué (IP Nº 1)
Otro punto de vista (IP Nº 5)
Sólo por hoy (IP Nº 8)
Vivir el programa (IP Nº 9)
La experiencia de un adicto… (IP Nº 14)
La autoaceptación (IP Nº 19)
El dinero importa: mantenernos con los propios recursos en NA (IP Nº 24)

Para los recién llegados

Librito Blanco de NA
Guía de introducción a NA
La recuperación y la recaída (IP Nº 6)
¿Soy adicto? (IP Nº 7)
El padrinazgo (IP Nº 11)
Para el recién llegado (IP Nº 16)
Para quienes están en centros de tratamiento (IP Nº 17)
Bienvenido a NA (IP Nº 22)
Introducción a las reuniones de NA (IP Nº 29)

Juventud

De los adictos jóvenes, para los adictos jóvenes (IP Nº 13)
Para los padres y tutores de los jóvenes de NA (IP Nº 27)

Relaciones públicas

Encuesta a los miembros de NA
Información sobre NA
NA y las personas en tratamiento asistido con medicación
NA: Un recurso en su comunidad
La información pública y el miembro de NA (IP Nº 15)
Servicio de HeI y el miembro de NA (IP Nº 20)

El servicio

Los Doce Conceptos de Servicio en NA
Guía del grupo
El grupo (IP Nº 2)
La financiación de los servicios de NA (IP Nº 28)

Productos especiales

Entre rejas
Cuando estamos enfermos
El solitario; mantenerse limpio en solitario (IP Nº 21)
Mantenerse limpio en la calle (IP Nº 23)
Accesibilidad para aquellos con necesidades adicionales (IP Nº 26)

Para obtener una lista completa de las publicaciones de NA en todos los idiomas, visite nuestro sitio web: **www.na.org**.

NARCÓTICOS ANÓNIMOS

TRADUCCIÓN DE LA SEXTA EDICIÓN DEL LIBRO *NARCOTICS ANONYMOUS*

Narcotics Anonymous World Services, Inc.
Chatsworth, California

World Service Office
PO Box 9999
Van Nuys, CA 91409
Tel. (818) 773-9999   Fax (818) 700-0700
Website: www.na.org

World Service Office–CANADA
Mississauga, Ontario

World Service Office–EUROPE
Brussels, Belgium
Tel. +32/2/646-6012

World Service Office–IRAN
Tehran, Iran
www.na-iran.org

Printed in China

23   22   17   16

Traducción de literatura aprobada
por la Confraternidad de NA.

ISBN 9781557768407   Spanish   9/16

WSO Catalog Item No. SP1102

Índice

Nuestro programa: Narcóticos Anónimos

Nuestros miembros comparten

Estos breves pasajes que dan comienzo a la presente sección proceden de historias personales de ediciones anteriores del Texto Básico.

Cuando consumía, iba de una «madre» a otra —de casa de su madre al ejército y a un matrimonio— hasta que su esposa se cansó de la falta de sano juicio y encontró la única reunión de NA del mundo. En esta historia de una edición previa, este adicto admite que tardó mucho tiempo, pero que al final aprendió a pasar a la acción y ser responsable de sí mismo.

Aunque este vagabundo de la playa vivía en un lugar que muchos llaman paraíso, en la historia de una edición anterior comparte que, para un adicto, «los barrios de mala muerte están en la mente». A través de NA, ha descubierto una sensación de paz y una nueva forma de vida.

Tras una vida entera consumiendo, este «caballero del Sur» aprendió que lo más misericordioso que podía hacer era abrir las puertas de una reunión de NA. En su historia —de una edición anterior— recuerda que la primera vez que un hombre le dijo que lo quería fue en Narcóticos Anónimos.

En esta historia, publicada originariamente en nuestro Librito Blanco y añadida al Texto Básico en una edición previa, una madre aprende que puede salir de su miedo paralizador de la adicción e invertir completamente el curso de su vida. Reivindica su lugar como mujer en NA y espera que algún día más mujeres descubran la recuperación.

Sin que importe...

La vida tal cual es

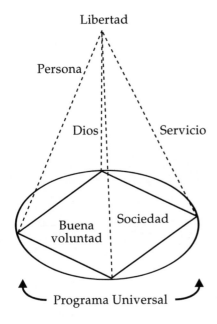

Programa Universal

Programa Universal

Nuestro símbolo

La sencillez es la clave de nuestro símbolo; sigue el ejemplo de nuestra confraternidad. Se le pueden atribuir todo tipo de connotaciones ocultas y esotéricas, pero ilustra sobre todo los conceptos y las relaciones fáciles de entender que prevalecen en el espíritu de la confraternidad.

El círculo exterior representa un programa universal y completo en el que hay espacio para todas las manifestaciones de la persona en recuperación.

El cuadrado, de líneas definidas, se ve y se comprende fácilmente, pero en el símbolo hay partes invisibles. La base cuadrada representa la buena voluntad, fundamento de la confraternidad y los miembros de la sociedad. El servicio es la mejor expresión de la buena voluntad y servir adecuadamente es «hacer lo correcto por el motivo correcto». Cuando la buena voluntad apoya y motiva al individuo y a la confraternidad, somos completamente íntegros y enteramente libres. Es probable que lo último que se pierda para alcanzar la libertad sea el estigma de ser adicto.

Los cuatro lados de la pirámide, que se elevan de la base formando una figura tridimensional, representan la persona, la sociedad, el servicio y a Dios. Estos elementos convergen en el vértice de la libertad. Todas estas partes están estrechamente relacionadas con las necesidades y las metas del adicto en busca de recuperación y con el propósito de la confraternidad, que consiste en poner la recuperación al alcance de todos. Cuanto más grande sea la base (a medida que crecemos en unidad, en número y en espíritu de compañerismo), más anchos serán los lados de la pirámide y más alto el punto de la libertad.

Prefacio a la sexta edición

Muchos de nosotros jamás conocimos la recuperación sin el Texto Básico. Nuestras reuniones se abren con lecturas de fragmentos de sus páginas; el libro está en las mesas de literatura de nuestros grupos y ha sido, en sí, una constante en nuestra recuperación a lo largo de los meses, los años o las décadas. Desde que se publicó la primera edición de *Narcóticos Anónimos*, nuestro Texto Básico, NA ha crecido y cambiado de infinidad de maneras. En muchos aspectos el Texto Básico ha sido fundamental en esa evolución. Hoy en día hay más de 76.000 reuniones de NA semanales; en 1982, año en que la Conferencia de Servicio Mundial aprobó el Texto Básico, había alrededor de 2.700. En la mayor parte del mundo no había una reunión de NA todas las noches de la semana. De hecho, en la mayoría de los lugares no había *ninguna*. Hoy en día NA está en 143 países y hablamos 82 idiomas. El Texto Básico en sí está traducido a 33 idiomas[1].

Sin duda el crecimiento de NA no puede atribuirse exclusivamente al poder de este libro. Pero lo cierto es que resulta uno de los medios más eficaces que tenemos para llevar el mensaje. Allí donde se publica y distribuye, NA crece, no sólo en número de miembros sino también en amplitud de recuperación y experiencia. A medida que nuestros miembros se mantienen diez, veinte, treinta años limpios o más, nuestra confraternidad dispone cada vez de mayor experiencia para abordar las dificultades que van más allá de «no tomar esa primera droga». En la sexta edición, leeremos historias de adictos que se han mantenido limpios a pesar de la pérdida de seres queridos y enfermedades graves, que han criado hijos, se han casado o divorciado, han estudiado,

---

[1] Los datos de este párrafo se actualizan regularmente. Éstos corresponden a mayo de 2020.

desarrollado una profesión y muchas otras cosas. El hilo conductor de toda esta diversidad de experiencias es que sacamos fuerzas del programa de NA, al margen del tiempo que llevemos limpios o la situación a la que nos enfrentemos en la vida. Nuestros miembros, durante décadas, han vivido en buena medida la «vida tal cual es» y han aprendido muy bien lo que significa recuperarse de la adicción en este contexto.

Ahora, con la publicación de la sexta edición del Texto Básico, podemos decir que NA, en muchos aspectos, ha llegado a la mayoría de edad. Sin embargo, no ha sido un proceso exento del dolor ligado al crecimiento. De 1983 a 1988, publicamos cinco ediciones y una revisión del Texto Básico. Tras lo cual, y durante años, la confraternidad en su totalidad prefirió no emprender nuevas revisiones. Muchos creíamos que nunca llegaría el día en que la confraternidad diera la bienvenida a una nueva edición del Texto Básico. Por lo tanto, la sexta edición es un acontecimiento digno de celebrar y un auténtico indicador de nuestra capacidad, como confraternidad, de crecer y cambiar.

Los capítulos uno a diez siguen siendo iguales a los de la quinta edición. Estos diez capítulos a muchos nos hablan como ninguna otra obra, con una voz difícil, o imposible, de repetir. Pero lo que resulta claramente distinto en esta sexta edición, además del presente prefacio, son las experiencias personales que siguen al capítulo diez.

Sería imposible enumerar todos los cambios que ha experimentado NA en el transcurso de los años, y esta nueva edición no pretende ser un espejo que refleje una imagen perfecta de todos nuestros miembros. Pero aspira a representar la riqueza de nuestras diferencias lo mejor posible. El Texto Básico nos dice que cualquier adicto es bienvenido a NA, independientemente del aspecto que tengamos, lo mayores que seamos, el tipo de creencias espirituales que practiquemos. La adicción es una enfermedad que no discrimina, como tampoco lo hace el programa de NA. Hay que reconocer que existe un estereotipo del candidato «típico» a NA —urbano, delincuente y que se pincha— y que estos criterios limitados nos describen a algunos de nosotros, pero también somos profesionales, padres y madres, estudiantes, etcétera, que vivimos en ciudades, en pueblos pequeños y en comunidades rurales de países de todo el mundo. Sólo esperamos señalar nuestra diversidad en el espacio de un libro. Puede que ni siquiera nuestro nombre, *Narcóticos* Anónimos, describa plenamente a nuestros miembros. La adicción no tiene nada que ver con el lugar de dónde venimos ni con las drogas que consumimos.

Nuestros miembros proceden de todos los sectores y condiciones. No estamos limitados por fronteras políticas o geográficas, ni por diferencias individuales de fe o filosofía. Independientemente de los conflictos que se desarrollen en el mundo en general, aspiramos a un ideal de unidad: nuestro bienestar común debe tener prioridad. Nuestro texto explica que esta unidad de objetivos nos ayuda a «alcanzar el auténtico espíritu del anonimato», gracias al cual, como miembros del grupo, todos somos iguales. Sobre esta base, cada uno puede descubrir su propia voz característica e individual de adicto en recuperación y cantar una canción genuinamente nuestra. Esta nueva edición presenta algunas de estas voces.

Esperamos que la sexta edición del Texto Básico ofrezca una visión de recuperación a los adictos de todo el mundo: a aquellos que ya han encontrado las reuniones de NA y a los que entrarán mañana por nuestras puertas. A lo largo de los años nuestra confraternidad ha cambiado, hemos ampliado y revisado nuestra literatura, pero el mensaje sigue siendo el mismo: un adicto –cualquier adicto– puede dejar de consumir drogas, perder el deseo de consumirlas y descubrir una nueva forma de vida. Te damos la bienvenida. Por favor, quédate y forma parte de nuestro crecimiento, nuestro cambio y nuestra recuperación.

Prefacio a la primera edición

*«El fruto maduro de un trabajo de amor se recoge en la cosecha,
y ésta siempre llega en la estación adecuada...»*

El material para este libro fue extraído de las experiencias personales de los adictos de la Confraternidad de *Narcóticos Anónimos*. Este Texto Básico deriva a grandes rasgos de nuestro «librito blanco», *Narcóticos Anónimos*. Los primeros ocho capítulos desarrollan los temas abordados en el libro blanco y llevan el mismo título. Se ha añadido un noveno capítulo, «Sólo por hoy», así como un décimo, «Algo más será revelado». He aquí una breve historia del libro.

Narcóticos Anónimos se formó en julio de 1953 y la primera reunión se celebró en el sur de California. La confraternidad creció de forma irregular, pero rápidamente se extendió a distintas partes de los Estados Unidos. Desde sus comienzos se hizo evidente la necesidad de un libro sobre la recuperación que ayudara a fortalecer la confraternidad. El librito blanco, *Narcóticos Anónimos*, se publicó en 1962.

Sin embargo, la confraternidad todavía estaba poco estructurada y la década de los sesenta fue un período de lucha. El número de miembros aumentó rápidamente durante un tiempo y luego comenzó a disminuir. La necesidad de una dirección más específica era evidente. NA demostró su madurez en 1972 cuando se abrió una Oficina de Servicio Mundial (OSM; World Service Office, WSO) en Los Ángeles. La WSO (OSM) ha proporcionado a la confraternidad la unidad y el objetivo común necesarios.

La apertura de la WSO (OSM) aportó estabilidad al crecimiento de la confraternidad. Hoy en día hay adictos en recuperación en miles de reuniones en los Estados Unidos y en muchos otros países. La Oficina de Servicio Mundial está verdaderamente al servicio de una confraternidad mundial.

Narcóticos Anónimos siempre ha reconocido la necesidad de publicar un Texto Básico completo sobre la adicción; un libro sobre adictos, escrito por adictos para los adictos.

Este esfuerzo, tras la formación de la WSO (OSM), se vio reforzado con la publicación de *The NA Tree* («El árbol de NA»), un folleto sobre el trabajo de servicio, primer manual de la confraternidad. Siguieron otras obras más completas que finalmente dieron como resultado el *NA Service Manual*.

En este manual se describía la estructura de servicio que incluía una Conferencia de Servicio Mundial (World Service Conference; WSC). Esta Conferencia tenía a su vez un Comité de Literatura. Con el apoyo de la WSO (OSM), algunos miembros de la Junta de Custodios y la Conferencia, se inició el trabajo.

El Comité de Literatura de la Conferencia de Servicio Mundial comenzó a desarrollarse a medida que la necesidad de literatura –especialmente de un texto completo– aumentaba. En octubre de 1979 se celebró la primera Conferencia Mundial de Literatura en Wichita (Kansas), seguida de otras en Lincoln (Nebraska), Memphis (Tennessee), Santa Mónica (California), Warren (Ohio) y Miami (Florida).

El Comité de Literatura de la Conferencia de Servicio Mundial, trabajando individualmente y en grupo, ha reunido cientos de páginas de material procedente de miembros y grupos de toda la confraternidad. Este material ha sido laboriosamente catalogado, revisado, agrupado, dividido y reordenado. Las decenas de representantes de área y regionales que trabajaron con el Comité de Literatura han dedicado miles de horas para producir el trabajo que presentamos aquí. Lo más importante es que todos ellos procuraron concienzudamente asegurar un texto que refleje una «conciencia de grupo».

En armonía con el espíritu del anonimato, los miembros del Comité de Literatura de la Conferencia de Servicio Mundial consideramos que nos corresponde expresar nuestro agradecimiento y aprecio a la confraternidad en su conjunto, especialmente a todos los que aportaron material para incluir en este libro. Creemos que esta obra es una síntesis de la conciencia colectiva de grupo de la confraternidad y que cada una de las ideas propuestas está presente en este trabajo de una forma u otra.

Esta obra procura ser un libro de texto para todos los adictos en busca de recuperación. Como adictos, sabemos lo que es el dolor de la adicción, pero también conocemos la alegría de la recuperación descubierta en la Confraternidad de Narcóticos Anónimos. Creemos que ha llegado el momento de compartir nuestra recuperación por escrito con todos aquellos que deseen lo que hemos encontrado. Así pues, el presente libro está dedicado a informar a cada adicto que:

¡SÓLO POR HOY NO TIENES POR QUÉ VOLVER A CONSUMIR!

Por lo tanto,

Con gratitud por nuestra recuperación, dedicamos nuestro libro de NA al servicio bondadoso de nuestro Poder Superior. Para que a través del desarrollo de un contacto consciente con Dios, ningún adicto que desee recuperarse tenga que morir sin haber tenido la oportunidad de encontrar una forma de vida mejor.

Sirviendo con gratitud y cariño, y a vuestra disposición como servidores de confianza,

Subcomité de Literatura
Conferencia de Servicio Mundial
Narcóticos Anónimos

No podemos cambiar la naturaleza del adicto ni de la adicción, pero podemos ayudar a cambiar la vieja mentira, «adicto una vez, adicto para siempre», esforzándonos en poner la recuperación al alcance de todos. Que Dios nos ayude a recordar esta diferencia.

Introducción

Este libro es un compendio de la experiencia compartida en Narcóticos Anónimos. Te invitamos a leerlo y esperamos que decidas compartir con nosotros esta nueva vida que hemos descubierto. No hemos hallado ninguna cura para la adicción, sólo ofrecemos un plan de eficacia comprobada para la recuperación diaria.

En NA seguimos un programa adaptado de Alcohólicos Anónimos. En AA se han recuperado más de un millón de personas, la mayoría de ellas tan desesperadamente adictas al alcohol como nosotros a las drogas. Estamos agradecidos a Alcohólicos Anónimos por habernos mostrado el camino hacia una nueva vida.

Los Doce Pasos de Narcóticos Anónimos, adaptados de AA, son la base de nuestro programa de recuperación. Solamente hemos ampliado su perspectiva. Seguimos el mismo camino con una única excepción: nuestra identificación como adictos incluye cualquier sustancia que altere la mente y cambie el estado de ánimo. Alcoholismo es un término demasiado limitado para nosotros; nuestro problema no es una sustancia específica, sino una enfermedad llamada adicción. Creemos que como confraternidad hemos sido guiados por una Conciencia Superior y estamos agradecidos por la orientación que nos ha permitido basarnos en un programa de recuperación de eficacia comprobada.

Llegamos a Narcóticos Anónimos de distintas formas y creemos que nuestro denominador común es haber fracasado en ponernos de acuerdo con nuestra adicción. Debido a la variedad de adictos que forman parte de nuestra confraternidad, las soluciones contenidas en este libro se abordan en términos generales. Esperamos haber sido minuciosos y rigurosos, para que todo adicto que lo lea encuentre la esperanza que hemos hallado nosotros.

Según nuestra experiencia, creemos que todos los adictos, incluyendo los adictos en potencia, sufren una enfermedad incurable que afecta el cuerpo, la mente y el espíritu. Estamos en las garras de un dilema desesperado cuya solución es de naturaleza espiritual. Por lo tanto, este libro tratará de cuestiones espirituales.

No somos una organización religiosa. Nuestro programa consiste en una serie de principios espirituales a través de los cuales nos recuperamos de un estado físico y mental aparentemente irremediable. A lo largo de todo el proceso de recopilación de este trabajo, hemos elevado la siguiente plegaria:

«DIOS, concédenos la sabiduría para que podamos escribir según tus divinos preceptos. Ayúdanos a comprender tu propósito. Haznos servidores de tu voluntad y concédenos la necesaria abnegación para que ésta sea realmente tu obra y no la nuestra, de modo que ningún adicto, dondequiera que esté, deba morir a consecuencia de los horrores de la adicción.»

Todo lo que ocurra en el transcurso del servicio de NA debe estar motivado por el deseo de llevar mejor el mensaje de recuperación al adicto que todavía sufre. Por esta razón empezamos esta obra. Es preciso que siempre tengamos presente que como miembros, grupos y comités de servicio no somos ni debemos ser nunca competitivos entre nosotros. Trabajamos, tanto juntos como separados, para ayudar al recién llegado y por nuestro bienestar común. Hemos aprendido, dolorosamente, que las luchas internas debilitan nuestra confraternidad y nos impiden proporcionar los servicios necesarios para el crecimiento.

Esperamos que este libro ayude al adicto que sufre a encontrar la solución que nosotros hemos hallado. Nuestro propósito es mantenernos limpios, sólo por hoy, y llevar el mensaje de recuperación.

Nuestro programa

NARCÓTICOS ANÓNIMOS

*Se han escrito muchos libros sobre la naturaleza
de la adicción. Este libro se ocupa sobre todo
de la naturaleza de la recuperación. Si eres adicto
y te has encontrado con él, puedes darte una oportunidad
y leerlo.*

Capítulo uno

¿Quién es un adicto?

La mayoría no tenemos que pensar dos veces esta pregunta. ¡Co-
NOCEMOS LA RESPUESTA! Toda nuestra vida y nuestros pensamien-
tos giraban, de una u otra forma, en torno a las drogas, cómo ob-
tenerlas, cómo consumirlas y el modo de conseguir más. Vivíamos
para consumirlas y las consumíamos para vivir. En síntesis, una
persona adicta es aquella cuya vida está controlada por las drogas.
Estamos en las garras de una enfermedad crónica y progresiva
que nos arrastra invariablemente a los mismos lugares: cárceles,
hospitales y la muerte.

Los que hemos encontrado el programa de Narcóticos Anónimos no tenemos que pensar dos veces la pregunta: «¿Quién es
un adicto?». ¡Lo sabemos! A continuación relatamos nuestra experiencia.

Los adictos somos personas en las cuales el consumo de cualquier sustancia que altere la mente o cambie el estado de ánimo
produce problemas en todas las áreas de la vida. La adicción es
una enfermedad que abarca más que el consumo de drogas. Algunos creemos que ya estaba presente mucho antes de consumir
por primera vez.

La mayoría no nos considerábamos adictos antes de llegar al
Programa de Narcóticos Anónimos. Recibíamos la información
de personas mal informadas. Siempre que pudiéramos dejar de
consumir por un tiempo, pensábamos que estábamos bien, porque centrábamos nuestra atención en cómo parábamos y no en
cómo consumíamos. A medida que nuestra adicción avanzaba,
pensábamos cada vez menos en parar. Sólo cuando estábamos
desesperados nos preguntábamos: «¿Serán las drogas?».

No elegimos convertirnos en adictos. Sufrimos una enfermedad que tiene manifestaciones antisociales que dificultan su detección, diagnóstico y tratamiento.

Nuestra enfermedad nos aislaba de los demás, excepto cuando buscábamos drogas, consumíamos y buscábamos formas y medios de conseguir más. Éramos hostiles, rencorosos, egocéntricos, egoístas y nos aislábamos del mundo exterior. Cualquier cosa un poco desconocida se convertía en algo extraño y peligroso. Nuestro mundo se encogió y el aislamiento se convirtió en nuestra vida. Consumíamos para sobrevivir; era la única forma de vida que conocíamos.

Algunos usamos y abusamos de las drogas, aun así no nos considerábamos adictos y seguíamos repitiéndonos: «Puedo controlarlo». Nuestros conceptos equivocados sobre la naturaleza de la adicción estaban llenos de imágenes de violencia y delincuencia en las calles, agujas sucias y cárceles.

Cuando trataban nuestra adicción como un delito o una deficiencia moral, nos rebelábamos y nos aislábamos aún más. Algunas veces nos drogábamos y nos sentíamos bien, pero con el tiempo, las cosas que tuvimos que hacer para seguir consumiendo fueron un reflejo de nuestra desesperación. Estábamos en las garras de nuestra enfermedad. Nos veíamos obligados a sobrevivir como podíamos. Manipulábamos a las personas y tratábamos de controlar todo lo que nos rodeaba. Mentíamos, robábamos, engañábamos y nos vendíamos. Teníamos que tener drogas a toda costa. El fracaso y el miedo empezaron a invadir nuestra vida.

Uno de los aspectos de nuestra adicción era nuestra incapacidad para tratar con la vida tal cual es. Probábamos drogas y combinaciones de drogas para hacer frente a un mundo aparentemente hostil. Soñábamos con encontrar la fórmula mágica que resolviera nuestro problema principal: nosotros mismos. La verdad era que no podíamos consumir con buenos resultados ninguna sustancia que alterara la mente o el estado de ánimo, incluyendo la marihuana y el alcohol. Las drogas ya no nos hacían sentir bien.

A veces nos poníamos a la defensiva sobre nuestra adicción y justificábamos nuestro derecho a consumir, especialmente cuando teníamos recetas médicas legales. Nos sentíamos orgullosos de la conducta, a veces ilegal y con frecuencia estrafalaria, que caracterizaba nuestro consumo. Nos «olvidábamos» de las veces que nos quedábamos solos, carcomidos por el miedo y la autocompasión. Caímos en un esquema de pensamientos selectivos. Sólo nos acordábamos de las buenas experiencias con las drogas. Buscábamos excusas y justificábamos las cosas que hacíamos para evitar estar enfermos o volvernos locos. Ignorábamos los momentos en que la vida parecía una pesadilla. Evitábamos la realidad de nuestra adicción.

Las funciones mentales y emocionales más elevadas, como la conciencia y la capacidad de amar, estaban seriamente afectadas por nuestro consumo de drogas. El arte de vivir se había reducido a un nivel animal. Nuestro espíritu estaba hecho pedazos y habíamos perdido la capacidad de sentirnos humanos. Parece una exageración, pero muchos hemos estado en ese estado mental.

Buscábamos la solución constantemente: aquella persona, aquel lugar o aquella cosa que lo arreglara todo. Nos faltaba la capacidad para hacer frente a la vida cotidiana. Muchos de nosotros, a medida que nuestra adicción avanzaba, empezamos a entrar y salir de diferentes instituciones.

Estas experiencias indicaban que algo no funcionaba en nuestra vida. Queríamos una salida fácil. Algunos pensamos en el suicidio. Nuestros intentos generalmente eran poco convincentes y contribuían a que nos sintiéramos más inútiles aún. Estábamos atrapados en la ilusión de «y si...», «ojalá...», «sólo una vez más». Cuando buscábamos ayuda lo único que queríamos era no sentir dolor.

Muchas veces recuperamos nuestra salud física, únicamente para volver a perderla consumiendo. Nuestra experiencia nos demuestra que es imposible que podamos consumir satisfactoriamente. Aunque parezca que lo controlemos bien, el consumo de drogas siempre nos derrota.

La adicción, como otras enfermedades incurables, puede detenerse. Estamos de acuerdo en que ser adicto no tiene nada de vergonzoso, siempre y cuando aceptemos nuestro dilema honestamente y tomemos medidas positivas. Estamos dispuestos a admitir sin reservas que somos alérgicos a las drogas y el sentido común nos dice que sería cosa de locos volver a la causa de nuestra alergia. La experiencia nos indica que la medicina no puede curar nuestra enfermedad.

Aunque la tolerancia física y mental juegue un papel, muchas drogas no requieren un período prolongado para provocar reacciones alérgicas. Lo que nos hace adictos es nuestra reacción a las drogas, no la cantidad que consumamos.

Muchos creíamos no tener problemas de drogas hasta que éstas se nos acabaron. Aunque nos dijeran que teníamos un problema, estábamos convencidos de que teníamos razón y los demás estaban equivocados. Utilizábamos esta idea para justificar nuestro comportamiento autodestructivo. Desarrollamos un modo de ver las cosas que nos permitiera continuar con nuestra adicción sin preocuparnos del bienestar ajeno ni del nuestro. Empezamos a sentir que las drogas nos estaban matando mucho antes de reconocerlo ante los demás. Descubrimos que si tratábamos de dejar de consumir, no podíamos. Sospechábamos que habíamos perdido el control sobre las drogas, que no podíamos parar.

Conforme avanzaba nuestro consumo empezaron a aparecer ciertas cosas. Nos acostumbramos a un estado mental común a los adictos. Nos olvidamos de cómo era todo antes de empezar a consumir. Nos olvidamos de los comportamientos sociales. Adquirimos costumbres y poses extrañas. Nos olvidamos de cómo trabajar y divertirnos. Nos olvidamos de cómo expresarnos y cómo demostrar interés por los demás. Nos olvidamos de cómo sentir.

Mientras consumíamos vivíamos en otro mundo. Percibíamos la realidad o la conciencia de nosotros mismos de forma esporádica y a sacudidas. Parecía que fuésemos por lo menos dos personas, como Dr. Jekyll y Mr. Hyde.[2] Tratábamos de organizar nuestra vida antes de volver a las andadas. Por momentos conseguíamos hacerlo bien, pero luego se convirtió en algo cada vez menos importante y más imposible. Al final, Dr. Jekyll murió y Mr. Hyde se hizo cargo de la situación.

Hay cosas que no todos hemos hecho; sin embargo, no podemos dejar que éstas se conviertan en una excusa para volver a consumir. Algunos nos sentimos solos por las diferencias que existen con respecto a otros miembros. Esta sensación hace que nos resulte difícil cortar con las viejas amistades y los viejos hábitos.

Todos tenemos diferentes grados de tolerancia al dolor. Algunos adictos necesitan llegar a extremos más graves que otros. Algunos, cuando nos dimos cuenta de que nos drogábamos con excesiva frecuencia y que afectaba nuestra vida cotidiana, descubrimos que estábamos hartos.

Al principio consumíamos de una forma aparentemente social o por lo menos controlable. No teníamos muchos indicios del desastre que nos reservaba el futuro. En un momento dado, cuando las cosas todavía iban bien y estábamos en situaciones que nos permitían drogarnos con frecuencia, perdimos el control de nuestro consumo y éste se convirtió en algo antisocial. Este cambio marcó el fin de los buenos tiempos. Puede que hayamos tratado de moderar, sustituir e incluso dejar de consumir, pero pasamos de una fase de éxito y bienestar con las drogas a una completa bancarrota espiritual, mental y emocional. La velocidad de deterioro varía de un adicto a otro, pero vamos cuesta abajo, tanto si tardamos años como días. A medida que la enfermedad avanza, los que no morimos a consecuencia de ella, acabamos en la cárcel, en instituciones psiquiátricas o en la desmoralización más absoluta.

---

[2] Dr. Jekyll y Mr. Hyde simbolizan dos personalidades opuestas –el bien y el mal– en la misma persona.

Las drogas nos habían dado la sensación de poder manejar cualquier situación que surgiera. Sin embargo, comprendimos que el consumo de éstas era en gran parte el responsable de nuestros problemas más desesperados. Quizás algunos tengamos que pasar el resto de nuestra vida en la cárcel por algún delito relacionado con las drogas.

Antes de estar dispuestos a parar, tuvimos que tocar fondo. En la última fase de nuestra adicción, por fin nos sentimos motivados a buscar ayuda. En aquel momento nos resultó más fácil ver la destrucción, el desastre y el engaño de nuestro consumo. Cuando los problemas nos miraban cara a cara, era más difícil negar nuestra adicción.

Algunos vimos primero los efectos de la adicción en las personas más cercanas. Dependíamos mucho de ellas y cuando encontraban otros intereses, amigos o seres queridos, nos enfadábamos y nos sentíamos decepcionados y dolidos. Nos arrepentíamos del pasado, temíamos al futuro, y el presente no nos entusiasmaba demasiado. Tras años de búsqueda, éramos más infelices y estábamos menos satisfechos que al principio.

Nuestra adicción nos esclavizaba. Éramos prisioneros de nuestra propia mente y nuestra culpabilidad nos condenaba. Perdimos la esperanza de poder dejar de consumir alguna vez. Nuestros intentos de mantenernos limpios siempre fracasaban, causándonos dolor y sufrimiento.

Los adictos tenemos una enfermedad incurable llamada adicción que es crónica, progresiva y mortal; sin embargo, se puede tratar. Creemos que cada individuo es quien debe responder a la pregunta: «¿Soy adicto?». Saber cómo contrajimos la enfermedad no tiene una importancia inmediata; lo que nos interesa es la recuperación.

Empezamos a tratar nuestra adicción dejando de consumir. Muchos buscamos respuestas pero no hallamos ninguna solución que nos diera resultado hasta que nos encontramos unos con otros. Cuando nos identificamos como adictos, la ayuda se hace posible. Podemos ver un poco de nosotros mismos en cada adicto y viceversa. Esta comprensión permite que nos ayudemos mutuamente. Nuestro futuro parecía desesperado hasta que encontramos adictos limpios dispuestos a compartir con nosotros. La negación de nuestra adicción nos mantuvo enfermos, pero aceptarla honestamente, nos permitió dejar de consumir. Las personas de Narcóticos Anónimos nos dijeron que eran adictos en recuperación que habían aprendido a vivir sin drogas. Si ellos podían hacerlo, nosotros también podríamos.

Las únicas alternativas a la recuperación son las cárceles, los hospitales, el abandono y la muerte. Desgraciadamente, la enfermedad nos hace negar nuestra adicción. Si eres adicto, puedes descubrir una nueva forma de vida a través del Programa de NA. A lo largo de nuestra recuperación nos sentimos cada vez más agradecidos. A través de la abstinencia y la práctica de los Doce Pasos de Narcóticos Anónimos, nuestra vida se ha convertido en algo útil.

Sabemos que nunca nos curaremos y que viviremos siempre con la enfermedad. Sí, tenemos una enfermedad pero nos recuperamos. Cada día se nos da una nueva oportunidad. Estamos convencidos de que para nosotros sólo hay una manera de vivir: la manera de NA.

Capítulo dos

¿Qué es el programa de Narcóticos Anónimos?

NA es una confraternidad o asociación sin ánimo de lucro compuesta por hombres y mujeres para quienes las drogas se habían convertido en un problema muy grave. Somos adictos en recuperación y nos reunimos con regularidad para ayudarnos mutuamente a permanecer «limpios». Este es un programa de abstinencia completa de todo tipo de drogas. Sólo hay un requisito para ser miembro: el deseo de dejar de consumir. Sugerimos que mantengas una mente abierta para poder aprovechar esta oportunidad. Nuestro programa consiste en una serie de principios escritos de forma sencilla a fin de poder seguirlos diariamente. Lo más importante es que ¡funcionan!

En NA no te verás obligado a nada. No estamos afiliados a ninguna otra organización, no tenemos cuotas de inscripción ni se pagan honorarios, no obligamos a nadie a que firme ningún documento ni a que haga promesa alguna. No estamos asociados a ningún grupo político, religioso ni policial, y no estamos sometidos a la vigilancia de nadie. Cualquier persona puede unirse a nosotros sin que importe su edad, raza, identidad sexual, credo, religión ni la falta de esta última.

No nos interesa saber qué droga consumías ni qué cantidad, con quién te relacionabas, qué has hecho en el pasado, lo mucho o lo poco que tienes, sólo queremos saber qué quieres hacer con tu problema y cómo podemos ayudarte. El recién llegado es la persona más importante en nuestras reuniones, porque sólo podemos conservar lo que tenemos en la medida en que lo compartimos con otras personas. Nuestra experiencia colectiva nos ha enseñado que las personas que asisten a nuestras reuniones con regularidad se mantienen limpias.

Narcóticos Anónimos es una confraternidad de hombres y mujeres que están aprendiendo a vivir sin drogas. Somos una asociación sin fines de lucro y no tenemos ningún tipo de cuotas ni honorarios. Cada uno de nosotros ya ha pagado con su dolor el precio para ser miembro y tener derecho a recuperarse.

Somos adictos que pese a todos los pronósticos hemos logrado sobrevivir y nos reunimos regularmente. Somos sensibles cuando alguien comparte honestamente y escuchamos el mensaje de recuperación en las historias de nuestros miembros. Por fin nos damos cuenta de que hay esperanza para nosotros.

Empleamos las herramientas que han utilizado otros adictos en recuperación para aprender a vivir sin drogas en NA. Los Doce Pasos son esas herramientas positivas que hacen posible nuestra recuperación. Nuestro propósito primordial es mantenernos limpios y llevar el mensaje al adicto que todavía sufre. Nos une el problema común de la adicción. Reuniéndonos, hablando y ayudando a otros adictos, somos capaces de mantenernos limpios. El recién llegado es la persona más importante en cualquier reunión, porque sólo podemos conservar lo que tenemos compartiéndolo.

Narcóticos Anónimos tiene muchos años de experiencia con cientos de miles de adictos. Esta experiencia de primera mano en todas las fases de la enfermedad y la recuperación tiene un valor terapéutico sin igual. Estamos aquí para compartir desinteresadamente con cualquier adicto que desee recuperarse.

Nuestro mensaje de recuperación se basa en nuestra experiencia. Antes de llegar a la confraternidad nos agotamos intentando consumir con éxito y preguntándonos qué era lo que funcionaba mal en nosotros. Al llegar a Narcóticos Anónimos nos encontramos con un grupo de personas muy especiales que habían sufrido como nosotros y habían descubierto la recuperación. En sus experiencias, libremente compartidas, hallamos la esperanza necesaria. Si el programa les funcionaba a ellos, también nos funcionaría a nosotros.

El único requisito para ser miembro es el deseo de dejar de consumir. Hemos visto que este programa le funciona a cualquier miembro que honesta y sinceramente quiera parar. No hace falta que estemos limpios cuando llegamos, pero después de la primera reunión sugerimos a los nuevos que sigan viniendo y que lo hagan limpios. No hay que esperar una sobredosis o una condena para recibir la ayuda de Narcóticos Anónimos. La adicción no es un estado irremediable del cual no es posible recuperarse.

Conocemos adictos como nosotros que están limpios. Los observamos, escuchamos y nos damos cuenta de que han encontrado una forma de vivir y gozar de la vida sin drogas. No debemos conformarnos con las limitaciones del pasado. Podemos examinar y reexaminar nuestras viejas ideas, mejorarlas constantemente o reemplazarlas por otras nuevas. Somos hombres y mujeres que hemos descubierto y admitido nuestra impotencia ante la adicción. Cuando consumimos, perdemos.

Cuando descubrimos que no podíamos vivir ni con drogas ni sin ellas, en lugar de prolongar nuestro sufrimiento buscamos ayuda a través de Narcóticos Anónimos. El programa obra milagros en nuestra vida; nos convertimos en personas diferentes. Trabajar los pasos y mantener una abstinencia continua nos indulta diariamente de la cadena perpetua a la que nos habíamos condenado. Nos convertimos en personas libres para vivir.

Queremos que el lugar en el que nos recuperamos sea seguro y esté libre de influencias externas. Para la protección de la confraternidad, insistimos en que no se traiga a las reuniones droga alguna ni material relacionado con la misma.

Dentro de la confraternidad, nos sentimos en la más plena libertad para expresarnos porque no tenemos ningún vínculo con la policía. Nuestras reuniones tienen un ambiente de identificación. De acuerdo con los principios de la recuperación, tratamos de no juzgar, poner etiquetas ni moralizar. Nadie nos reclutó y ser miembro es gratis. NA no ofrece asesoramiento ni servicios sociales.

Nuestras reuniones son un proceso de identificación, esperanza y participación. El corazón de NA late cuando dos adictos comparten su recuperación. Lo que hacemos se convierte en realidad cuando lo compartimos y en las reuniones habituales todo esto sucede en mayor escala. Una reunión tiene lugar cuando dos o más adictos se encuentran para ayudarse mutuamente a mantenerse limpios.

Al principio de la reunión leemos literatura de NA que está a disposición de todos. Algunas reuniones tienen oradores, discusiones sobre un tema o ambas cosas a la vez. Las reuniones cerradas son sólo para adictos o para aquellos que crean tener un problema con las drogas. Las reuniones abiertas acogen a toda persona que desee conocer nuestra confraternidad. El ambiente de recuperación se protege por medio de las Doce Tradiciones. Nos autofinanciamos completamente con las contribuciones voluntarias de nuestros miembros. Independientemente del lugar donde se realicen nuestras reuniones, no estamos afiliados a ninguna organización. Las reuniones proporcionan un lugar para estar con otros adictos. Lo único que hace falta para celebrarlas son dos adictos que se interesen y compartan.

Nos abrimos a nuevas ideas. Hacemos preguntas. Compartimos lo que hemos aprendido sobre la forma de vivir sin drogas. Aunque al principio los Doce Pasos nos parezcan extraños, lo más importante es que funcionan. Nuestro programa es una forma de vida. Al asistir a las reuniones, trabajar los pasos y leer la literatura de NA, aprendemos el valor de principios espirituales tales como la entrega, la humildad y el servicio. Si nos mantenemos abstinentes de sustancias que alteren la mente y el estado de ánimo y practicamos los Doce Pasos para preservar nuestra recuperación, descubrimos que nuestra vida mejora a paso seguro. Vivir este programa nos proporciona una relación con un Poder más grande que nosotros mismos, corrige defectos y nos lleva a ayudar a otras personas. Allí donde hubo una ofensa, el programa nos enseña el espíritu del perdón.

Se han escrito muchos libros sobre la naturaleza de la adicción. Este libro se ocupa de la naturaleza de la recuperación. Si eres adicto y te has encontrado con él, puedes darte una oportunidad y leerlo.

Capítulo tres

¿Por qué estamos aquí?

Antes de llegar a NA no podíamos con nuestra vida. No sabíamos vivir ni gozar de la vida como lo hacen otros. Teníamos que tener algo diferente y pensábamos haberlo encontrado en las drogas. Anteponíamos su consumo al bienestar de nuestras familias, parejas e hijos. Teníamos que tener drogas a toda costa. Hicimos daño a muchas personas, pero sobre todo nos lo hicimos a nosotros mismos. Debido a nuestra incapacidad para aceptar las responsabilidades personales, nos creábamos nuestros propios problemas. Parecíamos incapaces de afrontar la vida tal como es.

La mayoría nos dimos cuenta de que con nuestra adicción nos estábamos suicidando lentamente; pero la adicción es un enemigo de la vida tan astuto, que habíamos perdido la fuerza para poder detenernos. Muchos terminamos en la cárcel o buscamos ayuda en la medicina, la religión o la psiquiatría. Ninguno de estos métodos nos bastó. Nuestra enfermedad siempre reaparecía o seguía avanzando hasta que, desesperados, buscamos ayudarnos los unos a los otros en Narcóticos Anónimos.

Después de llegar a NA nos dimos cuenta de que estábamos enfermos. Padecemos una enfermedad que no tiene cura conocida. Sin embargo, puede detenerse en un momento dado y la recuperación es entonces posible.

Somos adictos en busca de recuperación. Consumíamos drogas para esconder nuestros sentimientos y hacíamos lo que fuera necesario para conseguirlas. Muchos nos despertábamos enfermos, éramos incapaces de ir a trabajar o íbamos completamente drogados. Muchos robábamos para poder mantener nuestro hábito y hacíamos daño a las personas queridas. A pesar de todo, seguíamos diciéndonos: «puedo controlarlo». Buscábamos una salida. No podíamos enfrentarnos a la vida tal cual es. Al principio, consumir era divertido. Luego se convirtió en un hábito y por último en algo indispensable para sobrevivir. No veíamos la progresión de la enfermedad. Seguíamos el camino de la destrucción sin saber adónde nos estaba llevando. Éramos adictos y no lo reconocíamos. Con las drogas tratábamos de evitar la realidad, el dolor y el sufrimiento. Cuando desaparecía el efecto continuábamos con los mismos problemas; es más, incluso empeoraban. Buscábamos alivio consumiendo sin parar, cada vez más drogas y cada vez más a menudo.

Buscamos ayuda y no la encontramos. Los médicos con frecuencia no comprendían nuestro dilema y trataban de ayudarnos con medicamentos. Nuestras parejas y seres queridos nos daban todo lo que tenían hasta quedarse sin nada, con la esperanza de que dejáramos de consumir o mejoráramos. Probamos sustituir una droga por otra pero sólo sirvió para prolongar nuestro dolor. Intentamos limitar nuestro consumo a cantidades socialmente aceptables, sin resultado alguno. El «adicto social» es algo que no existe. Algunos buscamos la solución en iglesias, religiones o sectas. Otros quisimos curarnos con un cambio geográfico. Culpábamos de nuestros problemas a nuestro entorno y a nuestras condiciones de vida. Tratar de resolver las dificultades cambiando de sitio nos daba la oportunidad de aprovecharnos de personas nuevas. Algunos buscábamos la aprobación a través del sexo o cambiando de amigos. Este comportamiento de permanente búsqueda de aprobación nos hundió más en la adicción. Otros probamos el matrimonio, el divorcio o el abandono. Pese a todos los intentos, no conseguimos escapar de nuestra enfermedad.

Llegamos a un punto en nuestra vida en el que nos sentimos como un caso perdido. Valíamos poco y nada para la familia, los amigos y el trabajo. Muchos no teníamos trabajo ni posibilidades de conseguirlo. Cualquier tipo de éxito nos asustaba y resultaba extraño. No sabíamos qué hacer. A medida que el odio hacia nosotros mismos aumentaba, teníamos que consumir cada vez más para disfrazar nuestros sentimientos. Estábamos hartos del dolor y los problemas. Estábamos asustados y huíamos del miedo, pero fuéramos donde fuésemos lo llevábamos siempre con nosotros. Estábamos desesperados y nos sentíamos inútiles y perdidos. El fracaso se había convertido en nuestra forma de vida y la autoestima era algo inexistente. Quizás la desesperación era el sentimiento más doloroso de todos. El aislamiento y la negación de nuestra adicción nos hacían seguir cuesta abajo. Desapareció toda esperanza de mejorar. El desamparo, el vacío y el miedo se convirtieron en nuestra forma de vida. Éramos un fracaso completo. Lo que de verdad necesitábamos era un cambio completo de personalidad, modificar las pautas de conducta autodestructivas. Cuando mentíamos, engañábamos o robábamos, nos degradábamos ante nosotros mismos. Ya habíamos llenado el cupo de la autodestrucción. Comprobamos nuestra impotencia. Cuando ya nada aliviaba nuestro miedo y paranoia, tocamos fondo y estuvimos dispuestos a pedir ayuda.

Buscábamos una respuesta cuando pedimos ayuda y encontramos Narcóticos Anónimos. Llegamos a nuestra primera reunión derrotados y sin saber lo que nos esperaba. Después de haber estado en una o en varias reuniones, empezamos a sentir que los demás se preocupaban por nosotros y estaban dispuestos a ayudarnos. Aunque nuestra mente nos decía que nunca lo conseguiríamos, las personas de la confraternidad nos dieron esperanzas insistiendo en nuestras posibilidades de recuperación. Descubrimos que cualquier cosa que hubiéramos pensado o hecho en el pasado, otros también la habían creído y hecho. Rodeados de otros adictos nos dimos cuenta de que ya no estábamos solos. La recuperación se hace realidad en las reuniones. Está en juego nuestra vida. Vimos que si anteponemos la recuperación a todo lo demás, el programa funciona. Tuvimos que enfrentarnos con estos tres puntos conflictivos:

1. Somos impotentes ante la adicción y nuestra vida es ingobernable;

2. Aunque no somos responsables de nuestra enfermedad, somos responsables de nuestra recuperación;

3. Ya no podemos seguir echando la culpa de nuestra adicción a los demás, a los lugares ni a las cosas. Tenemos que afrontar nuestros propios problemas y nuestros sentimientos.

La herramienta fundamental para la recuperación es el adicto en recuperación. Nos centramos en la recuperación y en los sentimientos, no en lo que hicimos en el pasado. Los amigos, los lugares y las ideas de antes, a menudo son una amenaza para nuestra recuperación. Tenemos que cambiar de compañeros y lugares de diversión, y hasta la manera de divertirnos.

Cuando nos damos cuenta de que no podemos arreglárnoslas sin drogas, muchos empezamos inmediatamente a deprimirnos o sentimos ansiedad, agresividad y resentimiento. Las frustraciones insignificantes, las contrariedades triviales y la soledad hacen que con frecuencia sintamos que no mejoramos. Descubrimos que padecemos una enfermedad, no un dilema moral. Estábamos gravemente enfermos, pero no éramos irremediablemente malos. Nuestra enfermedad sólo puede detenerse con la abstinencia.

Hoy en día experimentamos una gama completa de sentimientos. Antes de llegar a la confraternidad, nos sentíamos o bien eufóricos o bien deprimidos. Nuestra impresión negativa sobre nosotros mismos ha sido reemplazada por una preocupación positiva por los demás. Encontramos soluciones y se resuelven problemas. Volver a sentirnos humanos es un regalo enorme.

¡Qué cambio en comparación a cómo éramos! Sabemos que el programa de NA funciona; nos convenció de que en lugar de intentar cambiar las situaciones y a la gente que nos rodea, debíamos cambiar nosotros. Descubrimos nuevas posibilidades. Empezamos a tomar conciencia de nuestro propio valor. Aprendimos a respetarnos. Este es un programa de aprendizaje. Al practicar los pasos, llegamos a aceptar la voluntad de un Poder Superior. La aceptación conduce a la recuperación. Perdemos nuestro miedo a lo desconocido. Quedamos en libertad.

Capítulo cuatro

Cómo funciona

Si quieres lo que te ofrecemos y estás dispuesto a hacer el esfuerzo para obtenerlo, entonces estás preparado para practicar ciertos pasos. Estos son los principios que han hecho posible nuestra recuperación.

1. *Admitimos que éramos impotentes ante nuestra adicción, que nuestra vida se había vuelto ingobernable.*

2. *Llegamos a creer que un Poder superior a nosotros mismos podía devolvernos el sano juicio.*

3. *Decidimos poner nuestra voluntad y nuestra vida al cuidado de Dios,* tal como lo concebimos.

4. *Sin miedo hicimos un detallado inventario moral de nosotros mismos.*

5. *Admitimos ante Dios, ante nosotros mismos y ante otro ser humano la naturaleza exacta de nuestras faltas.*

6. *Estuvimos enteramente dispuestos a dejar que Dios eliminase todos estos defectos de carácter.*

7. *Humildemente le pedimos que nos quitase nuestros defectos.*

8. *Hicimos una lista de todas aquellas personas a quienes habíamos hecho daño y estuvimos dispuestos a enmendarlo.*

9. *Enmendamos directamente el daño causado a aquellas personas siempre que nos fuera posible, excepto cuando el hacerlo perjudicaría a ellas o a otras.*

10. *Continuamos haciendo nuestro inventario personal y cuando nos equivocábamos lo admitíamos rápidamente.*

11. *Buscamos a través de la oración y la meditación mejorar nuestro contacto consciente con Dios, tal como lo concebimos, pidiéndole solamente conocer su voluntad para con nosotros y la fortaleza para cumplirla.*

12. *Habiendo obtenido un despertar espiritual como resultado de estos pasos, tratamos de llevar este mensaje a los adictos y de practicar estos principios en todos los aspectos de nuestra vida.*

Esto parece una tarea demasiado grande y no podemos hacerla toda a la vez. Recuerda que nuestra adicción no se produjo de la noche a la mañana. Tómalo con calma.

Lo que más nos derrotará en nuestra recuperación es una actitud de indiferencia o intolerancia hacia principios espirituales. Tres de éstos son indispensables: honestidad, receptividad y buena voluntad. Con ellos vamos por buen camino.

Creemos que nuestra forma de abordar la enfermedad de la adicción es totalmente realista, ya que el valor terapéutico de un adicto que ayuda a otro no tiene igual. Creemos que nuestro método es práctico, ya que el adicto es la persona que mejor puede comprender y ayudar a otro adicto. Creemos que cuanto antes encaremos nuestros problemas dentro de la sociedad, en nuestra vida diaria, tanto más rápidamente nos convertiremos en miembros aceptables, responsables y productivos de esta sociedad.

La única forma de no volver a la adicción activa es no tomar esa primera droga. Si eres como nosotros, sabrás que una es demasiado y mil no son suficientes. Ponemos mucho énfasis en esto, ya que sabemos que cuando consumimos drogas de cualquier tipo o sustituimos unas por otras, volvemos a caer en la adicción.

Pensar que el alcohol es diferente a otras drogas ha causado la recaída de muchos adictos. Antes de llegar a NA, muchos de nosotros considerábamos el alcohol como algo aparte. Sin embargo, no podemos darnos el lujo de estar confundidos: el alcohol es una droga. Padecemos la enfermedad de la adicción y si queremos recuperarnos debemos abstenernos de todo tipo de drogas.

He aquí algunas preguntas que nos hemos hecho: ¿Estamos seguros de que queremos dejar de consumir? ¿Comprendemos que no tenemos ningún control sobre las drogas? ¿Admitimos que a la larga no éramos nosotros los que consumíamos las drogas sino que éstas nos consumían a nosotros? ¿Fueron las cárceles y las instituciones las que se hicieron cargo de nuestra vida en diferentes ocasiones? ¿Aceptamos completamente el hecho de que todos los intentos de dejar de consumir o tratar de controlar nuestro consumo fallaron? ¿Somos conscientes de que nuestra adicción nos convirtió en un tipo de persona que no queríamos ser: deshonestos, tramposos, tercos, en contradicción con nosotros y los demás? ¿Creemos realmente que hemos fracasado como consumidores de drogas?

Cuando consumíamos, la realidad se convirtió en algo tan doloroso que preferíamos refugiarnos en el olvido. Intentábamos evitar que los demás se dieran cuenta de nuestro sufrimiento. Nos aislamos en prisiones que habíamos construido con nuestra soledad. Fue esta desesperación lo que nos hizo buscar ayuda en Narcóticos Anónimos. Cuando llegamos a NA, estamos física, mental y espiritualmente destruidos. Hemos sufrido durante tanto tiempo que estamos dispuestos a hacer lo que haga falta para mantenernos limpios.

La única esperanza que tenemos es seguir el ejemplo de aquellos que se han enfrentado a nuestro dilema y han encontrado una salida. No importa quiénes somos, de dónde venimos o lo que hayamos hecho; en NA nos aceptan. Nuestra adicción es el denominador común para comprendernos mutuamente.

Como resultado de acudir a algunas reuniones empezamos a sentir que al fin formamos parte de algo. En ellas establecemos el primer contacto con los Doce Pasos de Narcóticos Anónimos.

Aprendemos a practicarlos en el orden en que están escritos y a aplicarlos diariamente. Los pasos son nuestra solución, nuestra tabla de salvación, nuestra defensa contra la enfermedad mortal de la adicción. Son los principios que hacen posible nuestra recuperación.

Primer Paso

«Admitimos que éramos impotentes ante nuestra adicción, que nuestra vida se había vuelto ingobernable.»

No es importante qué consumíamos ni cuánto. En Narcóticos Anónimos lo primero es mantenernos limpios. Nos damos cuenta de que no podemos consumir drogas y vivir. Cuando admitimos nuestra impotencia e incapacidad para gobernar nuestra propia vida, abrimos las puertas a la recuperación. Nadie pudo convencernos de que éramos adictos, tuvimos que admitirlo nosotros. Si tenemos dudas, podemos hacernos la siguiente pregunta: «¿Puedo controlar el consumo de cualquier sustancia química que altere mi mente o mi estado de ánimo?».

En cuanto lo pensemos, la mayoría de los adictos veremos que el control es imposible. Sea cual fuere el resultado, descubrimos que no podemos controlar nuestro consumo durante ningún período de tiempo.

Esto indica claramente que un adicto no tiene control sobre las drogas. Impotencia significa consumir drogas contra nuestra voluntad. Si no podemos parar, ¿cómo podemos decirnos que controlamos la situación? Al decir que «no podemos elegir de ningún modo», nos referimos a nuestra incapacidad para dejar de consumir, incluso con la mayor fuerza de voluntad y el deseo más sincero. Sin embargo, podemos elegir a partir del momento en que dejamos de justificar nuestro consumo.

No nos topamos con esta confraternidad rebosantes de amor, honestidad, receptividad y buena voluntad. Llegamos a un punto en el que nuestro sufrimiento físico, mental y espiritual no nos permitía seguir consumiendo. Una vez derrotados, estuvimos dispuestos a cambiar.

La incapacidad para controlar nuestro consumo de drogas es un síntoma de la enfermedad. Somos impotentes no sólo ante las drogas, sino también ante nuestra adicción. Tenemos que admitirlo para poder recuperarnos. La adicción es una enfermedad física, mental y espiritual que afecta todos los aspectos de nuestra vida.

El aspecto físico de nuestra enfermedad es el consumo compulsivo de drogas: la incapacidad de parar de consumir una vez que empezamos. El aspecto mental es la obsesión o el deseo abrumador de consumir aunque estemos destrozando nuestra vida. La parte espiritual es nuestro egocentrismo total. Creíamos que podríamos parar cuando quisiéramos, a pesar de que los hechos demostraban lo contrario. La negación, la sustitución, los pretextos, las justificaciones, la desconfianza en los demás, la culpabilidad, la vergüenza, el abandono, la degradación, el aislamiento y la pérdida de control son los resultados de nuestra enfermedad. Una enfermedad progresiva, incurable y mortal. Para la mayoría es un alivio descubrir que se trata de una enfermedad y no de una deficiencia moral.

No somos responsables de nuestra enfermedad, pero sí lo somos de nuestra recuperación. La mayoría intentamos dejar de consumir por nuestra cuenta, pero fuimos incapaces de vivir ni con drogas ni sin ellas. Con el tiempo nos dimos cuenta de que éramos impotentes ante nuestra adicción.

Muchos intentamos dejar de consumir únicamente con fuerza de voluntad. Resultó una solución temporal, pero vimos que nuestra fuerza de voluntad sola no iba a funcionar durante mucho tiempo. Probamos infinidad de remedios —psiquiatras, hospitales, centros de recuperación, amantes, nuevas ciudades, nuevos trabajos—, pero todo lo que intentábamos fracasaba. Empezamos a comprender que habíamos tratado de poner como pretexto las tonterías más absurdas para justificar el desorden que las drogas habían producido en nuestra vida.

Hasta que no hayamos abandonado todas nuestras reservas, sean las que sean, peligrará la base de nuestra recuperación. Cualquier reserva nos impedirá aprovechar los beneficios que puede ofrecernos este programa. Al deshacernos de toda reserva, nos rendimos. Entonces, sólo entonces, podemos recibir ayuda para recuperarnos de la enfermedad de la adicción.

Ahora bien, si somos impotentes, ¿cómo puede ayudarnos Narcóticos Anónimos? Empezamos por pedir ayuda. La base de nuestro programa es admitir que nosotros, por nuestra cuenta, no tenemos ningún poder sobre la adicción. Cuando podamos aceptar este hecho, habremos completado la primera parte del Primer Paso.

Hace falta admitir una segunda cuestión para que la base de nuestra recuperación sea sólida. Si nos detenemos aquí sólo sabremos la verdad a medias y todos tenemos mucho talento para manipular la verdad. Por un lado decimos: «Sí, soy impotente ante mi adicción», y por el otro: «Cuando haya arreglado mi vida, podré con las drogas». Semejantes pensamientos y acciones son los que nos hacían caer otra vez en la adicción activa. Nunca se nos ocurrió preguntarnos: «Si no puedo controlar mi adicción, ¿cómo voy a controlar mi vida?». Sin drogas nos sentíamos mal y nuestra vida era ingobernable.

Incapacidad para trabajar, abandono y destrucción son características fáciles de ver en una vida ingobernable. Por lo general nuestra familia se siente decepcionada, desconcertada y confusa por nuestra conducta, y a menudo nos rechaza o simplemente nos abandona. Tener trabajo otra vez, ser aceptados por la sociedad y estar reconciliados con la familia no significa que nuestra vida sea gobernable. Aceptabilidad social no equivale a recuperación.

Llegamos a la conclusión de que la única opción que teníamos era cambiar completamente nuestra vieja forma de pensar o volver a consumir. Cuando ponemos lo mejor de nuestra parte, todo esto nos funciona de la misma manera que les ha funcionado a otros. Empezamos a cambiar cuando ya no pudimos aguantar nuestra vieja forma de ser. A partir de aquí comenzamos a comprender que cada día sin drogas, pase lo que pase, es un día de triunfo. Rendición significa no tener que luchar más. Aceptamos nuestra adicción y la vida tal cual es. Estamos dispuestos a hacer lo necesario para mantenernos limpios, incluso lo que no nos gusta.

Antes de hacer el Primer Paso estábamos llenos de temor y dudas. En ese momento muchos nos sentíamos perdidos, confusos y nos creíamos diferentes. Al practicar este paso consolidamos nuestra rendición a los principios de NA y sólo a partir de este momento empezamos a superar la alienación de la adicción. La ayuda para los adictos empieza en el momento en que somos capaces de admitir nuestra derrota completa. Puede que nos asuste, pero es la base sobre la que construimos nuestra vida.

El Primer Paso significa que no estamos obligados a consumir, nos da una libertad enorme. Algunos tardamos en darnos cuenta de lo ingobernable que se había vuelto nuestra vida. Otros, en cambio, era lo único que teníamos claro. Sabíamos de corazón que las drogas tenían el poder de convertirnos en una persona que no queríamos ser.

Al estar limpios y practicar este paso rompemos nuestras cadenas. Sin embargo, ningún paso funciona por arte de magia. No sólo recitamos las palabras de este paso, sino que aprendemos a vivirlas. Vemos con nuestros propios ojos que el programa tiene algo que ofrecernos.

Hemos hallado esperanza. Podemos aprender a funcionar en el mundo en que vivimos. También podemos encontrar un sentido a la vida y ser rescatados de la locura, la depravación y la muerte.

Cuando admitimos nuestra impotencia e incapacidad para gobernar nuestra vida, abrimos las puertas a que un Poder superior a nosotros nos ayude. Lo importante no es dónde estuvimos, sino hacia dónde vamos.

Segundo Paso

«Llegamos a creer que un Poder superior a nosotros mismos podía devolvernos el sano juicio.»

Si queremos que nuestra recuperación sea continua, entonces es necesario el Segundo Paso. El Primero nos deja con la necesidad de creer en algo que pueda ayudarnos con nuestra impotencia, inutilidad y desamparo.

El Primer Paso ha dejado un vacío en nuestra vida y necesitamos algo que lo llene. Éste es el propósito del Segundo Paso.

Al principio, algunos no nos tomamos en serio este paso; lo pasábamos por alto con poco interés hasta que nos dimos cuenta de que los demás pasos no funcionarían si no practicábamos éste. Incluso aunque admitiéramos que necesitábamos ayuda con nuestro problema de drogas, muchos no reconocíamos la necesidad de tener fe y sano juicio.

Tenemos una enfermedad progresiva, incurable y mortal. De una u otra forma salíamos a comprar nuestra destrucción a plazos. Todos nosotros, desde el que roba en la calle hasta la dulce ancianita que va de médico en médico para conseguir recetas, tenemos algo en común: buscamos nuestra destrucción de pinchazo en pinchazo, de pastilla en pastilla o de botella en botella hasta morir. Esto es sólo parte de la locura de la adicción. Puede que parezca más alto el precio que paga el adicto que se prostituye para conseguir su droga que el que simplemente tiene que mentirle a un médico; pero en última instancia ambos pagan con su vida. Locura es repetir los mismos errores esperando resultados diferentes.

Al llegar al programa, muchos nos damos cuenta de que volvíamos a consumir una y otra vez a pesar de que sabíamos que nos estábamos destruyendo. Locura significa consumir día tras día sabiendo que el único resultado es nuestra destrucción física y mental. La obsesión de consumir drogas es lo más evidente de la locura de la enfermedad de la adicción.

Hazte la siguiente pregunta: ¿No sería una locura acercarse a alguien y decirle «por favor, cómo puedo hacer para tener un infarto o un accidente mortal?». Si estás de acuerdo en que sería cosa de locos, entonces no deberías tener problemas con el Segundo Paso.

Lo primero que hacemos en este programa es dejar de consumir drogas. A esta altura empezamos a sentir el dolor de vivir sin ellas y sin nada que las reemplace. Este dolor nos obliga a buscar un Poder más grande que nosotros que nos alivie de la obsesión de consumir.

El proceso de llegar a creer es similar en la mayoría de los adictos. Casi todos carecíamos de una relación con un Poder Superior que funcionase. Comenzamos a desarrollar esta relación admitiendo simplemente la posibilidad de la existencia de un Poder más grande que nosotros. La mayoría no tenemos problemas en admitir que la adicción se había convertido en una fuerza destructiva en nuestra vida. Nuestros mejores esfuerzos concluían en más destrucción y más desesperación. En un momento dado nos dimos cuenta de que necesitábamos la ayuda de algún Poder mayor que nuestra adicción. Nuestra concepción del Poder Superior depende de nosotros, nadie va a decidirlo en nuestro lugar. Podemos llamarlo grupo, programa o Dios. Lo único que se nos sugiere es que este Poder nos quiera, nos cuide y sea más fuerte que nosotros. No hace falta que seamos religiosos para aceptar esta idea. Lo importante es que abramos nuestra mente para creer. Puede que nos resulte difícil, pero si nos mantenemos receptivos, tarde o temprano encontraremos la ayuda que necesitamos.

Hablamos con los demás y los escuchamos. Vimos cómo se recuperaban y nos contaron lo que a ellos les daba resultado. Empezamos a tener evidencias de un Poder que no podía explicarse del todo. Frente a estas pruebas, comenzamos a aceptar la existencia de un Poder más grande que nosotros. Podemos utilizar este Poder mucho antes de comprenderlo.

A medida que vemos las coincidencias y los milagros que suceden en nuestra vida, la aceptación se convierte en confianza. Comenzamos a sentirnos a gusto con nuestro Poder Superior como fuente de fortaleza. Conforme vamos aprendiendo a confiar en este Poder, empezamos a superar nuestro miedo a vivir.

El proceso de llegar a creer nos devuelve el sano juicio. La fortaleza que nos impulsa a la acción proviene de esta creencia. Es necesario que aceptemos este paso para emprender el camino de la recuperación. Cuando nuestra fe haya crecido, estaremos preparados para el Tercer Paso.

Tercer Paso

«Decidimos poner nuestra voluntad y nuestra vida al cuidado de Dios, tal como lo concebimos.»

Como adictos, muchas veces hemos puesto nuestra voluntad y nuestra vida en manos de un poder destructivo. Nuestra voluntad y nuestra vida estaban controladas por las drogas. Estábamos atrapados por la necesidad de gratificación inmediata que éstas nos daban. Durante aquel período, todo nuestro ser –cuerpo, mente y espíritu– estaba dominado por las drogas. Por un tiempo resultó placentero, pero luego la euforia fue desapareciendo y empezamos a ver el lado oscuro de nuestra adicción. Nos dimos cuenta de que cuanto más nos subían las drogas, más abajo terminábamos nosotros. Teníamos dos opciones: sufrir el dolor del síndrome de abstinencia o tomar más drogas.

A todos nos llegó el día en que ya no nos quedaba alternativa: teníamos que consumir por fuerza. Totalmente desesperados y tras haber entregado nuestra voluntad y nuestra vida a la adicción, buscamos otro camino. En Narcóticos Anónimos decidimos poner nuestra voluntad y nuestra vida al cuidado de Dios, tal como lo concebimos. Este es un paso enorme. No hace falta que seamos religiosos; cualquier persona puede dar este paso.

Lo único que se necesita es buena voluntad. Lo esencial es abrir la puerta a un Poder más grande que nosotros.

Nuestro concepto de Dios no proviene de un dogma, sino de lo que creemos y de lo que nos funciona. Muchos concebimos a Dios simplemente como esa fuerza que nos mantiene limpios. El derecho a un Dios tal como cada uno lo conciba es total y sin condiciones. Como tenemos este derecho, si queremos crecer espiritualmente es necesario que nuestra creencia sea honesta.

Descubrimos que lo único que necesitábamos era intentarlo. Cuando nos esforzábamos y poníamos lo mejor de nosotros, el programa nos funcionaba de la misma manera que a muchos otros. El Tercer Paso no dice: «Pusimos nuestra voluntad y nuestra vida al cuidado de Dios», sino: *«Decidimos poner nuestra voluntad y nuestra vida al cuidado de Dios, tal como lo concebimos.»* Fuimos nosotros quienes tomamos la decisión; ni las drogas, ni nuestra familia, ni las autoridades, ni un juez, ni un terapeuta, ni un médico la tomó por nosotros. Por primera vez desde que empezamos a consumir hemos tomado una decisión por nuestra cuenta.

La palabra decisión implica acción. Esta decisión se basa en la fe. Únicamente tenemos que creer que el milagro que vemos en la vida de otros adictos limpios puede sucederle a cualquier adicto que desee cambiar. Sencillamente descubrimos que existe una fuerza para el crecimiento espiritual que puede ayudarnos a ser más tolerantes, más pacientes y más útiles en el servicio a los demás. Muchos hemos dicho: «Toma mi voluntad y mi vida. Guíame en mi recuperación. Enséñame a vivir.» El alivio de «soltar las riendas y dejárselas a Dios», nos ayuda a desarrollar una vida digna de vivir.

Con la práctica diaria se torna más fácil rendirse a la voluntad de un Poder Superior. Cuando lo intentamos honestamente, funciona. Muchos empezamos el día pidiéndole sencillamente a nuestro Poder Superior que nos guíe.

Aunque sepamos que esta «entrega» funciona, puede que todavía queramos retomar el control de nuestra voluntad y nuestra vida. Incluso, hasta puede que lleguemos a enojarnos porque Dios lo permite. Hay momentos en nuestra recuperación en que pedir ayuda a Dios es nuestra mayor fuente de fortaleza y valor. Podemos tomar esta decisión tantas veces como sea necesario. Nos rendimos tranquilamente y dejamos que el Dios que nosotros concebimos cuide de nosotros.

Al principio teníamos algunas preguntas en la cabeza que no paraban de darnos vueltas: «¿Qué pasará cuando entregue mi vida? ¿Me volveré "perfecto"?». Quizás hayamos sido más realistas. Algunos tuvimos que recurrir a un miembro con más experiencia en NA y preguntarle: «¿Cómo ha sido para ti?». La respuesta varía de un miembro a otro. La mayoría creemos que la clave de este paso consiste en ser receptivos, tener buena voluntad y rendirnos.

Hemos entregado nuestra voluntad y nuestra vida al cuidado de un Poder más grande que nosotros. Si somos minuciosos y sinceros notaremos un cambio positivo. A medida que comprendemos el significado verdadero de la entrega, nuestros temores disminuyen y la fe empieza a crecer. Ya no luchamos contra el miedo, la ira, la culpa, la autocompasión ni la depresión. Nos damos cuenta de que el Poder que nos trajo a este programa sigue estando con nosotros y continuará guiándonos si se lo permitimos. Poco a poco empezamos a perder el miedo paralizador de la desesperación. La prueba de este paso se ve en la manera en que vivimos.

Hemos llegado a apreciar la vida limpios y queremos disfrutar de otras cosas positivas que tiene la Confraternidad de NA para nosotros. Ahora sabemos que no podemos detenernos en nuestro programa espiritual, queremos todo lo que podamos conseguir.

Ahora estamos listos para nuestra primera autoevaluación sincera y empezamos con el Cuarto Paso.

Cuarto Paso

«Sin miedo hicimos un detallado inventario moral de nosotros mismos.»

El propósito de hacer un detallado inventario moral sin ningún temor es ordenar las confusiones y contradicciones de nuestra vida para que podamos averiguar quiénes somos en realidad. Estamos empezando una nueva forma de vida y es necesario que nos libremos de las cargas y trampas que nos controlaban e impedían que creciéramos.

Al acercarnos a este paso, la mayoría tenemos miedo de que haya un monstruo escondido dentro de nosotros que nos destruya si lo dejamos en libertad. Este temor puede movernos a postergar nuestro inventario e incluso hasta impedirnos del todo hacer este paso decisivo. Sabemos que el miedo es falta de fe y sabemos también que disponemos de un Dios personal que nos ama y al que podemos recurrir. Ya no tenemos por qué tener miedo.

Hemos sido expertos en autoengaños y excusas. Si escribimos nuestro inventario, podemos superar estos obstáculos. Un inventario escrito revelará partes de nuestro subconsciente que permanecen ocultas si sólo nos limitamos a pensar o hablar acerca de quiénes somos. Una vez escrito, resulta más fácil ver, y más difícil negar, nuestra verdadera naturaleza. Una de las claves de nuestra nueva forma de vida es hacer una honesta autoevaluación.

Seamos francos: cuando consumíamos no éramos honestos con nosotros. Empezamos a serlo cuando admitimos que la adicción nos ha vencido y necesitamos ayuda. Tardamos mucho tiempo en admitir nuestra derrota. Nos dimos cuenta de que no podíamos recuperarnos física, mental ni espiritualmente de la noche a la mañana. El Cuarto Paso nos ayudará en nuestra recuperación. La mayoría descubrimos que no éramos ni tan terribles ni tan maravillosos como suponíamos. Nos sorprendemos al encontrar aspectos positivos en nuestro inventario. Cualquiera que lleve algo de tiempo en el programa y haya trabajado este paso, te dirá que ha sido un punto decisivo en su vida.

Algunos cometemos el error de abordar este paso como si fuera una confesión de lo horribles que somos y de lo malas personas que hemos sido. En nuestra nueva forma de vida, un exceso de tristeza puede ser peligroso. Éste no es el propósito del Cuarto Paso. Intentamos librarnos de pautas de vida viejas e inútiles. Hacemos el Cuarto Paso para crecer y obtener fortaleza y lucidez. Podemos abordarlo de muchas maneras.

El Primero, el Segundo y el Tercer Paso son la preparación necesaria para tener la fe y el valor para escribir un inventario sin temor. Es aconsejable que antes de empezar repasemos los tres primeros pasos con un padrino. Empezamos a estar cómodos con la comprensión de estos pasos y nos damos el lujo de sentirnos bien con lo que estamos haciendo. Durante mucho tiempo estuvimos dando vueltas de un lado a otro sin llegar a ninguna parte. Ahora empezamos el Cuarto Paso y nos desprendemos del miedo. Simplemente escribimos nuestro inventario lo mejor que podemos hoy por hoy.

Tenemos que acabar con el pasado, no aferrarnos a él. Queremos mirarlo cara a cara, verlo tal como era y librarnos de él para poder vivir el presente. El pasado, para la mayoría de nosotros, ha sido como un oscuro secreto que no queríamos revelar por temor a lo que pudiera hacernos. Ya no tenemos que mirarlo solos; ahora nuestra voluntad y nuestra vida están en manos de un Poder Superior.

Escribir un detallado y honesto inventario parecía imposible. Y lo era mientras contáramos sólo con nuestro propio poder. Antes de empezar a escribir nos relajamos durante un momento y pedimos la fortaleza necesaria para no tener miedo y poder ser minuciosos.

En el Cuarto Paso empezamos a ponernos en contacto con nosotros mismos. Escribimos sobre nuestros lastres, por ejemplo:

la culpabilidad, la vergüenza, el remordimiento, la autocompasión, el resentimiento, la ira, la depresión, la frustración, la confusión, la soledad, la ansiedad, la traición, la desesperación, el fracaso, el miedo y la negación.

Escribimos sobre lo que nos molesta aquí y ahora. Tenemos tendencia a pensar negativamente, así que escribir nos da la oportunidad de tener una visión más positiva de lo que está pasando.

Si queremos hacer un retrato preciso y completo de nosotros, también tenemos que tener en cuenta los valores positivos. A la mayoría nos resulta muy difícil porque nos cuesta aceptar nuestras cualidades. Sin embargo todos las tenemos; muchas de ellas las acabamos de adquirir gracias al programa, como por ejemplo el hecho de estar limpios, la receptividad, la conciencia de Dios, la honestidad con los demás, la aceptación, la capacidad de actuar positivamente, el compartir, la buena voluntad, el valor, la fe, la solidaridad, la gratitud, la bondad y la generosidad. Por lo general nuestro inventario también contiene material sobre nuestras relaciones afectivas.

Revisamos nuestro comportamiento pasado y nuestra conducta presente para ver qué queremos conservar y qué queremos eliminar. Nadie nos obliga a renunciar a nuestro sufrimiento. Este paso tiene fama de difícil, pero en realidad es bastante sencillo.

Escribimos nuestro inventario sin tener en cuenta el Quinto Paso. Trabajamos este paso como si no existiera el siguiente. Podemos escribir solos o acompañados de otras personas, como nos resulte más cómodo. Puede ser tan largo o tan corto como nos haga falta. Alguien con experiencia puede ayudarnos. Lo importante es escribir un inventario moral. Si la palabra moral nos molesta, podemos llamarlo inventario de lo positivo y lo negativo.

Hay una sola manera de escribir un inventario: ¡ponerse a escribir! Pensar, hablar o teorizar sobre el asunto no hará que lo escribamos. Nos sentamos con un cuaderno, pedimos que nos orienten, tomamos un lápiz y empezamos a escribir. Cualquier cosa que pensemos sirve de material para el inventario. Empezamos este paso cuando nos damos cuenta de lo poco que tenemos que perder y de lo mucho que podemos ganar.

Una regla básica comprobada es que quizás escribamos muy poco, pero difícilmente demasiado. El inventario se adaptará al individuo. Quizás parezca difícil o doloroso, imposible incluso. Puede que tengamos miedo de que al ponernos en contacto con nuestros sentimientos se produzca una abrumadora reacción en cadena de pánico y dolor. Tal vez nos entren ganas de no hacer el inventario por temor al fracaso. Cuando no hacemos caso de nuestros sentimientos, la tensión se vuelve insoportable y el miedo a un desenlace fatal inminente es tan grande que sobrepasa nuestro miedo al fracaso.

Un inventario es un alivio porque el dolor de hacerlo es menor que el de no hacerlo. Aprendemos que el sufrimiento puede ser un factor estimulante en nuestra recuperación, por lo tanto es inevitable que lo afrontemos. En las reuniones de pasos, el tema parece recaer siempre en el Cuarto o en el inventario diario, porque es un proceso que nos permite tratar con todas las cosas que puedan acumularse. Parece que cuanto más vivimos nuestro programa, más nos pone Dios en situaciones en las que surgen cuestiones que debemos considerar. Cuando afloran estas cuestiones, escribimos sobre ellas. Empezamos a disfrutar de nuestra recuperación porque tenemos un medio de resolver la vergüenza, la culpabilidad o el resentimiento.

Liberamos la tensión del pasado acumulada en nuestro interior. Escribir es como levantar la tapa de nuestra olla a presión para ver si queremos aprovechar el contenido, volver a taparlo o tirarlo a la basura. Ya no tenemos que darle más vueltas al asunto.

Nos sentamos con papel y lápiz y pedimos ayuda a nuestro Dios para que nos revele los defectos que nos causan dolor y sufrimiento. Pedimos el valor de no tener miedo, poder ser minuciosos y que este inventario nos ayude a poner nuestra vida en orden. Cuando rezamos y nos ponemos en marcha, las cosas siempre mejoran.

No vamos a ser perfectos. Si lo fuéramos, no seríamos humanos. Lo importante es que hagamos las cosas lo mejor que podamos. Usamos las herramientas que están a nuestra disposición y desarrollamos la capacidad de sobrevivir a nuestras emociones. No queremos perder lo que hemos ganado, queremos continuar en el programa. Según nuestra experiencia, no hay inventario –por muy profundo y detallado que sea– que tenga efectos duraderos si no es seguido de inmediato por un Quinto Paso igualmente detallado.

Quinto Paso

«Admitimos ante Dios, ante nosotros mismos y ante otro ser humano la naturaleza exacta de nuestras faltas.»

El Quinto Paso es la clave de la libertad. Nos permite vivir limpios en el presente. Compartir la naturaleza exacta de nuestras faltas nos deja en libertad para vivir. Tras haber hecho un detallado Cuarto Paso, tenemos que afrontar el contenido de nuestro inventario. Nos han dicho que si nos guardamos estos defectos dentro, ellos mismos nos llevarán a consumir de nuevo. Si nos aferráramos a nuestro pasado, tarde o temprano volveríamos a enfermarnos y no podríamos participar en nuestra nueva forma de vida. Si no somos honestos al hacer el Quinto Paso, obtendremos los mismos resultados negativos que la deshonestidad nos trajo en el pasado.

El Quinto Paso nos sugiere que admitamos ante Dios, ante nosotros mismos y ante otro ser humano la naturaleza exacta de nuestras faltas. Miramos nuestras faltas, examinamos nuestros patrones de conducta y empezamos a darnos cuenta de los aspectos más profundos de nuestra enfermedad. Ahora nos sentamos con otra persona y compartimos nuestro inventario en voz alta.

Durante el Quinto Paso, nuestro Poder Superior nos acompañará. Recibiremos ayuda y tendremos la libertad de poder enfrentarnos a nosotros mismos y a otro ser humano. Admitir ante nuestro Poder Superior la naturaleza exacta de nuestras faltas nos parecía innecesario. «Dios ya lo sabe», era nuestra excusa. Pero aunque ya lo sepa, la admisión debe salir de nuestros labios para que sea realmente eficaz. El Quinto Paso no es una simple lectura del Cuarto.

Durante años evitamos vernos tal como éramos. Nos avergonzábamos de nosotros mismos y nos sentíamos aislados del resto del mundo. Ahora que hemos atrapado la parte vergonzosa de nuestro pasado, podemos eliminarla de nuestra vida, siempre y cuando la afrontemos y la admitamos. Sería trágico tener todo escrito y luego guardarlo en un cajón. Estos defectos crecen en la oscuridad, pero mueren a la luz del día.

Antes de llegar a Narcóticos Anónimos creíamos que nadie entendería las cosas que habíamos hecho. Temíamos que si alguna vez llegábamos a mostrarnos tal cual éramos, seguramente nos rechazarían. A la mayoría de los adictos esta idea nos amarga la vida. Reconozcamos que no hemos sido muy realistas al pensar así. Los compañeros de NA sí nos comprenden.

Debemos elegir con cuidado a la persona que escuche nuestro Quinto Paso, estar seguros de que sepa lo que estamos haciendo y por qué. No existen reglas fijas sobre la persona que hay que escoger, lo importante es que confiemos en ella. Sólo una plena confianza en su integridad y discreción nos pondrá en buena disposición para hacer este paso minuciosamente. Algunos lo hacemos con alguien totalmente desconocido, mientras que otros nos sentimos más cómodos con un miembro de Narcóticos Anónimos. Sabemos que es menos probable que otro adicto nos juzgue con mala intención o nos malinterprete.

Una vez que estemos a solas con la persona elegida, empezamos nuestro Quinto Paso animados por ella. Queremos ser claros, honestos y concisos porque sabemos que es cuestión de vida o muerte.

Algunos tratamos de esconder parte de nuestro pasado intentando encontrar una forma más fácil de enfrentarnos con nuestros sentimientos más íntimos. Quizás pensemos que haber escrito sobre nuestro pasado sea suficiente, pero no podemos permitirnos este error. Este paso pondrá en evidencia nuestras motivaciones y acciones. Es inútil que esperemos que se revelen por sí solas. Finalmente superamos nuestra vergüenza y evitamos futuros sentimientos de culpa.

No lo posterguemos. Debemos ser exactos. Simplemente queremos contar la verdad, cruda y dura, lo más pronto posible. Siempre existe el peligro de que exageremos nuestras faltas o que minimicemos o excusemos nuestro papel en situaciones pasadas. A fin de cuentas todavía queremos quedar bien.

Los adictos tenemos tendencia a vivir vidas secretas. Durante muchos años escondimos nuestra poca autoestima detrás de falsas máscaras con la esperanza de engañar a los demás. Por desgracia nos engañábamos a nosotros más que a nadie. Aunque diéramos una imagen atractiva y aparentáramos seguridad, dentro escondíamos una persona vacilante e insegura. Las máscaras tienen que desaparecer. Compartimos nuestro inventario tal como está escrito, sin omitir nada. Continuamos abordando este paso honesta y minuciosamente hasta que lo terminamos. Es un gran alivio desprendernos de todos los secretos y compartir el peso del pasado.

Por lo general, al compartir este paso, la persona que nos escucha también nos cuenta parte de su historia. Descubrimos que no somos únicos. Al ver como nuestro confidente nos acepta, comprendemos que nos pueden aceptar tal como somos.

Puede que jamás consigamos recordar todos nuestros errores pasados, sin embargo estamos esforzándonos para hacerlo lo mejor posible. Comenzamos a experimentar verdaderos sentimientos personales de naturaleza espiritual. Donde antes teníamos teorías espirituales, ahora empezamos a despertar a una realidad espiritual. Este primer examen de nosotros mismos suele revelar algunos patrones de conducta que no nos gustan especialmente. No obstante, encararlos y sacarlos a la luz del día nos permite ocuparnos de ellos de manera constructiva. No podemos efectuar estos cambios solos; necesitaremos la ayuda de Dios, tal como lo concebimos, y de la Confraternidad de Narcóticos Anónimos.

Sexto Paso

«Estuvimos enteramente dispuestos a dejar que Dios eliminase todos estos defectos de carácter.»

¿Para qué pedir algo sin estar preparados? Sería buscarnos complicaciones. Los adictos aspiramos muchas veces a la recompensa de un trabajo duro sin haberlo hecho. En el Sexto Paso procuramos buena voluntad. La sinceridad que aportemos al trabajar este paso será proporcional a nuestro deseo de cambiar.

¿Queremos de verdad deshacernos de nuestros resentimientos, de la ira y el miedo? Muchos nos aferramos a nuestros temores, dudas, aversión u odio hacia nosotros mismos porque hay cierta seguridad deformada en el dolor conocido. Parece más seguro apegarnos a lo conocido que soltarlo e ir en busca de lo desconocido.

Debemos abandonar nuestros defectos de carácter de forma decidida. Sufrimos porque sus exigencias nos debilitan. Allí donde éramos orgullosos, ahora vemos que no podemos seguir siendo arrogantes. Si no somos humildes, nos humillan. Si somos codiciosos, nos damos cuenta de que nunca estamos satisfechos. Antes de hacer el Cuarto y el Quinto Paso puede que nos abandonáramos al miedo, la ira, la deshonestidad y la autocompasión. Ahora, en cambio, la condescendencia con estos defectos de carácter nubla nuestra capacidad para pensar de manera lógica. El egoísmo se convierte en una traba insoportable y destructiva que nos encadena a nuestros malos hábitos. Nuestros defectos consumen todo nuestro tiempo y energía.

Examinamos el inventario del Cuarto Paso y vemos claramente lo que estos defectos le están haciendo a nuestra vida. Comenzamos a desear vernos libres de ellos. Rezamos o estamos dispuestos y preparados de otra manera para dejar que Dios elimine estas características destructivas. Necesitamos un cambio de personalidad para seguir limpios. Queremos cambiar.

Tenemos que abordar estos viejos defectos con una mente abierta. Somos conscientes de ellos, sin embargo seguimos cometiendo los mismos errores porque somos incapaces de romper los malos hábitos. Buscamos en la confraternidad el tipo de vida que queremos para nosotros. Preguntamos a nuestros amigos: «¿Has conseguido desprenderte de ellos?». «Sí, lo mejor que pude», suelen contestarnos casi sin excepción. Cuando vemos los defectos en nuestra vida y los aceptamos, podemos desprendernos de ellos y proseguir con nuestra nueva vida. Cuando cometemos nuevos errores en lugar de repetir los viejos, sabemos que estamos madurando.

Cuando trabajamos el Sexto Paso, es importante recordar que somos humanos y que no tenemos que ponernos objetivos inalcanzables. Éste es un paso de buena voluntad. La buena voluntad es el principio espiritual del Sexto Paso que nos ayuda a tomar una dirección espiritual. Como somos seres humanos, es natural que a veces nos desviemos del camino.

En esta etapa, la rebeldía es un defecto de carácter que nos echa a perder. Si nos rebelamos, no perdamos la fe. La indiferencia o la intolerancia que la rebeldía puede provocar se superan con un esfuerzo constante. Seguimos pidiendo buena voluntad. Puede que dudemos de que Dios quiera aliviarnos o pensemos que algo va a salir mal. Si le preguntamos a otro miembro de NA, nos dirá: «Estás justamente donde tienes que estar». Renovamos nuestra disposición para vernos libres de nuestros defectos. Nos rendimos a las sugerencias sencillas que nos da este programa. Aunque no estemos completamente preparados, vamos por buen camino.

La fe, la humildad y la aceptación reemplazan con el tiempo al orgullo y la rebeldía. Aprendemos a conocernos. Vemos que nos encaminamos hacia una madurez de conciencia. A medida que nuestra buena voluntad se transforma en esperanza, empezamos a sentirnos mejor. Entrevemos, quizás por primera vez, lo que puede ser nuestra nueva vida. Con esta perspectiva ponemos nuestra buena voluntad en acción y pasamos al Séptimo Paso.

Séptimo Paso

«Humildemente le pedimos que nos quitase nuestros defectos.»

Los defectos de carácter o deficiencias son las cosas que nos causan dolor y sufrimiento toda la vida. Si contribuyeran a nuestra salud y felicidad, no habríamos llegado a semejante estado de desesperación. Tuvimos que prepararnos para dejar que Dios, tal como lo concebimos, nos quitase estos defectos.

Llegamos al Séptimo Paso tras haber decidido que queremos que Dios nos alivie de los aspectos inútiles y destructivos de nuestra personalidad. No podíamos afrontar la dura prueba de la vida completamente solos. Hasta que convertimos nuestra vida en un auténtico desastre no nos dimos cuenta de que solos no podíamos. Al admitirlo, conseguimos vislumbrar el concepto de humildad. Éste es el elemento principal del Séptimo Paso. La humildad es el resultado de ser honestos con nosotros mismos. Hemos practicado la honestidad desde el Primer Paso. Aceptamos nuestra adicción e impotencia. Encontramos una fuerza por encima de nosotros y aprendimos a confiar en ella. Examinamos nuestra vida y descubrimos quiénes éramos en realidad. La verdadera humildad consiste en aceptarse y tratar honestamente de ser uno mismo. Ninguno de nosotros es completamente bueno ni terriblemente malo. Somos personas con nuestros defectos y virtudes; somos humanos, esto es lo más importante.

La humildad es tan importante para mantenernos limpios, como lo son el agua y la comida para estar vivos. Cuanto más avanzaba nuestra adicción, más energía poníamos en satisfacer nuestros deseos materiales. El resto de las necesidades estaban fuera de nuestro alcance. Siempre queríamos la gratificación inmediata de nuestros deseos básicos.

El Séptimo Paso es un paso de acción, es el momento de pedirle a Dios ayuda y alivio. Tenemos que entender que nuestra manera de pensar no es la única; otras personas pueden orientarnos. Cuando alguien nos señala un defecto, quizás nuestra primera reacción sea ponernos a la defensiva. Debemos reconocer que no somos perfectos. Siempre hay posibilidades de crecer. Si de verdad queremos ser libres, tenemos que escuchar con atención lo que otros adictos nos sugieran. Si los defectos que descubrimos son reales y tenemos la oportunidad de librarnos de ellos, sin duda experimentaremos una sensación de bienestar.

Algunos querrán ponerse de rodillas para practicar este paso. Otros estarán muy tranquilos y habrá quienes mediante un gran esfuerzo emocional demuestren una intensa buena voluntad. Se emplea la palabra humildad porque nos acercamos a este Poder más grande que nosotros para pedirle la libertad que necesitamos para vivir sin las limitaciones de nuestras viejas costumbres. Muchos estamos dispuestos a trabajar este paso sin reservas, con fe ciega, porque estamos hartos de lo que hemos hecho y de cómo nos sentimos. Si algo funciona, sea lo que sea, lo seguiremos hasta el fin.

Éste es el camino de nuestro crecimiento espiritual. Cambiamos cada día. Poco a poco y con cuidado salimos del aislamiento y de la soledad de la adicción y entramos en la corriente de la vida. Este crecimiento no es el resultado del deseo, sino de la acción y la oración. El objetivo principal del Séptimo Paso es salir de nosotros mismos y tratar de cumplir la voluntad de nuestro Poder Superior.

Si nos descuidamos y se nos escapa el significado espiritual de este paso, es posible que tengamos dificultades y se remuevan viejos problemas. También existe el peligro de que seamos demasiado severos con nosotros mismos.

Compartir con otros adictos en recuperación nos ayudará a evitar que nos tomemos enfermizamente en serio. Aceptar los defectos ajenos puede ayudarnos a ser humildes y preparar el terreno para librarnos de los nuestros. Dios actúa con frecuencia a través de aquellos que se preocupan lo suficiente de la recuperación como para ayudarnos a que tomemos conciencia de nuestros defectos.

Hemos visto que la humildad juega un papel fundamental en este programa y en nuestra nueva forma de vida. Hacemos nuestro inventario, estamos preparados para dejar que Dios nos quite nuestros defectos de carácter y se lo pedimos humildemente. Éste es el camino para nuestro crecimiento espiritual y queremos seguir en él. Estamos preparados para el Octavo Paso.

Octavo Paso

«Hicimos una lista de todas aquellas personas a quienes habíamos hecho daño y estuvimos dispuestos a enmendarlo.»

El Octavo Paso es la prueba de la humildad que acabamos de descubrir. Nuestro propósito es librarnos del sentimiento de culpa que arrastrábamos. Queremos mirar al mundo cara a cara, sin temor ni agresividad.

¿Estamos dispuestos a hacer una lista de todas las personas a las que habíamos hecho daño, para deshacernos del miedo y la culpabilidad que todavía conservamos del pasado? Nuestra experiencia nos indica que para que este paso tenga algún efecto, debemos estar enteramente dispuestos.

El Octavo Paso no es fácil; exige un nuevo tipo de honestidad en nuestras relaciones con los demás. En este paso se inicia el proceso de perdón. Perdonamos a los demás y posiblemente

seamos perdonados; por fin nos perdonamos a nosotros y aprendemos a vivir en este mundo. Cuando llegamos a este paso,
estamos más preparados para comprender que para ser com-
prendidos. Si sabemos en qué terrenos debemos hacer enmiendas, podremos vivir y dejar vivir más fácilmente. Ahora parece
difícil, pero una vez que lo hayamos hecho nos preguntaremos
por qué no lo hicimos antes.

Para poder hacer una lista precisa, nos hace falta un poco de
auténtica honestidad. Para preparar la lista del Octavo Paso es
útil definir la palabra «daño». Una definición sería lesión física
o mental; otra, provocar dolor, sufrimiento o alguna pérdida. El
daño puede causarse por algo que se haya dicho, hecho o dejado
de hacer. Puede ser consecuencia de palabras o acciones inten-
cionadas o no. El grado de daño puede variar desde haber causado cierto malestar mental hasta haber provocado graves lesiones
físicas e incluso la muerte.

El Octavo Paso nos plantea un problema. Muchos tenemos
dificultad en admitir que hicimos daño a otras personas, porque
pensamos que las víctimas de nuestra adicción fuimos nosotros.
Es esencial que evitemos este tipo de justificación. Debemos se-
parar lo que nos han hecho a nosotros de lo que hemos hecho a
los demás. Terminamos con las excusas y con la idea de ser siempre las víctimas. A menudo creemos que sólo nos hicimos daño
a nosotros, pese a que por lo general nuestro nombre no figura
en la lista o es el último de todos. Este paso es el trabajo práctico
para reparar el desastre de nuestra vida.

No seremos mejores juzgando las faltas de los demás. Lo que
nos hará sentir mejor es limpiar nuestra vida aliviándonos de la
culpa. Al escribir la lista ya no podemos negar que hicimos daño.
Admitimos que lastimamos a otros –directa o indirectamente–
con algún acto, mentira, promesa rota o descuido.

Hacemos nuestra lista, o la sacamos de nuestro Cuarto Paso, y
agregamos a aquellas personas de las que nos vayamos acordan-
do. Afrontamos esta lista con honestidad y examinamos nuestras

faltas abiertamente para estar dispuestos a enmendar el daño causado.

En algunos casos puede que no conozcamos a las personas que perjudicamos. Cuando consumíamos, cualquier persona con la que nos relacionáramos corría peligro. Muchos miembros mencionan a sus padres, parejas, hijos, amigos, amantes, otros adictos, conocidos, compañeros de trabajo, jefes, profesores, caseros y perfectos desconocidos. También nos podemos incluir en la lista porque durante nuestra adicción activa nos estábamos matando lentamente. Puede resultar útil hacer una lista separada de la gente a la que debemos dinero.

Al igual que con los otros pasos, debemos ser minuciosos. La mayoría solemos quedarnos cortos, es raro que superemos nuestros objetivos. Al mismo tiempo, no podemos postergar indefinidamente la terminación de este paso sólo porque no estamos seguros de que la lista esté completa. De todos modos, nunca la terminaremos.

La última dificultad que se presenta al trabajar este paso es poder separarlo del Noveno. Empezar a planear las enmiendas que tenemos que hacer puede ser un obstáculo importante para completar la lista y estar dispuestos. Hacemos este paso como si no existiera el siguiente. Ni siquiera pensamos en hacer las enmiendas, sólo nos concentramos en lo que dice el Octavo Paso: hacer una lista y estar dispuestos. Este paso sobre todo nos ayuda a tomar conciencia poco a poco de que estamos logrando una nueva actitud hacia nosotros y en nuestro trato con los demás.

Escuchar con atención la experiencia de otros miembros con respecto a este paso puede aclarar las confusiones que tengamos para escribir nuestra lista. Quizás nuestro padrino o madrina pueda compartir con nosotros el resultado que obtuvo de este paso. Hacer preguntas en una reunión puede aportarnos el beneficio de la conciencia del grupo.

El Octavo Paso brinda la oportunidad de un gran cambio en una vida dominada por la culpabilidad y el remordimiento.

Nuestro futuro se ve transformado porque ya no tenemos que evitar a aquellos a quienes hemos hecho daño. Como resultado de este paso logramos una libertad nueva que nos permite poner fin al aislamiento. A medida que comprendemos nuestra necesidad de ser perdonados, aprendemos a perdonar. Por lo menos sabemos que ya no les hacemos la vida imposible a los demás a propósito.

Éste es un paso de acción y, al igual que todos los demás, proporciona beneficios inmediatos. Ahora somos libres para empezar a enmendar el daño en el Noveno Paso.

Noveno Paso

«Enmendamos directamente el daño causado a aquellas personas siempre que nos fuera posible, excepto cuando el hacerlo perjudicaría a ellas o a otras.»

No se debe evitar este paso. Si lo hiciéramos, estaríamos reservando un sitio en nuestro programa para una recaída. El orgullo, el miedo y la postergación parecen a menudo una barrera infranqueable que se interpone en el camino hacia el progreso y el crecimiento. Lo importante es actuar y estar preparados para aceptar las reacciones de las personas a las que hicimos daño. Enmendamos tales daños lo mejor que podemos.

La oportunidad adecuada es esencial en este paso. Debemos enmendar el daño causado cuando se presenta la ocasión, siempre y cuando el hacerlo no cause más daño aún. A veces no podemos hacer enmiendas porque no es posible ni práctico. En algunos casos puede que esté fuera de nuestro alcance. Cuando no podemos ponernos en contacto con la persona a la que hemos hecho daño, la buena voluntad puede reemplazar a la acción. Sin embargo, jamás debemos dejar que la vergüenza, el miedo o la postergación nos impidan localizar a persona alguna.

Queremos librarnos de la culpa, pero no deseamos hacerlo a costa de nadie. Podríamos correr el riesgo de comprometer a una tercera persona o algún compañero de nuestra época de adicción activa que no quiere verse descubierto. No tenemos derecho ni necesidad de poner en peligro a otra persona. A menudo es necesario que los demás nos orienten en estas cuestiones.

Recomendamos poner nuestros problemas legales en manos de abogados y nuestros problemas médicos o financieros en manos de profesionales. Para aprender a vivir con éxito hace falta, entre otras cosas, saber cuándo necesitamos ayuda.

Puede que todavía quede algún conflicto sin resolver en algunas viejas relaciones. Al enmendar el daño causado, hacemos la parte que nos corresponde para resolver viejos conflictos. Queremos evitar futuros antagonismos y resentimientos presentes. En muchos casos lo único que podemos hacer es abordar a la persona y pedirle humildemente que comprenda nuestros errores pasados. A veces es una buena ocasión para que viejos amigos o parientes estén dispuestos a olvidar su rencor. Acercarse a alguien que todavía sufre las consecuencias de nuestras malas acciones puede ser peligroso. Si enmendar directamente el daño causado resulta inseguro o peligroso para otras personas, quizás sea necesario enmendarlo indirectamente. Lo hacemos lo mejor que podemos y tratamos de recordar que lo hacemos por nosotros. En lugar de sentir culpa o remordimiento, nos sentimos aliviados del pasado.

Aceptamos que fueron nuestras acciones las que causaron nuestra actitud negativa. El Noveno Paso nos ayuda a superar la culpabilidad y ayuda a los demás a superar su ira. A veces la única enmienda que podemos hacer es estar limpios. Nos lo debemos a nosotros y a nuestros seres queridos. Ya no nos dedicamos a provocar desastres en la sociedad como resultado de nuestro consumo. En ocasiones la única manera de reparar el daño es contribuir con la sociedad. Ahora nos estamos ayudando y ayudamos también a otros adictos a recuperarse. Esta es una reparación extraordinaria a toda la comunidad.

En el proceso de recuperación se nos devuelve el sano juicio; parte del mismo consiste en relacionarnos bien con los demás. Cada vez tenemos menos tendencia a ver a la gente como una amenaza para nuestra seguridad. El dolor físico y la confusión mental que nos acompañaban en el pasado, son sustituidos por una auténtica sensación de seguridad. Nos acercamos con humildad y paciencia a quienes habíamos hecho daño. Puede que muchas personas que nos aprecian se muestren reacias a creer en nuestra recuperación. Debemos recordar cuánto sufrieron. Con el tiempo ocurrirán muchos milagros. Aquellos que estábamos separados de nuestras familias, en muchos casos logramos volver a entablar relaciones con ellas. Tarde o temprano les resulta más fácil aceptar nuestro cambio. El tiempo «limpio» habla por sí solo. La paciencia es un elemento importante de nuestra recuperación. El amor incondicional que sentimos renovará nuestro deseo de vivir y a cada uno de nuestros gestos positivos le corresponderá una oportunidad inesperada. Hace falta mucho valor y fe para enmendar el daño que causamos; el resultado es el crecimiento espiritual.

Nos estamos librando de las ruinas de nuestro pasado; queremos mantener nuestra casa en orden haciendo un inventario personal continuo en el Décimo Paso.

Décimo Paso

«Continuamos haciendo nuestro inventario personal y cuando nos equivocábamos lo admitíamos rápidamente.»

El Décimo Paso nos libera del naufragio de nuestro presente. Si no seguimos atentos a nuestros defectos, pueden acorralarnos y ponernos en una situación de la que no conseguiremos salir limpios.

Una de las primeras cosas que aprendemos en Narcóticos Anónimos es que si consumimos estamos perdidos. De igual modo, no sufriremos tanto si podemos evitar lo que nos causa dolor. Continuar haciendo un inventario personal significa adquirir la costumbre de examinar con regularidad nuestra conducta, nuestras actitudes y relaciones con los demás.

Somos criaturas de costumbre, vulnerables a nuestras viejas formas de pensar y reaccionar. A veces nos parece más fácil seguir por el mismo camino autodestructivo de siempre que probar uno nuevo aparentemente peligroso. No tenemos por qué dejarnos atrapar por nuestros viejos patrones de conducta. Hoy podemos elegir.

El Décimo Paso puede ayudarnos a corregir nuestros problemas para vivir y evitar que éstos se repitan. Examinamos nuestra conducta del día. Algunos escribimos sobre nuestros sentimientos, explicamos cómo nos sentimos y qué papel jugamos en los problemas que se presentaron. ¿Hicimos daño a alguien? ¿Tenemos que admitir que nos equivocamos? Si nos enfrentamos con dificultades, hacemos un esfuerzo por solucionarlas. Cuando dejamos estas cosas sin hacer, encuentran la manera de envenenarnos.

Este paso puede ser una defensa contra la vieja locura. Nos permite preguntarnos si no estaremos cayendo otra vez en nuestros viejos esquemas de ira, resentimiento o miedo. ¿Nos sentimos acorralados? ¿Nos estamos buscando problemas? ¿Estamos demasiado hambrientos, enojados, solos o cansados? ¿Nos estamos tomando demasiado en serio? ¿Nos juzgamos interiormente por las apariencias externas de los demás? ¿Sufrimos algún problema físico? Las respuestas a estas preguntas pueden ayudarnos a tratar con las dificultades del momento. Ya no tenemos por qué vivir con la sensación de tener «un nudo en el estómago». Gran parte de nuestras principales preocupaciones y problemas más serios deriva de nuestra inexperiencia de vivir sin drogas. A menudo, cuando le preguntamos a un veterano qué podemos hacer, nos sorprendemos de la simplicidad de la respuesta.

El Décimo Paso puede servir de válvula de escape. Lo trabajamos cuando todavía tenemos frescos los altibajos del día.

Hacemos una lista de lo que hemos hecho y tratamos de no justificar nuestra conducta. Podemos hacerlo escribiendo al final del día. ¡Lo primero que hacemos es parar! Luego nos tomamos nuestro tiempo para concedernos el privilegio de pensar. Examinamos nuestras acciones, reacciones y motivaciones. A menudo descubrimos que hemos actuado mejor de lo que nos parecía. Todo esto nos permite observar nuestras acciones y reconocer nuestros errores antes de que empeoren. Tenemos que evitar las justificaciones. Admitimos nuestras faltas rápidamente, no las explicamos.

Trabajamos este paso de forma continuada. Es una acción preventiva. Cuanto más lo practiquemos, menos necesitaremos aplicar la parte correctiva del mismo. Este paso es una herramienta importantísima para evitar que nos causemos dolor. Vigilamos nuestros sentimientos, emociones, fantasías y acciones. A través de un examen constante de nosotros podemos evitar repetir la conducta que nos hace sentir mal.

Nos hace falta este paso incluso cuando nos sentimos bien y las cosas van bien. Para nosotros sentirnos bien es algo nuevo y tenemos que cuidar estos sentimientos. En épocas difíciles podemos emplear lo que nos funcionó en los buenos momentos. Tenemos derecho a sentirnos bien. Podemos elegir. Los buenos momentos también pueden ser una trampa; existe el peligro de que olvidemos la prioridad número uno: mantenernos limpios. La recuperación para nosotros es más que un simple placer.

Debemos recordar que todos cometemos errores. Nunca seremos perfectos. Sin embargo, si usamos el Décimo Paso podemos aceptarnos. A través de un inventario personal continuo nos libramos aquí y ahora de nosotros y del pasado. Ya no justificamos nuestra existencia. Este paso nos permite ser nosotros mismos.

Undécimo Paso

«Buscamos a través de la oración y la meditación mejorar
nuestro contacto consciente con Dios, tal como lo concebimos,
pidiéndole solamente conocer su voluntad para con nosotros
y la fortaleza para cumplirla.»

Los primeros diez pasos nos han permitido mejorar nuestro contacto consciente con el Dios que concebimos. Nos dieron la base para lograr los objetivos positivos que tanto buscábamos. Al entrar en esta fase de nuestro programa espiritual mediante la práctica de los diez pasos previos, la mayoría acogemos de buen grado el ejercicio de la oración y la meditación. Nuestra condición espiritual es la base para una recuperación satisfactoria que ofrece un crecimiento ilimitado.

Muchos empezamos a apreciar de verdad nuestra recuperación al llegar al Undécimo Paso. En él, nuestra vida cobra un sentido más profundo. Al renunciar al control, conseguimos un poder mucho más grande.

La naturaleza de nuestra creencia determinará nuestra forma de orar y meditar. Lo único que necesitamos es estar seguros de que nuestra manera de creer nos funciona. En recuperación, lo que cuentan son los resultados. Como ya se ha mencionado, nuestras oraciones parecieron funcionarnos desde el momento en que llegamos al programa de Narcóticos Anónimos y nos rendimos ante nuestra enfermedad. El contacto consciente que aquí se describe es el resultado directo de vivir los pasos. Empleamos este paso para mejorar y mantener nuestra espiritualidad.

Cuando llegamos a NA, recibimos la ayuda de un Poder más grande que nosotros. Fue un proceso puesto en marcha por nuestra rendición al programa. El propósito del Undécimo Paso es tomar mayor conciencia de este poder y mejorar nuestra capacidad de usarlo como fuente de fortaleza en nuestra nueva vida.

Cuanto más mejoramos el contacto consciente con nuestro Dios a través de la oración y la meditación, más fácil es decir:

«Hágase Tu voluntad, no la mía». Si podemos pedir ayuda a Dios cuando la necesitamos, nuestra vida mejora. Las experiencias que ciertas personas cuentan sobre la meditación y sus creencias religiosas personales no siempre nos sirven. Nuestro programa no es religioso, sino espiritual. Cuando llegamos al Undécimo Paso, los defectos de carácter que nos habían causado problemas en el pasado ya han sido abordados con el trabajo de los pasos anteriores. La imagen del tipo de persona que nos gustaría ser, no es más que una visión fugaz de la voluntad de Dios para con nosotros. Nuestra perspectiva a menudo es tan limitada que sólo vemos nuestros deseos y necesidades inmediatos.

Es fácil volver a caer en nuestros viejos hábitos. Tenemos que aprender a mantener nuestra vida sobre una base espiritual sólida para asegurar nuestro crecimiento continuo y nuestra recuperación. Dios no nos impondrá su bondad, pero si se la pedimos, la obtendremos. Generalmente sentimos una diferencia inmediata, pero no vemos el cambio en nuestra vida hasta más tarde. Cuando por fin logramos apartar del camino nuestras motivaciones egoístas, empezamos a sentir una paz que nunca creímos posible. Una moral impuesta no tiene la misma fuerza que la que adquirimos cuando somos nosotros los que elegimos vivir espiritualmente. La mayoría rezamos cuando sufrimos. Ahora aprendemos que si lo hacemos con regularidad no sufriremos tan a menudo ni tan intensamente.

Hay diferentes grupos fuera de Narcóticos Anónimos que practican la meditación. Casi todos ellos están relacionados con alguna religión o filosofía específica. El apoyo a cualquiera de estos métodos sería una violación de nuestras tradiciones y una restricción al derecho de cada individuo a tener un Dios que corresponda a su concepción personal. La meditación nos permite desarrollar la espiritualidad a nuestro modo. Algunas cosas que no nos servían en el pasado puede que nos sirvan ahora. Empezamos el día con una perspectiva nueva y una mente abierta. Sabemos que si pedimos que se cumpla la voluntad de Dios, recibiremos lo mejor para nosotros, independientemente de lo que pensemos. Esta certeza se basa en nuestra creencia y en nuestra experiencia como adictos en recuperación.

Orar es comunicar nuestras preocupaciones a un Poder más grande que nosotros. A veces, cuando rezamos, sucede algo maravilloso: nos encontramos con los medios, la manera y la energía para llevar a cabo tareas por encima de nuestra capacidad. Comprendemos la fuerza ilimitada que nos brindan la oración y la rendición cotidianas, siempre y cuando no perdamos la fe y la renovemos.

Para algunos orar es pedir ayuda a Dios y meditar es escuchar su respuesta. Aprendemos a tener cuidado de pedir cosas concretas. Rezamos para que Dios nos muestre su voluntad y nos ayude a cumplirla. En algunos casos nos muestra su voluntad con tanta claridad que nos resulta fácil verla. En otros, nuestro ego es tan fuerte que no podemos aceptar la voluntad de Dios sin una nueva lucha y una nueva rendición. Si pedimos a Dios que elimine las influencias que nos distraen, la calidad de nuestras oraciones suele mejorar y notamos la diferencia. La oración requiere práctica y debemos recordar que nadie nace sabiendo. La experiencia se adquiere con tiempo y mucho esfuerzo. Buscamos a través de la oración un contacto consciente con nuestro Dios; en la meditación lo logramos. El Undécimo Paso nos ayuda a mantenerlo.

Es posible que hayamos conocido muchas religiones y disciplinas de meditación antes de llegar a Narcóticos Anónimos. Algunos terminamos destrozados y completamente confundidos con esas prácticas. Estábamos seguros de que era voluntad de Dios que consumiéramos drogas para alcanzar un estado de conciencia más elevado. Muchos nos encontramos en estados rarísimos como resultado de tales prácticas. Jamás sospechamos que los efectos devastadores de nuestra adicción fueran la raíz de nuestros problemas y seguíamos hasta el final cualquier camino que nos ofreciera esperanza.

En momentos tranquilos de meditación, la voluntad de Dios puede hacérsenos evidente. Aquietar la mente mediante la meditación nos ayuda a lograr una paz interior que nos pone en contacto con el Dios que llevamos dentro. Una premisa básica de la meditación es parar la mente; de otro modo es difícil, sino imposible, alcanzar un contacto consciente. Para poder hacer algún progreso debe detenerse esa habitual sucesión ininterrumpida de pensamientos. Así pues, nuestra práctica preliminar debe tender a parar la mente y a dejar que los pensamientos que surjan mueran de muerte natural. A medida que la meditación del Undécimo Paso se convierte en realidad, dejamos atrás nuestros pensamientos.

El equilibrio emocional es uno de los primeros resultados de la meditación, y nuestra experiencia lo confirma. Algunos llegamos al programa destrozados y nos quedamos un tiempo únicamente para encontrar a Dios o la salvación en algún culto religioso u otro. Es fácil salir por la puerta volando en una nube de fervor religioso y olvidar que somos adictos con una enfermedad incurable.

Se dice que para que la meditación tenga algún valor, el resultado se debe ver en nuestra vida cotidiana. Este hecho está implícito en el Undécimo Paso: «...su voluntad para con nosotros y la fortaleza para cumplirla». Para aquellos que no rezamos, la meditación es la única forma de trabajar este paso.

Si oramos es porque nos da paz y nos devuelve la confianza y el valor. Nos ayuda a vivir una vida libre de miedo y desconfianza. Cuando eliminamos nuestros motivos egoístas y rezamos para dejarnos guiar, descubrimos un sentimiento de paz y serenidad. Empezamos a tomar conciencia de los otros y a identificarnos con ellos como jamás nos hubiera sido posible antes de trabajar este paso.

A medida que buscamos nuestro contacto personal con Dios, empezamos a abrirnos como una flor al sol. Comenzamos a comprender que el amor de Dios siempre ha estado presente esperando que lo aceptáramos. Hacemos el trabajo que nos toca y aceptamos lo que desinteresadamente recibimos a diario. Nos damos cuenta de que depender de Dios cada vez nos resulta más cómodo.

Cuando llegamos al programa, generalmente pedimos muchas cosas que nos parecen deseos y necesidades importantes. Al ir madurando espiritualmente y encontrar un Poder más grande que nosotros, nos damos cuenta de que en la medida en que nuestras necesidades espirituales estén satisfechas, nuestros problemas cotidianos se reducen hasta tal punto que no resultan tan incómodos. Cuando olvidamos dónde radica nuestra auténtica fortaleza, rápidamente volvemos a caer en los mismos esquemas de pensamiento y actuación que nos trajeron a este programa. Con el tiempo redefinimos nuestras creencias y nuestra interpretación hasta ver que lo que más necesitamos es conocer la voluntad de Dios para con nosotros y la fortaleza para cumplirla. Podemos dejar de lado nuestras preferencias personales porque aprendemos que la voluntad de Dios para con nosotros consiste precisamente en aquellas cosas que más valoramos. La voluntad de Dios para con nosotros se convierte en nuestra propia y verdadera voluntad. Este cambio se produce de una manera intuitiva que no se puede explicar adecuadamente con palabras.

Cada vez estamos más dispuestos a dejar que los otros sean como son, sin tener que juzgarlos. La necesidad imperiosa de resolverlo todo ha desaparecido. Al principio no podíamos comprender la aceptación, ahora sí.

Sabemos que, nos traiga lo que nos traiga el día, Dios nos ha dado todo lo necesario para nuestro bienestar espiritual. Es bueno que admitamos nuestra impotencia, porque Dios es lo suficientemente poderoso para ayudarnos a permanecer limpios y a disfrutar de nuestro progreso espiritual. Dios nos está ayudando a poner nuestra casa en orden.

Comenzamos a ver más claramente la realidad. A través del contacto continuo con nuestro Poder Superior, empezamos a recibir las respuestas que buscábamos y adquirimos la capacidad de hacer lo que antes no podíamos. Respetamos las creencias de los demás. Te animamos a buscar fortaleza y orientación según tu creencia.

Estamos agradecidos a este paso porque empezamos a lograr lo mejor para nosotros. A veces rezábamos para obtener lo que deseábamos y una vez que lo lográbamos terminábamos atrapados. Es posible que pidamos algo, lo consigamos y después tengamos que rezar para que nos lo quiten porque no podemos con ello.

Esperamos que tras haber aprendido el poder de la oración y la responsabilidad que ésta entraña podamos usar el Undécimo Paso como guía para nuestro programa diario.

Comenzamos a rezar sólo para conocer la voluntad de Dios para con nosotros. De este modo obtenemos únicamente lo que somos capaces de manejar. Podemos responder a ello y manejarlo porque Dios nos ayuda a prepararnos. Algunos simplemente agradecemos la gracia de Dios con nuestras propias palabras.

Abordamos este paso una y otra vez con una actitud de rendición y humildad para recibir de Dios, tal como lo concebimos, el don del conocimiento y la fortaleza. El Décimo Paso borra los errores del presente para que podamos trabajar el Undécimo. Sin este paso es poco probable que podamos sentir un despertar espiritual, practicar los principios espirituales en nuestra vida o llevar un mensaje capaz de atraer a otros adictos hacia la recuperación. Existe un principio espiritual que consiste en dar lo que hemos recibido de Narcóticos Anónimos para poder conservarlo. Al ayudar a otros adictos en recuperación, podemos aprovechar la riqueza espiritual que hemos hallado. Debemos dar desinteresada y agradecidamente lo que se nos ha dado del mismo modo.

Duodécimo Paso

«Habiendo obtenido un despertar espiritual como resultado de estos pasos, tratamos de llevar este mensaje a los adictos y de practicar estos principios en todos los aspectos de nuestra vida.»

Llegamos a Narcóticos Anónimos como resultado del naufragio de nuestro pasado. Lo último que esperábamos era un despertar espiritual. Solamente queríamos dejar de sufrir.

Los pasos nos llevan a un despertar de naturaleza espiritual que se manifiesta en los cambios de nuestra vida. Estos cambios mejoran nuestra capacidad para vivir de acuerdo con los principios espirituales y para llevar el mensaje de recuperación y esperanza al adicto que todavía sufre. El mensaje, sin embargo, no tiene sentido a menos que lo vivamos, y, a medida que lo hacemos, nuestra vida y nuestras acciones le dan más sentido que nuestras palabras y literatura.

La idea de un despertar espiritual tiene distintas formas según las diferentes personalidades que encontramos en la confraternidad. Sin embargo, todos los despertares espirituales tienen algo en común: el fin de la soledad y un sentido en nuestra vida. Muchos creemos que un despertar espiritual carece de significado si no va acompañado de una mayor paz mental y una preocupación por los demás. Para mantener dicha paz, nos esforzamos por vivir aquí y ahora.

Aquellos que hemos trabajado estos pasos lo mejor que pudimos, hemos recibido grandes beneficios. Creemos que son el resultado directo de vivir este programa.

Al principio, cuando empezamos a disfrutar del alivio de nuestra adicción, corremos el riesgo de querer retomar el control de nuestra vida. Olvidamos la agonía y el dolor pasados. Cuando consumíamos, nuestra enfermedad controlaba nuestra vida. Está preparada y a la espera de tomar otra vez el mando. Nos olvidamos rápido de que en el pasado todos los esfuerzos para controlar nuestra vida fallaron.

Al llegar aquí, la mayoría nos damos cuenta de que la única forma de conservar lo que se nos ha dado, es compartir este don de una vida nueva con el adicto que todavía sufre. Éste es nuestro mejor seguro para no recaer en la tortuosa existencia de la adicción activa. Lo llamamos «llevar el mensaje» y lo hacemos de muchas maneras.

En el Duodécimo Paso practicamos el principio espiritual de compartir el mensaje de recuperación de NA para poder conservarlo. Incluso un miembro con un día limpio en la Confraternidad de NA puede llevar el mensaje de que este programa funciona.

Cuando compartimos con alguien nuevo, podemos pedir a nuestro Poder Superior que nos utilice como instrumento espiritual. No asumimos el papel de dioses. Cuando compartimos con una persona nueva, a menudo pedimos ayuda a otro adicto en recuperación. Es un privilegio poder responder a un grito de socorro. Después de haber estado en el abismo de la desesperación, nos sentimos afortunados de poder ayudar a otros a recuperarse.

Ayudamos a los nuevos a aprender los principios de Narcóticos Anónimos. Intentamos que se sientan bienvenidos y que conozcan lo que este programa puede ofrecer. Compartimos nuestra experiencia, fortaleza y esperanza. Siempre que podemos acompañamos a los recién llegados a una reunión.

Este servicio desinteresado es el principio propiamente dicho del Duodécimo Paso. Recibimos nuestra recuperación de Dios, tal como lo concebimos. Ahora nos ponemos a su disposición para convertirnos en su instrumento con el propósito de compartir la recuperación con quien la busca. La mayoría aprendemos que sólo se puede llevar el mensaje a alguien que pide ayuda. A veces, el poder del ejemplo es el único mensaje que puede hacer que el adicto que todavía sufre tienda la mano pidiendo ayuda. Un adicto puede estar sufriendo, pero sin embargo no estar dispuesto a pedir ayuda. Se trata de estar a disposición de estas personas, de modo que cuando nos necesiten, nos encuentren.

Aprender a ayudar a los demás es un beneficio del programa de Narcóticos Anónimos. Por más extraordinario que parezca, trabajar los Doce Pasos nos lleva de la humillación y desesperación a poder actuar como instrumentos de nuestro Poder Superior. Se nos brinda la capacidad de ayudar a un compañero adicto cuando nadie más puede hacerlo. Es algo que vemos cómo sucede entre nosotros todos los días. Este milagroso giro es la prueba del despertar espiritual. Compartimos cómo ha sido para nosotros basándonos en nuestra experiencia personal. La tentación de dar consejos es enorme, pero si los damos, perdemos el respeto de los recién llegados. Es algo que enturbia nuestro mensaje. Un mensaje de recuperación sencillo y honesto siempre suena auténtico.

Asistimos a las reuniones y tratamos de estar disponibles y dispuestos a servir a la confraternidad. Brindamos desinteresada y agradecidamente nuestro tiempo, nuestro servicio y todo lo que hemos hallado aquí. El servicio a Narcóticos Anónimos al que nos referimos es el propósito primordial de nuestros grupos. La tarea del servicio es llevar el mensaje al adicto que todavía sufre. Cuanto más resueltamente nos pongamos a trabajar, más fructífero será nuestro despertar espiritual.

La primera forma de llevar el mensaje habla por sí sola: la gente que nos ve en la calle y nos recuerda como seres solitarios, tortuosos y asustados nota que el miedo ha desaparecido de nuestro rostro y que poco a poco regresamos a la vida.

Una vez descubierta la recuperación a la manera de NA, en nuestra nueva vida no hay sitio para el aburrimiento y la autocomplacencia. Gracias a mantenernos limpios, empezamos a practicar principios espirituales tales como la esperanza, la entrega, la aceptación, la honestidad, la receptividad, la buena voluntad, la fe, la tolerancia, la paciencia, la humildad, el amor incondicional, el compartir y el interés en los demás. A medida que nuestra recuperación avanza, estos principios espirituales tocan cada una de las áreas de nuestra vida, simplemente porque intentamos vivir este programa aquí y ahora.

Cuando empezamos a aprender a vivir de acuerdo con los principios de recuperación, descubrimos la dicha. La alegría de ver a una persona que lleva dos días limpia decirle a otra que lleva sólo uno: «Un adicto solo está en mala compañía». La alegría de ver a alguien que, tras haber luchado duramente, de pronto se da cuenta de que al tratar de ayudar a otro adicto a mantenerse limpio es capaz de encontrar las palabras que necesita para trasmitir el mensaje de recuperación.

Sentimos que empieza a valer la pena vivir. Gracias a esta renovación espiritual, nos alegra estar vivos. Cuando consumíamos, nuestra vida se había convertido en un ejercicio de supervivencia. Ahora nos dedicamos mucho más a vivir que a sobrevivir. Al comprender que lo esencial es mantenernos limpios, podemos disfrutar de la vida. Nos gusta estar limpios y disfrutamos llevando el mensaje de recuperación al adicto que todavía sufre. Asistir a las reuniones realmente funciona.

La práctica de los principios espirituales en nuestra vida cotidiana nos proporciona una nueva imagen de nosotros mismos. La honestidad, la humildad y la buena voluntad nos ayudan a tratar a nuestros compañeros como se merecen. Nuestras decisiones se moderan con la tolerancia. Aprendemos a respetarnos.

Las lecciones que aprendemos en nuestra recuperación a veces son amargas y dolorosas. La recompensa que recibimos al ayudar a los demás es el respeto a nosotros mismos, puesto que podemos compartir estas lecciones con otros miembros de Narcóticos Anónimos. No podemos negar el dolor que sienten otros adictos, pero podemos llevar el mismo mensaje de esperanza que otros adictos en recuperación nos ofrecieron a nosotros. Compartimos cómo han funcionado en nuestra vida los principios de la recuperación. Mientras nos ayudamos mutuamente, Dios nos ayuda a todos. La vida adquiere un nuevo significado, una nueva alegría; y nosotros, una nueva forma de ser y sentirnos útiles. Nos renovamos espiritualmente y estamos contentos de estar vivos. Nuestro despertar espiritual proviene en parte de una nueva concepción de nuestro Poder Superior desarrollada al compartir la recuperación de otro adicto.

Sí, somos una visión de esperanza, ejemplos de un programa que funciona. La alegría que sentimos de vivir limpios atrae al adicto que todavía sufre.

Nos recuperamos para vivir limpios y felices. Bienvenido a NA. Los pasos no terminan aquí. ¡Son un nuevo comienzo!

Capítulo cinco

¿Qué puedo hacer?

Comienza tu propio programa con el Primer Paso del capítulo anterior, «Cómo funciona». Cuando admitimos completamente en lo más íntimo de nuestro ser que somos impotentes ante nuestra adicción, hemos dado un gran paso en nuestra recuperación. Muchos tuvimos nuestras reservas al llegar a este punto, así que puedes darte una oportunidad y tratar de ser lo más minucioso posible desde el principio. Continúa con el Segundo Paso y así sucesivamente. A medida que avances llegarás por ti mismo a comprender el programa. Si estás en algún tipo de institución y en este momento has dejado de consumir, puedes probar esta forma de vida con una mente despejada.

Cuando salgas, sigue tu programa diariamente y ponte en contacto con un miembro de NA por carta, por teléfono o personalmente. Mejor aún, ven a nuestras reuniones. Aquí hallarás las respuestas a algunas cuestiones que ahora pueden estar inquietándote.

Puedes hacer lo mismo aunque no estés en una institución. Deja de consumir sólo por hoy. La mayoría podemos hacer durante ocho o doce horas lo que parece imposible durante un período más largo. Si la obsesión o la compulsión se hacen demasiado fuertes trata de no consumir de cinco en cinco minutos. Los minutos se convertirán en horas y las horas en días, así romperás el hábito y obtendrás un poco de tranquilidad mental. El verdadero milagro sucede cuando te das cuenta que de alguna manera ha desaparecido la necesidad de tomar drogas. Has dejado de consumir y empezado a vivir.

El primer paso hacia la recuperación es dejar de consumir. No podemos esperar que el programa nos funcione si nuestro cuerpo y nuestra mente todavía están nublados por las drogas. Podemos parar en cualquier lugar, incluso en la cárcel o en una institución. Lo hacemos como podemos –sin ningún tipo de tratamiento o bien en un centro de desintoxicación– con tal de quedar limpios.

Podemos emprender el proyecto de desarrollar el concepto de Dios tal como lo concebimos. También podemos usar los pasos para mejorar nuestras actitudes. Nuestras mejores ideas nos metieron en problemas, reconozcamos la necesidad de cambiar. Nuestra enfermedad abarca mucho más que el consumo de drogas, por lo tanto nuestra recuperación debe ser mucho más que la simple abstinencia. La recuperación es un cambio constante de nuestras ideas y actitudes.

La capacidad para enfrentar problemas es necesaria para mantenernos limpios. Si tuvimos problemas en el pasado, es improbable que la simple abstinencia pueda solucionarlos. La culpabilidad y la preocupación pueden impedir que vivamos aquí y ahora. La negación de nuestra enfermedad, así como otras reservas, nos mantiene enfermos. Muchos tenemos la sensación de que no es posible vivir una vida feliz sin drogas. El miedo y la locura nos hacen sufrir, nos parece que no hay manera de escapar del consumo. Puede que temamos que nuestros amigos nos rechacen si estamos limpios. Estos sentimientos son comunes entre los adictos que quieren recuperarse. Tal vez suframos de un ego demasiado sensible. Las excusas más comunes para consumir son la soledad, la autocompasión y el miedo. La deshonestidad, una mente cerrada y la desgana son tres de nuestros peores enemigos. La autoobsesión es el eje de nuestra enfermedad.

Hemos aprendido que nuestras viejas ideas y formas de actuar no nos ayudarán a mantenernos limpios y vivir mejor. Si nos permitimos estancarnos y nos aferramos a quedarnos en la «cresta de la ola» mortal y terminal, nos abandonamos a los síntomas de nuestra enfermedad. Uno de nuestros problemas es que siempre nos ha parecido más fácil cambiar nuestra percepción de la realidad que la realidad propiamente dicha. Debemos renunciar a este viejo concepto y enfrentar el hecho de que la vida y la realidad siguen su curso, decidamos aceptarlas o no. Lo único que podemos cambiar es nuestra forma de reaccionar y la forma en que nos vemos a nosotros mismos. Tenemos que aceptar que el cambio es gradual y que la recuperación es un proceso continuo.

Por lo menos los primeros noventa días, sería buena idea asistir a una reunión diaria. Cuando los adictos descubren a otras personas que comparten sus dificultades pasadas y presentes, sienten algo especial. Al principio no podemos hacer mucho más que ir a las reuniones. Probablemente no recordemos ni una sola palabra, persona o pensamiento de nuestra primera reunión, pero con el tiempo conseguimos relajarnos y gozar del ambiente de recuperación. Las reuniones fortalecen nuestra recuperación. Al principio puede que estemos asustados porque no conocemos a nadie. Algunos hasta pensamos que no necesitamos reuniones. Sin embargo, cuando sufrimos, vamos a una reunión y encontramos alivio. Allí nos mantenemos en contacto con lo que hemos sido, pero sobre todo, descubrimos hacia dónde podemos ir en nuestra recuperación. A medida que asistimos regularmente a las reuniones, aprendemos el valor de hablar con otros adictos que comparten nuestros problemas y objetivos. Tenemos que abrirnos y aceptar el cariño y la comprensión que nos hace falta para cambiar. Cuando nos familiarizamos con la confraternidad y sus principios y empezamos a ponerlos en práctica, comenzamos a crecer. Nos esforzamos con nuestros problemas más evidentes y dejamos de lado el resto. Hacemos el trabajo inmediato; a medida que progresemos irán surgiendo por sí solas nuevas oportunidades para mejorar.

Nuestros nuevos amigos de la confraternidad nos ayudarán. La recuperación es nuestro esfuerzo común. Limpios, nos enfrentamos juntos al mundo. Ya no tenemos por qué sentirnos acorralados, a merced de los acontecimientos y circunstancias. Tener amigos que se preocupan cuando sufrimos es otra cosa. Encontramos nuestro lugar en la confraternidad y nos integramos en un grupo cuyas reuniones nos ayudan en nuestra recuperación. Durante tanto tiempo hemos sido indignos de confianza, que la mayor parte de nuestros amigos y familiares dudarán de nuestra recuperación; piensan que no durará. Necesitamos personas que entiendan nuestra enfermedad y el proceso de recuperación. En las reuniones podemos compartir con otros adictos, hacer preguntas y aprender sobre nuestra enfermedad. Aprendemos a vivir de otra manera. Ya no estamos limitados a nuestras viejas ideas.

Poco a poco reemplazamos nuestros viejos hábitos por nuevas formas de vida y estamos dispuestos a cambiar. Asistimos regularmente a reuniones, pedimos números de teléfono y los usamos, leemos literatura y, lo más importante, no consumimos. Aprendemos a compartir con los demás. Si no le decimos a nadie que estamos sufriendo, difícilmente lo vea. Si pedimos ayuda, podemos recibirla.

Otra herramienta para el recién llegado es integrarse en la confraternidad. A medida que nos integramos aprendemos a poner el programa en primer lugar y a tomarnos con calma otros asuntos. Empezamos por pedir ayuda y poner en práctica las sugerencias que nos hacen en las reuniones. Es beneficioso permitir que otras personas del grupo nos ayuden. Con el tiempo, nosotros también podremos trasmitir lo que nos han dado. Aprendemos que el servicio a los demás nos ayuda a salir de nosotros mismos. Podemos empezar haciendo pequeños trabajos: vaciar ceniceros, hacer el café, limpiar y preparar el local, abrir la puerta, coordinar o moderar la reunión, repartir literatura. Todo esto nos ayuda a sentirnos parte de la confraternidad.

Hemos descubierto que es provechoso tener un padrino y usarlo. El padrinazgo es como una calle de doble dirección: sirve tanto al recién llegado como al padrino. La experiencia y el tiempo limpio de un padrino puede que dependan mayormente de la disponibilidad de padrinos en tu zona. El padrinazgo de los nuevos es también responsabilidad del grupo. Aunque se aborde de manera implícita e informal, esta relación es la esencia de la manera que tenemos en NA de recuperarnos de la adicción: un adicto ayuda a otro.

Uno de los cambios más profundos en nuestra vida se produce en el ámbito de las relaciones personales. A menudo la relación con nuestro padrino es el primer contacto que establecemos. Como recién llegados nos resulta más fácil tener alguien cuyo criterio nos inspira confianza. Descubrimos que confiar en otras personas con más experiencia no es un signo de debilidad sino de fortaleza. Nuestra experiencia demuestra que trabajar los pasos es la mejor garantía contra una recaída. Nuestro padrino y nuestros amigos pueden orientarnos sobre la forma de hacerlo. Podemos hablar con ellos sobre su significado y es posible que nos ayuden a prepararnos para la experiencia espiritual de vivir los pasos. Pedir ayuda a Dios, tal como lo concebimos, nos ayuda a mejorar nuestra comprensión de los pasos. Cuando estemos preparados, debemos probar la nueva forma de vida que acabamos de descubrir. Aprendemos que el programa no funciona cuando intentamos adaptarlo a nuestra vida. Debemos aprender a adaptar nuestra vida al programa.

Hoy en día no buscamos problemas, sino soluciones. Probamos a través de la experiencia lo que hemos aprendido. Conservamos lo que necesitamos y dejamos de lado el resto. Descubrimos que si trabajamos los pasos, estamos en contacto con nuestro Poder Superior, hablamos con nuestro padrino y compartimos con los recién llegados, podemos crecer espiritualmente.

Los Doce Pasos se emplean como programa de recuperación. Aprendemos que podemos dirigirnos a nuestro Poder Superior para que nos ayude a resolver problemas. Al compartir las dificultades que antes nos hacían huir, experimentamos sentimientos positivos que nos dan la fuerza para empezar a buscar la voluntad de Dios para con nosotros.

Creemos que nuestro Poder Superior cuidará de nosotros. Si intentamos honestamente cumplir la voluntad de Dios lo mejor que podamos, podremos hacer frente a cualquier cosa que ocurra. La búsqueda de la voluntad de Dios es un principio espiritual presente en los pasos. Trabajar los pasos y practicar los principios simplifica nuestra vida y cambia nuestras viejas actitudes. Cuando admitimos que nuestra vida se ha vuelto ingobernable, ya no tenemos que defender nuestro punto de vista. Debemos aceptarnos tal como somos. Ya no tenemos que tener razón a toda costa. Si nos concedemos la libertad de equivocarnos, también podemos permitírsela a los demás. La libertad para cambiar parece provenir de la autoaceptación.

Compartir con otros adictos de la confraternidad es una herramienta básica de nuestro programa. Esta ayuda sólo puede proceder de otro adicto. Nos ayudamos cuando decimos: «A mí me pasó lo mismo e hice lo siguiente...» No damos sermones ni juzgamos, sino que compartimos nuestra experiencia, fortaleza y esperanza con todos los que deseen nuestra forma de vida. Si compartiendo la experiencia de nuestro sufrimiento conseguimos ayudar a una sola persona, nuestro dolor habrá valido la pena. Fortalecemos nuestra propia recuperación cuando la compartimos con quienes piden ayuda. Si nos guardamos lo que tenemos para compartir, lo perderemos. Las palabras no significan nada a menos que las pongamos en práctica.

Reconocemos nuestro crecimiento espiritual cuando somos capaces de tender la mano y ayudar a otros. Ayudamos a los demás cuando participamos en los trabajos de servicio y tratamos de llevar el mensaje de recuperación al adicto que todavía sufre. Aprendemos que sólo podemos conservar lo que tenemos compartiéndolo. Además, nuestra experiencia nos demuestra que muchos problemas personales se resuelven cuando salimos de nosotros mismos y ofrecemos ayuda a aquellos que la necesitan.

Reconocemos que un adicto es la persona que mejor puede comprender y ayudar a otro adicto. Por mucho que demos, siempre habrá otro adicto buscando ayuda.

No podemos darnos el lujo de perder de vista la importancia del padrinazgo y de interesarnos especialmente por el adicto confundido que quiere dejar de consumir. La experiencia nos demuestra claramente que los que sacan más provecho del programa de Narcóticos Anónimos son aquellos para quienes el padrinazgo es importante. El padrinazgo implica responsabilidades que recibimos y aceptamos de buen grado como una oportunidad para enriquecer nuestra experiencia personal en NA.

Trabajar con otros es sólo el comienzo del servicio. El servicio a NA nos permite invertir gran parte de nuestro tiempo en ayudar directamente a los adictos que sufren y al mismo tiempo asegurar la supervivencia de Narcóticos Anónimos. Es así como conservamos lo que tenemos: compartiéndolo.

Capítulo seis

Las Doce Tradiciones
de Narcóticos Anónimos

La única forma de mantener lo que tenemos es a través de la vigilancia, y así como la libertad para el individuo proviene de los Doce Pasos, la libertad colectiva emana de nuestras tradiciones.

Siempre que los lazos que nos unan sean más fuertes que aquéllos que puedan separarnos, todo marchará bien.

1. *Nuestro bienestar común debe tener prioridad; la recuperación personal depende de la unidad de NA.*

2. *Para el propósito de nuestro grupo sólo hay una autoridad fundamental: un Dios bondadoso tal como pueda manifestarse en nuestra conciencia de grupo. Nuestros líderes no son más que servidores de confianza; no gobiernan.*

3. *El único requisito para ser miembro es el deseo de dejar de consumir.*

4. *Cada grupo debe ser autónomo, excepto en asuntos que afecten a otros grupos o a NA en su totalidad.*

5. *Cada grupo tiene un solo propósito primordial: llevar el mensaje al adicto que todavía sufre.*

6. *Un grupo de NA nunca debe respaldar, financiar ni prestar el nombre de NA a ninguna entidad allegada o empresa ajena, para evitar que problemas de dinero, propiedad o prestigio nos desvíen de nuestro propósito primordial.*

7. *Todo grupo de NA debe mantenerse a sí mismo completamente, negándose a recibir contribuciones externas.*

8. *Narcóticos Anónimos nunca tendrá carácter profesional, pero nuestros centros de servicio pueden emplear trabajadores especializados.*

9. *NA, como tal, nunca debe ser organizada, pero podemos crear juntas o comités de servicio que sean directamente responsables ante aquéllos a quienes sirven.*

10. *NA no tiene opinión sobre cuestiones ajenas a sus actividades; por lo tanto su nombre nunca debe mezclarse en polémicas públicas.*

11. *Nuestra política de relaciones públicas se basa más bien en la atracción que en la promoción; necesitamos mantener siempre nuestro anonimato personal ante la prensa, la radio y el cine.*

12. *El anonimato es la base espiritual de todas nuestras tradiciones, recordándonos siempre anteponer los principios a las personalidades.*

La comprensión de estas tradiciones es un proceso lento que requiere tiempo. A medida que hablamos con otros miembros y visitamos diversos grupos vamos recopilando información. En general, hasta que no nos integramos en el servicio no nos enteramos de que «la recuperación personal depende de la unidad de NA», y la unidad depende de lo bien que sigamos nuestras tradiciones. Las Doce Tradiciones de NA no son negociables. Son las pautas que aseguran la vida y la libertad de nuestra confraternidad.

Al seguir estas pautas en nuestras relaciones con los demás y con la sociedad en su conjunto, evitamos muchos problemas. Esto no quiere decir que nuestras tradiciones eliminen todos los problemas. En todo caso tenemos que enfrentar las dificultades a medida que se presenten: problemas de comunicación, diferencias de opinión, controversias internas y problemas con individuos y grupos ajenos a la confraternidad. Sin embargo, cuando aplicamos estos principios, evitamos algunos peligros latentes.

Muchos de nuestros problemas son similares a los que tuvieron que enfrentar nuestros predecesores. Esta experiencia, duramente adquirida, dio origen a las tradiciones. Nuestra propia experiencia nos ha demostrado que estos principios tienen hoy la misma validez que cuando fueron formulados. Las tradiciones nos protegen de las fuerzas internas y externas que podrían destruirnos. Son los vínculos auténticos que nos unen. Sólo funcionan si las comprendemos y aplicamos.

Primera Tradición

«Nuestro bienestar común debe tener prioridad; la recuperación personal depende de la unidad de NA.»

Nuestra Primera Tradición se ocupa de la unidad y nuestro bienestar común. Uno de los aspectos más importantes de nuestra nueva forma de vida es pertenecer a un grupo de adictos en busca de recuperación. Nuestra supervivencia está directamente relacionada con la supervivencia del grupo y de la confraternidad. Para mantener la unidad dentro de Narcóticos Anónimos, la estabilidad del grupo es imperativa, de otro modo la confraternidad entera sucumbiría y el individuo moriría.

La recuperación nos resultó imposible hasta que llegamos a NA. Este programa puede hacer por nosotros lo que nosotros no pudimos hacer por nuestra cuenta. Nos integramos en un grupo y descubrimos que podíamos recuperarnos. Vimos que aquellos que no continuaban formando parte activa de la confraternidad se enfrentaban a un duro camino. El individuo es un elemento valioso para el grupo, así como el grupo para el individuo. Nunca habíamos experimentado el tipo de atención y cuidado personal que encontramos en el programa. Nos aceptan y nos quieren por lo que somos, no a pesar de ello. Nadie puede revocar nuestra condición de miembros ni obligarnos a hacer lo que no queremos. Practicamos esta forma de vida siguiendo ejemplos más que instrucciones. Compartimos nuestra experiencia y aprendemos los unos de los otros. Durante nuestra adicción activa, constantemente poníamos nuestros deseos personales por encima de todo. En Narcóticos Anónimos descubrimos que lo mejor para el grupo, por lo general, es bueno para nosotros.

Cuando consumíamos, las experiencias personales de unos diferían de las de otros. Como grupo, sin embargo, hemos descubierto muchos puntos en común en nuestra adicción. Uno de ellos era la necesidad de demostrar autosuficiencia. Nos habíamos convencido a nosotros mismos de que podíamos hacerlo solos y actuábamos en consecuencia. Los resultados fueron desastrosos y al final cada uno tuvo que admitir que la autosuficiencia era una mentira. Reconocerlo fue el punto de partida de nuestra recuperación y es el elemento primordial de la unidad de la confraternidad. Así como había puntos en común en nuestra adicción, también hay mucho en común en nuestra recuperación: compartimos el deseo de mantenernos limpios. Hemos aprendido a depender de un Poder más grande que nosotros. Nuestro propósito es llevar el mensaje al adicto que todavía sufre. Nuestras tradiciones son las pautas que nos protegen de nosotros mismos. Son nuestra unidad.

La unidad en Narcóticos Anónimos es indispensable. Esto no significa que no tengamos nuestros desacuerdos y conflictos; los tenemos. Siempre que las personas se reúnen hay diferencias de opinión. Sin embargo, podemos estar en desacuerdo sin necesidad de ser desagradables. Repetidas veces en momentos de crisis hemos dejado de lado nuestras diferencias y trabajado por el bienestar común. Hemos visto a dos miembros que generalmente no se llevan bien, trabajar juntos con un recién llegado; a un grupo hacer pequeñas tareas para pagar el alquiler del local de reunión; a miembros viajar cientos de kilómetros para apoyar a un grupo nuevo. Estas actividades, y muchas otras, son corrientes en nuestra confraternidad. Sin ellas NA no podría sobrevivir.

Debemos convivir y trabajar unidos como grupo para asegurar que nuestro barco no se hunda en una tormenta y nuestros miembros no se ahoguen. Con fe en un Poder más grande que nosotros, trabajo duro y unidad, sobreviviremos y seguiremos llevando el mensaje al adicto que todavía sufre.

Segunda Tradición

«Para el propósito de nuestro grupo sólo hay una autoridad fundamental: un Dios bondadoso tal como pueda manifestarse en nuestra conciencia de grupo. Nuestros líderes no son más que servidores de confianza; no gobiernan.»

En Narcóticos Anónimos procuramos protegernos de nosotros mismos y la Segunda Tradición es un buen ejemplo de ello. Somos personas testarudas y egocéntricas por naturaleza que de golpe nos encontramos en NA. Somos malos administradores y ninguno de nosotros es capaz de tomar buenas decisiones constantemente.

En Narcóticos Anónimos nos fiamos más de un Dios bondadoso, tal como pueda manifestarse en nuestra conciencia de grupo, que de las opiniones personales o el ego. Al trabajar los pasos, aprendemos a depender de un Poder más grande que nosotros y a emplearlo para el propósito de nuestro grupo. Debemos cuidar constantemente que nuestras decisiones sean la expresión auténtica de la voluntad de Dios. A menudo hay una enorme diferencia entre la conciencia del grupo y la opinión del grupo, dictada muchas veces por personalidades fuertes o populares. Algunas de nuestras experiencias de crecimiento más dolorosas han sido el resultado de decisiones tomadas en nombre de la conciencia de grupo. Los principios espirituales verdaderos nunca son conflictivos, en realidad se complementan. La conciencia espiritual del grupo jamás está en contradicción con las tradiciones.

La Segunda Tradición se ocupa de la naturaleza del liderazgo en NA. Hemos aprendido que en nuestra confraternidad el liderazgo que funciona es el del ejemplo y el servicio desinteresado; la dirección y la manipulación fracasan. Elegimos no tener presidentes, jefes, ni directores, sino secretarios, tesoreros y representantes. Estos títulos implican servicio, no control. Nuestra experiencia nos demuestra que si un grupo se convierte en la prolongación de la personalidad de un líder o un miembro, pierde eficacia. El ambiente de recuperación de nuestros grupos es uno de los bienes más valiosos y debemos protegerlo cuidadosamente para no perdernos en política y personalidades.

A los que hemos participado en el servicio o en la formación de un grupo, a veces nos cuesta mucho soltar las riendas. El ego, el orgullo sin fundamento y la terquedad, si tienen autoridad, destruyen un grupo. Debemos recordar que estos servicios nos han sido confiados, que somos servidores de confianza, y que en ningún momento ninguno de nosotros manda. Narcóticos Anónimos es un programa otorgado por Dios, y sólo podemos conservar la dignidad de nuestro grupo con la conciencia colectiva y el amor de Dios.

Algunos se resistirán. Muchos, sin embargo, se convertirán en modelos para los recién llegados. Los egoístas muy pronto se encontrarán al margen causando desacuerdo y a la larga su propio desastre. Muchos de ellos cambian, aprenden que sólo puede gobernarnos un Dios bondadoso tal como se manifiesta en nuestra conciencia de grupo.

Tercera Tradición

«El único requisito para ser miembro es el deseo de dejar de consumir.»

Esta tradición es tan importante para el individuo como para el grupo. Deseo es la palabra clave; el deseo es la base de nuestra recuperación. En nuestras historias y en nuestra experiencia tratando de llevar el mensaje al adicto que todavía sufre, el mismo hecho doloroso se repite una y otra vez: si un adicto no quiere dejar de consumir, no lo hará. Se puede analizar, aconsejar, razonar, rezar, amenazar, castigar, pero no parará hasta que quiera.

Lo único que pedimos a nuestros miembros es que tengan este deseo. Sin él están condenados, pero con él ocurrirán milagros. El deseo es nuestro único requisito. La adicción no discrimina. Esta tradición asegura a cualquier adicto la libertad de practicar el modo de vida de NA, independientemente de las drogas consumidas, raza, creencia religiosa, sexo, preferencia sexual y posición económica. Con «... el deseo de dejar de consumir» como único requisito para ser miembro, ningún adicto estará por encima de otro. Todas las personas adictas son bienvenidas y tienen el mismo derecho a obtener el alivio que buscan; cualquier adicto puede recuperarse en este programa sobre una base de igualdad. Esta tradición garantiza nuestra libertad para recuperarnos.

Ser miembro de Narcóticos Anónimos no es un hecho automático que se produce cuando alguien cruza la puerta o el recién llegado decide dejar de consumir. La decisión de formar parte de nuestra confraternidad es un asunto individual. Cualquier adicto que tenga el deseo de dejar de consumir puede convertirse en miembro de NA. Somos adictos y nuestro problema es la adicción.

La decisión de convertirse en miembro corresponde al individuo. Creemos que la situación ideal en nuestra confraternidad es que los adictos puedan ir libre y abiertamente a una reunión de NA donde y cuando quieran, y marcharse con la misma libertad. Descubrimos que la recuperación es una realidad y que la vida sin drogas es mejor de lo que jamás hubiéramos imaginado. Abrimos nuestras puertas a todos los adictos con la esperanza de que puedan encontrar lo mismo que nosotros; pero sabemos que sólo aquéllos que tengan el deseo de dejar de consumir y quieran lo que podemos ofrecerles, compartirán nuestro modo de vida.

Cuarta Tradición

«Cada grupo debe ser autónomo, excepto en asuntos que afecten a otros grupos o a NA en su totalidad.»

La autonomía de nuestros grupos es necesaria para nuestra supervivencia. Un diccionario definiría el concepto de autonomía como «tener el derecho o el poder de gobernarse a sí mismo, sin control externo». Esto significa que nuestros grupos se autogobiernan y no están sujetos a control externo. Cada grupo ha tenido que formarse y crecer por sus propios medios.

Uno se puede preguntar: ¿Somos realmente autónomos? ¿Acaso no tenemos comités de servicio, oficinas, líneas telefónicas y otras actividades en NA? Estos son servicios que utilizamos para ayudarnos en nuestra recuperación y para promover el propósito primordial de nuestros grupos. Narcóticos Anónimos es una confraternidad de hombres y mujeres adictos que se reúnen en grupos y utilizan una serie de principios espirituales establecidos para librarse de la adicción y encontrar una nueva forma de vida. Los servicios mencionados son el resultado del trabajo de los miembros que se preocupan lo suficiente para tender la mano y ofrecer ayuda y experiencia para que nuestro camino resulte más fácil.

Un grupo de Narcóticos Anónimos es un conjunto de personas que se reúne regularmente en un sitio y a una hora determinados con el propósito de recuperarse, siempre que siga los Doce Pasos y las Doce Tradiciones de Narcóticos Anónimos. Hay dos tipos básicos de reuniones: abiertas al público en general y cerradas (sólo para adictos). El formato varía de un grupo a otro; algunas reuniones son de participación, otras tienen oradores, se hacen preguntas y respuestas o se discuten problemas específicos.

Cualquiera sea el tipo o formato de reunión que se utilice, la función del grupo siempre es la misma: proporcionar un ambiente adecuado y fiable para la recuperación personal y fomentar dicha recuperación. Estas tradiciones son parte de la serie de principios espirituales de Narcóticos Anónimos, sin ellas, NA no existiría.

La autonomía ofrece a nuestros grupos la libertad de actuar por su cuenta para establecer un ambiente de recuperación, servir a sus miembros y cumplir con su propósito primordial. Estas son las razones que nos hacen proteger nuestra autonomía con tanto cuidado.

Parecería que en nuestros grupos podemos hacer lo que decidamos, al margen de lo que digan los demás. En parte es cierto. Cada grupo tiene completa libertad, excepto cuando su proceder afecta a otros grupos o a NA en su conjunto. La autonomía, como la conciencia de grupo, puede ser un arma de doble filo. La idea de autonomía del grupo ya ha sido usada para justificar la violación de las tradiciones. Si existen contradicciones es que nos hemos apartado de nuestros principios. Si aseguramos que nuestras acciones estén claramente dentro de los límites de nuestras tradiciones, si nos abstenemos de mandar u obligar a otros grupos a hacer algo, si consideramos las consecuencias de nuestros actos anticipadamente, entonces todo irá bien.

Quinta Tradición

«Cada grupo tiene un solo propósito primordial: llevar el mensaje al adicto que todavía sufre.»

«¿Significa esto que nuestro propósito primordial es llevar el mensaje? Yo creía que estábamos aquí para mantenernos limpios. Pensaba que nuestro propósito primordial era recuperarnos de la adicción a las drogas.» Para el individuo esto sin duda es verdad; nuestros miembros están aquí para librarse de la adicción y encontrar una nueva forma de vida. Sin embargo, los grupos no son adictos y no se recuperan. Lo único que nuestros grupos pueden hacer es plantar la semilla de la recuperación y reunir a los adictos para que la magia de la identificación, la honestidad, la solidaridad, el compartir y el servicio hagan su trabajo. El propósito de esta tradición es asegurar que este ambiente de recuperación se mantenga y sólo se consigue centrando a los grupos en ello. El hecho de que todos y cada uno de los grupos se concentren en llevar el mensaje proporciona coherencia; los adictos pueden contar con nosotros. La unidad de acción y propósitos hace posible lo que parecía imposible para nosotros: la recuperación.

El Duodécimo Paso de nuestro programa personal también nos dice que llevemos el mensaje al adicto que todavía sufre. Trabajar con otros es una herramienta poderosa. «El valor terapéutico de un adicto que ayuda a otro no tiene igual.» Así es como los recién llegados han encontrado Narcóticos Anónimos y han aprendido a mantenerse limpios. En el caso del resto de los miembros, ésta es una forma de reafirmar su compromiso con la recuperación. El grupo es el vehículo más poderoso que tenemos para llevar el mensaje. Cuando uno de los miembros pasa el mensaje, éste de alguna manera está ligado a su personalidad y a su interpretación. El problema con la literatura es el lenguaje; a veces se pierde la emoción, la intensidad y la fuerza. En nuestros grupos, formados por diferentes personalidades, el mensaje de recuperación es un tema constante.

¿Qué pasaría si nuestros grupos tuvieran otro propósito primordial? Creemos que nuestro mensaje se diluiría y finalmente se perdería. Si nos ocupáramos de hacer dinero, quizás muchos se harían ricos. Si fuéramos un club social, podríamos encontrar muchos amigos y amores. Si nos especializáramos en educación, terminaríamos llenos de adictos instruidos. Si nos dedicáramos a la asistencia médica, muchos estaríamos sanos. Si el propósito de nuestro grupo fuera otro que llevar el mensaje, muchos morirían y pocos se recuperarían.

¿Cuál es nuestro mensaje? El mensaje es que un adicto –cualquier adicto– puede dejar de consumir drogas, perder el deseo de consumirlas y descubrir una nueva forma de vida. Nuestro mensaje es esperanza y una promesa de libertad. Cuando ya se ha dicho y hecho todo, nuestro propósito primordial sólo puede ser llevar el mensaje al adicto que todavía sufre, porque es lo único que tenemos para ofrecer.

Sexta Tradición

«Un grupo de NA nunca debe respaldar, financiar ni prestar el nombre de NA a ninguna entidad allegada o empresa ajena, para evitar que problemas de dinero, propiedad o prestigio nos desvíen de nuestro propósito primordial.»

La Sexta Tradición nos dice algunas de las cosas que debemos hacer para conservar y proteger nuestro propósito primordial. Es la base de nuestra política de no afiliación y es extremadamente importante para la continuidad y el crecimiento de Narcóticos Anónimos.

Veamos lo que dice esta tradición. Lo primero es que un grupo nunca debe respaldar a ninguna entidad. Respaldar es autorizar, aprobar o recomendar. Los respaldos pueden ser directos o implícitos. Cada día vemos respaldos directos en los anuncios de televisión. Un respaldo implícito es aquel que no se menciona específicamente.

A muchas organizaciones les gustaría servirse del nombre de NA. Permitirlo sería un respaldo implícito y una violación de esta tradición. Los hospitales, los centros de tratamiento y los organismos penitenciarios son algunas de las entidades con las que nos relacionamos para llevar el mensaje. Aunque estas organizaciones sean sinceras y hagamos reuniones de NA en sus instalaciones, no podemos respaldar, financiar, ni permitirles usar nuestro nombre para promover su crecimiento. Sin embargo, estamos dispuestos a llevar los principios de NA a estas instituciones para que los adictos que todavía sufren puedan escoger.

Lo segundo que no debemos hacer es financiar a ninguna otra entidad. Esto resulta más claro. Financiar significa proporcionar fondos o dar ayuda financiera.

La tercera advertencia de esta tradición consiste en no prestar el nombre de NA a otros programas para servir a sus objetivos. En varias ocasiones, por ejemplo, otros programas intentaron usar el nombre de Narcóticos Anónimos como parte de los servicios ofrecidos para justificar sus subvenciones.

Esta tradición además nos dice que una entidad allegada es aquélla en la que están involucrados miembros de NA; puede ser una casa de transición o reinserción, un centro de desintoxicación, un centro de tratamiento, o un clubhouse.[3] La gente confunde con facilidad lo que es NA con lo que son las entidades allegadas. Los centros de tratamiento fundados por miembros de NA, o que emplean a sus miembros, tienen que ocuparse de que esta diferenciación quede clara. Quizás la confusión es mayor cuando se trata de un clubhouse. Los recién llegados y los miembros veteranos a menudo lo identifican con Narcóticos Anónimos. Debemos hacer un esfuerzo especial para que estas personas sepan que estas entidades y NA no son lo mismo. Una empresa ajena puede ser una agencia, un negocio comercial, una religión, una sociedad, una organización, una actividad afín u otro programa de Doce Pasos. La mayor parte de estas empresas son fáciles de identificar; no ocurre lo mismo con otras asociaciones de Doce Pasos. Narcóticos Anónimos es una confraternidad separada y distinta de pleno derecho. Nuestro problema es la adicción. Las otras asociaciones de Doce Pasos se especializan en otros problemas; nuestra relación con ellas es de cooperación, no de afiliación. El uso de literatura, oradores y anuncios de otras asociaciones en nuestras reuniones constituye e implica un respaldo implícito a una empresa ajena.

La Sexta Tradición nos hace una última advertencia para «evitar que problemas de dinero, propiedad y prestigio nos desvíen de nuestro propósito primordial». Estos problemas a menudo se convierten en obsesiones y nos apartan de nuestro objetivo espiritual. Este tipo de abuso puede ser devastador para el indi-

---

[3] En algunos países existen organizaciones privadas que alquilan sus instalaciones exclusivamente a grupos de NA.

viduo; para el grupo, desastroso. Cuando nos desviamos como grupo de nuestro propósito primordial, mueren adictos que se podrían haber recuperado.

Séptima Tradición

«Todo grupo de NA debe mantenerse a sí mismo completamente, negándose a recibir contribuciones externas.»

Mantenernos a nosotros mismos es una parte importante de nuestra nueva forma de vida. Para el individuo por lo general representa un gran cambio. Durante nuestra adicción dependíamos de la gente, los lugares y las cosas. Contábamos con ellos para que nos mantuvieran y nos proporcionaran lo que nos faltaba. Ahora, en recuperación, descubrimos que todavía somos dependientes, pero ya no dependemos de lo que nos rodea sino de un Dios bondadoso y de la fuerza interior que tenemos gracias a nuestra relación con Él. Nosotros, que éramos incapaces de funcionar como seres humanos, descubrimos ahora que todo es posible. Los sueños a los que habíamos renunciado hace tiempo ahora pueden convertirse en realidad. Los adictos siempre hemos sido una carga para la sociedad. En NA, nuestros grupos no sólo se mantienen por su cuenta, sino que exigen el derecho de hacerlo.

El dinero siempre ha sido un problema para nosotros. Nunca teníamos suficiente para mantenernos y pagarnos nuestro hábito. Teníamos que trabajar, robar, engañar, pedir y vendernos; nunca teníamos bastante dinero para llenar nuestro vacío interior. En recuperación, el dinero a menudo sigue siendo un problema.

Necesitamos dinero para que funcione nuestro grupo; hay que pagar el alquiler, comprar literatura y otras cosas necesarias. En nuestras reuniones recogemos dinero para cubrir estos gastos; lo que sobra sirve para mantener nuestros servicios y promover nuestro propósito primordial. Desgraciadamente, una vez que el grupo ha pagado sus gastos queda muy poco. A veces, los miembros que se lo pueden permitir aportan un poco más. Otras, se forma un comité para organizar alguna actividad para recaudar fondos. Estos esfuerzos ayudan; sin ellos no hubiéramos llegado tan lejos. Los servicios de NA siempre tienen necesidad de dinero, y, aunque en ocasiones resulte frustrante, preferimos que sea así porque sabemos que de otra manera el precio sería demasiado alto. Todos debemos colaborar; de este modo aprendemos que realmente formamos parte de algo superior a nosotros.

Nuestra política con respecto al dinero está establecida claramente: rechazamos cualquier contribución externa; nuestra confraternidad se mantiene completamente a sí misma. No aceptamos fondos, subvenciones, préstamos ni regalos. A pesar de las intenciones, todo tiene su precio. Tanto si el precio es en dinero, como en promesas, concesiones, agradecimientos especiales, respaldos o favores, sería demasiado alto para nosotros. Aunque nos ofrecieran ayuda sin ningún compromiso, seguiríamos sin aceptarla. Tampoco podemos darnos el lujo de que nuestros miembros contribuyan con más de lo que les corresponde. Hemos visto que la desunión y la polémica es el precio pagado por nuestros grupos. No pondremos en peligro nuestra libertad.

Octava Tradición

«Narcóticos Anónimos nunca tendrá carácter profesional, pero nuestros centros de servicio pueden emplear trabajadores especializados.»

La Octava Tradición es vital para la estabilidad de NA en su conjunto. Para entender esta tradición tenemos que definir «centros de servicio no profesionales» y «trabajadores especializados». Cuando se comprenden estos conceptos, la importancia de esta tradición se explica por sí sola.

En ella decimos que no tenemos profesionales, es decir, que no contamos con una plantilla de psiquiatras, médicos, abogados ni terapeutas. Nuestro programa funciona sobre la base de un adicto que ayuda a otro. Si los grupos de NA emplearan profesionales, destruiríamos nuestra unidad. Simplemente somos adictos de igual nivel que de forma gratuita nos ayudamos mutuamente. Respetamos y admiramos a los profesionales. Muchos de nuestros miembros son profesionales por derecho propio, pero en NA el profesionalismo no tiene cabida.

Un centro de servicio se define como el lugar donde funcionan los comités de servicio de NA. La Oficina de Servicio Mundial (World Service Office), las oficinas locales regionales o de área son ejemplos de ello. Por el contrario, un clubhouse,[4] una casa de transición o reinserción, o entidades semejantes, no son centros de servicio de NA ni están afiliados a NA. Un centro de servicio sencillamente es un lugar donde se ofrecen servicios de NA de manera continua.

Según esta tradición, «nuestros centros de servicio pueden emplear trabajadores especializados.» Esta frase significa que pueden emplear personal para tareas especiales como contestar el teléfono, trabajos de oficina o imprenta. Estos empleados son directamente responsables ante el comité de servicio. A medida que NA crece, aumenta la demanda de este tipo de personal. Los trabajadores especializados son necesarios para garantizar la eficacia de una confraternidad en continua expansión.

Es preciso definir con claridad la diferencia entre profesionales y trabajadores especializados. Los profesionales trabajan en profesiones específicas que no tienen nada que ver con el servicio a NA, sino con su beneficio personal. Los profesionales no siguen las Tradiciones de NA. Nuestros trabajadores especializados, en cambio, se ajustan a nuestras tradiciones y son siempre directamente responsables ante aquellos a quienes sirven, es decir, ante la confraternidad.

En nuestra Octava Tradición no identificamos a nuestros miembros como profesionales. Al no considerar profesional a ninguno de nuestros miembros, aseguramos que NA «nunca tendrá carácter profesional».

---

[4] Véase nota 3, p. 80.

Novena Tradición

«NA, como tal, nunca debe ser organizada, pero podemos crear juntas o comités de servicio que sean directamente responsables ante aquéllos a quienes sirven.»

Esta tradición define la forma de funcionamiento de nuestra confraternidad. Primero debemos comprender qué es NA. Narcóticos Anónimos es un conjunto de adictos que tienen el deseo de dejar de consumir y se reúnen para hacerlo. Nuestras reuniones son encuentros de miembros con el propósito de mantenerse limpios y llevar el mensaje de recuperación. Nuestros pasos y tradiciones se enuncian en un orden específico, están numerados y estructurados, no están dispuestos al azar. Están organizados; pero no es a este tipo de organización a la que se refiere la Novena Tradición. En ella, «organización» significa tener gobierno y control. Sobre esta base, el significado de la Novena Tradición resulta claro. Sin ella, nuestra confraternidad estaría en contradicción con los principios espirituales. Un Dios bondadoso, tal como pueda manifestarse en nuestra conciencia de grupo, es nuestra autoridad fundamental.

La Novena Tradición también define el tipo de actividades que podemos hacer para ayudar a NA. Dice que podemos crear juntas o comités de servicio para responder a las necesidades de la confraternidad. Estos cuerpos existen únicamente para servir a la misma. Esta es la razón de ser de nuestra estructura de servicio tal como ha sido desarrollada y definida en el manual de servicio de NA.

Décima Tradición

«NA no tiene opinión sobre cuestiones ajenas a sus actividades; por lo tanto su nombre nunca debe mezclarse en polémicas públicas.»

Para lograr nuestro objetivo espiritual, Narcóticos Anónimos debe ser conocida y respetada. Nuestra historia lo ilustra claramente. NA fue fundada en 1953; durante veinte años fue una confraternidad pequeña y desconocida. En los años setenta, la sociedad se dio cuenta de que la adicción se había convertido en una epidemia mundial y empezó a buscar soluciones. Al mismo tiempo comenzó a cambiar la concepción que la gente tenía del adicto. Este cambio permitió que los adictos buscaran ayuda más abiertamente. Surgieron grupos de NA en muchos lugares donde nunca nos habían tolerado. Los adictos en recuperación prepararon el camino para más grupos y más recuperación. Hoy en día NA es una confraternidad mundial. Nos conocen y nos respetan en todas partes.

Si un adicto nunca ha oído hablar de nosotros, no puede buscarnos. Si los que trabajan con adictos ignoran nuestra existencia, no pueden enviarnos a nadie. Una de las cosas más importantes que podemos hacer para promover nuestro propósito primordial es intentar que la gente sepa quiénes somos, qué hacemos y dónde estamos. Si lo hacemos procurando mantener nuestro buen nombre, sin duda creceremos.

Nuestra recuperación habla por sí sola. Nuestra Décima Tradición ayuda específicamente a proteger nuestra reputación. En ella se señala que NA no tiene opinión sobre cuestiones ajenas a sus actividades. No tomamos partido ni hacemos recomendaciones. NA, como confraternidad, no participa en política; de hacerlo, fomentaríamos la polémica y nos pondríamos en peligro. Los que compartieran nuestra opinión nos alabarían por haber tomado partido, pero sin duda otros estarían en desacuerdo. Si el precio es tan alto, ¿es de extrañar que prefiramos no tomar partido en los problemas de la sociedad? Por nuestra propia supervivencia, no tenemos opinión sobre cuestiones ajenas.

Undécima Tradición

«Nuestra política de relaciones públicas se basa más bien en la atracción que en la promoción; necesitamos mantener nuestro anonimato personal ante la prensa, la radio y el cine.»

Esta tradición se ocupa de las relaciones de nuestra confraternidad con el mundo exterior. Nos indica cómo dirigir nuestros esfuerzos a nivel público. Nuestra imagen pública consiste en aquello que podemos ofrecer: una forma de vivir sin drogas de eficacia comprobada. Aunque es importante que lleguemos a todas las personas que podamos, resulta imperativo para nuestra protección que seamos cuidadosos con los anuncios, circulares y cualquier publicación que pueda llegar al público.

La atracción se basa en el éxito que tenemos por derecho propio. Lo que podemos ofrecer como grupo, es la recuperación. Hemos comprobado que el éxito de nuestro programa habla por sí solo; en ello consiste nuestra promoción.

Esta tradición nos dice también que necesitamos mantener nuestro anonimato personal ante la prensa, la radio y el cine. Esta medida sirve para proteger a los miembros y la reputación de Narcóticos Anónimos. No damos nuestro apellido ni aparecemos como miembros de Narcóticos Anónimos ante los medios de comunicación. Ningún individuo, forme o no parte de nuestra confraternidad, representa a Narcóticos Anónimos.

Duodécima Tradición

«El anonimato es la base espiritual de todas nuestras tradiciones, recordándonos siempre anteponer los principios a las personalidades.»

El diccionario definiría anonimato como «situación en la que no hay nombre». De acuerdo con esta tradición, en Narcóticos Anónimos el «yo» se convierte en «nosotros». La base espiritual se convierte en algo más importante que cualquier grupo o individuo.

A medida que estrechamos los lazos que nos unen, se despierta la humildad. La humildad es un subproducto que nos permite crecer y desarrollarnos en un ambiente de libertad; elimina el miedo a que nuestros empleadores, familiares y amigos nos reconozcan como adictos. Por consiguiente, procuramos seguir rigurosamente el principio de «lo que se dice en las reuniones, se queda en las reuniones».

A lo largo de nuestras tradiciones hablamos en términos de «nosotros» y «nuestro» en lugar de «yo» y «mío». Trabajando juntos por nuestro bienestar común, alcanzamos el verdadero espíritu del anonimato.

Hemos oído tantas veces la frase «los principios antes que las personalidades» que parece un cliché. Aunque como individuos podamos disentir entre nosotros, el principio espiritual del anonimato nos hace a todos iguales como miembros del grupo. Ningún miembro es más ni menos importante que otro. Lo que nos empujaba a obtener beneficio personal en el terreno del sexo, propiedad y posición social –y que tanto dolor nos causó en el pasado– queda de lado cuando nos adherimos al principio del anonimato. El anonimato es uno de los elementos básicos de nuestra recuperación y está presente en nuestras tradiciones y en nuestra confraternidad. Nos protege de nuestros propios defectos de carácter y quita poder a las personalidades y sus diferencias. El anonimato en acción imposibilita que se antepongan las personalidades a los principios.

Capítulo siete

La recuperación y la recaída

Muchas personas creen que la recuperación consiste simplemente en no consumir drogas. Consideran la recaída un signo de fracaso total y los largos períodos de abstinencia un éxito completo. En el programa de recuperación de Narcóticos Anónimos hemos descubierto que esta noción es demasiado simplista. Cuando un miembro lleva algún tiempo en nuestra confraternidad, una recaída puede ser la experiencia desagradable que origine un rigor mayor en la aplicación del programa. De igual manera, hemos visto que algunos miembros, aun manteniéndose abstinentes durante largos períodos, se ven privados de una recuperación completa y de la aceptación dentro de la sociedad debido a su falta de honradez y a una actitud engañosa con ellos mismos. Sin embargo, la abstinencia completa y continuada en estrecha colaboración e identificación con otros miembros de los grupos de NA sigue siendo el mejor terreno para crecer.

Aunque todos los adictos somos básicamente similares, como individuos diferimos en el grado de enfermedad y en el ritmo de recuperación. A veces, una recaída puede sentar las bases de una completa libertad. En otras ocasiones, esa libertad puede lograrse sólo por una inflexible y obstinada voluntad de aferrarnos a la abstinencia, contra viento y marea, hasta que pase la crisis. Un adicto que, por cualquier medio y aunque sea sólo por un tiempo, pueda perder la necesidad o el deseo de consumir, y tenga la libertad de elección para superar un pensamiento impulsivo y una acción compulsiva, habrá llegado a un momento crucial que puede ser un factor decisivo en su recuperación. El sentimiento de auténtica independencia y libertad a veces está aquí en la cuerda floja. La posibilidad de largarnos y volver a controlar nuestra vida nos atrae, aunque nos damos cuenta de

que todo lo que tenemos se lo debemos a un Poder más grande
que nosotros mismos, del cual dependemos, y al hecho de ofrecer
y recibir ayuda identificándonos con los demás. Durante nuestra
recuperación, muchas veces nos rondarán viejos fantasmas. La
vida puede volverse otra vez monótona, aburrida y sin sentido.
Es posible que nos cansemos mentalmente de repetir nuestras
nuevas ideas y físicamente de nuestras nuevas actividades,
aunque sabemos que si dejamos de repetirlas, empezaremos otra
vez con nuestros viejos hábitos. Intuimos que si no utilizamos
lo que tenemos, lo perderemos. A menudo, estas épocas son
los períodos de mayor crecimiento. Nuestra mente y nuestro
cuerpo parecen estar cansados de todo esto, pero es posible
que las fuerzas dinámicas de un cambio, o de una auténtica
transformación, estén trabajando en lo profundo de nuestro ser
para darnos las respuestas que modifiquen nuestras motivaciones
internas y cambien nuestra vida.

Nuestro objetivo, a través de los Doce Pasos, es la
recuperación, no la mera abstinencia física. Mejorar conlleva
esfuerzo, y, ya que no hay forma de inculcar una idea nueva
en una mente cerrada, debemos hacer que ésta se abra de algún
modo. Puesto que sólo podemos hacerlo por nosotros mismos, es
necesario que reconozcamos a dos enemigos internos: la apatía y
la postergación. Nuestra resistencia al cambio parece inamovible
y sólo una explosión nuclear de algún tipo originará alguna
modificación o iniciará otra línea de conducta. Una recaída, si
sobrevivimos, puede brindar el cambio para empezar el proceso
de demolición. La recaída de una persona cercana, y a veces su
muerte a causa de ella, puede despertar en nosotros la necesidad
de una vigorosa acción personal.

Hemos visto adictos llegar a nuestra confraternidad, probar
nuestro programa y mantenerse limpios por un tiempo. Luego
perdieron el contacto con otros adictos en recuperación y a la larga volvieron a la adicción activa. Se olvidaron de que en realidad
es la primera droga la que desencadena otra vez el círculo mor-

tal. Trataron de controlarlas, de consumirlas con moderación, de consumir únicamente ciertas drogas. A los adictos no nos funciona ninguno de estos métodos.

La recaída es una realidad. Puede suceder y sucede. La experiencia nos demuestra que aquellos que no trabajan diariamente nuestro programa de recuperación pueden recaer. Los vemos regresar en busca de recuperación. Quizás hayan estado limpios durante años antes de recaer. Si tienen la suerte de volver, están seriamente afectados. Nos cuentan que la recaída fue más horrible que el consumo anterior. Nunca hemos visto recaer a una persona que viva el programa de Narcóticos Anónimos.

A menudo las recaídas son mortales. Hemos asistido a funerales de seres queridos muertos por una recaída. Murieron de diferentes maneras. A veces vemos a personas que después de recaer y estar perdidas durante años, viven en la desdicha. Los que van a parar a la cárcel o a algún hospital puede que sobrevivan y quizás reaparezcan en NA.

En nuestra vida cotidiana estamos expuestos a recaídas emocionales y espirituales que nos dejan indefensos contra la recaída física del consumo de drogas. Puesto que la adicción es una enfermedad incurable, los adictos están sujetos a recaídas.

Nada nos obliga a recaer. Podemos elegir. La recaída nunca es un accidente, indica que aún tenemos reservas con nuestro programa. Empezamos a menospreciarlo y a buscar pretextos para eludirlo en nuestra vida cotidiana. Inconscientes de las trampas que hay delante, tropezamos ciegamente creyendo que podemos hacerlo por nuestra cuenta. Tarde o temprano volvemos a caer en la ilusión de que las drogas nos hacen la vida más fácil. Creemos que pueden cambiarnos y olvidamos que estos cambios son mortales. Cuando pensamos que las drogas resolverán nuestros problemas y olvidamos lo que pueden hacernos, estamos de verdad en un apuro. Como no acabemos con la ilusión de que podemos consumir y dejar de consumir por nuestra cuenta, firmamos nuestra sentencia de muerte segura. Por alguna razón, el hecho de no ocuparnos de nuestros asuntos personales, disminuye nuestra autoestima y establece un patrón de conducta que se repite en todas las áreas de nuestra vida. Si empezamos a evitar nuestras nuevas responsabilidades –faltamos a las reuniones, descuidamos la práctica del Duodécimo Paso o nos mantenemos al margen– nuestro programa se detiene. Son este tipo de cosas las que llevan a una recaída. Quizás sintamos un cambio en nosotros y nuestra capacidad de seguir receptivos desaparezca. Puede que nos enojemos y estemos resentidos con cualquier persona o cualquier cosa, que comencemos a rechazar a quienes están cerca de nosotros. Nos aislamos y nos hartamos muy rápido de nosotros. Retrocedemos a nuestros patrones de conducta más enfermos sin tener siquiera que consumir drogas.

Cuando tenemos un resentimiento o algún otro trastorno emocional y no practicamos los pasos, podemos recaer.

El comportamiento obsesivo es un denominador común en las personas adictas. A veces intentamos llenarnos hasta estar satisfechos, tan sólo para descubrir que no hay manera de satisfacernos. Parte de nuestro comportamiento adictivo consiste precisamente en que nunca tenemos suficiente. A veces lo olvidamos y pensamos que si pudiéramos tener bastante comida, sexo o dinero, estaríamos satisfechos y todo iría a las mil maravillas. La terquedad continúa haciéndonos tomar decisiones basadas en la manipulación, el ego, la lujuria o el falso orgullo. No nos gusta equivocarnos. Nuestro ego nos dice que podemos hacerlo por nuestra cuenta, pero en seguida reaparece la soledad y la paranoia. Descubrimos que realmente no podemos hacerlo solos; cuando lo intentamos, las cosas empeoran. Necesitamos que nos recuerden de donde venimos y que si consumimos nuestra enfermedad empeorará progresivamente. Es entonces cuando necesitamos a la confraternidad.

No nos recuperamos de la noche a la mañana. Cuando nos damos cuenta de que hemos tomado una mala decisión o hecho un juicio equivocado, tenemos tendencia a justificarnos. A menudo llevamos nuestro comportamiento autoobsesivo hasta el extremo de intentar ocultar nuestras huellas. Olvidamos que hoy en día podemos elegir y nos enfermamos más.

Hay algo en nuestra personalidad autodestructiva que nos pide a gritos el fracaso. La mayoría sentimos que no nos merecemos el éxito. Es algo muy común entre los adictos. La autocompasión es uno de nuestros defectos más autodestructivos, nos consume toda la energía positiva. Nos fijamos en lo que no nos sale como queremos e ignoramos toda la belleza que hay en nuestra vida. Sin un deseo real de mejorar nuestra vida, o incluso de vivir, lo único que hacemos es seguir cuesta abajo. Algunos nunca conseguimos remontar otra vez la pendiente.

Para sobrevivir tenemos que reaprender muchas cosas que hemos olvidado y desarrollar un nuevo planteamiento de vida. De esto se trata Narcóticos Anónimos; de personas que se preocupan por los adictos destrozados y desesperados a los que, con el tiempo, se les puede enseñar cómo vivir sin drogas. Muchos tuvimos dificultades al llegar a la confraternidad porque no comprendíamos que teníamos una enfermedad llamada adicción. A veces vemos nuestro comportamiento del pasado como parte de nosotros y no como parte de nuestra enfermedad.

Hacemos el Primer Paso. Admitimos que somos impotentes ante nuestra adicción, que nuestra vida se ha vuelto ingobernable. Poco a poco, mejoran las cosas y empezamos a recobrar la confianza. Nuestro ego nos dice que lo podemos hacer solos. Las cosas nos están saliendo bien y pensamos que en realidad no necesitamos este programa. La soberbia es una señal de luz roja. Volverán la soledad y la paranoia. Nos damos cuenta de que no lo podemos hacer por nuestra cuenta y las cosas empeoran. Esta vez hacemos de verdad el Primer Paso internamente. Habrá momentos, sin embargo, en los que tendremos realmente ganas de consumir. Queremos escapar, nos sentimos terriblemente mal. Hace falta que nos recuerden de dónde venimos y que esta vez será peor. Es en este momento cuando más necesitamos el programa. Nos damos cuenta de que debemos hacer algo.

Cuando olvidamos el esfuerzo y el trabajo que nos costó conseguir un período de libertad en nuestra vida, se instala la falta de gratitud y la autodestrucción empieza otra vez. Como no tomemos medidas inmediatamente, corremos el riesgo de que una recaída amenace nuestra existencia. Mantener la ilusión de la realidad en lugar de usar las herramientas del programa, nos llevará al aislamiento. La soledad nos destruirá internamente y las drogas, que casi siempre vienen a continuación, completarán el trabajo. Los síntomas y los sentimientos que tuvimos al final de nuestra adicción activa volverán y esta vez más fuertes que antes. Si no nos rendimos al programa de NA, con toda seguridad este golpe nos destruirá.

La recaída puede ser la fuerza destructiva que nos mate o nos haga tomar conciencia de quiénes y qué somos en realidad. La evasión momentánea que puede proporcionarnos el consumir, no compensa el sufrimiento que produce a la larga. Consumir para nosotros es morir, y a veces de más de una manera.

Las expectativas irreales que ponemos sobre nosotros o los demás parecen ser uno de los mayores obstáculos de la recuperación. Las relaciones afectivas pueden ser un terreno terriblemente doloroso. Tenemos tendencia a fantasear y proyectar lo que va a pasar. Nos enojamos y llenamos de resentimientos si nuestras fantasías no se cumplen. Olvidamos que somos impotentes ante otras personas. Las viejas ideas y sentimientos de soledad, desesperación, desamparo y autocompasión reaparecen furtivamente. Dejamos de pensar en los padrinos o madrinas, en las reuniones, en la literatura y en cualquier otra cosa positiva. Debemos mantener nuestra recuperación en primer lugar y poner nuestras prioridades en orden.

Escribir sobre lo que queremos, lo que pedimos y lo que conseguimos, y compartirlo con nuestro padrino u otra persona de confianza, nos ayuda a superar nuestros sentimientos negativos. Dejar que otros compartan su experiencia con nosotros, nos da la esperanza de que efectivamente las cosas mejoran. Parece que la impotencia es un obstáculo enorme. Cuando surge la necesidad de admitir nuestra impotencia, puede que primero busquemos las maneras de oponernos a ello. Cuando agotamos estos intentos, empezamos a compartir con los demás y hallamos esperanza. Asistir a las reuniones diariamente, vivir día a día y leer literatura parece dirigir nuestra actitud mental de nuevo hacia lo positivo. La buena voluntad de probar lo que ha funcionado para otros es vital. Las reuniones son nuestra fuente de fortaleza y esperanza, incluso cuando no tenemos ganas de ir.

Es importante compartir nuestros deseos de consumir drogas. Es sorprendente constatar con qué frecuencia los recién llegados creen que es anormal que un adicto tenga ganas de consumir. Cuando sentimos que nos vuelven las viejas ganas, pensamos que algo debe funcionar mal en nosotros y que los compañeros de Narcóticos Anónimos no podrán entendernos.

Es importante recordar que el deseo de consumir pasará. Ya no tenemos por qué volver a consumir, no importa cómo nos sintamos, tarde o temprano todos los sentimientos pasarán.

La evolución de la recuperación es un viaje constante cuesta arriba. No nos resulta difícil empezar otra vez la carrera cuesta abajo. La progresión de la enfermedad es un proceso continuo, incluso durante la abstinencia.

Llegamos aquí impotentes, y la fuerza que buscamos nos llega a través de otras personas de Narcóticos Anónimos; pero debemos pedirla. Ahora, una vez limpios y en la confraternidad, tenemos que mantenernos rodeados de compañeros que nos conocen bien. Nos necesitamos mutuamente. Narcóticos Anónimos es una confraternidad de supervivencia, y, una de sus ventajas, es que nos pone regularmente en estrecho contacto con las personas que mejor pueden comprendernos y ayudarnos en nuestra recuperación. Las buenas ideas y las buenas intenciones no sirven de nada si no las ponemos en práctica. Pedir ayuda es el comienzo de la lucha que nos liberará. Es la única manera de romper las cadenas que nos mantienen prisioneros. La alienación es un síntoma de nuestra enfermedad y compartir honestamente nos dará la libertad de recuperarnos.

Estamos agradecidos por la calurosa bienvenida que nos dieron en las reuniones para hacernos sentir cómodos. Si no nos mantenemos limpios ni asistimos a las reuniones, seguro que tendríamos más dificultades con los pasos. El consumo de cualquier droga interrumpirá el proceso de recuperación.

Todos descubrimos que lo que sentimos al ayudar a los demás nos motiva a mejorar nuestra propia vida. Si sufrimos –y todos sufrimos de vez en cuando– aprendemos a pedir ayuda. Nos damos cuenta de que el dolor compartido es menos doloroso. Los miembros de la confraternidad siempre están dispuestos a ayudar a un compañero que recae, son comprensivos y tienen sugerencias útiles que ofrecer cuando alguien lo pide. La recuperación descubierta en Narcóticos Anónimos debe venir de dentro y nadie se mantiene limpio por los demás, sino por sí mismo.

En nuestra enfermedad tratamos con un poder destructivo y violento superior a nosotros que puede llevarnos a una recaída. Si hemos recaído es importante recordar que debemos regresar a las reuniones lo antes posible. De otro modo quizá sólo nos queden meses, días u horas para llegar a un punto del que no hay retorno. Nuestra enfermedad es tan astuta que puede meternos en situaciones imposibles. Cuando así suceda y si nos es posible, regresemos al programa mientras podamos. Una vez que consumimos, estamos bajo el control de nuestra enfermedad.

Nunca nos recuperamos completamente, no importa cuánto tiempo llevemos limpios. La autocomplacencia es el enemigo de los miembros con mucho tiempo de abstinencia. Cuando nos dormimos en los laureles demasiado tiempo, el proceso de recuperación se interrumpe. Los síntomas visibles de la enfermedad reaparecen. Vuelve la negación junto con la obsesión y la compulsión. La culpabilidad, el remordimiento, el miedo y el orgullo pueden llegar a ser insoportables. En seguida estamos entre la espada y la pared. La negación y el Primer Paso están en conflicto dentro de nosotros. Si permitimos que la obsesión de consumir nos supere, estamos perdidos. Lo único que nos puede salvar es una aceptación total y completa del Primer Paso. Debemos rendirnos enteramente al programa.

Lo primero que tenemos que hacer es mantenernos limpios. Esto permite las otras etapas de la recuperación. Mientras nos mantengamos limpios, pase lo que pase, tendremos sobre nuestra enfermedad las mayores ventajas posibles. Estamos agradecidos por ello.

Muchos conseguimos empezar a estar limpios en un ambiente protegido, como un centro de tratamiento o de recuperación. Cuando reingresamos en el mundo, nos sentimos perdidos, confundidos y vulnerables. Asistir a las reuniones lo más a menudo posible, reducirá el choque del cambio. Las reuniones brindan un lugar seguro donde compartir con otros. Comenzamos a vivir el programa, aprendemos a aplicar los principios espirituales en nuestra vida. Debemos usar lo que aprendemos o lo perderemos en una recaída.

Muchos de nosotros no tendríamos adonde ir si no hubiéramos confiado en los grupos de NA y sus miembros. Al principio, la confraternidad nos atraía e intimidaba al mismo tiempo. Ya no nos sentíamos bien con los amigos que consumían y en las reuniones todavía no estábamos cómodos. Empezamos a perder el miedo a través de la experiencia de compartir. Cuanto más compartíamos, más desaparecía nuestro miedo; por esta razón lo hacíamos. Crecer significa cambiar. El cuidado de nuestra espiritualidad significa recuperación continua. El aislamiento es peligroso para el crecimiento espiritual.

Aquellos que encontramos la confraternidad y comenzamos a vivir los pasos, establecemos relaciones con los demás. A medida que crecemos, aprendemos a dominar la tendencia a huir y escondernos de nosotros y nuestros sentimientos. Ser sinceros con nuestros sentimientos ayuda a los demás a identificarse con nosotros. Descubrimos que cuando nos comunicamos honestamente llegamos mejor a las otras personas. La honestidad requiere práctica, y ninguno de nosotros pretende ser perfecto. Cuando nos sentimos atrapados o presionados, hace falta mucha fuerza espiritual y emocional para ser honesto. Compartir con otros evita que nos sintamos aislados y solos. Este proceso es una acción creativa del espíritu.

Cuando trabajamos el programa, vivimos cotidianamente los pasos, cosa que nos proporciona experiencia para aplicar los principios espirituales. La experiencia que obtenemos con el tiempo nos ayuda a continuar nuestra recuperación. No importa el tiempo que llevemos limpios, debemos practicar lo que aprendemos o lo perderemos. A la larga descubrimos que debemos ser honestos o volveremos a consumir. Rezamos para tener buena voluntad y humildad, y terminamos siendo honestos para reconocer nuestros juicios equivocados y nuestras malas decisiones. Les decimos a aquellos a quienes hemos hecho daño que fue culpa nuestra y hacemos las reparaciones necesarias. Volvemos a ocuparnos de las soluciones. Estamos trabajando el programa; ahora nos resulta más fácil hacerlo. Sabemos que los pasos ayudan a prevenir una recaída.

Los que recaen también pueden caer en otra trampa. Quizás dudemos de que podamos dejar de consumir y mantenernos limpios. Solos, nunca podremos. «¡No puedo!», gritamos frustrados. Al volver al programa, nos castigamos imaginándonos que nuestros compañeros no respetarán el valor que hace falta para regresar. Hemos aprendido a tener un respeto muy grande por este tipo de valor y lo aplaudimos de todo corazón. Recaer no es una vergüenza; la vergüenza es no regresar. Debemos destruir la ilusión de que lo podemos hacer solos.

Cuando estar limpios no es la prioridad número uno, puede producirse otro tipo de recaída. Mantenernos limpios siempre debe ser lo más importante. En nuestra recuperación, todos pasamos a veces por dificultades. Las recaídas emocionales se producen cuando no practicamos lo que hemos aprendido. Los que logran superar esos momentos demuestran un valor que no parece propio. Después de atravesar uno de estos períodos, constatamos fácilmente que el momento más oscuro de la noche precede siempre al amanecer. Cuando conseguimos superar limpios un momento difícil, recibimos una herramienta de recuperación que podemos utilizar una y otra vez.

Si recaemos, es posible que nos sintamos culpables y avergonzados. Nuestra recaída nos da vergüenza, pero no podemos salvar el cuello y las apariencias al mismo tiempo. Descubrimos que lo mejor es regresar al programa lo antes posible. Más vale tragarnos el orgullo que morir o volvernos locos para siempre.

Mientras mantengamos una actitud agradecida por estar limpios, veremos que es más fácil seguir limpios. La mejor manera de expresar agradecimiento es llevar nuestro mensaje de experiencia, fortaleza y esperanza al adicto que todavía sufre. Estamos dispuestos a ayudar a cualquier adicto que sufra.

Vivir el programa diariamente nos proporciona un sinfín de experiencias valiosas. Si estamos acosados por la obsesión de consumir, la experiencia nos ha enseñado a llamar a un compañero en recuperación e ir a una reunión.

Los adictos que están consumiendo son personas egocéntricas, irascibles, asustadas y solitarias. En recuperación, experimentamos un crecimiento espiritual. Cuando consumíamos éramos deshonestos, egoístas y muchas veces tenían que internarnos en alguna institución. El programa nos permite convertirnos en miembros responsables y productivos de la sociedad.

A medida que empezamos a funcionar en la sociedad, nuestra libertad creativa nos ayuda a ordenar nuestras prioridades y a hacer primero las cosas básicas. La práctica diaria de nuestro Programa de Doce Pasos nos permite salir de lo que éramos y transformarnos en personas guiadas por un Poder Superior. Con la ayuda de nuestro padrino o nuestro consejero espiritual, poco a poco aprendemos a confiar y a depender de nuestro Poder Superior.

Capítulo ocho

Sí, nos recuperamos

A pesar de nuestras diferencias, la adicción hace que todos naveguemos en el mismo barco. Es posible que nuestras experiencias personales varíen en cuanto a su esquema individual, pero, al final, todos tenemos lo mismo en común: una enfermedad o trastorno llamado adicción. Conocemos muy bien las dos cosas que componen la verdadera adicción: obsesión y compulsión. Obsesión, esa idea fija que nos hace regresar una y otra vez a nuestra droga en particular, o a algo que la sustituya, para volver a experimentar el alivio y bienestar que una vez conocimos.

La compulsión consiste en que una vez empezado el proceso con la primera droga, cualquiera sea ésta, no podemos parar por nuestra propia fuerza de voluntad debido a que por nuestra sensibilidad física estamos en las garras de un poder destructivo superior a nosotros.

Cuando al final del camino nos damos cuenta de que no podemos seguir funcionando como seres humanos, ni con drogas ni sin ellas, todos nos enfrentamos al mismo dilema: ¿qué queda por hacer? Parece que hay dos alternativas: o continuamos lo mejor que podamos hasta el amargo final (cárceles, hospitales o la muerte) o encontramos una nueva manera de vivir. Años atrás, muy pocos adictos pudieron escoger esta segunda posibilidad. Hoy en día tenemos más suerte. Por primera vez en la historia de la humanidad, existe a disposición de todos nosotros un sencillo programa espiritual —no religioso— llamado Narcóticos Anónimos, que ha entrado en la vida de muchos adictos.

Cuando hace unos quince años[5] mi adicción me llevó a un punto de completa impotencia, derrota e inutilidad, no existía

---

[5] Escrito en 1965

NA. Encontré AA y allí conocí a otros adictos que habían descubierto que ese programa era una respuesta a su problema. Sin embargo, sabíamos que muchos otros todavía seguían cuesta abajo, rumbo a la desilusión, la degradación y la muerte, porque no podían identificarse con el alcohólico de AA. La identificación se manifestaba a nivel de síntomas visibles, y no a un nivel más profundo de emociones o sentimientos, que es donde la empatía se convierte en una terapia curativa para todos los adictos. Con otros adictos y algunos miembros de AA, que tuvieron gran fe en nosotros y en el programa, formamos en julio de 1953 lo que hoy conocemos como Narcóticos Anónimos. Creíamos que a partir de ahora el adicto se identificaría desde el principio, tanto como le hiciera falta, para convencerse de que podía mantenerse limpio mediante el ejemplo de otros cuya recuperación se había prolongado durante muchos años.

Ha quedado demostrado durante todos estos años que esto era fundamentalmente lo que necesitábamos. Este lenguaje mudo de reconocimiento, creencia y fe, que llamamos empatía, creó la atmósfera en la cual podíamos sentir el paso del tiempo, entrar en contacto con la realidad y reconocer valores espirituales que muchos habíamos perdido tiempo atrás. En nuestro programa de recuperación, crecemos en número y en fuerza. Nunca antes tantos adictos limpios, por propia decisión y asociados libremente, habían sido capaces de reunirse donde quisieran para conservar su recuperación en completa libertad creativa.

Hasta los mismos adictos dijeron que no sería posible hacerlo de la forma que lo habíamos planeado. Creíamos en reuniones con horarios abiertamente conocidos; no más reuniones a escondidas como habían intentado otros grupos. Este enfoque era diferente de todos los métodos que hasta entonces habían probado aquellos que defendían la necesidad de un largo retiro de la sociedad. Nos pareció que cuanto antes el adicto pudiera enfrentarse con su problema en la vida cotidiana, tanto más rápido pasaría a ser una persona realmente productiva. A la

larga tenemos que valernos por nosotros mismos y afrontar la
vida tal cual es, así que, ¿por qué no desde el principio?

Debido a esto, naturalmente, muchos recayeron y muchos se
perdieron por completo. Sin embargo, muchos se quedaron y
algunos volvieron después de su derrota. Lo más positivo es que
muchos de los que ahora son miembros llevan largos períodos de
abstinencia completa y pueden ayudar mejor al recién llegado.
Su actitud, basada en los valores espirituales de nuestros pasos
y tradiciones, es la fuerza dinámica que brinda crecimiento y
unidad a nuestro programa. Ahora sabemos que ha llegado el
momento en que la vieja mentira: «Adicto una vez, adicto para
siempre», ya no será tolerada ni por la sociedad, ni por el mismo
adicto. Sí, nos recuperamos.

La recuperación comienza con la rendición. A partir de aquí, para cada uno de nosotros un día limpio es un día ganado. En Narcóticos Anónimos cambian nuestras actitudes, ideas y reacciones. Llegamos a darnos cuenta de que no somos distintos y empezamos a entender y a aceptar quienes somos.

La adicción ha existido desde que existe la humanidad. Adicción, para nosotros, es la obsesión de consumir las drogas que nos destruyen, seguida de una compulsión que nos obliga a continuar. La abstinencia completa es la base de nuestra nueva forma de vida.

En el pasado, no había esperanzas para los adictos. En Narcóticos Anónimos aprendemos a compartir la soledad, la ira y el miedo que todos los adictos tenemos en común y que no podemos controlar. Son nuestras viejas ideas las que nos metieron en problemas. No tendíamos a la realización personal, sino que nos concentrábamos en el vacío y la falta de sentido de todo. Como no sabíamos tratar con el éxito, el fracaso se convirtió en una forma de vida. En recuperación, los fracasos son sólo reveses transitorios y no eslabones de una cadena indestructible. La honestidad, la receptividad y la buena voluntad de cambiar son actitudes nuevas que nos ayudan a admitir nuestras faltas y pedir ayuda. Ya no estamos obligados a actuar en contra de nuestra auténtica naturaleza ni a hacer lo que de verdad no queremos.

La mayoría de los adictos se resisten a la recuperación y el programa que compartimos con ellos interfiere en su consumo. Si los recién llegados nos dicen que pueden seguir consumiendo drogas de cualquier tipo sin sufrir las consecuencias, podemos ver las cosas de dos maneras. La primera posibilidad es que no sean adictos; la otra es que la enfermedad todavía no sea evidente para ellos y la estén negando. La adicción y el síndrome de abstinencia distorsionan el pensamiento racional y, por lo general, los recién llegados se fijan más en las diferencias que en las similitudes. Buscan la manera de negar la evidencia de la adicción o de descalificarse para la recuperación.

Muchos hicimos lo mismo cuando éramos nuevos, así que cuando trabajamos con otros, intentamos no hacer ni decir nada que les dé la excusa para seguir consumiendo. Sabemos que la honestidad y la empatía son esenciales. La rendición total es la clave para la recuperación y la abstinencia completa es lo único que nos ha funcionado. Según nuestra experiencia, ningún adicto que se haya rendido completamente a este programa ha dejado de recuperarse.

Narcóticos Anónimos no es un programa religioso, sino espiritual. Cualquier adicto limpio es un milagro y mantener vivo este milagro es un proceso continuo de toma de conciencia, entrega y crecimiento. No consumir, para un adicto, es un estado anormal. Aprendemos a vivir limpios, a ser honestos con nosotros mismos y a pensar en los dos lados de las cosas. Al principio tomar decisiones es difícil. Antes de estar limpios, la mayoría de las veces actuábamos por impulso. Hoy en día, ya no estamos limitados a este tipo de comportamiento; somos libres.

En nuestra recuperación descubrimos que es esencial aceptar la realidad. Una vez que podemos hacerlo, nos damos cuenta de que no es necesario consumir drogas para intentar cambiar nuestra percepción. Sin drogas, y si nos aceptamos a nosotros mismos y al mundo tal como es, tenemos la oportunidad de empezar a funcionar como seres humanos útiles. Aprendemos que los conflictos forman parte de la realidad y, en lugar de huir de ellos, aprendemos nuevas maneras de resolverlos. Son parte del mundo real. Frente a los problemas, aprendemos a no dejarnos llevar por las emociones. Nos ocupamos de los problemas que se presentan e intentamos no forzar las soluciones. Hemos aprendido que si una solución no es práctica, no es espiritual. En el pasado convertíamos situaciones sencillas en problemas, hacíamos montañas de simples granos de arena. Nuestras mejores ideas nos trajeron hasta aquí. En recuperación, aprendemos a depender de un Poder más grande que nosotros. No tenemos todas las respuestas ni las soluciones, pero podemos aprender a vivir sin drogas. Si nos acordamos de vivir «sólo por hoy», podemos mantenernos limpios y disfrutar de la vida.

No somos responsables de nuestra enfermedad, sino únicamente de nuestra recuperación. A medida que empezamos a aplicar lo que aprendemos, nuestra vida comienza a cambiar y mejorar. Pedimos ayuda a los adictos que disfrutan de la vida libres de la obsesión de consumir drogas. No hace falta que entendamos este programa para que funcione; lo único que debemos hacer es seguir las sugerencias.

Los Doce Pasos son esenciales en el proceso de recuperación, nos proporcionan alivio porque son una nueva forma de vida espiritual que nos permite participar en nuestra propia recuperación.

Los Doce Pasos se convierten desde el primer día en parte de nuestra vida. Al principio, quizás seamos muy negativos y sólo nos permitamos agarrarnos al Primer Paso. Luego el miedo empieza a ser menor y podemos emplear estas herramientas de forma más completa para sacarles mayor provecho. Nos damos cuenta de que los viejos sentimientos y temores son síntomas de nuestra enfermedad. Ahora es posible la auténtica libertad.

A medida que nos recuperamos, adquirimos una nueva perspectiva del hecho de estar limpios. Disfrutamos del alivio y de la liberación del deseo de consumir. Descubrimos que todas las personas que conocemos a la larga tienen algo que ofrecernos. Nos convertimos en personas capaces tanto de dar como de recibir. La vida puede convertirse en una aventura nueva. Llegamos a conocer la felicidad, la alegría y la libertad.

No existe un modelo de adicto en recuperación. Cuando las drogas desaparecen y el adicto empieza a trabajar el programa, suceden cosas maravillosas. Se despiertan sueños dormidos y surgen nuevas posibilidades. Nuestra buena voluntad de crecer espiritualmente nos mantiene optimistas. Cuando ponemos en práctica lo indicado en los pasos, el resultado es un cambio en nuestra personalidad. Lo importante son nuestras acciones; los resultados los dejamos en manos de nuestro Poder Superior.

La recuperación se convierte en un proceso de toma de contacto; perdemos el miedo a tocar y ser tocados. Aprendemos que cuando nos sentimos solos, un simple abrazo cariñoso puede cambiarlo todo. Experimentamos el cariño auténtico y la amistad de verdad.

Sabemos que somos impotentes ante una enfermedad incurable, progresiva y mortal. Si no se detiene, empeora hasta la muerte. No podemos tratar con la obsesión y la compulsión. La única alternativa es dejar de consumir y aprender a vivir. Si estamos dispuestos a seguir esta línea de acción y aprovechamos la ayuda que tenemos a nuestra disposición, una nueva vida se abre ante nosotros. Sí, así nos recuperamos.

Hoy en día, seguros del amor de la confraternidad, por fin podemos mirar a otro ser humano a los ojos y estar agradecidos de lo que somos.

Capítulo nueve

Sólo por hoy; vivir el programa

Puedes decirte:

SÓLO POR HOY *pensaré en mi recuperación viviendo y disfrutando la vida sin consumir drogas.*

SÓLO POR HOY *confiaré en alguien de NA que crea en mí y quiera ayudarme en mi recuperación.*

SÓLO POR HOY *tendré un programa y trataré de seguirlo lo mejor que pueda.*

SÓLO POR HOY *a través de NA intentaré tener una mejor perspectiva de mi vida.*

SÓLO POR HOY *no tendré miedo, pensaré en mis nuevas amistades, gente que no consume y que ha encontrado un nuevo modo de vivir. Mientras siga este camino no tengo nada que temer.*

Admitimos que nuestra vida ha sido ingobernable, pero a veces tenemos problemas en reconocer que necesitamos ayuda. Nuestra terquedad nos causa muchas dificultades en nuestra recuperación. Queremos y exigimos que las cosas salgan siempre a nuestro modo. Deberíamos saber por nuestra experiencia pasada que nuestra forma de hacer las cosas no funcionaba. El principio de la rendición nos conduce a una forma de vida en la que sacamos nuestra fuerza de un Poder más grande que nosotros. La rendición diaria a nuestro Poder Superior nos proporciona la ayuda que nos hace falta. Como adictos, tenemos problemas de aceptación, algo esencial para nuestra recuperación. Cuando rehusamos practicar la aceptación, de hecho seguimos negando la fe en un Poder Superior. La preocupación es falta de fe.

Entregar nuestra voluntad nos pone en contacto con un Poder Superior que llena el vacío interior que nada podía llenar. Hemos aprendido a confiar diariamente en la ayuda de Dios. Vivir sólo por hoy nos alivia de la carga del pasado y del miedo al futuro. Hemos aprendido a hacer lo que tenemos que hacer y a dejar los resultados en manos de nuestro Poder Superior.

El programa de Narcóticos Anónimos es espiritual. Sugerimos firmemente que los miembros intenten encontrar un Poder Superior tal como lo conciban. Algunos vivimos experiencias espirituales intensas, de naturaleza dramática e inspirada. Para otros el despertar es más sutil. Nos recuperamos en un ambiente de aceptación y respeto por las creencias de los demás. Tratamos de evitar el autoengaño de la arrogancia y la santurronería. A medida que crece la fe en nuestra vida cotidiana, descubrimos que nuestro Poder Superior nos proporciona la fortaleza y la orientación que necesitamos.

Cada uno es libre de desarrollar su propio concepto del Poder Superior. Muchos teníamos recelos y éramos escépticos debido a desilusiones sufridas con la religión. Al principio, oír hablar de Dios en las reuniones nos repelía. Hasta que buscamos nuestras propias respuestas en este terreno, estuvimos confinados a las ideas que nos habíamos formado en el pasado. Los ateos y los agnósticos empiezan muchas veces dirigiéndose a «lo que sea que esté ahí». En nuestras reuniones se puede sentir cierto espíritu o energía. A veces éste es el primer concepto que los recién llegados tienen del Poder Superior. A menudo las ideas del pasado son incompletas e insatisfactorias. Todo lo que sabemos está sujeto a revisión, especialmente lo que sabemos de la verdad. Reevaluamos nuestras viejas ideas para poder familiarizarnos con las nuevas que conducen a una nueva forma de vida. Admitimos que somos seres humanos con una enfermedad física, mental y espiritual. Cuando aceptamos que nuestra adicción era la causa de nuestro propio infierno y que hay un poder dispuesto a ayudarnos, empezamos a avanzar hacia la solución de nuestros problemas.

La falta de mantenimiento espiritual cotidiano puede manifestarse de diversas maneras. Gracias al esfuerzo para mantenernos receptivos, llegamos a confiar en una relación diaria con Dios tal como lo concebimos. La mayoría pedimos cada día a nuestro Poder Superior que nos ayude a mantenernos limpios, y cada noche le damos las gracias por habernos concedido la recuperación. A medida que nuestra vida se va haciendo más cómoda, muchos caemos en la autocomplacencia espiritual y —arriesgándonos a una recaída— volvemos a la misma pesadilla y falta de motivaciones de las que nos habían dado apenas un respiro diario. Es de esperar que sea aquí cuando nuestro dolor nos motive a renovar nuestro mantenimiento espiritual. Una de las maneras de continuar con nuestro contacto consciente con Dios, especialmente en momentos difíciles, es hacer una lista de las cosas de las que estamos agradecidos.

Muchos descubrimos que reservarnos un momento tranquilo para nosotros nos ayuda a estar en contacto consciente con nuestro Poder Superior. Al calmar nuestra mente, la meditación puede llevarnos a un estado de sosiego y serenidad. Podemos aquietar la mente en cualquier lugar, momento y de cualquier manera, de acuerdo con nuestras características personales.

Podemos acceder a nuestro Poder Superior en cualquier momento. Cuando le pedimos que nos haga conocer su voluntad para con nosotros, recibimos su orientación. A medida que dejamos de ser egocéntricos y nos centramos en Dios, nuestra desesperación se transforma en esperanza. El cambio también supone una gran fuente de temor: lo desconocido. Nuestro Poder Superior es la fuente de valor que necesitamos para enfrentarnos a este miedo.

Algunas cosas debemos aceptarlas; otras, podemos cambiarlas. La sabiduría para reconocer la diferencia llega con el crecimiento en nuestro programa espiritual. Si cuidamos de nuestra condición espiritual a diario, vemos que es más fácil tratar con el dolor y la confusión. Ésta es la estabilidad emocional que tanta falta nos hacía. Con la ayuda de nuestro Poder Superior no tenemos por qué volver a consumir.

Cualquier adicto limpio es un milagro. Mantenemos este milagro vivo con actitudes positivas en un proceso continuo de recuperación. Si al cabo de un tiempo tenemos dificultades con nuestra recuperación, es probable que hayamos dejado de hacer una o varias de las cosas que nos ayudaban al principio.

Los tres principios espirituales básicos son la honestidad, la receptividad y la buena voluntad. Ellos son el CÓMO[6] de nuestro programa. El primer signo de honestidad que expresamos es el deseo de dejar de consumir. Luego admitimos honestamente nuestra impotencia y la ingobernabilidad de nuestra vida.

La honestidad rigurosa es la herramienta más importante para aprender a vivir sólo por hoy. Practicar la honestidad es difícil, pero ofrece grandes recompensas. La honestidad es el antídoto contra nuestro pensamiento enfermo. La fe, recién descubierta, nos sirve de base sólida para encontrar valor en el futuro.

Lo que sabíamos de la vida antes de llegar a NA, casi nos mató. Gobernar nuestra propia vida nos trajo al programa de Narcóticos Anónimos. Llegamos a NA sabiendo muy poco sobre cómo ser felices y disfrutar de la vida. Es imposible meter una idea nueva en una mente cerrada. La receptividad nos permite oír cosas que podrían salvarnos la vida. Nos permite ver puntos de vista opuestos y llegar a conclusiones por nuestra cuenta. Gracias a la receptividad comprendemos en profundidad cosas que se nos habían escapado durante toda la vida. Es el principio que nos permite participar en una discusión sin saltar directamente a las conclusiones ni prejuzgar lo que está bien y lo que está mal. Ya no es necesario que nos pongamos en ridículo defendiendo virtudes inexistentes. Hemos aprendido que no tenemos por qué saber todas las respuestas, ya que así nos pueden enseñar y podemos aprender a vivir una nueva vida con éxito.

La receptividad sin buena voluntad, sin embargo, no nos llevará a ninguna parte. Tenemos que estar dispuestos a hacer lo

---

[6] HOW (CÓMO) en el original; iniciales en inglés de honestidad, receptividad y buena voluntad.

que sea necesario para recuperarnos. No sabemos cuándo llegará el momento de tener que utilizar toda nuestra fuerza sólo para mantenernos limpios.

La honestidad, la receptividad y la buena voluntad funcionan conjuntamente. La falta de alguno de estos principios en nuestro programa personal puede llevarnos a una recaída que sin duda hará más difícil y dolorosa la recuperación cuando podía haber sido sencilla. Este programa es parte esencial de nuestra vida diaria. Si no fuera por él, la mayoría estaríamos muertos o internados en instituciones. Nuestro punto de vista cambia; antes era el de un solitario, ahora es el de un miembro. Insistimos en la importancia de poner nuestra casa en orden porque nos brinda alivio. Confiamos en que nuestro Poder Superior nos dé la fortaleza para satisfacer nuestras necesidades.

Una de las formas de practicar los principios del CÓMO es hacer un inventario diario. El inventario nos permite reconocer nuestro crecimiento día a día. Mientras nos esforzamos por eliminar nuestros defectos, no debemos olvidar nuestras cualidades. El viejo autoengaño y egocentrismo pueden ser reemplazados por principios espirituales.

Mantenernos limpios es el primer paso para afrontar nuestra vida. Cuando practicamos la aceptación ésta se simplifica. En el momento en que surjan problemas, esperamos estar bien equipados con las herramientas del programa. Tenemos que renunciar honestamente a nuestro egocentrismo y autodestrucción. En el pasado, creíamos que la desesperación nos daría la fuerza para sobrevivir. Ahora aceptamos la responsabilidad de nuestros problemas y vemos que somos igualmente responsables de las soluciones.

Como adictos en recuperación, llegamos a conocer la gratitud. A medida que nuestros defectos son eliminados, tenemos la libertad de convertirnos en todo aquello que podamos ser. Nos transformamos en individuos nuevos, conscientes de nosotros y con capacidad para ocupar nuestro lugar en el mundo.

Al vivir los pasos, empezamos a desprendernos de nuestra autoobsesión. Le pedimos a nuestro Poder Superior que nos quite el miedo de enfrentarnos a nosotros y a la vida. Nos redefinimos trabajando los pasos y usando las herramientas de recuperación. Nos vemos de un modo diferente. Nuestra personalidad cambia. Nos convertimos en personas sensibles, capaces de responder a la vida adecuadamente. Ponemos nuestra vida espiritual en primer término y aprendemos a utilizar la paciencia, la tolerancia y la humildad en nuestros asuntos cotidianos.

Las personas que nos rodean nos ayudan a desarrollar una actitud cariñosa y confiada; exigimos menos y damos más. Somos más lentos para irritarnos y más rápidos para perdonar. Aprendemos lo que significa el amor que recibimos en nuestra confraternidad. Comenzamos a sentir que nos pueden querer, sentimiento totalmente extraño a nuestra vieja personalidad egocéntrica.

El ego nos controlaba de múltiples y sutiles maneras. La ira es nuestra forma de reaccionar a la realidad presente. Los resentimientos son revivir una y otra vez las experiencias del pasado. El miedo es nuestra respuesta al futuro. Tenemos que estar dispuestos a dejar que Dios nos quite estos defectos que pesan sobre nuestro crecimiento espiritual.

Podemos acceder a nuevas ideas compartiendo nuestra experiencia vital. Si practicamos rigurosamente las sencillas pautas indicadas en este capítulo, nos recuperamos día a día. Los principios del programa forman nuestra personalidad.

Tras el aislamiento de nuestra adicción activa, descubrimos una confraternidad de personas con un lazo en común: la recuperación. NA es como un bote salvavidas en el mar del aislamiento, la desesperación y el caos destructivo. Nuestra fe, fortaleza y esperanza proceden de personas que comparten su recuperación y de nuestra relación con Dios tal como lo concebimos. Al principio, resulta incómodo compartir nuestros sentimientos. El dolor de la adicción proviene en parte de estar desconectados de esta experiencia de compartir. Si nos encontramos en una situación difícil o sentimos que se avecinan problemas, llamamos a alguien o vamos a una reunión. Aprendemos a pedir ayuda antes de tomar decisiones difíciles. Si somos humildes y pedimos ayuda, podemos superar los momentos más duros. ¡Yo solo no puedo, pero juntos podemos! De esta forma encontramos la fortaleza que necesitamos. Al compartir nuestros recursos mentales y espirituales, hacemos causa común.

Compartir en las reuniones o individualmente con adictos en recuperación nos ayuda a mantenernos limpios. Asistir a las reuniones nos recuerda lo que es ser nuevo y la naturaleza progresiva de nuestra enfermedad. Acudir a nuestro grupo habitual nos proporciona el estímulo de las personas que conocemos. Nos apoya en nuestra recuperación y nos ayuda en nuestra vida cotidiana. Cuando contamos nuestra historia honestamente, otra persona puede identificarse con nosotros. Servir a las necesidades de nuestros miembros y poner el mensaje a disposición de todos nos llena de alegría. El servicio nos da la oportunidad de crecer en todos los aspectos de nuestra vida. Nuestra experiencia en recuperación puede ayudar a otros con sus problemas; quizás les funcione lo que nos ha funcionado a nosotros. La mayoría de los adictos –incluso desde el principio– puede aceptar este tipo de participación. Los encuentros después de la reunión son una buena ocasión para compartir lo que no se ha llegado a conversar en ella. Son también un buen momento para hablar con nuestro padrino en persona. Surgirán las cosas que necesitamos oír y las veremos con mayor claridad.

Compartir la experiencia de recuperación con los recién llegados nos ayudará a mantenernos limpios. Compartimos consuelo y aliento con los demás. Hoy en día hay personas que nos apoyan. Al alejarnos de nuestro egocentrismo obtenemos una perspectiva mejor de nuestra vida. Si pedimos ayuda, podemos cambiar. A veces compartir es arriesgado, pero convertirnos en seres vulnerables nos permite crecer.

Algunos llegarán a Narcóticos Anónimos con intención de seguir usando a las personas para que los ayuden a continuar con su hábito. Su falta de receptividad es una barrera contra el cambio. El espíritu de receptividad, en cambio, junto con la admisión de nuestra impotencia, es la llave que abrirá la puerta de la recuperación. Si alguien con un problema de drogas y buena voluntad se acerca a nosotros en busca de recuperación, compartimos con gusto cómo nos mantenemos limpios.

A medida que ayudamos a los demás a encontrar una nueva forma de vida, desarrollamos la autoestima. Cuando evaluamos honestamente lo que tenemos, aprendemos a apreciarlo. Pertenecer a NA hace que empecemos a sentir que valemos la pena. Podemos llevar a todas partes los beneficios de la recuperación. Los Doce Pasos de Narcóticos Anónimos son un proceso de recuperación progresivo integrado en nuestra vida diaria. La recuperación continuada depende de nuestra relación con un Dios bondadoso que nos cuide y haga por nosotros lo que sabemos que es imposible que hagamos por nuestra cuenta.

En el transcurso de nuestra recuperación, cada uno llega a su propia interpretación del programa. Si tenemos dificultades, confiamos en que nuestros grupos, nuestro padrino y nuestro Poder Superior nos guíen. De este modo, la recuperación que encontramos en Narcóticos Anónimos procede tanto de dentro como de fuera.

Vivimos día a día, pero también de momento en momento. Cuando dejamos de vivir aquí y ahora, nuestros problemas se magnifican de manera exagerada. La paciencia no es nuestro punto fuerte. Por esta razón necesitamos nuestros lemas y nuestros amigos de NA, para que nos recuerden vivir el programa sólo por hoy.

Puedes decirte:

SÓLO POR HOY pensaré en mi recuperación viviendo y disfrutando la vida sin consumir drogas.

SÓLO POR HOY confiaré en alguien de NA que crea en mí y quiera ayudarme en mi recuperación.

SÓLO POR HOY tendré un programa y trataré de seguirlo lo mejor que pueda.

SÓLO POR HOY a través de NA intentaré tener una mejor perspectiva de mi vida.

SÓLO POR HOY no tendré miedo, pensaré en mis nuevas amistades, gente que no consume y que ha encontrado un nuevo modo de vivir. Mientras siga este camino no tengo nada que temer.

Capítulo diez

Algo más será revelado

A medida que nuestra recuperación progresaba, cada vez tomábamos más conciencia de nosotros mismos y del mundo que nos rodeaba. Nuestros deseos y necesidades, nuestras cualidades y nuestras flaquezas nos eran revelados. Terminamos por darnos cuenta de que no teníamos el poder de cambiar el mundo exterior, sólo podíamos cambiarnos a nosotros. El programa de Narcóticos Anónimos, a través de ciertos principios espirituales, nos ofrece la posibilidad de aliviar el dolor de vivir.

Somos muy afortunados de haber tenido este programa. Antes, muy poca gente reconocía la adicción como una enfermedad. La recuperación sólo era un sueño.

La vida responsable, productiva y libre de drogas de miles de miembros ilustra la eficacia de este programa. Hoy en día, la recuperación para nosotros es una realidad. Al trabajar los pasos, reconstruimos una personalidad fracturada. Narcóticos Anónimos es un entorno saludable para nuestro crecimiento. En el seno de la confraternidad, nos queremos, nos cuidamos mutuamente y todos nos apoyamos en esta nueva forma de vida.

A medida que maduramos, llegamos a comprender que la humildad es la aceptación tanto de nuestras cualidades como de nuestras debilidades. Lo que más deseamos es sentirnos bien con nosotros mismos. Hoy en día podemos sentir de verdad amor, alegría, esperanza, tristeza, entusiasmo. Nuestros sentimientos ya no son las viejas sensaciones producidas por las drogas.

A veces, incluso tras cierto tiempo en el programa, de pronto nos encontramos atrapados en nuestras viejas ideas. Los principios básicos siempre son importantes para la recuperación. Tenemos que evitar las viejas formas de pensar, tanto las viejas ideas como nuestra tendencia a la autocomplacencia. No podemos darnos el lujo de ser autocomplacientes, porque nuestra enfermedad nos acompaña veinticuatro horas al día. Si al practicar estos principios nos permitimos sentirnos superiores o inferiores, nos aislamos. Cuando nos sentimos alejados de los otros adictos, vamos directo a los problemas. Separarnos del ambiente de recuperación y del espíritu de servicio a los demás frena nuestro crecimiento espiritual. La autocomplacencia nos aparta de la buena voluntad, el amor y la compasión.

Si no estamos dispuestos a escuchar a los demás, negamos la necesidad de mejorar. Aprendemos a ser más flexibles y a reconocer cuando los otros tienen razón y cuando estamos equivocados nosotros. A medida que nuevas cosas se revelan, nos sentimos renovados. Necesitamos mantener una mente abierta y una buena disposición para hacer ese pequeño esfuerzo extra: ir a una reunión de más, quedarnos un minuto más contestando el teléfono, ayudar al recién llegado a mantenerse limpio un día más. Este esfuerzo extra es vital para nuestra recuperación.

Por primera vez llegamos a conocernos a nosotros mismos. Sentimos cosas nuevas: queremos y nos quieren, sabemos que la gente se preocupa por nosotros, sentimos interés y compasión por los demás. Nos sorprendemos haciendo y disfrutando cosas que nunca pensamos hacer. Cometemos errores y los aceptamos, aprendemos de ellos. Experimentamos el fracaso y aprendemos a tener éxito. A veces, en recuperación, tenemos que enfrentarnos a algún tipo de crisis, como la muerte de un ser querido, dificultades económicas o un divorcio. Son realidades de la vida y no desaparecen porque estemos limpios. Algunos, incluso tras años de recuperación, nos quedamos sin trabajo, sin casa o sin dinero. Empezamos entonces a alimentar la idea de que estar limpios no valía la pena y nuestra vieja forma de pensar se ocupó de estimular la autocompasión, el resentimiento y la ira. Por muy dolorosas que puedan ser las tragedias de la vida, hay una cosa que está clara: ¡no debemos consumir, pase lo que pase!

Éste es un programa de abstinencia completa. Hay veces, sin embargo, que en casos de problemas de salud que requieran cirugía o de lesiones físicas graves, la medicación puede ser válida. Esto no autoriza a consumir. Para nosotros no existe un método seguro de consumir drogas. Nuestro cuerpo no reconoce la diferencia entre las drogas recetadas por el médico para calmar el dolor y las que nos recetamos nosotros para «volar». En situaciones como éstas, el talento de los adictos para autoengañarnos está en su nivel máximo. A menudo nuestra mente provocará más dolor como excusa para consumir. Ponernos en manos de nuestro Poder Superior y recurrir al apoyo de nuestro padrino y otros miembros puede impedir que nos convirtamos en nuestros peores enemigos. Si nos quedáramos solos en una situación semejante, le daríamos a nuestra enfermedad la oportunidad de tomar el mando. Compartir honestamente disipa nuestro temor a recaer.

Una enfermedad grave o una operación quirúrgica pueden representar problemas especiales para nosotros. Los médicos deben estar al corriente de nuestra adicción. Recordemos que somos nosotros, y no los médicos, los máximos responsables de nuestra recuperación y de nuestras decisiones. Para reducir el peligro al mínimo existen varias opciones específicas que podemos considerar: usar anestesia local, evitar nuestra droga favorita, dejar de tomar calmantes aunque todavía sintamos dolor, quedarnos algunos días más en el hospital en caso de síndrome de abstinencia.

Cualquier dolor que sintamos, pasará. Por medio de la oración, la meditación y de compartir con otros, llegamos a olvidar nuestro malestar y obtenemos la fortaleza necesaria para mantener nuestras prioridades en orden. Resulta imperativo rodearnos todo el tiempo que sea posible de miembros de NA. Es asombroso cómo nuestra mente vuelve a sus viejos hábitos y pensamientos. Te sorprenderás de la capacidad de resistencia al dolor que se puede tener sin medicación. En este programa de abstinencia total, sin embargo, en caso de dolor físico extremo no debemos sentirnos culpables por haber tenido que tomar una dosis mínima de medicamentos recetados por un profesional informado.

En recuperación crecemos a través del dolor y a menudo descubrimos que tales crisis son un don, una oportunidad para madurar y vivir limpios. Antes de nuestra recuperación, éramos incapaces siquiera de concebir la idea de que los problemas fueran un don. Puede que el don consista en descubrir nuestra fortaleza interior o en recuperar el sentimiento de respeto por nosotros mismos que habíamos perdido.

El crecimiento espiritual, el amor y la compasión son principios en potencia, inútiles hasta que los compartimos con otro adicto. Al ofrecer amor incondicional en la confraternidad nos convertimos en personas más cariñosas, y, al compartir el crecimiento espiritual, nos volvemos más espirituales.

Cuando llevamos este mensaje a otro adicto, nos acordamos de nuestros propios comienzos. La oportunidad de recordar viejos sentimientos y comportamientos nos permite ver nuestro crecimiento espiritual y personal. Cuando contestamos las preguntas de otros, nuestras propias ideas se tornan más claras. Los miembros más nuevos son una fuente constante de esperanza que nos recuerda siempre que este programa funciona. Cuando trabajamos con los recién llegados, tenemos la oportunidad de vivir todo lo que hemos aprendido estando limpios.

Hemos aprendido a valorar el respeto de los demás. Nos alegra que la gente confíe en nosotros. Por primera vez en nuestra vida, es posible que nos pidan ocupar puestos de responsabilidad en organizaciones de la comunidad fuera de NA. Personas no adictas nos solicitan y valoran nuestras opiniones en terrenos que no tienen nada que ver con la adicción ni la recuperación. Podemos disfrutar de nuestra familia de una manera nueva y convertirnos en un motivo de satisfacción en lugar de ser una vergüenza o una carga. Hoy en día pueden enorgullecerse de nosotros. Nuestros intereses personales pueden ampliarse a cuestiones políticas y sociales. Las aficiones y el tiempo libre nos

proporcionan nuevos placeres. Saber que además de nuestro valor como adictos en recuperación también somos valiosos como
seres humanos, nos hace sentir bien.

El refuerzo recibido gracias al padrinazgo es ilimitado. Nos
pasamos años aprovechándonos de los demás de todas las formas imaginables. No se puede describir con palabras la conciencia espiritual que obtenemos al dar algo –por pequeño que sea– a
otra persona.

Cada uno de nosotros somos los ojos y los oídos del otro.
Cuando nos equivocamos, nuestros compañeros nos ayudan a
mostrarnos lo que no podemos ver. A veces estamos enganchados a nuestras viejas ideas. Si queremos conservar nuestro entusiasmo y crecer espiritualmente, tenemos que revisar constantemente nuestros sentimientos y pensamientos. Este entusiasmo
contribuirá a nuestra recuperación progresiva.

Hoy en día tenemos la libertad de elegir. A medida que trabajamos el programa lo mejor que podemos, se elimina la autoobsesión. El amor y la seguridad de la confraternidad reemplazan
gran parte de nuestro temor y soledad. Ayudar a un adicto que
sufre es una de las experiencias más maravillosas que la vida nos
puede ofrecer. Estamos dispuestos a ayudar. Hemos vivido experiencias similares y comprendemos a los compañeros adictos
mejor que nadie. Ofrecemos esperanza porque sabemos que esta
nueva forma de vida ya es una realidad para nosotros y damos
amor porque nosotros también lo recibimos generosamente. A
medida que aprendemos a amar, se abren nuevas fronteras ante
nosotros. El amor puede ser el flujo de energía vital de una persona a otra. Al compartir, preocuparnos y rezar por los demás,
nos convertimos en parte de ellos. A través de la identificación,
permitimos que los adictos se conviertan en parte de nosotros.

Al hacerlo, pasamos por una experiencia espiritual vital que
nos transforma. Desde un punto de vista práctico, los cambios se
producen porque lo que es apropiado para una fase de la recuperación, puede no serlo para otra. Dejamos constantemente de lado

lo que ya ha cumplido su objetivo y permitimos que Dios nos guíe en la presente etapa mostrándonos lo que funciona aquí y ahora.

A medida que dependemos más de Dios y aumenta el respeto hacia nosotros mismos, comprendemos que no tenemos que sentirnos superiores ni inferiores a nadie. Nuestro auténtico valor consiste en ser nosotros mismos. El ego, tan grande y dominante en el pasado, pasa ahora a segundo plano porque estamos en armonía con un Dios bondadoso. Cuando nos desprendemos de nuestra terquedad, descubrimos que tenemos una vida más valiosa, feliz y muchísimo más llena.

Somos capaces de tomar decisiones sensatas y afectuosas, basadas en los principios e ideales que tienen auténtico valor en nuestra vida. Al moldear nuestros pensamientos con ideales espirituales, tenemos la libertad de convertirnos en quienes queremos ser. Ahora podemos superar lo que antes nos daba miedo, gracias a depender de un Dios bondadoso. La fe ha reemplazado nuestro temor y nos ha liberado de nosotros mismos.

En nuestra recuperación también nos esforzamos por sentir gratitud. Estamos agradecidos por la constante presencia de Dios en nuestra conciencia. Cuando afrontamos una dificultad que pensamos que no podemos resolver, pedimos a Dios que haga por nosotros lo que nosotros mismos no podemos hacer.

El despertar espiritual es un proceso continuo. A medida que crecemos espiritualmente ampliamos nuestra perspectiva de la realidad. Abrir nuestra mente a nuevas experiencias físicas y espirituales es la clave para mejorar nuestra conciencia. A medida que crecemos espiritualmente, estamos en mayor armonía con nuestros sentimientos y nuestro propósito en la vida.

Al querernos a nosotros mismos, somos capaces de querer de verdad a los demás. Éste es el despertar espiritual que aparece como resultado de vivir el programa. ¡Nos atrevemos a interesarnos en los demás y a quererlos!

Las funciones mentales y emocionales más elevadas, como la conciencia y la capacidad de amar, estaban seriamente afectadas por nuestro consumo de drogas. El arte de vivir se había reducido a un nivel animal. Nuestro espíritu estaba hecho pedazos y habíamos perdido la capacidad de sentirnos humanos. Parece una exageración, pero muchos hemos estado en esa situación. Con el tiempo, y a través de la recuperación, nuestros sueños se hacen realidad. No queremos decir que necesariamente vayamos a hacernos ricos y famosos. Sin embargo, si cumplimos la voluntad de nuestro Poder Superior, en recuperación los sueños se hacen realidad.

Uno de los milagros continuos de la recuperación es que nos convertimos en miembros productivos y responsables de la sociedad. Tenemos que entrar con cuidado en terrenos que puedan inflar nuestro ego o que puedan exponernos a situaciones de prestigio y manipulación difíciles para nosotros. Hemos descubierto que la forma de continuar siendo miembros responsables y productivos de la sociedad es poner nuestra recuperación en primer lugar. NA puede sobrevivir sin nosotros, pero nosotros no podemos sobrevivir sin NA.

Narcóticos Anónimos ofrece sólo una promesa: liberarnos de la adicción activa, la solución que durante tanto tiempo nos ha esquivado. Saldremos de la prisión que nosotros mismos construimos.

Al vivir sólo por hoy, no hay manera de que sepamos lo que nos va a pasar. A menudo nos sorprende la forma en que se resuelven nuestras cosas. Nos recuperamos aquí y ahora; el futuro se convierte en un viaje emocionante. Si al llegar al programa hubiéramos hecho una lista de nuestras expectativas, nos habríamos quedado cortos. Los problemas irremediables de la vida se han transformado alegremente. Nuestra enfermedad se ha detenido y ahora todo es posible.

Cada vez nos volvemos más receptivos y nos abrimos a nuevas ideas en todos los aspectos de nuestra vida. Si escuchamos atentamente, oímos cosas que nos funcionan. La capacidad de escuchar es un don y crece a medida que crecemos espiritualmente. La vida adquiere un nuevo significado cuando nos abrimos a este don. Para poder recibir, tenemos que estar dispuestos a dar.

En recuperación cambia nuestra idea de la diversión. Hoy en día tenemos la libertad de disfrutar las cosas simples de la vida, tales como la amistad y vivir en armonía con la naturaleza. Ahora somos libres para desarrollar una nueva concepción de la vida. Al mirar atrás, estamos agradecidos de nuestra nueva vida. Es tan diferente de todo lo que nos trajo a este programa.

Cuando consumíamos, pensábamos que nos divertíamos y que aquellos que no lo hacían se privaban de ello. La espiritualidad nos permite vivir plenamente y sentirnos agradecidos de lo que somos y de lo que hacemos. Desde el principio de nuestra recuperación descubrimos que la felicidad no proviene de las cosas materiales sino de nosotros mismos. Sabemos que cuando perdemos la autoobsesión, podemos comprender qué significa la felicidad, la alegría y la libertad. Compartir de todo corazón nos proporciona una dicha indescriptible; ya no tenemos que mentir para que nos acepten.

Narcóticos Anónimos ofrece a los adictos un programa de recuperación que significa mucho más que vivir sin drogas. Esta forma de vida no sólo es mejor que el infierno en el que vivíamos, sino que es mejor que todo lo que hemos conocido hasta ahora.

Hemos descubierto una salida y vemos que a los demás les funciona. Cada día revelará algo más.

NUESTROS MIEMBROS COMPARTEN

«Mi gratitud habla,
cuando me preocupo por los demás
y cuando comparto con otros
a la manera de NA.»

Introducción a
«Nuestros miembros comparten»

En nuestras reuniones, en nuestra vida y en nuestra literatura nos ayudamos mutuamente compartiendo nuestra experiencia y las herramientas que usamos para mantenernos limpios y recuperarnos. El Texto Básico es una expresión del deseo de llevar nuestro mensaje. Los primeros diez capítulos contienen nuestra sabiduría colectiva para describir el programa, y ahora pasamos a nuestras experiencias personales con respecto a vivir el programa. La vida de nuestros miembros depende de nuestro programa y éste, a su vez, cobra vida a través de las voces de nuestros miembros.

La Primera Tradición nos enseña a procurar nuestro bienestar común más allá de nuestras diferencias. El concepto de unidad que se describe en esta tradición no equivale a uniformidad. Con el tiempo, descubrimos que estas diferencias son precisamente las cosas que nos enriquecen. En las peculiaridades de nuestras historias se hace patente la autenticidad de nuestro mensaje y vemos cuánto nos parecemos en realidad. Nuestro desarrollo como individuos y como confraternidad tiene mucho que ver con fomentar nuestros lazos comunes y nuestra identidad común, pero, aunque parezca una contradicción, en NA también cultivamos y valoramos aquello que hace que cada uno sea quien sea. Para mantenernos fuertes y crecer, necesitamos ambos puntos de vista.

Desde que se publicó nuestro Texto Básico por primera vez, hemos crecido y cambiado como confraternidad. El número de miembros ha aumentado y nuestra experiencia se ha profundizado. Hoy en día, somos auténticamente mundiales y cada una de las comunidades locales de NA contiene a su vez diferentes mundos. Juntos tomamos la decisión de revisar esta parte del libro para que incluyera y reflejara estos cambios. En las siguientes páginas, nuestros miembros comparten su experiencia con respecto a empezar a estar limpios, mantenerse limpios y vivir limpios.

La experiencia aquí compartida es tan diversa como nosotros. Nuestros miembros comparten sobre cosas como volver a estudiar, perder seres queridos, enfrentarse a problemas de salud, hacer enmiendas, aceptar su sexualidad, criar hijos, servir a la confraternidad que todos amamos y muchos otros éxitos y dificultades. Tal vez te encuentres con opciones contrarias a tus creencias o a las costumbres de tu comunidad local de NA. Los caminos personales que nuestros miembros deciden recorrer no necesariamente son el reflejo de los criterios de NA en su totalidad, por lo que es importante tener en cuenta que todas estas historias son experiencias individuales. En una recopilación sería imposible reflejar íntegramente la diversidad de nuestros miembros, quiénes son y qué les ha pasado, pero hemos reunido parte de esa riqueza.

Cada historia personal se resume de manera muy breve al comienzo y en el «Índice», de modo que si estás buscando algo específico (como el hecho de enfrentarse a una enfermedad o la historia de una persona que empezó a estar limpia joven) tal vez lo encuentres más rápidamente.

Hemos organizado la recopilación en cuatro secciones, cada una de las cuales empieza con una serie de reflexiones breves de nuestros miembros. La primera sección, «Los comienzos», está compuesta por seis historias de ediciones previas del Texto Básico. Han sido escogidas, en parte, por su valor histórico y no se han corregido para su publicación en la presente edición. Estas voces de nuestros primeros miembros funcionan como una ventana a nuestros años de formación.

Después de «Los comienzos», el texto está dividido en otras tres secciones. En la que lleva por título «Llegar a casa», los miembros comparten su descubrimiento de NA o, en algunos casos, la creación de NA en algún lugar del mundo. Nuestras lecturas nos dicen que cualquier persona puede sentirse en casa en NA «sin que importe su edad, raza, identidad sexual, credo, religión ni la falta de esta última». En la sección «Sin que importe...», los miembros hablan de su viaje hacia la aceptación en NA y de hacer de NA un lugar en el que todos podemos sentirnos seguros y bienvenidos. La última sección, «La vida tal cual es», se centra en practicar los principios en todo aquello que la vida ofrece: nos enfrentamos tanto a la felicidad como a la tragedia y a los placeres sencillos de la vida diaria completamente despiertos y vivos.

Tal vez no te veas reflejado en todo lo que leas aquí —de la misma manera que quizás no te identifiques con todas las personas que comparten en una reunión—, pero esperamos que por lo menos algunas de estas voces te conmuevan y te inspiren. En NA aprendemos que no somos únicos como adictos, pero que, como personas, sí lo somos y nuestra experiencia importa. Colectivamente somos mucho más que la suma de las partes. Todos nosotros, independientemente del tiempo que llevemos limpios o de dónde vengamos, tenemos algo que aportar si lo compartimos abierta y honestamente, y algo que conseguir cuando escuchamos con el corazón.

Los comienzos

Esta muestra de historias de nuestros primeros miembros nos permite vislumbrar NA a finales de los años setenta y principios de los ochenta. Se han elegido en parte por su significado histórico y, como tales, no han sido corregidas. Con el tiempo hemos aprendido a ser claros en nuestro vocabulario y en nuestra identificación; estas historias, sin embargo, se reproducen exactamente como se publicaron en la quinta edición del Texto Básico (1988).

Reflexiones

Me sugirieron que abriera una reunión de NA en mi área. Me daba miedo, pensaba que no tenía suficiente tiempo limpio. Mis amigos me dijeron que podía seguir sufriendo todo el tiempo que quisiera. Con la ayuda de Dios y otros adictos, esa reunión se puso en marcha y sigue prosperando.

Quiero conservar lo que me han dado, así que lo comparto activamente a través del servicio afectuoso a NA, dondequiera y comoquiera que me lo pidan. Hoy en día, el espíritu de esta confraternidad está dentro de mí. He logrado conocer el amor incondicional.

Medía 1,65 metros y pesaba 128 kilos.[7] Comía compulsivamente para controlar mis sentimientos y emociones y para sentirme mejor. En realidad así fue como en un principio empecé a consumir drogas duras. Estaba tan desesperado por adelgazar que no me importó consumir heroína. Pensaba que sería lo suficientemente listo para no quedarme enganchado, que me haría perder el apetito, me sentiría bien y saldría bien parado. Fui dando tumbos por todo el país y acabé en cárceles y penitenciarías. Fue el principio del fin; no sólo era un comedor compulsivo y seguí siendo gordo, sino que también me volví adicto a las drogas que consumía.

Cuando llegué a este programa, encontré algo que jamás había experimentado: una aceptación completa de mi persona, de quién era y lo que era. Me invitaron a volver a una confraternidad en la que me dijeron que no había cuotas ni honorarios

---

[7]   5' 5" alto; 282 libras

—que ya había pagado lo suficiente con mi vida pasada— y que si seguía viniendo encontraría una libertad total y una nueva forma de vida.

No tengo ninguna duda, le debo la vida a la Confraternidad de Narcóticos Anónimos y a Dios.

Las cosas estaban yendo muy bien. Tenía un título universitario, un coche nuevo, licencia de conducir y buenas relaciones con mis padres. Mi novia iba a un terapeuta que le recomendó que hiciéramos alguna actividad juntos, como abrir una reunión de NA en nuestra zona. La reunión más cercana estaba a más de una hora de distancia y sólo se celebraba dos veces por mes. Así que lo hicimos, pero después de que la abriéramos ella recayó y se fue a vivir a otra parte. Mi mejor amigo también se estaba drogando desde hacía un tiempo y empezaron a salir juntos, y eso acabó de destrozarme. Tenía un perro al que le lloraba todas las noches, que tampoco pudo soportarlo y se escapó.

Como había abierto esa reunión de NA, seguí yendo y la reunión creció. Y ahí estaba yo, con dos años limpio, llorando y compadeciéndome de mí mismo, deprimido y con recién llegados que llevaban treinta días limpios y me decían que las cosas irían mejor, que estuviera agradecido de lo que tenía y que siguiera asistiendo a las reuniones. Compañeros que acababan de llegar a la confraternidad solían pasar por mi casa para hacer un Duodécimo Paso conmigo. Y me hicieron seguir yendo a los grupos. Me dijeron que me querían. Estuve deprimido de esa manera durante dos meses y, durante esos dos meses, se abrieron dos reuniones más. Acudía a tres reuniones por semana y me puse a trabajar los pasos. Me incorporé al servicio del área y empecé a estar agradecido por todo lo que tenía. Estaba muy agradecido de estar vivo y creía que se debía a la Confraternidad de NA.

Recuerdo que me sentía como si no perteneciera a NA porque, aunque había consumido otras drogas, mi problema realmente era la marihuana. Leí el librito blanco *Narcóticos Anónimos*, donde decía que un adicto era alguien que «vivía para consumir y consumía para vivir» y que nuestra vida y nuestros pensamientos estaban centrados en conseguir y consumir drogas. Esta frase me describía entero. Después decía que no importaba qué droga consumía y que el único requisito para ser miembro era el deseo sincero de dejar de consumir. «Bueno, a lo mejor, tal vez, me dejan quedar», pensé. Y empecé a ir todos los días a una reunión o a hablar con otro adicto. Los compañeros me dijeron que me necesitaban y empecé a sentir que formaba parte. Asistía regularmente y trataba de apoyar las reuniones nuevas. Fui aprendiendo sobre los pasos y trataba de trabajarlos. No consumí, escribí inventarios, hice enmiendas y recé. Una de las cosas de las cuales me siento agradecido es de la libertad de tener un Dios tal como lo concibo. Un día me di cuenta de que empezaba a librarme de mi adicción. La obsesión y la compulsión ya no eran las fuerzas dominantes de mi vida: estaba creciendo espiritualmente.

Un año antes de llegar a Narcóticos Anónimos me di cuenta de que estaba irremediablemente enganchado al jarabe para la tos: me tomaba cinco o seis frascos de 100 ml por día. Necesitaba ayuda y fui al médico, que me prescribió dexedrina y que me dio una inyección que me hizo sentir bien. Por lo que empecé a ir a verlo prácticamente todos los días.

Así siguieron las cosas durante unos ocho meses y yo estaba muy contento con mi adicción legal recién descubierta. También conseguía codeína de otro médico. Pero empecé a tener un miedo de locos y también me puse a beber. Esto duró día y noche durante un mes y acabé en una institución psiquiátrica. Cuando me dieron el alta, pensé que como ya no tomaba narcóticos, ahora podía beber socialmente. Pronto me di cuenta de que no era así. Fue entonces cuando busqué ayuda en NA.

Aquí aprendí que mi problema auténtico no estaba en las drogas que había consumido, sino en la personalidad distorsionada que había desarrollado a lo largo de años de consumo e incluso antes. En NA logré ayudarme a mí mismo gracias a la ayuda de los compañeros de la confraternidad. Me doy cuenta de que estoy haciendo progresos con lo de enfrentarme a la realidad y crezco día a día. Ahora descubro nuevos intereses que significan algo y comprendo que eso era una de las cosas que buscaba en las drogas.

Tenía un empleo y trabajaba de manera fija, pero mi vida no funcionaba; seguía dependiendo de las drogas. Eso fue el principio del fin, el comienzo de mi recuperación. Estaba en un estado de terrible desesperación: lo único que quería era acostarme y morirme.

Busqué un programa de metadona, pero no había ninguno disponible. Al día siguiente mi jefe me preguntó qué me pasaba y, antes de darme cuenta, le estaba contando la verdad. Le dije que era un drogadicto. Me preguntó si quería ayuda y le dije que sí.

Éste fue el primero de una serie de despertares espirituales. Fui a un hospital en Luisiana y de allí pasé a una casa de acogida. En aquel momento descubrí Narcóticos Anónimos. NA era la tribu que nunca tuve. Encontré el mismo tipo de gente con la que solía estar en la calle. Pero tenían algo diferente: la paz que yo quería.

Hoy en día, puedo mirarme al espejo y reírme. No diría que hoy tengo una buena imagen, pero es mejor de lo que era. Cuando consumía, dominaba el arte de pelear o huir. O me escapaba de una situación o la dirimía peleando, pero nunca me enfrentaba a ella. La mayoría de las veces, era yo el que salía corriendo. Las palabras serenidad y rendición eran ajenas a mi vocabulario. Estoy aprendiendo que mi serenidad es proporcional a mi rendición.

Durante la mitad de mi vida me he dedicado a escorar enloquecido por el mar del caos y la destrucción. El programa de Narcóticos Anónimos me ha mostrado lo que es la serenidad y el rumbo. Empiezo a darme cuenta de que mi experiencia puede beneficiar a aquellos que todavía sufren. He descubierto en los pasos de este programa la libertad que siempre he buscado.

Cuando consumía, iba de una «madre» a otra —de casa de su madre al ejército y a un matrimonio— hasta que su esposa se cansó de la falta de sano juicio y encontró la única reunión de NA del mundo. En esta historia de una edición previa, este adicto admite que tardó mucho tiempo, pero que al final aprendió a pasar a la acción y ser responsable de sí mismo.

Encontré la única reunión de NA del mundo

Me llamo Bob B. y soy de Los Ángeles. Con respecto a la gente, los lugares y las cosas, mi historia no es muy diferente de la de un ejecutivo, sólo que al revés.

Me crié en el lado equivocado, en una casa pobre, llena de carencias, durante la depresión, en un hogar roto donde nunca se pronunciaban palabras de amor y en el que había un montón de niños.

La mayor parte de las cosas que recuerdo de mi vida las rememoro retrospectivamente. Mientras sucedían, no me enteraba de nada. Sólo recuerdo que iba por la vida sintiéndome diferente, lleno de carencias. Nunca me sentía cómodo, estuviera donde estuviera y tuviera lo que tuviera. Crecí en un mundo de fantasías. Todo lo de los demás siempre me parecía mejor. La hierba de mi jardín no era tan bonita como la del vecino. Estaba permanentemente en Babia. Aprendí todo tipo de trucos y atajos para arreglármelas en el colegio.

Siempre soñé con irme de casa. No era un lugar para estar. Mi gran fantasía era que en cualquier otra parte todo iría mejor.

Empecé a consumir drogas bastante tarde en la vida, a los dieciocho años. Digo tarde en comparación a la edad en que empiezan los chicos de hoy en día.

Mi madre mandaba en casa con mano dura, era su método. Y mi forma de reclamar constantemente su atención era ganarme una buena paliza en el trasero todos los días. También descubrí que otra manera de recibir atención era enfermarme. Cuando estaba enfermo, conseguía lo que sentía que necesitaba: amor y atención.

Culpaba a mi madre de no haber sabido elegir mejor en la vida para que yo tuviera una niñez feliz.

Entré en el ejército porque era un lugar al que huir. Estuve mucho tiempo en las fuerzas armadas porque me daban las mismas oportunidades que tenía en casa: tres comidas calientes, una cama y ninguna responsabilidad. Se podría decir que era una persona responsable porque tenía un rango y hacía esto o aquello, pero sólo lo hacía porque antes me ordenaban lo que debía hacer, cuándo y cuánto.

Mi primera droga fue el alcohol. Descubrí que había dos personalidades. Cuando estaba bajo los efectos del alcohol, y más adelante de otros estupefacientes, había un cambio de personalidad.

Sin embargo, con el tiempo descubrí que este cambio de personalidad tenía raíces más profundas. Ya era dos personas incluso antes de empezar a consumir. Había aprendido muy pronto a robar. Había aprendido muy pronto a mentir. Había aprendido muy pronto a engañar. Y me daba satisfacción hacerlo. Era adicto a robar mucho antes de ser adicto a las drogas porque me hacía sentir bien. Si tenía cosas de los demás a mi alrededor, me sentía bien. Tenía la manía de robar. No podía ir a ninguna parte si no me llevaba algo.

Era tan inocente, no sabía nada sobre las drogas. En los años treinta y cuarenta las drogas no eran un tema del que se hablara. No es que las drogas hayan cambiado, sino que sencillamente antes no se hablaba de ellas. No se hablaba de sexo, de drogas ni religión, no se discutía sobre esos temas ni se explicaban. Era una de esas cosas sobre las que no se decía nada.

Consumí por primera vez mi droga favorita, la heroína, en el Lejano Oriente. Había oído hablar del opio y lo probé. También descubrí que se podía preparar la heroína y pinchársela. En otros países había una gran variedad de drogas y era muy fácil conseguirlas, sólo había que entrar en la tienda y pedirlas. Así que estuve fuera del país durante nueve años. De esta forma no tuve que enfrentarme a las actitudes y restricciones de los Estados Unidos.

No sabía nada sobre la evolución de mi enfermedad. No sabía nada sobre la adicción. Anduve por ahí en la ignorancia de lo que era la adicción muchos años, sin saber nada, absolutamente nada.

Nadie me explicó que cuando consumes drogas durante más de un año puedes quedarte enganchado. Nadie me habló del síndrome de abstinencia de las drogas. Lo único que me decían era: «Trata de no ponerte enfermo», y la manera de hacerlo era seguir consumiendo.

Uno de los problemas que descubrí en el ejército es que te dan órdenes, te trasladan, pero no trasladan contigo a los que te venden drogas, así que tienes síndrome de abstinencia. De modo que la siguiente vez tratas de cubrirte las espaldas e intentas llevar una buena provisión, y lo que tenías para un mes te dura una semana, o dos o tres días.

No sabía nada sobre la evolución de la enfermedad ni sobre las consecuencias de mis actos. La progresión de mi enfermedad se me hizo evidente, en lo que al ejército respecta, cuando empecé a trasportar y pasar drogas de contrabando. Además, cuando consumes hasta el punto en que no puedes ni hacer guardia, primero te miran mal, después te quitan de ahí y te encierran. Por último, hicieron una cosa cruel: me echaron a la calle.

Estaba muy mal preparado para cuidarme. Había ido de una mamá a otra —que se habían ocupado de mí— y de pronto me encontraba en la calle sin nadie que me cuidara. Como no sabía lo que era pagar un alquiler, trabajar ni ser responsable, tenía que endosarle esa responsabilidad a quien fuera. Así que usé un montón de madres.

Tuve que aprender a vender en la calle. Hay que tener presente que en el ejército hay un montón de materiales que pueden venderse y yo solía hacerlo, porque me gustaba robar. Tuve que aprender otros procedimientos, como recorrer los comercios y birlar filetes y cigarrillos, a saltar desde las ventanas de un primer piso y escapar de la policía.

Creo que hay cierta emoción ligada a la adicción a las drogas. Se parecía bastante a los juegos de mi infancia de policías y ladrones. Descubrí también que hay más policías que drogadictos. Están por ahí vigilándote. Nunca he podido entender cómo era posible que, en medio de un montón de gente, me eligieran a mí y me dijeran: «Sube al coche, vamos, ahora mismo». Nueve de cada diez veces, me enganchaban drogado.

Durante el proceso de encontrar madres, una madre me encontró a mí. Pensé que tenía que atraparla con papeles y todo, así no se me escapaba.

Elegí bien, elegí una mujer que no consumía. Sabía que las que consumían nunca ayudaban cuando me encerraban. Nunca tenían dinero para pagar la fianza. Tampoco podían visitarme porque estaban demasiado ocupadas buscando sus propias drogas.

Así que me encontré a una de esas desprevenidas. Estudiaba, trabajaba y tenía un lugar donde vivir; su único defecto era que no sabía que necesitaba a alguien a quien cuidar. Y yo era un candidato de primera: quería que me cuidaran. Ella iba a ayudarme a hacer las cosas como era debido. Me propuso matrimonio en la cárcel y yo le dije: «Sí, quiero. Ve y paga la fianza».

Durante los siguientes tres años la volví loca tratando de que me siguiera el ritmo. Un buen día encontró la única reunión de Narcóticos Anónimos del mundo. ¿Cómo lo hizo? No lo sé. Por aquel entonces, sólo había una reunión en todo el mundo, y ella fue y la encontró. Y yo la mandé a la reunión a ver qué pasaba.

Hay que entender que en aquellos tiempos los adictos a las drogas no éramos muy populares. La mera insinuación de que dos drogadictos iban a reunirse era motivo de vigilancia policial. Así trataban a los adictos en aquella época. La adicción se entendía muy poco. Yo tenía mucha desconfianza de cualquier cosa que tuviera que ver con ayudar a los adictos. Sabía lo que les hacían: ¡los encerraban y punto! No había ningún programa al que acudir, salvo en las cárceles de Fort Worth y Lexington.

Siempre tenía alguna historia triste para justificar mi consumo. Un día, después uno de esos viajes de seis meses para ir a comprar pan a la esquina, llegué a casa y me encontré con mis bolsas junto a la puerta. Me había dicho cincuenta mil veces: «Tienes que irte», pero esta vez era diferente. Había algo distinto en su voz. Así que agarré mis bolsas y me fui al único lugar al que podía ir: la calle.

Me había acostumbrado a vivir en la calle. Sabía cómo vivir en el asiento trasero de coches viejos, en viejas lavanderías, en viejos edificios vacíos, en tu casa o la mía. Por supuesto que nunca tuve mi casa. No podía pagar el alquiler. Nunca supe cómo se pagaba el alquiler. Si tenía tres dólares en el bolsillo, esos tres dólares iban a parar a las drogas antes que a un lugar en el que vivir. Era así de sencillo. Mientras consumía drogas y vivía en la calle, creo que pagué alquiler una sola vez, y lo hice sólo para poder meterme en esa casa. A partir de ese momento el juego se llamó «atrápame si puedes». Tampoco importaba mucho, ya que en todo caso pasaba buena parte del tiempo bajo la tutela del Estado. Me limitaba a vagar por ahí hasta que me encerraban y entonces tenía un lugar donde vivir. Podía descansar y recuperar la salud para salir de nuevo y volver a las andadas.

Llegué a Narcóticos Anónimos hace casi veintiún años.[8] Pero no fui por mí, sino para que mi mujer mantuviera la boca cerrada. Iba a las reuniones drogado.

No tenía licencia de conducir. Era incapaz de trabajar. No tenía casa. Era del color equivocado. No tenía dinero. No tenía coche. Ya no tenía esposa, o mejor dicho, necesitaba otra. Llevé a los compañeros todos esos problemas y me decían: «Sigue viniendo». Me dijeron también que trabajara los pasos. Solía leerlos y pensaba que eso era trabajarlos. Años más tarde me di

---

[8] Escrito en 1981

cuenta de que aunque leyera los pasos, no sabía lo que leía, no entendía lo que leía.

En muchos lugares me habían dicho que era adicto. Me habían puesto la etiqueta de adicto. En el ejército, en las cárceles y en todas partes me habían catalogado de adicto. Lo aceptaba, pero no lo comprendía. Tuve que seguir viaje y experimentar algunas cosas más para volver al programa.

Una de las cosas que tuve que aprender a hacer fue comprender de qué se trataba el programa. Tuve que empezar a estar dispuesto a averiguar qué era el programa. Sólo después de haber estado a punto de morirme quise entender. Creo que la muerte es una consejera permanente. Había tenido varias sobredosis, pero de alguna manera era una especie de situación en la que quería estar siempre. Era como llegar al borde del precipicio y después todo volvía a ponerse en su sitio. Cuando salía de una sobredosis, decía: «¡Qué bien! Quiero más.» ¡Eso sí que es locura!

La gota que colmó el vaso fue que estuvieron a punto de bajarme de una valla de un tiro, y no era yo precisamente el que iba a disparar. Y eso no me gustó. Jugar en la calle a policías y ladrones es peligroso. Llevan armas y prefiero que no me usen como blanco de prácticas. Cada vez me encontraba con más frecuencia con la pistola de un policía en la boca o en la sien que me decía que me pusiera contra la pared.

La última vez que consumí algún tipo de droga, acababa de pincharme y dos policías me dieron una paliza en una alambrada que trataba de saltar. Se me despejó la cabeza inmediatamente, como si estuviera sobrio y limpio. De repente vi con claridad que no quería morir así. Algo hizo clic en mi mente y pensé: «No tiene por qué ser así».

Después de ese último descanso y de reponerme, descubrí que podía trabajar estos pasos. Mi vida entera ha cambiado como resultado directo de ello. Me impliqué en el trabajo de los pasos, tratando de comprender de qué hablaban, hasta que logré comprenderlo de verdad. Me di cuenta de que cada paso va acompañado de cierta cantidad de acción. Tuve que actuar con respecto a cómo aplicar los pasos en mí. Siempre había pensado que los pasos servían para los demás, no para mí.

Empecé a hablar de Dios y de espiritualidad. Hacía mucho tiempo que había guardado a Dios en una lata, después lo había puesto en la iglesia... y yo no tenía nada que ver con la iglesia. Hasta que descubrí que Dios y espiritualidad no tenían nada que ver con la iglesia.

Tuve que aprender a participar. Ha sido una aventura impresionante. Mi vida ha cambiado hasta tal punto que es casi increíble que haya sido el que fui. Sin embargo, yo sé de dónde vengo. Constantemente hay cosas que me lo recuerdan. Y necesito ese recordatorio constante de los recién llegados y hablar con los demás.

Este programa se ha convertido en parte de mí, en parte de la vida que vivo. Ahora comprendo con mayor claridad las cosas que me suceden hoy en día en la vida. Ya no me resisto al proceso.

Llegué a las reuniones de Narcóticos Anónimos para asumir las responsabilidades que me habían dado. Hoy en día me preocupo por ellas. Soy adicto al amor, a la comprensión y al compartir que tienen lugar en NA. Y espero obtener más cosas de este tipo en mi vida.

Mi problema es la adicción, que tiene que ver con las drogas como medio de no hacer frente a la vida, que tiene que ver con lo que hay dentro: esa compulsión y esa obsesión. Ahora tengo las herramientas para ocuparme de ello: los Doce Pasos de recuperación.

Aunque este vagabundo de la playa vivía en un lugar que muchos llaman paraíso, en la historia de una edición anterior comparte que, para un adicto, «los barrios de mala muerte están en la mente». A través de NA, ha descubierto una sensación de paz y una nueva forma de vida.

Serenidad en el Pacífico

Soy un adicto a las drogas feliz y agradecido, limpio por la gracia de Dios y de los Doce Pasos de Narcóticos Anónimos. Hoy tengo una vida plena y alegría en mi corazón.

No siempre ha sido así. Bebí y consumí toneladas de drogas diariamente durante doce años. Era un adicto de la variedad «caso perdido». En realidad me parece que nací así.

Nací y me crié en el sur de California, en una agradable familia de clase media. Tanto mi hermana como yo fuimos niños deseados y queridos, y nos lo demostraron de todas las maneras posibles. Que yo recuerde, toda la vida me he sentido al margen de esa familia. Por supuesto que estoy hablando de un miedo aterrador a la vida. No me acuerdo de la simplicidad de ser un niño.

Tenía la personalidad de un adicto en su etapa de formación, con una terquedad descontrolada. Siempre quería salirme con la mía y, si no lo conseguía, me ocupaba de que todo el mundo se enterara.

Como era del sur de California, aparentemente hacía todas las cosas normales del lugar: ir a la playa, practicar deportes; sin embargo, los miedos y esa sensación de ineptitud me impedían vivir de acuerdo con mis posibilidades.

En la escuela fui un estudiante corriente, con muchos amigos, pero siempre me retiraba, dominado por el miedo. Creo que probé mi primera droga más o menos a los quince años: el alcohol. Fue la locura desde ese primer trago. Por fin había encontrado aquello que me libraba del miedo, o por lo menos eso pensaba yo. Me identifiqué desde el principio con los marginados, gente que dormía en la playa bajo los muelles.

Al mirar atrás estos doce años, me doy cuenta de cómo me gustaba cada droga nueva que probaba. El alcohol fue sólo el principio; si había algo que drogaba, deseaba probarlo y siempre quería más. No importaba que se tratara de inhalar pegamento o pincharme la mejor coca o heroína. No era un adicto rico y exigente, lo único que necesitaba era estar drogado y ponía toda mi energía en esa dirección.

Dejé de estudiar al final de la secundaria. El surf se había convertido en parte de mi vida, así que me fui a Hawai. Mis padres estaban muy confundidos con ese hijo que se las arreglaba tan mal para ocultar su desesperación. A los ojos de todas las personas con sano juicio que vivían la vida, yo parecía muy perdido e infeliz. Es que muy poco tiempo después de haber empezado a consumir, las drogas y el alcohol ya no me hacían lo mismo que al principio. Había vuelto el miedo, sólo que mucho peor que antes.

Mi primer viaje a Hawai en 1962 fue sólo el comienzo de muchos otros, siempre tratando de huir de mí mismo. Hawai era, y es, un paraíso, pero yo sólo lo veía drogado. Gracias a su clima benigno era fácil tener el único tipo de vida que conocía: vagar por las calles y dormir en coches estacionados u otros refugios disponibles. A los diecinueve años, volví a Hawai por tercera vez, convertido ya en un adicto consumado y, tan perdido y confundido, que lo único que sabía era que tenía que beber y consumir drogas, que no había otra cosa.

Al regresar a California a finales del verano de 1963, me alisté en la Marina. Como estaba perdido, me pareció que era lo más sencillo: sólo tenía que escribir mi nombre, más fácil que buscar trabajo. Ya estaba de lo más quemado y quería algo diferente, pero no sabía cómo pedir ayuda. La Marina, por supuesto, no fue la respuesta. Seguí con las drogas y, al cabo de dos años, me dieron de baja. El psiquiatra dijo que tenía la mente trastornada por el consumo de marihuana y LSD; además, había saltado al agua en un ataque de rabia contra la Marina.

Me convencí a mí mismo de que, una vez fuera de la Marina, todo sería diferente y nadie me diría lo que debía hacer, pero en aquel momento me hice un amigo nuevo del mundo del consumo. Era 1965 y los siguientes seis años fueron los peores de mi vida. Tal como lo veo ahora, esos años me llevaron al programa.

Después de salir de la Marina, me casé. Cómo y por qué se casó conmigo esa mujer es un misterio hasta el día de hoy. En nuestra noche de bodas me inyecté droga y dormí en Venice Beach con mis perros. Es el tipo de comportamiento que tiene un adicto egoísta y egocéntrico, que se preocupa sólo por sí mismo y por drogarse. Para poder drogarme tenía que traficar —siempre era el intermediario— y la casa donde vivíamos, en el canal de Venice, en California, estaba bajo vigilancia.

Mis padres sabían lo que pasaba, así que nos ayudaron a mi mujer, embarazada de cuatro meses, y a mí a largarnos de allí y volver a Hawai. Vivíamos en la costa norte, la parte más aislada de Oahu, donde había mucha gente joven. Corría el año 1967 y, por entonces, el LSD era muy popular y todo el mundo estaba metido en algún tipo de historia espiritual, religión oriental o seguía a algún gurú. Había dos profesores de Harvard que tomaban LSD y decían que así se podía encontrar a Dios, y yo pensaba que toda esa paz, amor y pasárselo bien estaba perfecto. Quería estar al margen de los sentimientos que tenía. El miedo dominaba mi vida. El año anterior me había pinchado mucha anfetamina en California, así que decidí hacer una limpieza durante mi vida en Hawai, de modo que tomaba drogas psicodélicas, fumaba hierba y trataba de meditar.

Había leído en alguna parte que cuando el alumno estaba preparado, aparecía el maestro. Aún no tenía ni idea de que estaban a punto de presentarme el programa de Narcóticos Anónimos, que se convertiría en mi maestro.

Aquel año conseguí no pincharme droga. Mi mujer y yo teníamos una bebita y vivíamos de la seguridad social en el país.

Aparentemente yo encajaba bien en el movimiento de la época: los hippies y la conciencia de que todo es hermoso. Sin embargo, por dentro, no todo era hermoso.

Al lado de la nuestra había una casa en alquiler de cuatro dormitorios; un día apareció una mujer y nos dijo que Dios la había mandado a vivir allí. Tenía más de cincuenta años, el pelo canoso hasta la cintura y se pasaba casi todo el tiempo en bikini. No tenía dinero, pero dijo que había sido guiada hasta esa casa.

Parecía irradiar una sensación de amor y felicidad que yo nunca había sentido con nadie. En cuanto la vi, sentí como si la conociera de toda la vida. Algo en mí se sintió atraído hacia ella. ¡No tenía ni idea de que se convertiría en mi madrina ni del papel tan importante que iba a tener en mi vida! Fue el principio de un viaje que hasta el día del hoy me sorprende. Es una forma de vida, una forma de aprender a confiar plenamente en un Poder Superior. A través de una serie de milagros que ahora he llegado a considerar bastante normales en mi vida, esta mujer acabó en aquella casa pagando el alquiler todos los meses. De más está decir que esa casa se convirtió en una casa del programa.

Se abrió allí una reunión que se llamó Beachcombers Spiritual Progress Traveling Group [«Grupo viajero de progreso espiritual de los vagabundos de la playa»], que a lo largo de los años ha recorrido todos los Estados Unidos, de Hawai a la costa Este, y que ha ido a Europa dos veces, siempre para atraer al adicto que aún sufre y ofrecer una forma de progresar y salir.

Recuerdo mi primera reunión en aquella casa en 1968. Por primera vez sentí que formaba parte de algo. No tanto porque escuché a gente hablar de consumir drogas como yo, sino de lo que les pasaba por dentro. Por primera vez vi que otras personas tenían los mismos miedos que yo. Pero a pesar de toda la esperanza que me dio esa reunión, sólo fue el principio de un período de tres años por el que no quiero volver a pasar.

Me identifiqué desde esa primera reunión y deseaba una nueva forma de vida, pero solía mantenerme limpio durante un período breve y después volvía a consumir. Primero sólo me tomaba una cerveza o fumaba un poco de hierba, pero al final siempre volvía a pincharme. En aquel momento no lo comprendía, pero hoy me doy cuenta de que aún tenía mis reservas, aún pensaba que podía consumir.

En 1970 me mantuve limpio durante tres meses en dos períodos diferentes. La última vez fue justo antes de Navidad, me fumé dos cigarrillos de marihuana y tuve convulsiones. Después de aquello, una vez me tomé dos barbitúricos y eso bastó. Me pasé casi un año entero sin saber lo que era volver a estar limpio. Tomaba alcohol y pastillas y me pinchaba cocaína y heroína a diario.

Como vivía en la Costa Norte era fácil no meterme en problemas. No había mucha policía por la zona. Me drogaba, mi mujer se marchó y yo sabía que no volvería a estar limpio. Una vez que me quedé sin droga, me pinché varios cientos de miligramos de tabletas de cafeína y estuve con temblores durante horas. Al parecer, tenía unas ganas terribles de morirme. Aunque nunca me desperté en los bajos fondos o en barrios de mala muerte, dormía en la playa, debajo de una palmera, con la cara en la arena, y los sentimientos eran los mismos: los barrios de mala muerte están en la mente.

Creo de verdad que no importa qué ni cuánto consumimos, dónde vivimos ni el dinero que tenemos, lo que cuenta es lo que nos pasa por dentro. En mi caso, sabía que me estaba muriendo, pero aun así no podía parar. Había abandonado NA, todos los conocidos del programa se habían marchado. Mi madrina y un grupo de adictos limpios estaban en Europa, y uno de los compañeros limpios vivía en otra isla y me llamaba de vez en cuando para saber si seguía vivo.

La mañana del 20 de octubre de 1971, me desperté y, por alguna razón y aunque tenía droga en casa, me fui a la playa y no consumí en el preciso instante en que abrí los ojos. Recuerdo que era un día gris, nublado y yo estaba desesperado. Me senté en la playa llorando; lo único que quería era morirme, ya no podía seguir así. De pronto, tuve una sensación de calidez y paz que nunca había sentido en mi vida y una voz me dijo: «Se ha acabado, no tienes por qué volver a consumir». Y sentí una paz que nunca había sentido.

Regresé a casa, recogí algunas cosas y me fui al aeropuerto. Me iba a la isla de Maui, donde vivía mi amigo limpio. Mi recuperación empezó con algunos milagros. No tenía dinero, sin embargo fui guiado a los sitios adecuados en los momentos precisos y llegué a Maui. Entré y le dije a mi amigo que estaba dispuesto a hacer lo que hiciera falta para mantenerme limpio. Hoy en día, mantenerme limpio va mucho más allá de no pincharme, tomarme o beberme esa primera droga; es una forma de vida, una vida que yo llamo aventura.

Tengo un hoja de ruta para vivir los Doce Pasos de NA. ¡O practico y vivo esos pasos o me muero! Creo de verdad que una persona que está limpia durante ciertos períodos de tiempo pasa por momentos en los que parece que mantenerse limpio no tiene sentido. Me parece que todos nos hemos sentido así en un momento u otro.

Me he mantenido limpio por la gracia de Dios. Los pasos se han convertido en mi vida. He tenido que hacer muchos inventarios, el Cuarto y el Quinto Paso, y seguiré escribiendo lo que me pasa por dentro para sacarlo.

Para mí, es así como funciona; seguir sacando lo viejo y hacer lugar para lo nuevo. No me resulta fácil hacerlo, por lo general tengo que estar entre la espada y la pared, humillado, entonces comparto. Dicen que éste es un programa de acción, que no podemos conservar lo que tenemos si no lo compartimos. ¡Y es cierto! Al principio, pensaba que tenía que decir todas las cosas adecuadas y salvar a todo el mundo. Hoy me doy cuenta de que sólo puedo compartir lo que tengo en mi corazón. Hoy en día, puedo entrar en una reunión y, si estoy lleno del amor de Dios, entonces lo comparto, pero hay veces que entro en una reunión y tengo ganas de estampar la cafetera contra la ventana. Por lo tanto, tengo que ser honesto, porque esa es la manera de mantenerme limpio.

Hoy en día sé que mantenerme limpio y tener una relación con Dios, tal como lo concibo, es lo más importante de mi vida. Cuando lo hago y llevo el mensaje a aquellos que todavía sufren, entonces recibo todo lo demás en mi vida. De verdad creo que no tengo que demostrarle nada a nadie. Llevo el mensaje dejando ver al recién llegado lo que hay dentro de mí y compartiendo cómo trabajo los pasos día a día.

Desde que empecé a estar limpio en 1971, la vida ha sido cualquier cosa menos aburrida. He viajado a todas partes. Mi madrina ha sido un gran ejemplo de cómo se pueden seguir los dictados del corazón y que, dondequiera que fuésemos, NA estaba vivo. Nuestras casas siempre tenían las puertas abiertas y una cafetera preparada. Abríamos reuniones en todos los lugares a los que llegábamos. A veces no teníamos dinero, pero salíamos igualmente a cumplir con nuestro propósito primordial y Dios siempre nos mostraba el camino.

Mi madrina murió hace tres años, con dieciocho años de limpieza. Hoy en día, la mayor parte de los miembros del grupo tiene familia y estamos dispersos por todos los Estados Unidos aprendiendo diferentes lecciones, pero NA siempre es lo primero. Hoy estoy casado y me dedico a cosas diferentes a aquellas que hice durante los primeros siete años de mi recuperación. No obstante, sé que la única manera de recibir cualquier tipo de regalo de canoso fuera es poner este programa y a Dios en primer lugar. De verdad hemos descubierto una manera de mejorar y progresar y, siempre y cuando la conservemos compartiéndola, ya sea por medio del amor, la alegría, las lágrimas o los miedos, todo irá bien.

Hoy en día estoy vivo porque hay gente que se preocupa por mí y me escucha. De veras creo en la magia, porque mi vida está llena de magia. Ahora mismo Dios nos ama.

*Tras una vida entera consumiendo, este «caballero del Sur»
aprendió que lo más misericordioso que podía hacer era abrir las
puertas de una reunión de NA. En su historia —de una edición
anterior— recuerda que la primera vez que un hombre le dijo
que lo quería fue en Narcóticos Anónimos.*

Si quieres lo que tenemos

Me llamo Bill y soy un *yonqui* y un borracho. Durante muchos
años de mi vida sentí que el mundo me había jugado una mala
pasada, que me dejó con muchos sentimientos de ineptitud. El
miedo me hizo un agujero dentro que nunca lograba llenar con
drogas ni alcohol.

Nací en Alabama en 1933. El trabajo de mi padre le exigía traslados constantes, lo que significaba escuelas nuevas y caras nuevas. Era flacucho, enfermizo y mi inseguridad e ineptitud con la
gente eran cada vez mayores. Luchaba contra esos sentimientos
de forma verbal y con los puños, de modo que siempre me caía
encima algún tipo de castigo.

Mi padre murió cuando yo tenía siete años y recuerdo el odio
que me dio que se hubiera marchado dejando que su único hijo
tuviera que valerse por sí mismo. Tenía una abuela, una tía y
una madre que me malcriaron hasta echarme a perder. Cada
vez que la iglesia abría sus puertas, allí estaba yo. Cuando tenía
diez años, todos en la familia pensaban que el bautismo era lo
normal. Para mí no había ninguna diferencia entre levantarme o
arrodillarme. Control era el nombre del juego. Trataba de controlar a todos los miembros de nuestra pequeña familia y del
mundo en general, incluida la monja que me sorprendió roban-
do bebidas frescas en un convento.

Otra forma de castigo que sentía era el rechazo. Mi madre se
casó con un hombre que más adelante resultó un adicto. Nos
trasladamos a otra ciudad y la guerra en mi interior se intensi-
ficó. Las peleas constantes en casa me creaban más miedo e in-

seguridad. Cuando me fui de casa, la odiaba y estaba resentido con todos los que vivían allí. De modo que me inspiré en otros conceptos y empecé otra forma de vida. No me importaba hasta qué extremos debía llegar para que los demás me quisieran y me aceptaran. Y levanté una falsa fachada con más deshonestidad y engaños. Pasé muchos años de mi vida tratando de ser lo que no era.

El alivio apareció a la madura edad de dieciséis años en forma de alcohol en un baile. Me desapareció inmediatamente el miedo a las chicas junto con la torpeza, y supe exactamente cuándo y dónde soltar mi sabiduría recién descubierta sobre la gente. El efecto pasó y volví a esa guerra interior.

Creía que las reglas se habían hecho para romperlas. Las leyes de la sociedad no eran para mí. Dificultaban mi forma de vida y empecé a tratar con la realidad de la única forma que sabía: a través del consumo de la droga alcohol. Era la única que conocía a finales de los años cuarenta y la usaba para calmar el dolor. Por entonces, era la mejor forma de enfrentarme a los demás. Cualquiera podía lograr que hiciera cualquier cosa si pensaba que con eso conseguiría su aprobación.

Tras una breve escaramuza con los funcionarios de educación y las autoridades municipales, tuve que ir a un colegio privado para terminar la secundaria. Los dos años de universidad me demostraron aún más que este mundo, y todo lo que había en él, era una porquería.

A estas alturas del juego ya no me importaba nadie. Sin embargo, conocí a una joven señorita que satisfacía todos mis requisitos. Era de una familia de abolengo, de aspecto muy majestuoso y poseía todas las gracias sociales necesarias. Así que salimos corriendo y nos casamos. Entré en una nueva relación para la cual no era lo suficientemente maduro.

Me imaginaba a mí mismo en el futuro como un viejo caballero sureño, con sombrero de ala ancha y corbata de moño, que divisa sus vastos dominios con un whisky con menta en una mano y un bastón de oro en la otra. En aquellos tiempos, las cosas materiales eran la base de la felicidad en mi vida. Miraba a la gente desde arriba o desde abajo, en función de su aparente valor neto. Pero a pesar de haber logrado muchas cosas de ese tipo, no encontraba felicidad ni paz de espíritu. Mi sueldo como agente de compras de un gran hospital no era suficiente, así que tenía que robar para costearme mis ambiciones materialistas. Los vendedores enseguida descubrieron mi punto débil: vino, mujeres y música. Y empezaron a satisfacer mi demanda. La bebida y salir de fiesta cada noche pronto me dejaron hecho un despojo. A finales de 1954, un vendedor me hizo conocer una cosa muy sabrosa llamada codeína, que fue como un respiro para que el aliento no me oliera a alcohol. Había algo dentro de mí que no paraba de buscar.

Tenía veintiún años y ya era un auténtico adicto. Los encuentros de rutina con los adictos y los alcohólicos que se trataban en el hospital me convencieron de que yo era único, que nunca sería como ellos.

Me imponía a mí mismo, y a los demás, exigencias y expectativas demasiado elevadas, casi imposibles de alcanzar. El pensamiento negativo y el escapismo se convirtieron en el rasgo dominante de mi personalidad. La codicia me obligaba a estudiar distintas drogas y experimentar. Tal vez fue lo que me salvó la vida cuando consumía. Tenía miedo de determinadas mezclas cuando trataba de despegar y remontar vuelo.

Llegaron los años sesenta y decidí que necesitaba un cambio. Me fui del hospital en busca de lo que me parecía un destino mejor y me puse a viajar, pero la vida siguió siendo un infierno. El viejo nido de negativismo me seguía dondequiera que fuese. Los trabajos iban y venían hasta que dejaron de venir. Las temporadas en la cárcel y en el hospital eran cada vez más frecuentes.

En 1973 me ingresaron en una sala de psiquiatría y me encadenaron como un animal. Los psiquiatras, a los que había engatusado a lo largo de los años, conocían mi problema con el alcohol, pero no mis otras adicciones. Se me sugirió que probara un programa de doce pasos. Mi familia estaba dispuesta a probar cualquier cosa, así que allí me fui por todas las razones equivocadas. La gente era amable y servicial conmigo, y empecé a usarla como había hecho con todas las demás personas en mi vida. Nunca me habían visto limpio y sobrio, así que cómo iban a saber si consumía. Tenía mucho cuidado de no hablar demasiado de nada para que no desconfiaran. El engaño y la negación eran los juegos que jugaba y que casi acabaron conmigo. Para entonces ya me había desenganchado de todas las drogas duras y estaba con tranquilizantes y estimulantes. La gente parecía sobria y feliz y yo me preguntaba qué consumían. Creo que por entonces no había ni pizca de honestidad dentro de mí. La buena voluntad de cambiar jamás se me cruzó por la cabeza. El juego, las mujeres y el consumo eran mi equipaje. Durante tres años viví entre el abatimiento y la desesperación, ida y vuelta entre el consumo y el programa.

Cuando me hablaron del Poder Superior y de una forma de vida espiritual, supe que las drogas no eran para mí. En una época disponía de un Dios que mi entorno había tenido la amabilidad de concederme, pero al que no entendía. Sabía que ese Dios no quería tener nada que ver con alguien como yo.

Había veces que trataba de identificarme, pero al parecer se me escapaba algo. Sinceramente creo que aunque mis sentimientos parecían iguales a los de los demás, carecía de ese entendimiento más profundo que necesitaba. ¡Cómo lo intentaron los compañeros, Dios los bendiga! No había adictos en recuperación ni NA en la zona. Empecé a buscar otras personas con dependencia de las drogas y al final encontré una mujer en el grupo. Llevaba diez años entrando y saliendo sin ningún éxito.

Las cosas mejoraron un poco. No hubo detenciones policiales ni ingresos en hospitales durante un período de dos años, hasta que, en otoño de 1975, todo se hizo añicos. Volví al hospital. La sustitución de alcohol por pastillas me había vuelto a llevar a la vieja paradoja. Entonces, una serie de acontecimientos empezó a cambiar mi vida. Hubo conversaciones para ingresarme en una institución pública. Mi familia ya no me quería así como estaba. Dos miembros del programa vinieron una tarde a verme y los dos me dijeron lo mismo: que no estaba loco, que volviera a los grupos, que no consumiera y pidiera ayuda.

Mi madrina, que se había despedido varias veces de mi caso, pasó a buscarme y me llevó a una reunión. La chica que iba con nosotros era la oradora esa noche. Habló de Dios tal como ella lo concebía. Aquella noche, sentado al lado de mi mujer, empecé a ver dónde había perdido el hilo. Volví a esa sala oscura y le agradecí a Dios por esa gente, porque de alguna manera supe que se preocupaban por mí. Aunque no comprendían muchas cosas de mi vida, me dedicaban parte de su propia vida sin pedirme nada a cambio. Recordé el Undécimo Paso del programa y pensé que quizás, a lo mejor, si le pedía a Dios conocer su voluntad y la fortaleza para cumplirla, me ayudaría. Sabía que no era honesto, pero con un poco de valor, añadí: «P.D.: Ayúdame por favor a ser honesto». Sería fantástico poder decir que salí del hospital y nunca más volví a consumir, pero no fue así. Sucedió casi lo mismo que con todos los otros internamientos que había tenido. Salí del hospital exactamente con lo que había entrado: ¡yo mismo!

Pasaron el Día de Acción de Gracias, Navidad y Año Nuevo en un abrir y cerrar de ojos, y varias cabezadas, pero yo seguía rezando. Las cosas empeoraron. Mi familia me echó al día siguiente de Año Nuevo. Sabía que era incorregible, pero a pesar de todo seguía pidiendo honestidad. Más o menos el 5 de enero, empecé a dejar las pastillas que tomaba. No fue nada divertido, pero hoy sé que todo ese sufrimiento era necesario. Rezar y reducir las pastillas se habían convertido en mis obsesiones porque sentía que ésta era mi última oportunidad.

Tomé la última pastilla, la última droga en general, en marzo. ¡Por la gracia de Dios estaba limpio! La gente empezó a decirme, mira lo que has conseguido, y yo empecé a creerles. Me debió de parecer algo tan bueno que pensé que se merecía una copa. ¡Qué despertar espantoso! Salí de esa borrachera a pelo, sin pastillas ni nada, por primera vez en más de veintiún años. Durante cinco días tuve temblores, temblores de verdad. Al quinto día ya no podía más. Me senté en mi pequeño Volkswagen, bajé la cabeza y le dije a Dios: «Si esto es todo lo que hay en la vida para mí, no quiero vivir más. La muerte será algo mucho más misericordioso, porque ya no hay ninguna diferencia.» De pronto sentí que me embargaba una paz que nunca había sentido. No sé cuánto duró, ni importa. Sucedió y esa es la parte importante. Desde entonces, he tenido de vez en cuando la misma sensación, como si te sacaran de la oscuridad a la luz. Dios no me deja estar demasiado tiempo a pleno sol, pero si decido estar bajo la luz del atardecer, entonces me ayuda. Salí de ese coche y era un hombre libre. Durante mucho tiempo no me di cuenta de eso. Pero desde aquel día no he tenido deseos de consumir.

El Dios que yo concibo me había dado suficiente honestidad para empezar a andar por el buen camino. Volví al programa y de nuevo cometí otro error. Mantuve la boca cerrada con la intención de dejar que los ganadores me enseñaran a empezar a estar limpio. Hoy en día, sé que en mi caso recorrí un camino diferente a través de la adicción y que tuve que recorrer uno diferente a través de este programa. Tuve que aprender por mí mismo. Durante casi dos años en el programa, vi entrar y salir gente con adicciones diferentes al alcohol. Una noche, en Birmingham, estaba compartiendo con un grupo y hablé también sobre las drogas, y un hombre se me acercó con lágrimas en los ojos. Me habló de su hijo y su hija que estaban en alguna parte enganchados a las drogas. «Seguro que Dios debe tener algún programa para personas como ellos», me dijo. Aquella noche, durante todo el camino de regreso a casa, hablé con una chica que consumía drogas, una compañera de estudios de mi esposa. El teléfono nos dio la respuesta a través de unos nuevos amigos de Georgia y Tennessee de Narcóticos Anónimos. Una visita para compartir en Chattanooga resultó una bendición. Llegaron unos compañeros de Atlanta, incluido un muchacho de Marietta que no paraba de decirnos que nos amaba. En aquel momento yo tenía cuarenta y cuatro años y era la primera vez en mi vida que un hombre me decía que me amaba. Por alguna razón inexplicable, yo también sentía su amor. Un par de meses más tarde, fuimos a Atlanta y nos volvimos a encontrar con los mismos que en el primer viaje. Yo tenía tantas ganas de aprender a dar y a sentir como esos compañeros. Esa noche, al final, oí algo así como: «Si quieres lo que tenemos, tienes que practicar los pasos».

Volví a Alabama y empecé a practicar los pasos. Aprendí sobre mí mismo y descubrí un Dios según mi propia concepción. Confianza en Dios, una casa limpia y ayudar a los demás... es la forma más sencilla en que puedo explicar cómo funciona esto. Pasé muchos años buscando algo a la vuelta de la esquina, o alguien que pasara por la calle y me diera felicidad y paz de espíritu. Hoy en día, a través de los pasos y de los compañeros de NA, he encontrado la solución. Tengo que seguir siendo honesto conmigo mismo, ser lo suficientemente receptivo para cambiar y estar dispuesto a aceptar el amor de Dios por mí a través de los miembros de NA.

Estoy muy agradecido a nuestros hermanos y hermanas de Georgia por su tolerancia y apoyo durante nuestro primer año en el programa en Alabama. Más o menos me apadrinaron en esos primeros tiempos. El mero hecho de saber que existían era un gran consuelo. Muchas veces llamé a mi amigo de Marietta, abatido por cómo salían las cosas. Siempre parecía tener la respuesta: mantén las puertas abiertas y Dios hará el resto.

Ahora han surgido grupos de NA en varias ciudades y esas personas me apadrinan a través de su crecimiento en NA y por la gracia de Dios. Por fin tengo todas las cosas juntas, pero sin la ayuda de Dios me olvido de dónde las pongo.

Hay una cosa que creo que puedo dar a todos los adictos para que la usen. ¡Os quiero a todos y a cada uno de vosotros y, lo más importante, Dios también os ama! He encontrado este amor en el maravilloso programa de NA, por la gracia de Dios y de los compañeros. ¡Ven y únete a nosotros; funciona!

En esta historia, publicada originariamente en nuestro Librito Blanco y añadida al Texto Básico en una edición previa, una madre aprende que puede salir de su miedo paralizador de la adicción e invertir completamente el curso de su vida. Reivindica su lugar como mujer en NA y espera que algún día más mujeres descubran la recuperación.

Madre temerosa

Yo pensaba que los adictos eran personas que consumían drogas duras, gente que vivía en la calle o en la cárcel. Mi patrón de consumo era diferente: a mí me daba las drogas un médico. Sabía que algo andaba mal, pero a pesar de todo trataba de hacer las cosas bien: en mi trabajo, en mi matrimonio y en la educación de mis hijos. Lo intentaba de veras. Hacía las cosas bien y después fallaba. Las cosas siguieron así y parecía que no iban a cambiar nunca. Quería ser una buena madre. Quería ser una buena esposa. Quería formar parte de la sociedad, sin embargo nunca me sentí parte de ella.

Me pasé años diciéndoles a mis hijos: «Lo siento, la próxima vez será diferente». Iba de un médico a otro pidiendo ayuda. Hice terapia con la esperanza de que todo se iba a solucionar, pero por dentro no paraba de preguntarme: «¿Qué me pasa?». Cambiaba de trabajo, de médicos, de drogas, probaba libros, religiones y colores de pelo diferentes. Me mudé de barrio, cambié de amigos y de muebles. Me fui de vacaciones y también me quedé encerrada en casa. Tantas cosas distintas durante tantos años... pero siempre con el sentimiento de que me pasa algo, soy diferente, soy un fracaso.

Cuando tuve mi primer hijo, me gustó la sensación que me produjeron las drogas que me dieron. Era como si no me importara nada de todo lo que pasara a mi alrededor. Durante años los tranquilizantes me hicieron sentir que nada de verdad era demasiado importante, pero hacia el final, tenía las cosas tan confusas que ya no sabía qué era y qué no era importante. Temblaba terriblemente por dentro y por fuera y las drogas ya no me ayudaban.

Seguía intentándolo, pero muy poco. Había dejado de trabajar y trataba de volver a hacerlo, pero no podía. Me pasaba horas en el sofá con miedo a todo. Pesaba 47 kilos y tenía llagas en los labios y la nariz. Tenía diabetes y el cuerpo me temblaba de tal modo que me resultaba difícil llevarme la cuchara a la boca. Sentía que me estaba matando y que las personas a mí alrededor querían hacerme daño. Tuve un colapso físico y mental. Acababa de ser abuela y ni siquiera podía comunicarme con un bebé. Era casi como un vegetal. Quería formar parte de la vida, pero no sabía cómo. Una parte de mí me decía que estaría mejor muerta y otra que tenía que haber una forma de vida mejor.

Cuando llegué al programa de NA, mucha gente me sugirió que hiciera cosas cotidianas, como comer, bañarme, vestirme, salir a caminar, ir a las reuniones. «No tengas miedo —me dijeron—. Todos hemos pasado por lo mismo.» Fui a muchas reuniones a lo largo de los años, pero hay una cosa que no me he olvidado nunca, algo que me dijeron desde el principio: «Betty, puedes dejar de huir y ser y hacer aquello que quieras».

Desde que estoy en el programa, he escuchado y observado a muchas personas y las he visto pasar por muchos altibajos. He usado las enseñanzas que me parecieron que más me servían. Mi ámbito de trabajo ha cambiado y he tenido que volver a estudiar. Me he visto obligada a reaprender todo desde la escuela primaria. Ha sido un proceso lento, pero gratificante.

También he decidido que, antes de tener una relación significativa con un hombre, tengo que conocerme mejor. Estoy aprendiendo a comunicarme con mis hijas. Estoy probando muchas cosas que hace años que quería hacer. Ahora soy capaz de recordar muchas cosas que había borrado de mi mente. He llegado a la conclusión de que Betty no es una persona vacía, sino alguien y algo que en realidad nunca me paré a mirar ni a escuchar.

El 1 de abril es mi quinto aniversario en NA. ¡Qué casualidad que sea justo el día de los Inocentes![9]

Me han pedido que actualice mi historia. Este 1 de abril cumpliré diez años limpia.[10] «¿Dónde he estado? —me pregunto—. ¿He crecido de verdad?» Sé que me he casado. Me gustaría decir que quiero mucho a mi marido y a veces me cuesta mucho decirlo. Expresar un sentimiento profundo por alguien me ha costado mucho. Era como si me lo fueran a quitar, o él fuera a hacerme daño o a reírse de mí. Ha sucedido algunas veces, pero sigo queriéndolo y no ha pasado nada tan grande ni terrible. Estoy aprendiendo a no ponerlo, ni a ponerme a mí misma, en un pedestal. Si espero demasiado de él, sería mejor que me mirara a mí misma un poco más de cerca. Hay veces que podemos hablar y otras que necesitamos un poco de tiempo para hacerlo. Qué aburrido sería que los dos pensáramos igual y que todo fuera sobre ruedas, o que nos peleáramos constantemente.

A veces todavía tengo ganas de huir de casa y volver quizá a las islas o a Michigan. Vivo en la misma casa desde hace casi cuatro años. Creo que es todo un récord para mí. Sigo moviendo muebles de un lado a otro. Me encanta y me gustaría ponerles rueditas a todos porque sería mucho más fácil.

Sigo sin entender a los hombres. De vez en cuando le digo a mi marido que soy una mujer y necesito que me lleven al cine o alguna parte. Estoy aprendiendo a expresar mis necesidades a otra persona. Y de vez en cuando también voy al cine sola.

Terminé la escuela secundaria hace dos años. Me encantaría hacer una carrera en la universidad, quizá en el futuro. Todo el mundo necesita alguna cosa que esperar. Mi hija, mi yerno y mi nieta me regalaron un violín para Navidad. Cuando estaba en la escuela primaria tomé clase de violín durante un período muy breve. La escuela dejó de dar las clases, se llevó su violín y yo nunca me olvidé de aquello. Este año empecé poco a poco a tomar clases y me obsesioné completamente. Iba a dos profesores, estudiaba con tres libros diferentes y me preguntaba: «¿Dónde

---

[9]   En EEUU y GB se celebra el 1 de abril.
[10]   Escrito en 1981

estoy?». Así que ahora he vuelto a tener un solo profesor y un solo libro.

Me operaron de un pecho y me quitaron una parte. No voy a decir que fue una maravilla, porque no lo fue, pero tuve más suerte que algunas personas: contaba con el programa de NA y con compañeros que me acompañaron a pasar por aquello. No puedo decir que mi vida haya sido un lecho de rosas, porque no es la realidad, pero mi vida está mejorando y estoy más abierta a mirar la realidad y a vivir en ella. Con el caos que hay en el mundo, siento que he tenido suerte de estar donde estoy.

Observo cómo ha crecido NA. Estamos presentes en Alemania, Australia, Inglaterra, Escocia, Italia, Brasil, etc. Quizá algún día lleguemos países a los que es tan condenadamente difícil llegar.

Me han dicho que no hay muchas mujeres que lleven mucho tiempo en el programa. Y me sorprende oírlo. Supongo que hay y que quizá se han trasladado a otras ciudades y estados. A lo mejor incluso a alguno de esos países a los que es tan condenadamente difícil llegar. Cuando una mujer quiere algo de verdad, pues... remueve cielo y tierra. Una de las primeras cosas que me dijeron fue: «Nadie en el mundo sabe lo que quieres, sólo tú. Si quieres sobrevivir en este mundo será mejor que hagas lo que te va bien, porque nadie va a hacerlo». Me he caído y me he dado golpes y, de vez en cuando, me chupo el dedo, pero sin duda cada vez soy más fuerte.

Tengo una perra que se llama Baba Wawa, era muy pequeñita cuando me la regaló mi hija. «Mami, aquí tienes esta perrita. No crecerá mucho, no se hará muy grande», me dijo. Pues bien, se ha hecho muy grande y de vez en cuando me sorprende. Anoche trató de pelearse con un perro enorme a través de una valla de tela metálica. Yo pensaba que aún era una cachorra, pero ya sabía valerse por sí sola. Supongo que es como yo. He crecido más de lo que creía y, a diferencia de Baba Wawa, sé que he cruzado la valla e ido en busca de lo que quiero. También sé como echar abajo esas vallas. Siento que hay más cosas que decir, pero, ¿quién puede poner diez años por escrito? Prefiero pasar el tiempo viviéndolo que escribiéndolo.

He participado activamente en NA atendiendo teléfonos, escribiendo a máquina y trabajando en diferentes áreas. Voy a las reuniones, hablo y aún me siento rara y torpe. A veces soy como una niña, toda excitación, y otras todo me sale con tanta facilidad que no recuerdo ni qué pasó ni que dije, pero me siento bien. Lo que trato de decir es: «Gracias al cielo nada es tan malo como era, y hay en mi vida mucho más de lo que debería haber».

Este adicto descubrió la libertad entre rejas a través de la Confraternidad de Narcóticos Anónimos. Ésta es una historia de una edición anterior.

Cárceles, instituciones y recuperación

Conocí Narcóticos Anónimos en una cárcel del estado. Era la tercera vez que ingresaba en prisión; en un período de siete años apenas había pasado unos pocos meses en la calle entre una condena y otra.

Una noche en la cárcel, me enteré de que había una reunión que tenía algo que ver con las drogas. Bueno, con eso sí que podía identificarme, así que decidí ir a ver qué era. Además, así podía salir un rato de la celda.

Recuerdo lo confundido que salí de esa primera reunión. De regreso en la celda, me puse a pensar en todos esos años entrando y saliendo de la cárcel y todas las cosas que me habían pasado sólo para drogarme. Pero sobre todo, empecé a pensar en lo cansado que estaba de ese tipo de vida. Ese grupo, llamado Narcóticos Anónimos, me pareció un poco demasiado para mí. Me decía a mí mismo que no era un drogadicto irrecuperable, sino un muchacho al que le gustaba estar volado todos los días y un ladrón que ya era carne de presidio. Aunque en esas primeras reuniones NA no me pareció la solución a mi locura, escuché algunas cosas con las que me identificaba, así que seguí yendo. Oía a los miembros de NA decir que ya no consumían más drogas, ni siquiera hierba. Y empecé a escucharlos. Sin duda quería acabar con todas las situaciones demenciales de mi vida, pero no creía que debiera renunciar completamente a las drogas para hacerlo. Pensaba que tenía que aprender a manejar las drogas mejor.

Algunos miembros de NA que venían a la cárcel para compartir en esas reuniones también habían estado presos. Atribuían el cambio en su vida al apoyo de Narcóticos Anónimos: un adicto que comparte y ayuda a otro adicto. Me gustó escuchar a esta gente contar cómo era y cómo es hoy en día, y pronto sentí que había cierta similitud en el dolor que todos habíamos sufrido. Empecé a respetar a esa gente de NA que hablaba de cómo había descubierto una forma de vivir sin drogas, alcohol ni cárceles.

Seguí drogándome en la institución, siempre y de cualquier forma que pudiera, pero continué asistiendo a las reuniones de NA con regularidad. Los miembros me dijeron que siguiera yendo, pasara lo que pasase, y lo hice. Además, me iba bien hablar de todo eso en el patio.

Faltaba poco para que me trasladaran, como paso previo a dejarme en libertad, a una prisión de menor seguridad. Ya había estado allí, pero me habían enganchado fumando hierba, razón por la que me habían mandado a una prisión de máxima seguridad. Así que mientras recogía mis cosas para el traslado, me acordé de todos los problemas en los que me había metido en esa institución sólo por consumir drogas. El director sabía que iba con ese grupo, y yo estaba bastante nervioso pensando que me miraría de arriba abajo desde el momento en que bajara del autobús. Tenía ganas de drogarme en cuanto pudiera, pero me daba miedo porque sabía lo que me pasaría si volvían a pillarme.

Así que esa mañana, antes del largo viaje en autobús, me fume un cigarrillo de hierba. En aquel momento no lo sabía, pero iba a ser el último. Al principio, cuando iba a esas reuniones de NA, me preguntaba por qué a mí no me funcionaban como a los demás. Estaba cansado de esa vida de drogas e instituciones, pero, supongo, aún no lo suficientemente cansado, ya que todavía consumía cuando iba a las reuniones. En aquel viaje en autobús tenía que tomar una decisión que valiera la pena para el Departamento de Penitenciarías. La decisión que tome aquel día fue sobre todo por miedo y por algunas cosas que había oído en esas primeras reuniones de NA.

Recuerdo que iba en ese bus, que avanzaba por la autopista, con cadenas a la cintura y los tobillos, mirando incómodo a un guardia armado y resentido que tenía detrás de unas rejas. Mientras miraba por la ventanilla y veía pasar kilómetros de libertad junto a mí, me pregunté por qué yo no podía formar parte de ese mundo. Drogarme ya no me hacía sentir bien. Sin embargo, pensar en no tomar nada sin duda me resultaba raro. Qué alivio sentí más adelante cuando aprendí que hacerlo sólo por hoy era mucho más fácil.

Cuando llegué a la otra cárcel, me encontré con un interno que era miembro de NA. Lo conocía de las reuniones a las que ambos habíamos ido en la cárcel anterior. Fue muy importante ver esa cara cuando llegué porque, otra vez, supe que disponía del apoyo que necesitaría para lograrlo. Seguí en la confraternidad en esa cárcel y me involucré activamente en el trabajo de servicio en la institución.

Durante esos últimos seis meses de condena que me quedaban por cumplir, me despertaba por las mañanas y decía «Sólo por hoy, no tomaré nada», y estaba con gente de NA de la institución para mantenerme alejado de la tentación. Había muchas oportunidades, así que no era fácil, pero tenía el apoyo de la confraternidad de NA. Una vez me dejaron salir para ir a una reunión fuera, cosa que me hizo desear aún más a la confraternidad en la calle. Comencé a ir a las reuniones limpio por primera vez y algo pasó: el programa empezó a funcionar.

Hoy en día sé qué es lo que hace que el programa funcione. Uno realmente empieza a entender por qué funciona sólo si se abstiene de consumir todas las sustancias químicas que alteran la mente.

También empecé a entender qué significa preocuparse por los demás: lo conseguimos ayudándonos los unos a los otros. Sentía que la única persona que de verdad podía entenderme era otro adicto. Y el único que podía ayudarme era un adicto limpio.

Me sentí tan orgulloso de ponerme de pie delante del grupo en la cárcel y decir que llevaba noventa días limpio. Antes de NA, sentime orgulloso no formaba parte de mi vida. Era un alivio tan grande no tener que conseguir drogas en el patio ni hacer todas esas locuras que tenía que hacer para drogarme. Nunca había estado en la cárcel así y sin duda era una maravilla.

Tomé otra decisión gracias al consejo que me dieron los miembros de NA, la segunda decisión importante que había tomado en mi vida: que alguien del programa de NA me esperara en la puerta el día que me soltaran. Una persona que yo supiera que comprendía lo que necesitaba en mi primer día de libertad, porque yo sin duda a estas alturas no lo sabía.

Hoy en día, cuando vuelvo a las cárceles a llevar el mensaje de Narcóticos Anónimos, sugiero a los internos que tengan un miembro de NA esperándolos en la puerta el día que salgan. He oído a muchos decir: «Ah, bueno, ya veré, porque primero tengo que hacer tal cosa o estar en tal lugar». No te engañes, primero podrías estar muerto, si eres un adicto como yo.

Ese primer día fue lo que necesitaba. Me llevaron a una casa donde me esperaban otros miembros de NA. Un compañero me dio una libreta de direcciones nueva con números de miembros de NA apuntados. «Dame tu libreta vieja, ya no necesitas esos viejos números ni esos traficantes.» Otro compañero me llevó a su armario y me dio algo de ropa. Ese día fui a un montón de reuniones y recibí el amor y la atención que necesitaba y que, de alguna manera, aparentemente compensaron toda la atención que me había faltado los años que estuve encerrado.

Hace poco, otro más de los muchos beneficios que obtuve fue comparecer ante un juez del Tribunal Superior para recibir mi certificado de rehabilitación. Nunca pensé que estaría ante un juez por esta razón. Hoy me siento muy agradecido de decir que he sido capaz de ir a buscar el apoyo que necesitaba más allá de la confraternidad. Estoy hablando de Dios. Me refiero al Dios que yo concibo y con el que puedo hablar cuando necesito una fuerza superior, al Dios que encontré en Narcóticos Anónimos.

Así que si estás en una celda leyendo esto, mi mensaje está dirigido a ti. Si te preguntas si las drogas o el alcohol, o las dos cosas te están arruinando la vida, averigua dónde hay una reunión de NA en la institución y vete a verla. Podría salvarte la vida y ayudarte a aprender una nueva manera de vivir. Si un adicto puede, otro también. En Narcóticos Anónimos nos ayudamos mutuamente.

No todos los adictos acaban tocando fondo en la cárcel o una institución. En su historia, publicada en un principio en el Librito Blanco y luego añadida al Texto Básico, este adicto «diferente» explica cómo su enfermedad lo mantuvo confinado en una vida de miedo y soledad. Encontró la serenidad en la vida sencilla de Narcóticos Anónimos.

Yo era diferente

Es posible que mi historia sea diferente de otras que hayas oído porque nunca he estado preso ni hospitalizado. No obstante, llegué a ese punto de profunda desesperación al que tantos de nosotros hemos llegado. No es mi historial delictivo el que pone de manifiesto mi adicción, sino más bien mis sentimientos y mi vida. La adicción era mi forma de vida, la única que conocí durante muchos años.

Al pensar en el pasado, supongo que habré echado un vistazo a la vida y decidí que no quería nada de lo que me ofrecía. Provengo de una «buena familia tradicional» de la clase media alta, de un hogar roto. No recuerdo la época en que no tomaba drogas. De niño me di cuenta de que podía aliviar el dolor con la comida, y ahí empezó mi adicción a las drogas.

Me convertí en parte de la afición a las pastillas de los años cincuenta. Ya entonces me resultaba difícil tomar la medicación tal como me la recetaban. Pensaba que dos pastillas me harían el doble de bien que una. Recuerdo que acaparaba pastillas, se las robaba a mi madre y me costaba que me duraran hasta que llegara la nueva provisión.

Seguí consumiendo así durante los primeros años de mi vida. Al llegar a la escuela secundaria, cuando empezó la moda de las drogas, la transición entre las drogas de farmacia y las de la calle fue natural. Ya hacía casi diez años que consumía drogas diariamente y prácticamente habían dejado de funcionarme. Me atormentaban los típicos sentimientos adolescentes de ineptitud e inferioridad. La única respuesta a mi alcance era que si tomaba algo entonces, me sentía o actuaba mejor.

Mi historia con las drogas de la calle es bastante normal. Consumía cualquier cosa que estuviera a mi alcance todos los días. No me importaba lo que fuera, con tal de que me hiciera efecto. En aquellos años las drogas me parecían bien; era un defensor, un observador, tenía miedo y estaba solo. A veces me sentía todopoderoso y otras rezaba pidiendo el consuelo de la idiotez... ojalá no hubiera tenido que pensar. Recuerdo que me sentía diferente —como si no fuera del todo humano— y no lo soportaba. Así que me mantenía en mi estado natural... DROGADO.

Creo que comencé a consumir heroína en 1966. A partir de entonces me pasó lo que a muchos de nosotros: todo lo demás dejó de interesarme. Al principio consumía de vez en cuando, después los fines de semana, pero al cabo de un año estaba enganchado y, dos años más tarde, dejé la universidad y empecé a traficar. Consumía y vendía, y pasó otro año y medio más hasta que «me harté de estar harto».

Estaba totalmente enganchado y era incapaz de funcionar como un ser humano. Durante mi último año de consumo, empecé a buscar ayuda. ¡Pero nada funcionaba, nada me ayudaba!

En algún punto del camino alguien me había dado el teléfono de un hombre de NA. Aun creyendo que me equivocaba y sin esperanzas, hice la que seguramente fue la llamada más importante de mi vida.

Nadie vino a salvarme; no me curé instantáneamente. El hombre sólo me dijo que si tenía problemas de drogas, tal vez las reuniones me resultarían beneficiosas y me dio la dirección de una reunión que se celebraba esa noche. Quedaba demasiado lejos para ir y, además, estaba con el síndrome de abstinencia. También me dio la dirección de otra reunión un par de días más tarde y más cerca de casa. Le prometí que iría a echar un vistazo. Cuando llegó la noche de la reunión, estaba muerto de miedo de que me detuvieran y de los toxicómanos que me encontraría en aquel lugar. Sabía que yo no era el adicto típico, como los que salen en los periódicos o los libros. A pesar del miedo, conseguí ir a esa primera reunión. Me puse un traje negro con chaleco, corbata negra y llevaba ochenta y cuatro horas sin tomar nada después de dos años y medio sin parar. No quería que los demás viesen qué y quién era yo. Pero creo que no engañé a nadie. Todo mi ser pedía ayuda a gritos y todo el mundo se dio cuenta. La verdad es que no me acuerdo mucho de aquella primera reunión, pero seguramente oí algo que me hizo volver. Lo que sí recuerdo fue la primera sensación que me produjo este programa: un miedo terrible de no reunir los requisitos y de que no me aceptaran porque nunca había estado preso ni en el hospital por drogas.

Consumí dos veces durante las dos primeras semanas en el programa hasta que por fin me rendí. Ya no me importaba si reunía o no los requisitos, no me importaba si me aceptaban, ni siquiera me importaba lo que la gente pensara de mí. Estaba demasiado cansado para que me importara.

No recuerdo exactamente cuándo fue, pero poco después de rendirme, empecé a tener ciertas esperanzas de que este programa pudiera funcionarme. Comencé a imitar alguna de las cosas que hacían los ganadores. Me volqué en NA. Me sentía bien, era maravilloso estar limpio por primera vez en años.

Después de unos seis meses en el programa, la novedad de estar limpio desapareció y caí de esa nube rosa en la que había estado. Fue difícil, pero de alguna manera sobreviví a esa primera dosis de realidad. Creo que lo único que tenía a mi favor era el deseo de mantenerme limpio, pasara lo que pasara, la fe de que las cosas se arreglarían siempre y cuando no consumiera y gente dispuesta a ayudarme si se lo pedía. Desde entonces, he tenido que esforzarme y trabajar para mantenerme limpio. Me he dado cuenta de la necesidad de ir a muchas reuniones, trabajar con los recién llegados, participar en NA e involucrarme. He tenido que trabajar los Doce Pasos lo mejor que he podido y aprender a vivir.

Hoy mi vida es mucho más sencilla. Tengo un trabajo que me gusta, estoy contento con mi matrimonio, tengo amigos de verdad y participo activamente en NA. Parece que este tipo de vida me va bien. Antes me pasaba la vida buscando una solución mágica, esas personas, lugares o cosas que harían de mi vida algo ideal. Ya no tengo tiempo para la magia. Estoy demasiado ocupado aprendiendo a vivir. Es un proceso largo y lento. A veces pienso que me estoy volviendo loco y me pregunto para qué sirve. A veces vuelvo a ese rincón oscuro de la autoobsesión y pienso que no hay salida. A veces pienso que no soporto más los problemas de la vida. Pero, entonces, este programa me da una respuesta y el mal rato pasa.

La mayor parte del tiempo la vida es bastante buena y a veces maravillosa incluso, mejor que nunca. He aprendido a quererme y he descubierto la amistad. He llegado a conocerme un poco a mí mismo y encontrado comprensión. He encontrado un poco de fe y, a partir de ella, la libertad. He descubierto el servicio y aprendido que me proporciona la satisfacción que necesito para ser feliz.

Llegar a casa

Estos miembros comparten sobre llegar al final del camino y rendirse. Sus formas de encontrar la recuperación son distintas, pero todos descubrieron que, al llegar a NA, habían llegado a casa.

Estos fragmentos de experiencias de algunos miembros que descubren NA pretenden parecerse al testimonio que se comparte en una reunión sobre un tema específico.

Reflexiones

Cuando por fin tuve un momento para reflexionar honestamente sobre la gravedad de mi adicción a las drogas, ya había perdido relaciones afectivas, trabajos, estima, credibilidad y ética personal. Sufría un profundo caos espiritual.

«¿Qué ha pasado con toda esa alegría y felicidad que solía sentir?», me pregunté.

Una noche me encontré con uno de mis viejos amigos del consumo. Para mi sorpresa, ya no se drogaba. Hablamos un rato y me dejó quedarme con él esa noche. Me presentó la recuperación. Había un grupo de NA a sólo cuatro manzanas y empecé a ir todos los días. Poco después me pidieron que fuese representante de servicio de grupo suplente y me di cuenta de que mi vida había tomado otro rumbo. Ya no era la misma persona perdida.

Fui a mi primer centro de rehabilitación a los doce años de edad, poco después de haber empezado a consumir drogas. Aunque me desagradaba la sensación de estar drogado, seguía consumiendo. Tomaba drogas que había dicho que nunca tomaría. Pensaba en el suicidio todos los días y me metí el cañón de una escopeta en la boca a los catorce años, pero no pude apretar el gatillo. A los quince años, ya era un delincuente convicto y odiaba mi vida.

En total consumí durante dos años y medio. Paré por tercera vez mientras estaba en rehabilitación, pero a pesar de todo me sentía fatal. Necesitaba una respuesta. Me volvieron a presentar

NA en rehabilitación. Estaba cada vez más cansado de vivir apesadumbrado y provocar dolor a mi alrededor. Quería algo que lo aliviara.

Lo dice el Texto Básico, y esta vez lo creí. Empecé a sentir que estaba en un camino que podía sacarme del dolor. El día que salí del centro de tratamiento fui directamente a una reunión. Me dijeron que me querían y que deseaban que volviera. Así que volví.

Incluso aquí, en la cárcel, mi vida puede ser tranquila, ordenada y útil. Además, por la gracia de Dios, estoy progresando. Al final de mi época de consumo, me detuvieron por robo. Aunque sabía que era adicto, no lo admitía. Drogarme era el único alivio que creía tener, pero cada vez era menos eficaz y me causaba más problemas. Aquí, en prisión, me puse en contacto con un padrino por correo. Me anima y me ayuda a trabajar los pasos. He aprendido a hacer caso lo mejor que puedo.

Mi adicción avanzó hasta el punto en el que ya no podía pronunciar una frase completa. Tenía la mente fracturada y pasaba temporadas enteras sin dormir. Empecé a tomarme en serio lo que había aprendido en el centro de tratamiento: ir a las reuniones de NA. Me entregué a la recuperación, busqué un padrino que me enseñó a volver a reír y a divertirme sin consumir.

Mi madre me pasó a buscar por el centro de tratamiento del que acababan de echarme. No pronunció palabra hasta llegar a pocas manzanas de casa. Paró y me dijo que me quería y deseaba que le diera una oportunidad a la recuperación. Por mí, habría podido decir esas mismas palabras todos los días de mi vida, pero esa fue la primera vez que en realidad la escuché y, cuando me dijo «te quiero», le creí. Vi un rayo de esperanza.

Sabía que había programas de recuperación y había conocido a algunos miembros de NA que acudían los miércoles al centro para jóvenes. Eran un grupo extraño que me recordaban a los hippies de los años sesenta. Estaban por ahí y hablaban con nosotros, los jóvenes, después de las reuniones. Pero fueron las lecturas que hablaban de la enfermedad de la adicción, y no de una droga específica, las que me engancharon. No pasó mucho tiempo hasta que encontré mi lugar en la recuperación que ofrecía Narcóticos Anónimos. Hoy en día soy capaz de buscar las semejanzas en lugar de dejarme distraer con las diferencias. Este grupo de gente me aceptó y fue como si me adoptaran cincuenta hermanos y hermanas mayores.

La última noche que consumí, perdí la conciencia. El coche estaba estacionado al lado de la entrada de casa y había una cartera con dinero en la mesita. Pensé que se la había robado a alguien, pero no me acordaba. Dentro de mí, sabía que estaba acabado. Vi el sol que salía y pensé: «Estoy harto de drogarme. ¿Y ahora qué hago?»

Un amigo que llevaba seis meses limpio me había hablado de NA y fui a una reunión. Me acerqué a un muchacho que estaba en la puerta del lugar de reunión, le pregunté si aquello era Narcóticos Anónimos y me dio un abrazo. No sabía qué pensar, pero no me sentí mal. Oí muchas cosas en aquella reunión y algunas tenían sentido. Afloraron sentimientos que había reprimido durante años y se me llenaron los ojos de lágrimas cuando leyeron el *Sólo por hoy*. Algunas personas hasta parecían contentas. Conocí un compañero que tenía la serenidad que yo deseaba y accedió a ser mi padrino. Me siento tan afortunado de haber encontrado NA.

Al final de mi época de consumo, estuve en un centro de desintoxicación durante seis días. Después me sentí muy floja durante un par de semanas por el síndrome de abstinencia físico. En otros tiempos, me habría hecho una receta a mí misma y habría empezado fácilmente el ciclo de la adicción otra vez. Pero algo me impedía hacer lo que había hecho siempre. Asistía a las reuniones todos los días y me encantaba oír a los adictos que compartían lo bien que les iba en la vida. Busqué una madrina las primeras semanas y la llamaba todos los días. Me animó a participar en el servicio y a empezar enseguida con los pasos. Al principio tenía la cabeza un poco revuelta, pero ella pensaba que trabajar los pasos era una forma excelente para ayudarme a ponerla en orden. Y tenía razón.

A pesar del cálido recibimiento que me hicieron en la primera reunión de NA, me sentí muy incómodo. Siempre me ha dado pánico lo desconocido. Pero como experto en justificaciones, me dije que era demasiado joven. ¡Lo peor es que yo mismo me lo creía! Mi enfermedad siguió avanzando dos años más. Un día, después de una fiesta de drogas de veinticuatro horas, volví a casa desesperado y me encontré el folleto *Juventud y recuperación* en la mesita de noche.[11] Tenía los ojos llenos de lágrimas cuando lo abrí. Me sentía tan agotado. Empecé a ir a las reuniones y, aunque al principio no me quitaron el miedo, seguí yendo. El nuevo vocabulario empezó a fascinarme: aceptación, humildad, enmiendas, receptividad y Poder Superior. Gracias a NA, sentí que por fin iba a aprender a vivir y me di cuenta de todo lo que me quedaba por aprender.

---

[11] Este folleto ha sido reemplazado por *De los adictos jóvenes, para los adictos jóvenes.*

Este adicto ingresó en un centro de tratamiento para evitar la cárcel, pero mientras estaba allí descubrió la esperanza en las páginas de un ejemplar del Texto Básico. Como en esa zona rural de Illinois no había grupos de NA, abrió una reunión y se mantuvo limpio a pesar de los dolores que el crecimiento causa en uno mismo y en la confraternidad.

Abre una reunión y llegarán

Tenía cuarenta y cinco años, dos condenas de cárcel a mis espaldas y me enfrentaba a otra de entre doce y sesenta años por posesión de drogas. Seguía consumiendo, iba a un centro de tratamiento ambulatorio para engañar a todo el mundo y no tener que volver a la cárcel. ¡Y funcionó! Se creyeron la mentira y acabé con una condena de libertad vigilada. Si conseguía pasar todas las pruebas de drogas, mis problemas se acabarían. Pero maldita suerte la mía, me descubrieron en un análisis. ¿Por qué Dios no atendía mis plegarias? Lo único que le pedía era que me ayudara a pasar las pruebas de drogas. Esta vez tenía que trabajarme bien el engaño, así que me interné en un centro de tratamiento. Por supuesto que no lo necesitaba, pero tenía que convencer a la justicia de que quería ayuda de verdad.

Lo mejor que me pasó en el centro de tratamiento fue que mi terapeuta me dio un Texto Básico de Narcóticos Anónimos. Cuando empecé a leerlo, prácticamente no pude dejarlo. Era como si lo hubieran escrito para mí. Por primera vez tuve esperanzas. El Texto Básico era como un mapa para ayudarme a encontrar la salida y crear una nueva vida. Aunque sólo llevaba unas dos semanas limpio, tomé dos decisiones: me convertiría en miembro de Narcóticos Anónimos y abriría una reunión en mi pueblo. Con la esperanza que me había dado la lectura del Texto Básico, creía realmente que una reunión de Narcóticos Anónimos haría que los adictos empezaran a estar limpios.

Vengo de un pueblo pequeño de Illinois, y al otro lado del río hay otro pueblo pequeño. Había varias reuniones de la Confraternidad de AA, pero ninguna de NA. Le dije a mi terapeuta que iba a abrir una reunión de NA cuando saliera del centro de tratamiento y volviera a casa. Me dijo que no lo conseguiría y que, en cambio, me fuera a una casa de acogida. Pero soy testarudo, así que no le hice caso.

Empecé a estar limpio en junio, salí del centro de tratamiento la primera semana de julio, y, el 3 de agosto de 2000... ¡celebramos nuestra primera reunión de NA! Ponerla en marcha fue un proceso lento. Los primeros meses sólo éramos unos pocos, pero perseveramos. Se empezó a correr la voz de que había una nueva reunión. Vinieron miembros del servicio de asistencia a grupos alejados de Iowa a ayudarnos. Uno de ellos nos trajo carteles de los pasos y las tradiciones y otras lecturas para la reunión. Me sentí tan agradecido. Fue la primera vez que me di cuenta de todo el amor que la Confraternidad de NA puede ofrecer.

Esas reuniones no surgieron por arte de magia. Tuvimos que afrontar los dolores típicos del crecimiento. No hay más que imaginarse una sala con diez o quince adictos, todos en el Primer Paso y sin padrinos con experiencia que nos orientaran. Y hablando de impotencia e ingobernabilidad, todos pensábamos que lo sabíamos todo. Cometimos todos los errores posibles. Las recaídas eran algo común. Había peleas entre los miembros que llevaban Biblias y otros materiales ajenos a NA a las reuniones. También estaban presentes los típicos juegos de seducción que causaron nuevos resentimientos e incluso algunas recaídas. Lo más difícil para mí era que muchos de los adictos que llegaron poco después que yo recurrían a mí en busca de orientación. ¡Caray, yo también estaba en el Primer Paso!

No nos olvidemos que estamos en la zona rural de Illinois, no en Chicago. Las áreas metropolitanas grandes con comunidades de NA establecidas estaban por los menos a cien kilómetros de distancia, pero era como si estuvieran en la otra punta del mundo. Si tenías un problema con un compañero, no había ninguna otra reunión a la que acudir para no tener que verlo. Una de dos: o trabajabas tu resentimiento o te largabas y consumías. Sólo teníamos una reunión.

Me di cuenta de que, para que esto funcionara y yo sobreviviera, tenía que pasar a la acción. Empecé a asistir a un grupo fuera del pueblo, busqué un padrino y conseguí un poco de ayuda. Gracias a Dios que existe el padrinazgo. Cuando pedía ayuda, venían adictos en recuperación a compartir su experiencia, fortaleza y esperanza con nosotros. Como consecuencia, aprendimos formas mejores de trabajar el programa y llevar el mensaje de NA. Al cabo de cinco años, seguimos cometiendo errores, pero hemos sobrevivido y somos cada vez más fuertes. El año pasado nos incorporamos a un comité de servicio de área. Vamos todos los meses a otras comunidades de NA y ahora recibimos más apoyo de los «compañeros de fuera del pueblo». A medida que nuestros miembros se iban estabilizando en su recuperación, empezamos a hacer el mismo tipo de servicio de asistencia a grupos alejados que ayudó al nuestro en sus comienzos. Como resultado, ahora hay varios grupos de NA activos en un radio de cincuenta kilómetros a la redonda de nuestro grupo habitual. Es otra experiencia maravillosa porque de verdad estamos compartiendo lo que tan desinteresadamente se nos brindó a nosotros.

Nuestra área celebra una convención anual y otros acontecimientos grandes. Es una buena oportunidad de que nuestra pequeña confraternidad de NA aproveche y se beneficie del hecho de formar parte de una comunidad de NA mayor, así que a menudo tenemos caravanas de adictos que van «en busca de recuperación». Relacionarme con adictos a los que no veo con tanta frecuencia me ayuda a tomar conciencia de la importancia de la frase «anteponer los principios a las personalidades». Cuando vuelvo a casa, intento más en serio ver más allá de los defectos de los demás. Espero que los demás aprendan también a perdonar los míos.

Los Doce Pasos de Narcóticos Anónimos me han ayudado a cambiar por dentro para convertirme en una persona mejor. Cuando dejo que mi Poder Superior trabaje a través de mí para ayudar a otro adicto que sufre es cuando más espiritual me siento. Una de las grandes cosas que he recibido como miembro de Narcóticos Anónimos es ver a los recién llegados que acuden lastimados y asustados, sin saber qué hacer, llenos de dudas de si les funcionará, y ser testigo después de como empiezan a cambiar. Se rinden, comienzan a compartir honestamente y se les ilumina la mirada con la luz de la recuperación mientras recorren y trabajan los pasos.

La confraternidad de NA está viva y en buena salud en Illinois, gracias, en parte, a un terapeuta que prestó un Texto Básico a un mentiroso. He aprendido una nueva manera de pensar y a vivir una vida mejor y más productiva de lo que jamás me había imaginado. Mientras escribo esto, llevo más de cinco años limpio; nuestro grupo habitual acaba de celebrar su quinto cumpleaños con un picnic y ha llevado a cabo más de 3 600 reuniones. Sólo por hoy, a través de NA, muchos adictos de nuestra área están haciendo realidad la promesa de librarse de la adicción activa. Y por eso estaré agradecido el resto de mi vida. ¡Abre una reunión, que los demás llegarán!

Este adicto de la «parte equivocada» del sur de Chicago perdió
a su mejor amigo y su matrimonio por la enfermedad de la
adicción. La recuperación no le ha devuelto lo que ha perdido,
pero le ha ayudado a hacer enmiendas.

Lo importante

Mi padrino dice que éste es un ejemplo del «lucimiento de Dios». Así que yo cuento la historia y dejo que los demás decidan.

A la madre de mi mejor amigo nunca le gustó que anduviéramos juntos. Le decía que no llevara a casa a «ese chico de pelo rizado». Yo vivía en el lado equivocado de la zona sur de Chicago; él, en un barrio de gente que quería un entorno mejor y más seguro para sus hijos. Pero los dos estábamos muy unidos y hacíamos casi todo juntos. Los dos éramos adoptados, parecíamos y nos sentíamos los hermanos que nunca tuvimos.

Entré en el ejército a la tierna edad de dieciséis años. La vida en mi casa era una locura. La familia que me había adoptado —un bebé medio negro, de un orfanato alemán— se había convertido en un escenario alcohólico bastante disfuncional. Mi segundo padrastro solía pegar a mi madre completamente borracho y después ella me pegaba a mí. Un día, tras una exhibición especialmente brutal de esa dinámica de relación codependiente, llegué a la conclusión de que si eso era amor, para mí mejor que se quedaran con la parte que me tocaba. Y supe que no podía seguir viviendo en aquella casa.

Entré en la oficina de reclutamiento un jueves y el sábado a la noche ya estaba en Fort Polk, Luisiana. Cinco meses más tarde, me estaba inyectando heroína en Ámsterdam, Holanda. Y cuatro meses después me dieron la baja honrosamente: les había dicho que era menor de edad. Se había vuelto demasiado difícil mantener la dependencia de la heroína y seguir haciendo las tareas diarias que el ejército esperaba de mí.

Volví a Chicago y empecé a ir a la universidad. Mi amigo y yo nos convertimos en compañeros de habitación. El invierno de 1975 fue muy frío. Los famosos vientos de Chicago soplaban con fuerza y la temperatura descendía a bajo cero a diario. Un día, pasada la Navidad, estábamos en nuestro apartamento del sótano, tapados con mantas para protegernos del frío mientras mirábamos la televisión y fumábamos hierba. De pronto apareció una escena tropical en la pantalla en la que se veía la soleada California, palmeras y una mujer hermosa al volante de un Mercedes descapotable. Miré por la ventana, después al televisor y le dije a mi amigo: «Estoy harto de este tiempo. Me voy a California». Aceptó enseguida y nos marchamos de Chicago ese mismo fin de semana en busca de todas las promesas de sol que ofrecía California. Llegamos a San Francisco una tarde fría, húmeda y nublada de enero. No se parecía en nada al programa de la tele, hacía casi tanto frío como en Chicago. Me pregunté si no me había equivocado.

A pesar de todo, tratamos de arreglarnos lo mejor que pudimos y nos instalamos en nuestra nueva vida. Mi amigo decidió retomar los estudios y acabar la carrera; y yo, zambullirme en el enorme ambiente subterráneo de las drogas. Mi vida se convirtió en lo que nuestra literatura describe: «vivía para consumir y consumía para vivir». Mientras mi amigo seguía con los estudios, yo entraba y salía de la cárcel. Se había liado con una novia guapa y modosita. Yo también tenía novia, pero no era nada modosita, sino más bien mi compañera de consumo. Juntos, nuestras adicciones prosperaban.

En 1982 nació mi hijo. Fue la respuesta a mis plegarias: como yo era adoptado, nunca había tenido ningún pariente de sangre. Quería ser un buen padre, pero mi adicción no dejaba que nada ni nadie se interpusiera. Mi primera necesidad era consumir todos los días, a cualquier precio. Recuerdo lo culpable que me sentía cuando mi hijo entraba en una habitación y yo tenía el cinturón enrollado en el brazo o cuando se quedaba dormido mientras esperaba que yo saliera del baño donde cabeceaba dormitando. Aunque mi hijo era lo más importante para mí, era lo único lo que podía hacer.

Un día, mi amigo me llamó para que consumiéramos. Era el prototipo del adicto a escondidas. Durante el día era la personificación del chico sano y, de vez en cuando, venía a verme al lado oscuro de la vida y nos drogábamos. En aquel momento, circulaba por la calle una heroína que provocaba sobredosis y conseguí un poco para nosotros. Nos la inyectamos y los dos nos desmayamos. Me desperté y vi que mi amigo seguía inconsciente. Traté de revivirlo, pero no volvía en sí. Fui a tropezones al vestíbulo y pedí que alguien llamara a urgencias. Llegó la ambulancia y se lo llevó al hospital.

Lo sacaron como quien saca una bolsa de basura. Supongo que habrían visto a tantos adictos que habían perdido cualquier asomo de compasión. El poli parecía asqueado cuando me preguntó si yo también quería ir. Le dije que enseguida iría y volví a la habitación a inyectarme de nuevo. Ésta es la locura de mi enfermedad. Me desperté al cabo de seis horas con la aguja pinchada en el brazo.

Me acordé de que tenía que ir a buscar a mi amigo al hospital. Cuando llamé del vestíbulo para peguntar en qué habitación estaba, me informaron que había muerto. No me lo podía creer: lo quería y se había ido. Me sentí tan mal y tan culpable por mi papel en su muerte. No entendía por qué Dios había dejado que muriera él y no yo. En realidad pensaba que Dios había venido a buscarme a mí, pero se lo había llevado a él por error. Estaba destrozado. Llamé a su novia... todavía recuerdo sus gritos en el teléfono.

Mi adicción pasó a ser algo suicida. Tenía sobredosis sin parar y siempre despertaba desilusionado. Recuerdo que cuando me encontraba a un conocido, cruzaba la calle para que la gente no viera lo bajo que había caído. Lo único que hacía era consumir, pero no conseguía consumir demasiado para calmar el dolor. Y no sabía que había otro camino. No sabía que los adictos como yo podían estar limpios. Nadie apareció por el barrio de Tenderloin de San Francisco para hacernos un Paso Duodécimo. No tenía ni idea de la existencia de Narcóticos Anónimos.

Una mañana estaba sentado en el muelle de la bahía de San Francisco en un viejo Buick Electra 225 en el que jamás ponía más de dos dólares de gasolina. Eran las 5:30 de la mañana. Mi hijo de tres años estaba en el asiento trasero y su madre en el de delante rogándome que le comprara algo para comer. Durante toda la noche me había estado pinchando speedballs de heroína y cocaína. Sabía que cuando empezaba a pincharme, tendríamos que conseguir más dinero para seguir consumiendo. Mi mujer ignoraba que no teníamos ni un centavo porque habíamos empezado la noche con seiscientos dólares. Me enrollé el cinturón al brazo y miré por el retrovisor. Le dije a mi hijo que se volviera porque la regla era que no podía mirar cuando me inyectaba. Me miró con cariño y me sonrió. En aquel momento me miré a mí mismo en el espejo y tuve ese proverbial «momento de claridad».

Vi en qué me había convertido. Tenía los ojos y los dientes amarillos, la cara roja, las manos hinchadas todas llenas de manchas, sangre en los pantalones y una cadena de imitación de oro me había dejado todo el cuello verde. Era un desastre. Volví a mirar a mi hijo que me espiaba sonriendo. Y me di cuenta, supe que si seguía consumiendo el niño no tendría ni una oportunidad. Supe que nunca le enseñaría a conducir, a jugar al béisbol, a hacerse el nudo de la corbata ni a ir en bici. Mi propia vida me daba igual, pero me di cuenta de que no era justo quitársela a él. Miré a su madre y me di cuenta de que me había estado siguiendo a todas partes y que la estaba guiando directamente al infierno. Entonces hice algo que creo que casi todos los adictos en recuperación recuerdan con toda precisión. «Dios, ayúdame», grité. Era la primera vez que pedía de verdad a mi Poder Superior que me ayudara a parar. Hacía años que quería parar, pero no sabía cómo. Ese grito de ayuda, que yo sepa, no provocó una reacción inmediata. Acabé las drogas que tenía y convencí a mi sollozante novia de que teníamos que conseguir más dinero para seguir consumiendo.

Ahora sé que la demora de Dios no es la negativa de Dios. Ese día me detuvieron y me metieron en la cárcel. Allí dispusieron que empezara un tratamiento. Mi breve paso por el ejército me daba derecho a un programa para veteranos, donde conocí Narcóticos Anónimos. Estoy tan agradecido a las reuniones de «HeI»,[12] porque permitieron que este adicto conociera el programa que le salvaría la vida.

En la primera reunión de Narcóticos Anónimos a la que asistí supe que estaba en casa. Vi a otros adictos como yo recuperándose. Me di cuenta de que era posible vivir libre de la adicción. Allí donde estaba desesperado, me dieron esperanzas. Allí donde estaba desvalido, me dieron herramientas. Allí donde estaba solo, me dieron una familia. Estaba entusiasmado por la posibilidad de tener otra oportunidad en la vida. Busqué un padrino y me dijo que me quería, pasara lo que pasase. Es el único padrino que he tenido durante más de diecinueve años y ha seguido queriéndome pasara lo que pasase. Me dieron la custodia de mi hijo cuando llevaba dos años limpio. Pude enseñarle a ir en bicicleta, acompañarlo a las reuniones de los boy scouts y, con el tiempo, a conducir y hasta a hacerse el nudo de la corbata. Su madre decidió seguir consumiendo y aún lucha con ello.

Cuando llevaba tres años limpio, escribí un inventario sobre la madre que me había adoptado. Había muerto durante mi adicción activa y yo estaba tan resentido que ni siquiera fui a su entierro. Al hacer el inventario me di cuenta de que buena parte de mi resentimiento en realidad era dolor. Me resultaba más fácil sentirme enojado que herido. Escribí una carta de enmiendas y fui a Chicago para leerla en su tumba.

Antes de ir al cementerio me paré en una pequeña playa en el lago Michigan que llamábamos «The Point». Me senté, trabajé

---

[12] Hospitales e instituciones

en la carta y me metí en el agua a nadar. Por primera vez en mi
joven recuperación empecé a sentirme sereno. Las voces críticas
que tenía en la cabeza empezaron a callarse y tuve una irresis-
tible sensación de paz y tranquilidad. Me pasé todo el día allí
disfrutando del sol y mi recién descubierta serenidad. Nunca me
había sentido así en aquel lugar. Mientras me alejaba sentado al
volante, me di cuenta de que estaba cerca de la casa de mi viejo amigo. Algo me dijo que tenía que ir a ver a su madre. No la
había vuelto a ver desde el funeral, donde ella casi no soportaba
mirarme. Quería decirle que estaba limpio y que lo sentía. Llamé
al timbre y no hubo respuesta. Así que le escribí una breve nota
en una de mis tarjetas de visita. Había empezado a dedicarme
profesionalmente a ser consejero en drogodependencias. La nota
decía: «Querida Sra. C.: Sólo deseaba decirle que soy miembro
de Narcóticos Anónimos, que estoy limpio desde hace más de
tres años y que trabajo para ayudar a otras personas a estar limpias. Siento mucho lo que le pasó a... y lo echo mucho de menos.
Con cariño...» Pasé la nota por la rendija del buzón y di la vuelta.
  Antes de llegar al coche, un señor abrió la puerta y me llamó.
Era el nuevo marido de la madre y no me conocía. Me invitó a
entrar y nos sentamos en el sofá. Al cabo de un instante entró
la madre de mi amigo, visiblemente impresionada de verme. El
hombre le tendió mi nota y ella la leyó en silencio. La mujer empezó a sollozar, abrió los brazos y nos abrazamos llorando. Me
preguntó si su hijo sabía cuánto lo quería ella y le aseguré que
sí, que siempre lo había sabido. Me dijo que siempre me había
culpado de su adicción, pero que se daba cuenta de que él siempre había tenido esas características de adicto y que no era culpa
mía. Me dijo también que se alegraba de que su muerte hubiera
servido para algo bueno. Bajamos al sótano, me dio fotos y nos
contamos anécdotas de mi amigo, su hijo. Reímos, lloramos y
nos abrazamos. Fue una experiencia increíblemente sanadora.
Mientras nos despedíamos, me dijo: «Antes de marcharte, no de-
jes de pasar por The Point, porque fue allí donde esparcimos sus

cenizas». Me eché a llorar otra vez porque me di cuenta de que acababa de tener el primero de muchos despertares espirituales en el programa de Narcóticos Anónimos.

Hoy en día mi vida es un regalo. Llevo casi veinte años limpio, hace quince años que estoy casado y tengo otro hijo precioso. Conocí a mi madre alemana hace diez años y ahora tengo una familia de parientes de sangre. Mi corazón ha despertado y aprendido a amar y a ser amado. Hace más de dieciocho años que trabajo en el terreno del tratamiento y he escrito dos libros para los afroamericanos.

Acabo de regresar de la trigésima primera Convención Mundial de NA en Hawai donde me recordaron cómo está cambiando el mundo este programa, de adicto en adicto.

Gracias, NA, desde el fondo de mi corazón.

Consumieron juntos y empezaron a estar limpios juntos,
pero el adicto de esta historia se involucró activamente en el
programa y su hermano no. Este miembro de Arabia Saudita
descubrió, con la pérdida de su hermano, un poderoso impulso
para llevar el mensaje.

Llevar el mensaje

Consumir en Arabia Saudita significa vergüenza para el adicto
y para la familia. Si alguien le dice a una familia que su hijo o su
padre consume, la negación suele ser mayor en la familia que en
el adicto en sí. Mi familia tuvo que enfrentarse no a uno, sino a
dos hijos adictos. Con el tiempo, ya no pudieron seguir estando
en negación sobre ninguno de nosotros dos. Yo encontré ayuda
en Narcóticos Anónimos, pero mi hermano no.

Mi familia siempre fue inestable y, a la larga, mis padres se di-
vorciaron. Cuando mis padres estaban en medio del proceso de
divorcio, yo encontré el tiempo, el motivo y todo lo que necesitaba para consumir. Empecé a irme de la escuela al mediodía para
beber y fumar con mis amigos. Comencé con drogas recetadas y
a veces con bebidas alcohólicas. Con el correr de los años, pasó a
ser hachís. Ni siquiera terminé la secundaria.

En Arabia Saudita es posible comprar drogas en la calle, pero
sólo en determinadas zonas. Es un país musulmán y el alcohol
está prohibido, pero se destila ilegalmente en algunas casas. A
veces, en sitios caros, es posible encontrar whisky u otras bebidas
que llegan de fuera. En esos lugares descubrí cierta sensación de
orgullo. Formé un círculo de amigos que sólo nos reuníamos
para consumir drogas juntos. Muy pronto la cosa se descontro-
ló, porque la necesidad de pertenecer al grupo se convirtió en lo
más importante. Todos éramos demasiado débiles para resistir
la presión de los compañeros.

Al principio mi hermano empezó a consumir heroína, y
yo, que sólo consumía hachís, me enfadé mucho. Después del

Ramadán, una celebración muy importante en nuestra religión, fui a visitar a unos amigos. Solíamos fumar hachís juntos, pero esta vez me los encontré consumiendo heroína. «Ah, ¿así que hay algo nuevo por aquí?», fue lo único que se me ocurrió decir. A medida que mi adicción avanzaba, empecé a ir a los mismos lugares a los que iba mi hermano, donde vendían heroína. El traficante se limitó a decir: «¡Bueno, al fin te vemos por aquí!».

Traté de controlar mi adicción consumiendo cantidades pequeñas durante períodos cortos. Pero luego me obsesioné por completo. No podía pensar en otra cosa que no fuera cómo tomarla hoy y cómo conseguir la dosis de mañana. Empecé a descuidar mi trabajo, mi familia. Me gastaba todo el dinero para poder consumir esa dosis que se había convertido en mi alimento. Consumir se había vuelto la única forma de practicar mi vida diaria, a pesar de que había empezado a perderme a mí mismo y perder la salud. Mi familia me pidió que me fuera de casa. Me marché a la casa de mi padre y descubrí un lugar nuevo donde tomar drogas.

Mi familia me exigió que dejara las drogas y prometí que lo haría, pero en vano. Mi enfermedad era más fuerte. Mi familia me rodeó para obligarme a cortar con mis amigos. Les decía que lo haría y después mentía y buscaba excusas para salir y verlos. Para poder comprar drogas empecé a robar dinero a mis hermanos y a engañar a mis colegas. Hacía daño a mis seres queridos, pero era incapaz de parar. Mi vida se deterioraba. Me sentía abandonado y rechazado, cosa que me hería aún más y me obligaba a consumir más.

Al final acabé en el hospital, sobre todo por la presión de mi familia y el trabajo. Faltaba al trabajo con frecuencia y me mandaron al hospital para ver qué me pasaba. Ahí me di cuenta por primera vez de que no podía dejar de consumir porque me ponía enfermo. Todo el mundo me había hablado del dolor en las articulaciones, las náuseas y, cuando me faltaron las drogas, me di cuenta de lo querían decir.

Volví a consumir en cuanto salí. Todo el mundo se dio por vencido conmigo, y yo también. Pero mis plegarias a Dios —incluso bajo el efecto de las drogas— tuvieron un resultado en mí. Al final me internaron otra vez en el hospital, esta vez por decisión propia, cuando sentí que las drogas ya no me funcionaban. En el hospital me obligaron a asistir a una reunión organizada por el comité de hospitales y asociaciones de NA (el equivalente a hospitales e instituciones en otras partes).

Uno de los oradores había sido unos de mis compañeros de consumo de drogas. Corrí hacia él después de su testimonio para preguntarle cómo se las había arreglado para mantenerse limpio durante todo ese tiempo. Me contestó que a través del programa de NA y me dijo que cuando saliera del hospital me llevaría a las reuniones. Cuando llegó el momento, me llevó primero a ver a mi familia y después a una reunión. Después de que todo el mundo me hubiera rechazado, me quedé impresionado por la bienvenida que me dieron en la reunión. Me resultó asombroso ver las semejanzas de la enfermedad y el sufrimiento y la variedad de períodos de tiempo limpio de los miembros. Durante la reunión me preguntaba si de verdad era como ellos, y la respuesta fue sí. Era lo mismo que ellos y me entregué a ellos durante cuatro meses.

Al cuarto mes, tenía una cita con el médico que hacía el seguimiento de mi estado. Consulté antes con mi padrino y me dijo que le explicara que mi salud estaba bien. El médico me preguntó si tenía insomnio. Mi enfermedad reapareció y me quejé de que me costaba mucho dormirme. Me recetó medicamentos y, a las pocas horas, empecé a reemplazarlos por otras drogas. A los pocos meses volví a tocar fondo igual, o peor, que antes. Pedí ayuda a mi padrino y me pidió que lo acompañara al hospital. Accedí y acabé reincorporándome a la confraternidad.

Mi hermano terminó en el mismo hospital y empezamos a estar limpios juntos. Yo trabajaba mucho conmigo mismo y mi hermano trabajaba mucho en los dos empleos que tenía. Se pasaba la mayor parte del tiempo en el trabajo. No trabajaba en NA. Yo iba a las reuniones todos los días y participaba en el servicio. Le pedí al compañero que me había llevado el mensaje al hospital que fuera mi padrino. Durante aquel tiempo, mi padrino me llevaba a trabajar al hospital todos los días. Mi hermano no tenía una persona así en su vida. Por entonces mi padrino llevaba limpio tres años más que yo. Me mantuve a su lado desde el momento en que lo vi en el hospital. Mi hermano no estaba cerca de nadie y estaba cada vez más obsesionado con su vida.

Mi hermano no se mantuvo limpio. Traté de ayudarlo, de hablar con él, pero no estaba receptivo. Cuando prometió que se mantendría limpio por mí, supe que no funcionaría. Nuestras esposas son hermanas, y, cuando vinieron de visita, me di cuenta de que estaba consumiendo. Mandé a unos amigos a hablar con él porque me pareció que tal vez yo no era el más indicado para ayudarlo. Hablar con él me pondría nervioso, y él seguramente iba a estar más tranquilo si hablaba con alguien que no fuera de la familia. La última vez que fue al hospital, cuando fue al Umrah (nuestro peregrinaje menor), tenía buen aspecto. No volví a verlo con vida.

Cuando lo encontramos muerto por una recaída, yo estaba con mi familia, con todos. «Traté de ayudarte una y otra vez —dije—, pero me doy cuenta de que la enfermedad fue más fuerte.» Me sentía tan triste por no haber podido ayudarlo. Todo esto ha hecho que me entregara más activamente a mi recuperación, me ha ayudado con los miembros que apadrino y con los miembros a los que intento llevarles el mensaje.

Han pasado dos años desde que perdí a mi hermano por la enfermedad de la adicción. El mensaje que trasmito es que mi hermano y yo consumíamos drogas juntos. Él dejó de consumir conmigo durante siete años, pero no iba a las reuniones de forma habitual porque estaba consumido por su vida personal. Se enfrentaba a los duros retos de la vida sin ir a las reuniones ni trabajar los pasos. Aunque él se dio por vencido consigo mismo, los compañeros de NA nunca se dieron por vencidos con él. Acabó por recaer y, en su última recaída, renunció a su última oportunidad de vivir. Fue su última dosis y murió como habían muerto otros antes que él: es el final de nuestra enfermedad.

Sabemos que no se puede obligar a un adicto a recuperarse; sólo podemos llevar el mensaje a todos los adictos que sufren la enfermedad de la adicción. Agradezco a Dios que nos haya mostrado el camino hacia la Confraternidad de NA. Hoy en día —gracias a Dios— con la ayuda de mi padrino llevo once años limpio. Me mantuve limpio a pesar de la muerte de mi hermano. He podido usar ese dolor para ayudar a otros. Tengo un trabajo y una familia que me llenan de orgullo. Ya no tengo que seguir viviendo avergonzado. Hoy he descubierto los vínculos con mi familia y mis amigos del programa de NA que antes buscaba en las drogas. Hoy, el mensaje que llevamos en Arabia Saudita es que la adicción no es algo de lo que estar avergonzados, sino que cualquier adicto puede dejar de consumir drogas, perder el deseo de consumirlas y descubrir una nueva forma de vida. Hoy en día hay adictos que se recuperan en Arabia Saudita... Gracias, NA.

*Esta compañera encontró NA cuando sólo tenía quince años.
Desde la primera reunión supo que NA era el lugar donde tenía
que estar. Ahora, al cabo de más de veinte años, ha pasado de ser
una adolescente perdida y hostil a convertirse en una compañera
agradecida del programa.*

Una adicta joven, una confraternidad de NA joven: crecer juntas

Cualquier adicto puede encontrar la recuperación en NA... incluso una chica de quince años de una isla de Florida del Sur que aprendió a tomar café y a rodearse sobre todo de treintañeros porque sabía que su recuperación dependía de ellos, a pesar de que trataban de seducirla, le tomaban el pelo por estar limpia tan joven, le decían que era muy afortunada por no haber experimentado el dolor de verdad, mientras ella sufría en silencio por su pasado: abuso sexual, sobredosis de drogas, promiscuidad, arrestos, violencia, soledad, culpabilidad, paranoia. Lo que ella quería decirles desesperadamente era que, aunque la vieran como alguien diferente (más joven), para ella su dolor era tan devastador como el de un yonqui sin techo o el de cualquier otro. Estaba dispuesta a parar y pedía ayuda. Algunos miembros de NA le dijeron que era muy joven para ser adicta. Otros la evitaban o la rechazaban. Afortunadamente, también estaban aquellos que le dijeron que se había ganado su lugar en Narcóticos Anónimos, que se quedara y que luchara por ese lugar.

Recuerdo la primera vez que oí el mensaje de recuperación. Entrar tarde, a tropezones y hecha polvo a la clase de lengua de primero de secundaria no era nada nuevo para mí, pero aquel día me di cuenta de que pasaba algo diferente. La clase estaba en silencio y había una mujer hablando con el profesor.

Me abrí paso hasta el rincón del fondo. Los otros alumnos, que trataban de evitar mi frecuente hostilidad, se apartaron. Me estaba limpiando el sudor de las gafas de sol, cuando el profesor nos presentó a la señora. Nos dijo que era una ex drogadicta que iba a hablarnos de su problema con las drogas. Todos se pusieron muy incómodos cuando le pregunté si traía alguna de las drogas que le habían sobrado.

Mientras empezaba a hablar de su infancia, me metí un trozo de papel en la boca, lo mastiqué y se lo lancé con una pajita. Otro estrujó una hoja de papel y se la tiró mientras la mujer hablaba de sus detenciones y sobredosis de drogas. Me reí y animé a todos a ser lo más irrespetuosos y maleducados que pudieran.

La hostigamos sin parar, pero ella siguió hablando en tono tranquilo y firme. A pesar de mi aparente falta de interés, escuché todas y cada una de las palabras que dijo.

Yo quería dejar de consumir drogas, ya lo había intentado y me había prometido hacerlo, pero siempre fracasaba. Increíblemente, provengo de una familia maravillosa, con unos padres cariñosos y dos hermanos mayores a los que admiro. Mi estrecha relación con ellos se estaba viniendo abajo y me sentía totalmente incapaz de hacer nada al respecto.

Aquel día, más tarde, se me acercaron dos de mis amigos limpios que habían tratado muchas veces de ayudarme a dejar de consumir mintiendo por mí, llevándome a casa o a clase, rogándome que lo dejara, quitándome las drogas y amenazándome con ir con el cuento. Me pidieron que me saltara la siguiente clase para conocer a alguien. Cuando llegamos, era ella, la mujer que me fascinaba y aterraba al mismo tiempo.

Antes de que me fuera, me dijo que le gustaría llevarme a una reunión de Narcóticos Anónimos. Y pronunció unas palabras que más adelante me consolarían. «No tienes por qué volver a consumir, sólo por hoy», me dijo con seguridad.

Al final de esa primera reunión, me sorprendí a mí misma delante del salón con una ficha de plástico blanca de póquer. Más adelante me enteré de que era un símbolo de mi rendición y un recordatorio de que estaba jugando con mi vida si la tiraba. Por muy extraño que parezca, a esa edad y sin saber nada de NA, sentí que había descubierto algo que cambiaría mi vida para siempre. Por alguna razón, supe que estaba bien, que había encontrado ayuda.

Así empezó mi viaje de recuperación que me llevó a lugares jamás imaginados. Con el tiempo, me enteraría de las tradiciones y la estructura de servicio de NA. Pero allí, al principio, no tenía ni idea de que un día disfrutaría siendo útil y me dedicaría a recibir llamadas telefónicas, dar la bienvenida a los recién llegados, distribuir literatura, arreglar las mesas y las sillas, hacer café, sacar la basura y barrer el salón de reuniones.

A pesar de la presión de todos los otros adolescentes que «pasaban el rato», tuve la suerte de estar dispuesta a buscar una madrina y crear una relación con ella. No tenía ni idea de que, en el transcurso de los años, apadrinaría a muchas mujeres. Tenía algo que valía la pena dar y estaba dispuesta a darlo porque otra persona también me lo había dado a mí desinteresada y generosamente.

Tuve la suerte de recibir el don de tomarme en serio la recuperación. Escuché y me mantuve junto a los «ganadores», tal como me dijeron. Hice caso a la sugerencia de mi madrina de asistir a la convención mundial de Chicago, donde conocí y compartí con adictos de todo el mundo. Muchos de ellos siguen limpios y los considero mis hermanos y hermanas. También he visto morir a muchos adictos a los que quería.

No sabía que la mujer que compartió su historia en mi clase un día recaería y moriría de una sobredosis después de tres años limpia. Tampoco sabía que un día me darían un medallón de aniversario de veinte años en el grupo que ella había abierto, mi grupo habitual hasta la fecha. No tenía ni idea de mi buena suerte de haberme aferrado no sólo a NA siendo tan joven, sino también en un momento en que NA era joven.

Creo en el mensaje de NA hasta el alma, no sólo por todos los dones de la recuperación, sino también por el terrible dolor al que me he enfrentado en recuperación. He pasado por momentos de soledad, espantosos, que hubiera preferido no vivir y otros en los que no podía continuar, pero Dios, los Doce Pasos y otros adictos en recuperación me sacaron de ellos... ¡limpia!

El mensaje de Narcóticos Anónimos, que me esfuerzo por vivir todos y cada uno de los días en mi corazón, hoy sigue siendo tan válido para mí como la primera vez que lo oí en boca de esa mujer que tuvo el valor de compartir su historia en mi clase de la escuela secundaria: «que un adicto, cualquier adicto, puede dejar de consumir drogas, perder el deseo de consumir y descubrir una nueva forma de vida».

¡Cualquier adicto, incluso tú mismo!

Al final de su adicción activa, ni siquiera los otros chicos de la
calle y los traficantes querían estar con este adicto, pero NA,
desde la primera reunión, para él fue como llegar a casa. A veces
es el único en la reunión, algo que no hace más que renovar el
compromiso de este adicto keniata con la recuperación.

Una satisfacción silenciosa

En la calles de Nairobi, Kenia, África oriental, mi nombre fue
cambiando mientras mi adicción avanzaba. Al final de mi consumo, sólo era el «yonqui de las gafas de sol».

Como me crié en los guetos de Nairobi, conocí desde niño la
realidad de las drogas, la delincuencia, la prostitución, la violación y la muerte. Es parte del paquete de los barrios bajos. Mi
madre murió cuando yo tenía diez años y mis hermanas fueron
enviadas a un orfanato. Yo tuve la suerte de que me recogiera el
maestro de la escuela dominical, un misionero noruego.

Asistí a la mejor escuela secundaria de la región, con fama
excelente en cuanto a disciplina. Era buen alumno, sobresalía en
deportes y fui capitán del equipo de fútbol del colegio. Jugué en
el equipo nacional y me nombraron «deportista del año» de mi
universidad. Tenía muchas cosas por las cuales vivir. El futuro
parecía prometedor para este chico de los barrios bajos.

Empecé a tomar alcohol y a fumar cigarrillos en la universidad. El tabaco contribuyó a desencadenar un asma aguda y al
poco tiempo tuve que dejar el fútbol. Para huir, me di a la bebida
de una manera exagerada. Maldecía a Dios por haberme quitado
mi deporte favorito. Con el tiempo, acabaría tomando cualquier
droga que me ofrecieran. Acabé la carrera con un título y... una
dependencia de las drogas.

Tras la graduación, conseguí trabajo en una empresa farma-
céutica y mi adicción se disparó. Qué combinación: ¡un adicto
con las llaves de una farmacia! Consumía heroína durante un
par de semanas y luego me desintoxicaba solo con las drogas que

me llevaba de la empresa. No es de extrañar que mi jefe decidiera prescindir de mí.

Mis relaciones personales también se desmoronaron. Destrocé a mi novia cuando cancelé nuestra boda tres semanas antes de la ceremonia. Por suerte para ella, la trasladaron a otra ciudad. Ya teníamos un hijo maravilloso que tuvo que pasar por todo esto. Yo era un yonqui desatado. La heroína me tenía en sus garras.

Empezaron las visitas a médicos y psiquiatras. «Acabarás en la calle muriendo de una sobredosis —me dijo mi médico—. Los muchachos como tú nunca se libran», y esa frase me pareció que me daba permiso para consumir drogas a reventar.

Tal como había predicho el buen doctor, al cabo de un año estaba en la calle haciendo chanchullos. Engañé a mi amigo y a mis excompañeros de trabajo. Me trasladaba periódicamente a ciudades lejanas para desintoxicarme. Al cabo de un tiempo, cuando volvía a Nairobi, mis pies me llevaban como un zombi a los antros de consumo y volvía a empezar de cero. Fui testigo de cosas espantosas durante aquel período. Una vez le agarré la mano a alguien para ayudarlo a encontrarse la vena y, mientras se moría de una sobredosis, le robe lo que llevaba en el bolsillo. Después corrí a comprar el mismo material. Fuera lo que fuese, lo que había consumido seguro que era muy bueno.

Vivía con los muchachos de la calle y observaba cómo abusaban los unos de los otros. No sentía nada. Mendigaba y, cuando me convertí en un pordiosero, hasta la «escoria de la calle» me evitaba. El mundo entero me rechazaba, incluidos otros adictos. Los traficantes empezaron a odiar a los adictos que se inyectaban. Nadie quería que se muriera un muchacho en el umbral de su casa. Era malo para el negocio.

Por suerte no era buen ladrón, lo que me mantenía fuera de la cárcel. No tener dinero para comprar drogas y no saber robar contribuyó a mi buena voluntad de cambiar. La fuerza de voluntad, los libros de autoayuda, la fe en Dios y los cambios geográficos me permitían recobrarme un poco para mantenerme limpio durante breves períodos, pero al final el dolor de no consumir superaba los beneficios de la liberación recién descubierta de la adicción activa. Fui a ver a curanderos; aún tengo las marcas en el pecho que muestran su trabajo. Nada me funcionaba.

Llevaba tres meses limpio de heroína cuando me encontré con un muchacho con el que había consumido. Parecía completamente limpio y quise lo que él tenía. Me llevó a mi primera reunión de Narcóticos Anónimos. Mi intuición me dijo que por fin había encontrado la ayuda que necesitaba. En la reunión reconocí a otros muchachos con los que había consumido. Me serví un café y supe que estaba en casa. Necesitaba ver limpio a alguien que conocía para creer que la recuperación era posible para mí.

Aunque entré y salí del programa varias veces después de esa primera reunión, por lo menos sabía que tenía una oportunidad. Sabía de corazón que la solución a mi problema con las drogas estaba en esas salas de reunión, que NA era mi esperanza de recuperación. Nunca he dudado de este hecho.

Ahora hace tres años que estoy limpio. En estos últimos tres años he visto a otras personas llegar como llegué yo y he sido testigo de los cambios que tienen lugar si siguen viniendo. Presenciarlo ha sido uno de los mayores dones de mi recuperación.

Las reuniones en Kenia son pequeñas en número de personas y en tiempo de recuperación. El promedio es de entre cuatro y quince miembros; la mayoría de ellos lleva menos de un año limpio. Los miembros que no pueden comunicarse en inglés tienen barreras idiomáticas. Últimamente ha aumentado la difusión pública de NA. Se han abierto reuniones en Mombasa y Malindi, nuestras ciudades costeras. Hay algunos conflictos en la confraternidad local, y me han dicho que forma parte del crecimiento de los grupos. Reconozco que podríamos haberlo hecho mejor. Sin embargo, me doy cuenta del avance, escucho las risas, veo que aumenta la cantidad de las reuniones... a pesar de que a veces es difícil que haya más de una persona en algunas de ellas.

Personalmente, disfruto del silencio cuando no aparece nadie en la reunión de NA. Cada vez que estoy solo en una sala, renuevo mi compromiso, aunque últimamente en la mayoría de las reuniones hay por los menos cuatro miembros (y a veces hasta veinte).

En la confraternidad de aquí se hacen amistades maravillosas. Preparamos pasteles para los cumpleaños y tenemos una buena relación de comunicación. Los adictos somos personas con los pies en la tierra. Después de las reuniones nos reímos mucho. Mi teléfono celular parece la guía telefónica de NA. Vamos juntos a jugar a los bolos, al cine, a cenar. Hace poco uno de mis nuevos amigos de NA me enseñó a bucear, a hacer esquí acuático y windsurf. Jamás me había imaginado haciendo ese tipo de cosas y divirtiéndome. Mis amigos, mis auténticos amigos, ahora son los compañeros de NA.

El servicio ha sido la piedra angular de mi recuperación. Mis amigos me dicen que subestimo todo lo que hago, pero me cuesta hablar sobre el servicio. Trato de servir con humildad... nada comparado con el placer del servicio, de compartir a la manera de NA, de preparar las salas, asistir a las reuniones, conectar a unos miembros con otros, distribuir libros y otra literatura de NA, atender a los que visitan Kenia, organizar talleres de información pública, unir a grupos nuevos de fuera de Nairobi y ahora, últimamente, apadrinar a otros miembros. Los países vecinos, como Ruanda, Uganda y Tanzania empiezan a pedir literatura. Trabajamos para darles lo que necesitan. ¡Qué satisfacción silenciosa es ser útil! Me hace sentir incluso mejor cuando no lo menciono. Por favor, no quiero que esto se tome como si estuviera orgulloso de lo que hago.

Mi recuperación se ha basado en tres verdades fundamentales que a mí me funcionan. Una, no consumir, suceda lo que suceda, con el tiempo, todos los sentimientos pasan; dos, ir a las reuniones; y tres, rezar. Les digo a mis ahijados estas mismas cosas. Mi experiencia es que, con esta base, todo lo demás se resuelve solo. Tengo mucho más que aprender a la manera de NA.

Hace poco me he enterado de que tengo hepatitis C y compañeros de la confraternidad que viven muy lejos me han dado respuestas sobre cómo abordar esta enfermedad. Con este nuevo reto, mis amigos de la confraternidad me han preguntado qué pueden hacer para ayudar. Les digo que ya hacen bastante sólo con estar dispuestos a apoyarme. También he vuelto a estudiar un curso de posgrado. He hablado con el hijo que casi perdí durante mi adicción. Hace poco me dijo que me quería. Tiene doce años y es la primera vez que dice algo así. No tengo palabras para expresar lo mucho que ha significado para mí, especialmente después de todo el daño que he causado.

A través de mi recuperación estoy reestableciendo algunas relaciones y haciendo otras nuevas. También me estoy descubriendo a mí mismo y lo que puedo hacer y ser. Supera con creces lo que me había imaginado antes de conocer NA.

Nuestra confraternidad aún es joven. Los miembros de NA que nos vistan nos han dado mucho. He encontrado gente con la que me identifico, herramientas para vivir y un objetivo que ha llenado el vacío que había tenido toda la vida. Te invitamos a visitarnos aquí en Nairobi, Kenia, cuando quieras. Dios bendiga a Narcóticos Anónimos.

Cuando llegó a NA, este adicto también estaba en un programa de sustitución de drogas. Deseaba lo que vio en las reuniones de Narcóticos Anónimos, pero tenía miedo de volver a su vieja vida si dejaba la metadona. Fue todos los días a las reuniones durante diez meses hasta que al fin consiguió estar limpio.

El único requisito

Nuestra Tercera Tradición afirma que «el único requisito para ser miembro es el deseo de dejar de consumir». No sé si tenía el deseo de dejar de consumir cuando llegué a mi primera reunión de NA, pero sin duda tenía el deseo de dejar de sufrir. Estaba muy, muy cansado. Suficientemente cansado para tener curiosidad sobre NA. Suficientemente cansado para escuchar.

En mi primera reunión me sucedió algo muy fuerte: conocí adictos en recuperación. Conocía muchos adictos, claro. A esas alturas, hacía años que estaba en la calle y casi todas las personas de mi vida eran adictas. Pero todos mis amigos adictos seguían consumiendo. Nunca había conocido adictos limpios. Era algo muy nuevo y atractivo para mí. Esas personas compartieron sus historias y me identifiqué instantáneamente. Evidentemente se trataba de personas como yo. La única diferencia era que, en sus vidas, pasaba otra cosa distinta de la lucha diaria por conseguir drogas y mantenerse fuera de la cárcel. Compartían sobre vivir en recuperación. Tenían una mirada luminosa y su vida parecía llena de esperanzas y posibilidades.

En esa primera reunión, fui la última persona del círculo en compartir. Me identifiqué como adicto, pero manifesté con toda sinceridad que tenía muchas reservas con lo de no volver a consumir. Expliqué al grupo que me estaba tomando un respiro de la calle y que había dejado de inyectarme droga, pero que estaba en un programa de mantenimiento con metadona y consumía además otras sustancias. Para mi sorpresa, nadie me juzgó. Me dieron la bienvenida a la confraternidad de NA y me sugirieron que siguiera viniendo. «Estás exactamente en el lugar al que perteneces», me dijeron. Me dieron números de teléfono, una lista de reuniones y algo aún más poderoso: su aceptación.

No sé por qué decidí ser honesto en esa primera reunión. Los años en la calle habían hecho que el engaño y la mentira fueran mi reacción natural a cada situación nueva. Pero por alguna razón, me di cuenta de que no valía la pena mentir a esa gente, ya que la única persona a la que haría daño era a mí mismo. Agradezco a mi poder superior que me hizo hablar con sencillez y honestidad sobre lo que me pasaba en realidad, en lugar de parapetarme tras una fachada. Esa decisión probablemente me salvó la vida. Como dije la verdad, la gente en NA pudo decirme las cosas que necesitaba oír. Lo que realmente me impresionó fue que nadie me dijera lo que debía hacer, sino que los demás compartieran sus propias experiencias. Decidir cómo usar esta nueva información en mi propia vida era responsabilidad mía. Con el tiempo, empecé a aceptar que las herramientas que les funcionaban a los otros también podían funcionarme a mí.

Uno de los mayores desafíos a los que me enfrenté como miembro nuevo en recuperación fue el hecho de que llegué a la confraternidad estando en un programa de sustitución de drogas con metadona. Tenía muchas reservas para empezar a estar limpio y me asustaba especialmente la posibilidad de dejar la metadona. Estar en un programa de sustitución de drogas me había ayudado a estructurar un poco mi vida después de pasarme años viviendo la calle. Ahora tenía un techo bajo el que cobijarme y estaba trabajando de nuevo. Me daba miedo volver a la locura de vivir en la calle como un delincuente si dejaba la metadona. Como siempre, la sensatez y la experiencia de otros miembros de NA me ayudaron a orientarme en ese dilema. Nadie me dijo lo tenía que hacer, sino que, a través del ejemplo silencioso, me mostraron las posibilidades de una vida libre de la adicción activa. Con el tiempo, llegué a creer que tener un empleo y no estar en la calle no era suficiente. Hasta que dejara de consumir, tanto si las drogas eran legales como ilegales, no iba experimentar todos los beneficios de la recuperación.

Tomé la decisión de comenzar el proceso de desintoxicación del mantenimiento de metadona. Empezar a estar limpio fue muy duro, tanto física como emocionalmente. Fui diariamente a las reuniones de NA durante diez meses antes de poder pasar mi primer día limpio. No tenía ejemplos a los que seguir: era la única persona de mi dispensario de metadona que se desintoxicaba voluntariamente. Todos los días tenía que aguantar el acoso de los traficantes que vendían pastillas cuando iba y volvía del dispensario. Otro desafío al que tuve que enfrentarme estaba dentro de las reuniones de NA. Había aprendido desde la primera reunión que era importante compartir abierta y honestamente. Cuando lo hacía, decía la verdad: todavía no estaba limpio, pero estaba trabajando duramente para llegar a estarlo. Para mi sorpresa, alguna gente se sentía muy molesta cuando yo hablaba en las reuniones. Una persona se acercó a mí después de una de ellas y me dijo que no tenía derecho compartir hasta que estuviera limpio. La primera vez que pasó, me quedé muy confundido y dolido. Era la primera vez que no me sentía bienvenido en NA. Por suerte, una compañera más veterana vio lo que pasaba y me llevó aparte. Me dijo que el único requisito para ser miembro era el deseo dejar de consumir. «Sigue viniendo —me tranquilizó—, estás exactamente donde tienes estar, en casa.» Agradezco a mi poder superior haber escuchado su mensaje de amor y aceptación. Seguí viniendo. Cada vez que hablaba de mis esfuerzos y mis dudas, los miembros compartían algo de su propia experiencia que me resultaba útil.

La sabiduría y experiencia de otros miembros de NA fueron fundamentales en el proceso de poder empezar a estar limpio. Incluso me ayudaron a conseguir un seguro de salud e ingresar en el hospital para que pudiera completar la fase final de mi desintoxicación bajo supervisión médica. Gracias a NA, cuando salí del hospital —limpio por primera vez en mi vida adulta—, tenía un padrino, un grupo habitual y un puesto de servicio que me esperaban. Lo más importante, tuve que admitir que era impotente ante mi adicción y llegar a creer que sólo un poder más grande que yo podía devolverme el sano juicio. No lo sabía en aquel momento, pero la opción de seguir viniendo, escuchar, aprender y seguir el ejemplo de otros miembros de NA era tomar la decisión de poner mi voluntad y mi vida al cuidado de un poder más grande que yo. Por la gracia de ese poder, sigo limpio hoy en día, veintiún años más tarde.

Entró en NA —literalmente— y la trataron con más respeto que nunca. Un encuentro casual en la playa le abrió la puerta a la esperanza y la libertad a esta mujer mexicana.

La dignidad recuperada

La obsesión y la compulsión estaban presentes en mi vida mucho antes de consumir drogas. Desde pequeña tenía un problema con mi forma de usar las cosas: mi manera de comer, ver televisión, dormir, morderme las uñas, demandar atención de los demás.

La historia de mi familia está marcada por la guerra, los conflictos armados y las migraciones. Mis abuelos huyeron de Polonia y se fueron a Chile escapando de la Segunda Guerra Mundial. Yo nací en Chile el mismo año del golpe de estado que obligó a mi madre a buscar asilo político en México, donde me crié. Siempre me sentí diferente; nunca supe exactamente de dónde era o a dónde pertenecía y tenía dificultades para relacionarme con los demás. No tenía ninguna concepción de Dios porque provengo de una familia izquierdista, profundamente atea. El aislamiento siempre fue mi forma de vida.

Estaba desesperada por pertenecer, por ser aceptada, por tener amigos. A los diez años, estuve en una fiesta donde había drogas y consumí con todos los demás. Dormí en esa casa y, al amanecer, un par de tipos me encerraron en un saco de dormir y me patearon hasta el cansancio. También habían consumido y les pareció divertido lastimar a otra persona. Acepté pagar el precio: iba a sufrir lo que fuera necesario para estar con gente que consumiera drogas. Sentí que por fin había encontrado la llave para entrar en el mundo de los demás. A veces me pregunto cómo es posible que pensara que podía controlar mi manera de consumir, si desde la primera vez fue un desastre.

Jamás pude distinguir en qué momento las drogas se convirtieron en lo más importante de mi vida, pero la degradación avanzó rápidamente. Pasaba por encima de todas las reglas. Me fugaba permanentemente de casa y pasaba noches enteras recorriendo las calles. Aprendí a intercambiar sexo por drogas, por techo, por comida, drogas por protección... Honestamente, no sentía nada por nadie. Pero las drogas... eso sí que me hacía sentir algo. No importaba nada más. Por dentro seguía siendo la misma chica acomplejada, asustada y tímida, pero si me drogaba podía encerrarme en mi propio mundo donde nada me afectaba. No sabía que había un Dios, pero tenía claro que existía el infierno y que estaba viviendo en él. Hice mucho daño a los demás, especialmente a la gente que más amaba.

No abandoné los estudios por mi consumo de drogas, aunque a veces creo que es milagroso que lograra sostener eso en mi vida. Es una de las cosas que le agradezco a mi Poder Superior.

Después conseguí algunos trabajos eventuales y tener dinero significó ser dueña de mis propias drogas y eso, a su vez, significaba tener poder. Creía que tenía mi vida bajo control. Si tenía drogas, podía comprar a los demás y obligarlos a hacer lo que yo deseara. Pero no había dinero ni drogas para llenar el enorme vacío que siempre me habitó.

No podía relacionarme con nadie que no consumiera. Tuve dos novios que no se drogaban, hombres buenos y amorosos que querían estar conmigo, pero los veía inferiores, tontos y aburridos porque no consumían. Todas esas relaciones terminaban enseguida.

Pronto volví al mismo punto: venderme, engañar, abusar y robar para seguir consumiendo. Viví experiencias miserables: me detuvieron, me enfrasqué en riñas callejeras, peleaba a golpes con mi familia, despertaba en la calle, o sin ropa suficiente porque la había empeñado o perdido en alguna noche de farra. No importaba con quién consumiera y cualquiera que tuviera drogas podía acostarse conmigo. Pero cuando los momentos de crisis pasaban, no recordaba el dolor. Sólo pensaba que podía hacerlo una vez más.

Cuando no tenía drogas, destrozaba lo que estaba a mi alrededor y me lesionaba. Me cortaba la piel o golpeaba puertas y paredes con la cabeza. También golpeaba a otras personas, así que al final me quedé sola porque nadie soportaba estar conmigo. En mi casa dejé varios agujeros en las puertas de todas las veces en que hundía el cráneo por pura desesperación.

Era una vida espantosa. Había perdido todas las esperanzas de poder cambiar, pero no conocía nada mejor ni la existencia de Narcóticos Anónimos. No podía concebir que la vida sin drogas era una posibilidad real. Creía que estaba obligada a consumir todos los días. Pero no imaginaba que existieran alternativas, que además fueran accesibles, porque ni yo ni mi familia hubiéramos podido costear una clínica.

Conocí Narcóticos Anónimos de una manera tan extraña que no pude cerrar los ojos a la vida. Los encontré en una playa, alrededor de una fogata, en la víspera de año nuevo. Estaban celebrando su recuperación mientras yo buscaba drogas como loca por toda la playa. Literalmente, me topé con ellos. Estaba tan drogada que no podía ni siquiera hablar. No tenía idea de quiénes eran esas personas, pero se veían tan felices que pensé que tenían muy buenas drogas. Cuando me invitaron a sentarme con ellos, me emocioné. ¡Pensé que me iban a dar algo realmente fuerte y que me iba a poner aún más!

En vez de darme drogas, me trataron como nadie hasta el momento lo había hecho. No me pidieron nada, no me obligaron a nada, se limitaron a estar conmigo. Y eso hizo la diferencia. Esperaron horas hasta que pude empezar a hablar. Y entonces, me dijeron: «Si quieres, puedes estar limpia, sólo por hoy».

No sé explicar qué sucedió en ese momento, pero pasé mi primer día limpia con miembros de NA en esa playa. Estaba temblorosa y, en el fondo, no les creía. Me parecían simpáticos y había un par de chicos guapos, pero no podía creer que yo iba a estar limpia. Sin embargo, pasó ese primer día y no consumí. Cuando regresé a la ciudad, tenía cinco días limpia... ¡Cinco días que había pasado con los miembros de Narcóticos Anónimos! En cuanto abrí la puerta de mi casa supe que no iba a poder mantenerme limpia sola y corrí a una reunión.

Cuando entré en mi primera reunión, estaba sucia, sola y asustada, pero probar el bienestar, saber que existía, me había impactado y quería más. Los días en la playa habían sido sensacionales: nadie me había golpeado ni humillado, y yo no había hecho nada malo. Estaba harta de mi vida y de mí misma, no tenía nada que perder, así que, crucé la puerta.

Empecé a asistir a las reuniones todos los días y seguía limpia. No sabía exactamente por qué estaba en los cuartos de NA ni por qué seguía viniendo, pero quería lo que otros tenían: el brillo de sus ojos, la sonrisa, esa luz indescriptible que tienen los adictos en recuperación que hasta la fecha me ayudan a recuperarme.

Para mí es un verdadero milagro, porque sigo limpia desde ese primer encuentro con NA en la playa. Han pasado años y ahora vivo una vida digna de vivirse. Mis primeros meses limpia fueron muy hermosos porque me cuidaron muchísimo. Ojalá todos los adictos que buscan recuperación tengan la oportunidad de recibir tanto amor y atención como los que recibí cuando llegué a las reuniones, porque fue todo lo que necesitaba y más.

Fui muy obediente cuando llegué a NA. Tuve la buena voluntad de asistir a noventa reuniones en noventa días, busqué una madrina y empecé a trabajar el programa. No fue tan difícil como suponía al principio. Al cabo de un tiempo me sentía tan bien que pensé que ya no necesitaba tanta ayuda y podía ir a las reuniones con menos regularidad. No es una historia nueva: otros miembros de NA me han contado experiencias similares. Mi proceso de recuperación ha sido más doloroso porque muchas veces he perdido la disposición a cambiar y mis defectos de carácter han dominado mi vida. Soy una persona que guarda muchos resentimientos hacia los demás y me cuesta mucho trabajo perdonar, especialmente cuando siento que tengo derecho a estar enojada. Pero el rencor me daña a mí más que a nadie y no me deja avanzar, así que prefiero seguir intentando aprender a perdonar. También necesito aprender a recibir orientación porque todavía no sé reaccionar muy bien cuando otra persona me da una sugerencia. Jamás me gustó que me dijeran lo que tengo que hacer.

Pero es tanto el bienestar cuando estoy con miembros de NA, cuando voy a las reuniones o a una convención que, al final, hago lo que debo. Hoy, lo más importante para mí es mantenerme limpia. Para eso, necesito los Doce Pasos, una madrina, un Poder Superior y servicio. He vivido muchas experiencias malas estando limpia porque soy muy terca. Tiendo a poner otras cosas en primer lugar: mi trabajo, mi pareja, la diversión. Cuando lo hago, mi vida se vuelve un desastre. No aprendo rápido, pero empiezo a entender que si me ocupo de mi recuperación, todas las cosas funcionarán mejor.

Hoy en día, Narcóticos Anónimos es lo que le da a mi vida más sentido. Dar de mí a los demás me llena más que tener muchas drogas, sexo, comida o dinero. Ahora tengo un Poder Superior y eso me hace sentir más tranquila. Confío en que, pase lo que pase, no estaré sola. Hoy todo está más equilibrado.

Soy muy dramática. Cuando no consigo lo que quiero, sufro demasiado. Creo que necesito dejar que las cosas sucedan poniendo lo mejor de mí. Pero el vacío que siento hoy no es tan profundo como el del pasado. No soy muy estable emocionalmente y, de vez en cuando, tengo pensamientos obsesivos. Aún me queda un montón de trabajo por hacer, pero nada puede compararse con la pesadilla del consumo. Sé que no tengo que hacer una tempestad en un vaso de agua.

Hay mucho por hacer por nuestra confraternidad en mi país. Ahora hay más reuniones que cuando conocí el programa, pero mucha gente sigue sin saber que existe Narcóticos Anónimos. Yo, por ejemplo, no tenía idea. Hoy mi compromiso es difundir su existencia, porque no quiero que otros adictos y adictas como yo crean que es imposible recuperarse.

La vida tal como es tiene reveses. Ha muerto gente que amaba. Pasé por un divorcio y perdí un trabajo. Pero ya no me hago daño de la manera en que me lo hacía cuando consumía. No me hago cortes ni me golpeo la cabeza. Todos los compañeros me han enseñado que hoy en día no hay razón para volver a consumir.

Ahora quiero estar y ser parte de todo esto. Sentir que pertenezco a esta confraternidad ha sido fundamental para mantenerme limpia. En una época pensaba que si llegaba a los treinta años, sería hora de suicidarme. Todos mis ídolos eran cantantes y músicos que murieron jóvenes y por sobredosis. Ahora tengo treinta y dos años y no sólo no he muerto, sino que me encanta estar viva. La mejor experiencia de mi vida ha sido ver como los ojos de otro adicto que comienza a recuperarse dejan de tener esa expresión de muerte. Ser testigo de ese despertar vale mucho más que cualquier otra cosa. Gracias, infinitas, por abrirme las puertas de la vida.

Una serie de malas decisiones hicieron recaer a esta adicta después de trece años limpia. El camino de regreso a la recuperación fue muy duro, pero NA la quiso hasta que ella fue capaz de quererse a sí misma.

Segunda oportunidad

Estaba sentada en el borde del sofá con la cabeza entre las manos, completamente desconcertada. Lloraba, pero no sentía las lágrimas; gritaba, pero no emitía ningún sonido, mientras observaba a mi marido —con quien estaba desde hacía doce años— ir de un lado a otro como un animal enjaulado. Estaba demasiado nerviosa para hablarle y demasiado asustada para no hacerlo. Nuestros amigos de NA de todo el país llamaban por teléfono sin parar. Todos tenían ideas y sugerencias. Había muchos rumores y planes. Mi vida entera era una locura. Todo esto parecía tan absurdo; hacía un par de semanas que me habían dado en mi grupo habitual la medalla por mi decimotercer aniversario de tiempo limpio y, menos de un mes después, ahí estaba yo, sentada en el sofá... y era otra vez una recién llegada. Hoy sé que mi recaída empezó mucho antes que eso.

A lo largo de los años he oído a muchos adictos decir que «un mal pensamiento y una mala acción pueden llevar a una recaída». Para mí, en aquel momento, no se trató de ningún pensamiento, porque no pensé, no tuve ningún pensamiento en absoluto. Para mí, tuvo íntegramente que ver con mis malas acciones. Estaba en la oficina, sentada en el escritorio de mi socio y dentro de un cajón entreabierto vi un montón de cristal de metanfetamina. Alargué la mano, lo saqué, jugueteé un momento y lo aspiré por la nariz. Punto. Ojalá hubiera pensado algo, cualquier cosa; pero no lo hice. Había dejado de pensar mucho antes de enfrentarme a la oportunidad de hacer esa «mala acción».

Hoy, sé que influyeron muchos factores en mi recaída. Prácticamente no iba a las reuniones. No estaba en contacto con los

compañeros adictos y estaba aferrada a un resentimiento egocéntrico con mi madrina que nos había separado durante un año
entero. Podría seguir y seguir con la lista: deshonestidad, autocomplacencia, codicia, arrogancia, actitud crítica.

Durante mucho tiempo me había sentido inmune a la recaída
y tenía una actitud de ser «mejor que». Cuado empecé a estar
limpia por primera vez, me consideraba una adicta cuyo fondo
no «era tan bajo». Por supuesto que había consumido muchas
drogas diferentes, pero mis favoritas eran la cocaína y la marihuana. Era una chica de la clase media que arrugaba la nariz ante
las drogas «sucias» como las anfetas y las metanfetas. Cuesta
creer el avance de mi enfermedad a pesar de todos esos años limpia. Cuando recaí, me puse a consumir como si fuera el fin del
mundo, como si no hubiera ningún precio que pagar. Desgarré
con toda temeridad la vida de aquellos que me querían. Cuanto
mayor era el dolor, más consumía, sin pensar siquiera en vivir
o morir. De la noche a la mañana mi adicción había vuelto a hacerme prisionera. ¡Desde el primer día empecé a arrancarme la
piel de la cara y trozos de carne de mi cuerpo! Durante mucho
tiempo seguí creyendo que estaba infestada de insectos. Estaba
enganchada y, a pesar de que seguía consumiendo, las drogas ya
no me hacían efecto. Me limitaba a consumir cada vez más y estaba física, mental y espiritualmente desapegada. Sabía que había soltado a un monstruo enorme. Recuerdo que me sentía tan
atrapada... en los pensamientos de mi cabeza llena de Narcóticos
Anónimos y en mi cuerpo lleno de drogas.

Cuando escuché la voz de mi madrina por teléfono, el resentimiento que nos había separado durante tanto tiempo desapareció. El sonido de su voz me consoló inmediatamente. Sus
palabras me llevaron a un lugar seguro y vulnerable en el que
hacía tiempo que no estaba. Pero también me confirmaron que
me había metido en una auténtica pesadilla que ni ella ni nadie
podían arreglar por mí. La rendición quedaba muy lejos.

El último lugar al que quería ir era un centro de tratamiento,
por la opinión que tenía sobre esos sitios, pero cuando mi madri-

na y otros miembros de NA empezaron a sugerírmelo, supe que era allí adonde iba. En un momento de lucidez reconocí que no quería convertirme en un número más de las estadísticas de las «cárceles, hospitales o la muerte». Me di cuenta de que estaba en serios apuros. En lugar de sentirme agradecida de tener la oportunidad de volver a estar limpia, estaba enfadada, herida, asustada, loca de paranoia. Había vivido el milagro del programa durante trece años y ahora me sentía como una extraterrestre, como si no encajara en ninguna parte: ni en NA ni, por supuesto, en la calle. No estaba limpia y estaba mentalmente desequilibrada, lo cual era un peligro para mí misma y para los demás. Seguía luchando contra el proceso como un soldado en la guerra. Decidí no seguir internada en el centro de tratamiento, en contra del criterio de mi consejero. Estaba en carne viva y llena de rabia. Lamentablemente para mí, no fue hasta el tercer intento de tratamiento que lo «comprendí».

Dejar las drogas no fue fácil, pero fue la parte más sencilla. El dolor, la vergüenza, la culpabilidad y la confusión total que sentía eran cosas demasiado grandes para aceptar. En lugar de llamar a mi madrina o al sistema de apoyo, huí... de todos y de todo. Fui de una ciudad a otra. Aterricé en mi pueblo natal y acudí a ver otro centro de tratamiento. Al final me di cuenta de que el problema era yo. Entré en el programa ambulatorio que tenían sólo durante tres días, pero continué viendo al especialista en adicciones que trabajaba allí durante más de un año. Me hacía análisis de drogas de forma habitual y estaba muy orientado hacia NA. Yo necesitaba ese tipo de control porque era una persona muy imprevisible. No confiaba en nada, y menos en mí misma.

Gran parte de mi recaída es una imagen borrosa. No recuerdo nada de la última vez que consumí antes de empezar el tratamiento, pero nunca, nunca olvidaré mi regreso a las reuniones de NA. Estaba aterrorizada. Me pasé toda esa primera reunión con ganas de drogarme y huir. Sudaba, temblaba y me sentía como si estuviera a punto de vomitar. Pensaba que no tenía lo que hacía falta para empezar de nuevo toda la recuperación. De verdad creía que todo aquello ya era «el pasado» para mí. Mi madrina me sugirió que compartiera en la siguiente reunión. Lo único que dije fue mi nombre y que había recaído después de trece años limpia. Nunca había experimentado nada parecido a lo de esa noche. Esperaba sentencias y críticas, pero en realidad no recibí nada más que amor. Los adictos de esa habitación me abrazaron. Había llegado a esa reunión desesperada y me fui con la sensación de que yo también tenía la oportunidad de luchar.

Tenía que hacer todo de una manera distinta. Durante mucho tiempo me sentí como si nunca más fuera a ser «normal», pero, a pesar de todos los golpes que me di por el camino, seguí intentándolo. Aunque me gustaría decir que en aquel momento me sentí agradecida de estar limpia y que era lo único que me importaba, no puedo hacerlo. Estuve empantanada durante mucho tiempo en ese estado mental de «como era yo antes» o «el aspecto que solía tener». La mayor parte de mi «vida limpia» antes de recaer era algo maravilloso. Tenía buenos amigos, una familia fantástica, un matrimonio de gran entrega. Pero en el momento que consumí, todo cambió, todos los aspectos de mi vida. Mi familia y mis amigos estaban aterrados de que acabase muerta, y mi matrimonio empezó a ir cuesta abajo, para decirlo con suavidad. Estaba tan desbordada por los sentimientos que pensaba que me moriría.

Durante mucho, mucho tiempo, me pareció que anestesiar esos sentimientos era una posibilidad. Sólo cuando empecé a escribir de nuevo mis pasos, a ser honesta con mi madrina y a compartir en las reuniones mi forma de pensar, las cosas empezaron a cambiar. A cuantas más reuniones iba, mejor me sentía. Tuve que darme cuenta de que la situación por la que había pasado era un trauma para mi cuerpo y mi mente. Tuve que dejar de luchar contra el proceso de duelo que tanto necesitaba para empezar a sanar, confiar y cambiar. Fue necesario que llorara a la mujer que había sido, la vida que había tenido y el matrimonio que mi marido y yo tanto habíamos luchado por construir para poder aceptar a la mujer en la que me estaba convirtiendo y empezar a tener una vida nueva. Aprendí a ser amable conmigo misma, tal como habría hecho con cualquier recién llegado.

Para recuperar la capacidad de que me enseñaran, tenía que dejar de lado los conocimientos que había acumulado los primeros trece años. Tuve que aprender el don de la humildad y la vulnerabilidad. Aprendí a ser honesta conmigo misma y con los demás, por mucha vergüenza que sintiera. Aprendí a pedir ayuda y a aceptarla cuando me la ofrecían. La época en que pensaba que las reuniones eran un encuentro social o un desfile de modas había terminado. Para mí, las reuniones eran esenciales para mantenerme limpia; en realidad, de eso se trataban. Esta vez estaba aquí para salvar la vida.

Hoy, al mirar atrás, es como si aquel período de mi vida hubiese pasado hace una eternidad. Recuerdo ponerme de rodillas y rezar a mi Poder Superior para que me quitara la obsesión de consumir, rogarle que me diera un corazón tranquilo y paz de espíritu. La desesperación que sentí durante aquel período aún me da escalofríos. Además de estar limpia, quería sentirme cómoda en mi propia piel y no estar dominada por pensamientos de pesadilla y sueños de consumo. Hoy en día estoy muy lejos de esa mujer que empezó el tratamiento hace más de siete años, estoy cómoda en mi propia piel y, lo mejor de todo, tengo el corazón tranquilo y paz de espíritu. Estoy extremadamente agradecida a mi Poder Superior, a mi madrina y a todos los que me ayudaron a recuperar la calidad de vida que estoy disfrutando de nuevo. Siento gran compasión por el adicto que todavía sufre, ya sea el adicto que está sentado en las reuniones de Narcóticos Anónimos, el adicto que todavía no nos ha encontrado y, especialmente, el adicto que se ha marchado y todavía no ha encontrado el camino de regreso.

No puedo más que rezar para que nunca se desvanezca el recuerdo del sufrimiento que me hizo falta para volver al programa y siempre recuerdo el amor, y no las críticas, que recibí. Quiero recordarlo siempre para poder extender ese mismo respeto a otro adicto. Hoy en día tengo mucho, pero, sinceramente, nada de todo esto habría sido posible sin un montón de trabajo básico. Tuve que empezar por perdonarme a mí misma por faltar el respeto al programa que me salvó la vida por primera vez hace veinte años, por faltar el respeto a mi matrimonio que empezó en recuperación y, por último, pero no menos importante, por faltarme el respeto a mí por volver a una vida de drogas y enfermedad.

Hoy ya no estoy avergonzada de lo que pasó, pero he aprendido de mis errores. Comparto honesta y abiertamente con otros adictos. Daría cualquier cosa, todo lo que hay bajo el sol, por haber tomado un camino diferente, pero como no puedo, tengo que asumir la responsabilidad de mis propios actos y aprender de ellos. Hoy en día creo que si nunca hubiera recaído tendría veintiún años de abstinencia, eso es todo; pero, por suerte, llevo siete años y media limpia, con un montón de corazón y alma, dedicación y un amor que no puedo expresar con palabras. Con la ayuda de los demás, los Doce Pasos y los principios de este programa, mi matrimonio se ha salvado. He recuperado otra vez la confianza de mi familia y mis amigos. Ya no soy una extraña que mira desde fuera: formo parte de esto. Ha sido un largo camino de regreso, pero creo que soy una de las afortunadas.

NA ayudó a este adicto israelí a redescubrir el amor a la vida.
Antes de estar limpio, siempre se había sentido un extraño.
Ahora, tiene un grupo habitual y entiende la confraternización
como un principio espiritual.

Sembrar la semilla

En Israel cantamos en las reuniones. Si te toca recibir un llavero, cantamos una canción que se ha convertido en un himno de NA en Israel. La canción habla de un chico sencillo que no ambiciona demasiado y que ha cometido algunos errores por aquí y por allá, pero que se da cuenta de que el futuro es prometedor, siempre y cuando nos mantengamos unidos. La cantamos en todas las reuniones. Cuando vamos a las convenciones europeas, todo el mundo sabe que los israelíes somos la confraternidad más ruidosa. Cantamos sin parar.

También tememos una «cuenta progresiva» en todas las reuniones. Empezamos preguntando si hay alguien que asiste a la reunión por primera vez, después pasamos a dos semanas, un mes, tres meses, seis meses... y podemos seguir así hasta veinte años. Abrazamos a todos los recién llegados que tienen el suficiente valor para decir «hoy llevo tres días limpio». Te abrazamos si llevas dos días o dos años limpio.

Hacemos participar a los recién llegados en pequeñas tareas del grupo. Un grupo puede tener doce servidores: un recién llegado hace café, otro lleva las tazas, otro abre la sala y otro la cierra. En mis primeros tres meses limpio era el que llevaba la llave. No era yo el que abría el grupo, pero guardaba la llave hasta que llegaba el servidor de confianza que abría la reunión.

Fue muy importante para mí porque me demostraba que pertenecía al grupo. Desde mi infancia siempre me había sentido un extraño. En la escuela primaria nunca me invitaban a las fiestas y no tenía amigos. Me convertí en un auténtico pendenciero. Si no podía conseguir amor, por lo menos me prestaban atención. En casa, me sentía como si estorbara a mis padres. Mis padres eran personas ocupadas con su profesión, que hacían lo que podían. Me crié con niñeras que me cuidaban durante el día y sólo veía a mis padres cuando volvían del trabajo.

En la secundaria me hice discjockey y ponía música en el patio. Pero esa atención no era suficiente. Seguía sin estar contento y al cabo de un año dejé la escuela. Pasaba todo mi tiempo libre en la playa consumiendo. Tenía quince años. Me faltaban dos años para el servicio militar obligatorio. Mis padres abandonaron toda esperanza y empecé a pasar más tiempo en la calle que en casa.

El primer día en el ejército encontré lo que buscaba: compañeros de drogas. Pensaba que el servicio militar moderaría mi consumo de drogas, pero resultó que empecé a consumir más y drogas diferentes. No tardé en darme cuenta de que quería salir del ejército. Fui a ver a un psiquiatra militar y le dije que tenía pesadillas. Estaba tan drogado que balbuceaba y me mandaron al hospital psiquiátrico en observación. Era un hospital de día, así que no me daban medicamentos. Pasaba el día allí y a la tarde me iba con mis amigos a drogarme. Al cabo de dos meses me dieron de baja. Era libre.

Tomé el primer vuelo a Ámsterdam. Un amigo me recogió en el aeropuerto y, de camino a su casa, me ofreció heroína. Le dije que no consumía heroína, sólo cocaína. Irónicamente, un año más tarde la heroína era mi droga favorita. No tenía casa, ni trabajo, ni comida, pero en cuanto conseguía algo de dinero me lo gastaba todo en drogas. Por la noche iba al mercado a buscar sobras de la basura. Dormía en apartamentos vacíos sin agua ni calefacción, pero estaba seguro de que estaba en lo mejor del mundo. Al cabo de seis meses había vuelto a Tel Aviv y me dedicaba a vender drogas. Pensaba que era un hombre importante. Justificaba mis actos diciéndome que necesitaba traficar para pagarme el vicio. En recuperación, me di cuenta de que una de las razones por las cuales vendía drogas era mantener a la gente a mi alrededor.

Con el tiempo, acabé derrotado, solo y alienado. Me sentía un fracasado y, lo peor de todo, no estaba preparado para dejar de consumir. Un día, un amigo de consumo sugirió que fuéramos a una reunión de NA. Me dijo que NA era un grupo de adictos que se reunían para ayudarse mutuamente. Por entonces, sólo había siete reuniones de NA en Israel y todas estaban en Tel Aviv. Sólo fui a esa primera reunión de NA con mi amigo porque sabía que después saldríamos y compraríamos más drogas. En la reunión había unas cuarenta o cincuenta personas, algunas de las cuales conocía. Fue la primera vez en mi vida que vi yonquis que habían dejado de consumir. No me creía que fuera posible. Al cabo de unos días fui a otra reunión y vi que la gente se reía y disfrutaba, pero yo aún no estaba preparado para parar. Hoy en día, sé que en esas primeras reuniones se plantó una semilla dentro de mí y empecé a creer que había otro camino.

La gente solía decirme: «Tienes mucho potencial», pero yo no quería ni oír hablar de estudiar, tener un empleo o formar una familia. Nunca había acabado nada. Me encanta NA porque es espiritual, abstracto e infinito. No medimos la recuperación por nuestros logros. Hacemos lo que podemos cada día.

Tardé otros diez años de dolor y sufrimiento hasta estar listo para rendirme. Perdí a todos mis amigos y dejé de comunicarme con mi familia. Me aislé hasta el punto de no atender siquiera el teléfono. Dejé de funcionar como traficante, dejé de comer y me olvidé de mi higiene personal. Entré en un período de profunda depresión. Lo único que hacía era estar solo en casa y consumir drogas. Ahí estaba yo: un muchacho que amaba la vida, le gustaba divertirse y estar acompañado, y que de repente pensaba en acabar con todo. Sentía que no había esperanzas; era lo que más me impresionaba.

Fui a una reunión de NA. Era verano y hacía calor en la sala, pero yo temblaba y llevaba un pesado abrigo de cuero. Había sólo otras dos personas y discutían sobre cómo montar la reunión. La cosa llegó casi hasta los puños. Yo sabía por mis experiencias anteriores que NA era mucho más que este incidente.

En lo profundo de mí, sabía que NA podía salvarme la vida. Enseguida empezó a llegar más gente y, aunque no conocía a nadie, sentí que estaba entre amigos. Alguien se me acercó y, esa misma noche, volví a verlo en otra reunión. Esas primeras reuniones fueron muy importantes. Seguí viniendo y me mantuve limpio. En un momento dado comprendí que, si esta vez quería mantenerme limpio, tenía que tomar la decisión de ser receptivo e involucrarme. De verdad quería formar parte de la confraternidad. Hoy en día, sé que confraternizar es un principio espiritual.

Durante mis primeros años en recuperación, solía ir a una reunión en un barrio árabe no muy lejos de casa. En esa reunión, los miembros árabes e israelíes hablaban en hebreo y compartían la recuperación de la adicción. Cuando se trata de NA, no entra la política. Nos sentamos juntos en reuniones, hacemos servicio juntos, celebramos juntos nuestra recuperación.

Escogí un grupo y me comprometí con él. Asumí también un compromiso de servicio: abría la sala de reunión, barría el suelo y preparaba el lugar para la reunión. Hoy en día, sigo formando parte del mismo grupo. Es el lugar donde la gente puede encontrarme, y también sé que allí encuentro a mis amigos. Tengo un padrino y trabajo los pasos. Pero, lo más importante, sigo viniendo pase lo que pase.

Hasta que empecé a estar limpio, el único trabajo que había tenido era vender drogas. Trabajaba unas pocas horas un par de veces por semana y ganaba un montón de dinero. En recuperación, mi primer trabajo fue repartir periódicos con una moto. Ganaba menos por mes que en un día vendiendo drogas. Pero repartía los periódicos y aprovechaba el tiempo para meditar en movimiento. Hoy trabajo con adictos sin techo y he vuelto a estudiar para aprender cómo hacer mejor mi trabajo. Es un milagro que este adicto tenga un trabajo que consiste en ayudar a otros adictos.

El servicio me ha enseñado a interesarme por los demás y a respetarlos. Aprendí a respetar a mi familia, que ve los cambios que he hecho gracias al programa. Hace seis años perdí a mi padre. Estuvo enfermo durante mucho tiempo y, antes de que entrara en coma, pude hacer mis enmiendas con él. Me dijo que tenía buen aspecto y me preguntó si seguía yendo a «esas reuniones». Me perdonó. Yo quería que se curara, pero recé por la aceptación de la voluntad de Dios. Cuando murió, el dolor fue tan grande que no podía dejar de llorar y también fue devastador ver sufrir tanto a mi madre. No sabía que me sucedería todo aquello. Llamé a unos amigos de NA y, en media hora, estaba rodeado de amor y apoyo. Fue mi primera experiencia de pasar por emociones tan fuertes limpio. Estaba seguro de que iba a venirme abajo, pero gracias a la oración y al apoyo que recibí de mis amigos de NA, sucedió lo contrario. Encontré la fortaleza y el valor para pasar el proceso de duelo sin consumir. No sólo eso, sino que descubrí que era capaz de acompañar a mi madre en su propio duelo. Fue una experiencia de aprendizaje de humildad.

Cuando empecé a estar limpio, pensaba que renunciaba a muchas cosas: mis amigos, mi posición, mis buenos momentos. Al principio, hasta renuncié a escuchar música. Ahora sé que he recibido mucho más a cambio. Soy un miembro respetado de la sociedad. Me aprecian en el trabajo y la música sigue siendo mi pasión. Una vez me echaron de un trabajo y quedé destruido. Estaba confundido sobre las intenciones de mi poder superior para conmigo. Me enfrenté a mi padrino con mi falta de fe y me dijo que rezara y buscara la voluntad de Dios para mí. El dolor y el golpe para mi ego eran demasiado grandes. El miedo a cómo iba a pagar el alquiler era abrumador. Mi padrino me dijo que Dios tenía un plan mejor para mí. Más adelante, pasado algún tiempo, me di cuenta de cuánta razón tenía. Cuando sufro, recuerdo que el dolor es mi mejor maestro. Cuando tengo ataques de autocompasión, visualizo a mi poder superior mirándome mientras le dice a su secretario: «Sácame su expediente». Examina la carpeta, sonríe y le dice al secretario: «Este muchacho no se da cuenta de todas las cosas buenas que van a pasarle». Estoy lleno de esperanza y agradecido por todo lo que me han dado. Te quiero, NA.

Un sencillo acto de bondad le demostró a este adicto holandés
que pertenecía a Narcóticos Anónimos. Superó el miedo de que
tenía prohibida una relación con Dios porque era gay y aprendió
a confiar en el poder del amor.

Sándwich

Recuerdo el pasillo de arriba en el que estaba sentado. Miré la barandilla y me pregunté si aguantaría una soga.

También sabía que no haría nada para morir, a pesar de que no quería continuar.

Busqué en la guía un teléfono de ayuda. Llamé y hablé con un hombre. Me dijo que podía quedar conmigo para tomar un café y que no hacía falta que yo dijera nada, pero que si quería, podía.

Fui a verlo y traté de guardarme la tristeza dentro. Me tomé un café, contento de no estar en casa, donde las paredes se me caían encima. El hombre me habló de las reuniones a las que asistía y me preguntó si quería ir con él. Claro que quería, no quería estar solo.

Antes de la reunión pasamos por su casa. Se dio cuenta, o quizás se lo dije, que hacía días que no comía. Me hizo un sándwich. Fue algo que me impresionó. Había hecho cosas contrarias a mis principios: había mentido, manipulado y, lo peor de todo, había usado la violencia. Era indigno, pero, aun así, ese hombre estaba allí ayudándome.

Me llevó a mi primera reunión. No recuerdo lo que se dijo en ella, a pesar de que me hablaron varias personas. Sé que lloré. Me acuerdo de la calidez que sentí entre aquella gente. Sentí que compartía algo con ellos. Sentí que formaba parte, que aquella era mi gente. Nunca había sentido nada parecido.

Siempre me había sentido diferente de los demás, incluso de mi familia. Vivíamos en un pueblo, pero no habíamos nacido allí y los demás hablaban un dialecto que no sabíamos. Iba a un colegio diferente que los chicos de mi calle. No tenía amigos de verdad, y mi hermano mayor murió cuando yo estaba en la escuela primaria. Mis padres no paraban de pelear y me daba vergüenza. Con frecuencia huíamos de casa con mi madre. Al cabo de unas horas, mi padre nos encontraba y nos hacía volver. De pequeño había aprendido eso de los adultos: gritos, riñas, consumo, y que escaparse era la manera natural de tratar con los problemas. Era un niño inteligente y sensible que había empezado la vida sin ninguna seguridad.

Así que esa sensación de pertenencia que tuve en la primera reunión fue muy importante, aseguró que siguiera viniendo.

Me costó mantenerme limpio esas primeras semanas. El día, hasta la siguiente reunión, no se acababa nunca. Cuando dejé de consumir, era como si hubiera estado en una cueva oscura y profunda durante años y de repente saliera a pleno sol. Mis ojos tenían que adaptarse a una luz que a veces hacía mucho daño. Todo, lo bueno y lo malo, pasó a ser muy intenso. No comprendía los sentimientos que de pronto afloraban porque vivía sin anestesia. A veces pensaba que me estaba volviendo loco. Tenía una tristeza enorme durante días sin ningún motivo. Otros adictos, que recordaban su propia lucha, me aseguraron que se me pasaría. No comprendí todo de inmediato, pero siempre había alguien a quien recurrir. Estaba en un lugar seguro. Seguí yendo y las cosas empezaron a ser más fáciles. Desapareció la obsesión.

Cuando empecé a ir a las reuniones, pensaba que mi problema era algo reciente. Tenía una relación tóxica con un hombre al que creía querer. Me había anulado a mí mismo completamente y pensaba que eso era amor. Las peleas, cuando consumíamos, degeneraban en semejante pérdida de control que nos tirábamos botellas de vino.

Pero a medida que abría los ojos a mi propia realidad, empecé a darme cuenta de que mi problema venía de mucho más lejos. Me acordé de cuando fui al funeral de mi madre y que el alcohol me salía por todos los poros; y eso que solo tenía veinte años. Recordé que había tenido peleas en bares, relaciones que se habían acabado, que me había querido morir y hasta había hecho lastimosos intentos para lograrlo. Me había puesto en situaciones con gente que quería matarme. No era la primera vez que pasaba por ninguna de estas cosas. Pero siempre había intentado encontrar la salvación en las drogas, el sexo obsesivo, las relaciones amorosas, el cigarrillo, etc. Hacía mucho, mucho tiempo, que trataba de huir a través del comportamiento adictivo. Pero NA me proporcionó un entorno seguro en el que podía decir y compartir cualquier cosa. Esta seguridad me permitió mirar más allá de los últimos años y ver patrones de conducta que estaban allí desde hacía décadas.

Cuando las cosas se me escapaban de las manos, siempre pensaba que era consecuencia de alguna fuerza exterior. Era inteligente, seguía conservando mi casa y mi trabajo, así que las cosas no podían ir tan mal. Si la gente me tomara por lo que valía, si viviera o trabajara en otra parte, si el tiempo fuera más bonito, si el servicio militar no existiera, si mi hermano estuviera vivo.... Si... si... si no hubiera sido adicto. Tenía mis razones. Yo era la víctima.

Aprendí a reconocer mis sentimientos. El entorno seguro de NA me dio la oportunidad de enfrentarme a mi propio miedo. Un miedo profundo y profundamente oculto: miedo a no llegar a nada, miedo a que me abandonaran, miedo al vacío... No podía combatir el miedo solo. Ni siquiera podía nombrarlo. Los viejos sentimientos de vacío y soledad aún podían apoderarse de mí. Pero los Doce Pasos de NA y la gente del programa, a la que quiero mucho, me han mostrado otra manera de hacer las cosas. La seguridad y la solidaridad que encontré en el programa me dieron la posibilidad de respirar. Me dieron la libertad de elegir. Ya no tengo que reaccionar a las situaciones como antes.

Al principio, no me gustaba la palabra «Dios». Me hacía pensar en gente e instituciones que juzgan a los demás, como las iglesias que me proscribirían por ser gay. Me asustaba. Tenía miedo de no encajar en un programa de doce pasos. Lo compartí en las reuniones, hablé con otros adictos y aprendí que la espiritualidad es algo personal. Lo que importa es mi propia concepción de Dios, no la de otros.

Con la ayuda de los compañeros, aprendí a confiar en un poder lleno de amor que es mucho más grande que yo.

Cuando le dije a mi padre que era adicto, me contó que su padre había muerto por la adicción. Aparentemente, mi abuelo no era el bohemio de las anécdotas familiares, sino un adicto. De niño, mi padre tenía que ir a la taberna a mendigarle dinero para la casa. El hombre murió de alcoholismo después de dejar a su mujer e hijos en la pobreza. Mi padre, por vergüenza, nunca se lo había contado a nadie. Enterarme de ese secreto me hizo sentir más compasión por él, y más compasión por mí mismo. Tengo una enfermedad que se ha repetido en la familia varias veces. No elegí ser adicto. No puedo quitarme de encima la enfermedad. Y hay otras personas, adictas o no, que también tienen su historia. Empezar a ver lo impotente que soy y a entender mejor la impotencia de los demás me permitió volver a respirar y me ha dado el espacio necesario para descubrir cosas buenas en mí mismo y en los demás.

Cuando mi padre falleció, pude acompañar a su viuda y a los demás, como un hombre maduro capaz de dar apoyo. No tengo que aprobar lo que he hecho ni lo que hicieron los demás. Pero cada vez soy más libre para desenredarme del pasado, del comportamiento y los pensamientos negativos. Todo esto ha hecho que mi vida sea infinitamente más bella.

Ya no tengo que sentirme abrumado por los sentimientos, me resulta más fácil desapegarme. Sé crear más espacio entre mis sentimientos, mis pensamientos y mis comportamientos, un espacio necesario para elegir. No siempre consigo escoger lo adecuado. Sigo teniendo mis dramas y mi pánico. Soy un ser humano, por lo tanto no soy perfecto, pero veo muchos progresos y estoy muy agradecido.

Tengo suerte. Estoy en una feliz relación de pareja en la que aprendo formas saludables de tratar con los enfrentamientos. Tengo amigos. Sé dar y recibir amor. Soy adicto; cosa que ya no es una desventaja, sino un impulso para determinar mi vida de forma positiva. Tantas cosas han cambiado desde el día en que quería morirme y ese hombre me demostró que yo era digno de que se preocuparan por mí. Aunque ni siquiera me sentía digno de aquel sándwich que me preparó, sentí que pertenecía a NA y sigo sintiéndolo. Para mí es importante mantenerme alerta; la enfermedad está aquí y seguirá estando, de modo que mi recuperación también debe continuar. He aprendido a confiar cada vez más en la fuerza y el amor infinitos que hay en la espiritualidad de este programa.

Ya no soy una víctima de los demás, ni de mí mismo. Ya no tengo que consumir, pase lo que pase. Soy responsable de mi recuperación. Si vuelvo a caer en el viejo sentimiento de autocompasión, tengo los medios para tratar con ella. No estoy solo; tengo gente que me ayuda cuando lo pido. Cuando entro en un momento de desesperación, siempre hay alguien con quien hablar. No siempre me va bien, pero las cosas siempre mejoran.

*Este adicto de Irán era «la persona más importante en nuestras
reuniones» durante dos años hasta que logró estar limpio. Ahora
se dedica a NA: al padrinazgo, los pasos y el servicio.*

El espíritu de servicio

Soy un adicto de Irán. Conocí NA en 1996 en un centro de detención. Este encuentro me llevó a una nueva forma de vida, no por buena voluntad, sino por impotencia y desesperación. Había llegado al centro casi inconsciente y dormí durante dos días enteros. Llevaba encima algunas drogas escondidas, pero cuando quise consumirlas, habían desaparecido. Me parecía que todos mis compañeros de habitación estaban drogados, a pesar de que lo negaban. Estaba muy nervioso y decepcionado. Aunque aguanté el dolor sin quejarme, tuve muchas ganas de consumir durante todo el tiempo que permanecí allí.

Ahora que hace varios años que estoy limpio, veo que las evidencias de la enfermedad de la adicción estaban en mí mucho antes de que empezara a consumir. No me gustaba nada de lo que tenía, ni siquiera el nombre de mis padres; siempre quise ser otra persona. Quería ser poderoso, capaz, prestigioso. Quería ser adulto.

A los once años, me fumé el primer cigarrillo. Me irritó mucho la garganta, pero me hizo sentir como un hombre. Reforzó durante un tiempo mi autoestima, pero pronto esa sensación desapareció. A los trece años, conocí las drogas e inmediatamente sentí que había descubierto una forma de crear sentimientos de poder y control. Cuanto más consumía o más fuerte era la sustancia que consumía, mejor me sentía. A los dieciséis, ya consumía las drogas más fuertes que había a mi alrededor. Durante los primeros tres años, las disfruté. Poco a poco, dosis a dosis, las drogas se convirtieron en mi poder superior. Día a día, me iba haciendo más viejo y más débil, a pesar de que las drogas parecían más jóvenes y más fuertes.

Empecé a pensar en controlar mi consumo, pero cada vez que lo intentaba, las drogas me vencían. Consumía para dormir, pero en cambio me quedaba despierto. Consumía para estar despierto y me quedaba dormido. Consumía para encontrar amigos, pero me hacía enemigos. Consumía para pelear, pero me daba por vencido. Todo estaba controlado por las drogas. Tenía sentimientos de vergüenza y culpa; era crítico conmigo mismo y me castigaba de forma habitual. La negación, la justificación y la deshonestidad crearon una distancia entre mi familia, el resto de la sociedad y yo. Mis sentimientos de ira, resentimiento y odio eran el combustible de mis justificaciones para consumir cada vez más.

He sufrido muchas penurias por mi adicción: muchas cárceles diferentes, hospitales psiquiátricos, intentos de suicidio; he cometido robos y vendido las pertenencias de mi familia. Una de las experiencias más dolorosas ocurrió durante la guerra de 1984. Por entonces, muchos productos cotidianos estaban racionados y había que usar cupones de racionamiento para comprar. En varias ocasiones vendí las raciones de leche en polvo para mi bebé en el mercado negro y usé el dinero para comprar drogas. Después de drogarme, lloraba y me martirizaba. A veces alimentaba al niño sólo con agua con azúcar. Mi consumo más duro duró veinte años y los últimos diecisiete los pasé buscando una cura que no encontraba, hasta que, por fin, conocí NA en aquel centro de detención.

Cuando llegué a mi primera reunión, la persona que se ocupaba de dar la bienvenida me recibió con un largo y cálido abrazo. Yo estaba perdido y confundido. Hacía mucho tiempo que nadie me daba un abrazo, ni siquiera mi madre. «Estos son unos chiflados —pensé—. No saben con quién están tratando.» Estaba buscando diferencias y defectos en la reunión. Al final, había una parte de la reunión en que la gente anunciaba el tiempo que llevaba limpia. «No es posible —me decía a mí mismo a gritos—. Están mintiendo, están todos drogados.» Yo, hasta en la cárcel consumía lo que tuviera a mano para drogarme.

Aquel fue, y sigue siendo, uno de los días más sagrados de mi vida. Me dijeron que el recién llegado es la persona más importante en todas las reuniones, ya que tardé dos años en empezar a estar limpio. Pensaba que era diferente. Pensaba que a lo mejor podía consumir de otra manera si lograba cambiar el tipo o la cantidad de drogas o el momento en que las consumía. Seguí luchando hasta que el milagro se operó también en mí.

Un día, cuando iba a buscar al traficante, sucedió algo asombroso: por algún motivo me di la vuelta y, en cambio, fui a visitar a uno de mis amigos de NA. Hablamos sólo unos minutos de cosas corrientes, pero, cuando me marché, me sentía diferente. Mi obsesión había desaparecido. Hasta el día de hoy, no sé qué pasó en esos minutos; lo que sí sé es que fue el principio de mi recuperación. Lo único que había hecho fue seguir asistiendo a las reuniones, pedir a Dios sin reservas que me ayudara a mantenerme limpio y estar en contacto con otros miembros de NA. Incluso a pesar de que creía que el programa no me funcionaría, me funcionó. Empecé a sentir una esperanza profunda en lugar de mi habitual obsesión por consumir. Parecía como si me hubiese convertido en una persona diferente con una serie de sentimientos nuevos, a punto de comenzar una vida nueva. Estaba entusiasmado, feliz y el mundo me parecía maravilloso.

Esa misma noche me busqué un padrino y le dije que quería empezar a trabajar el Primer Paso enseguida. Me dijo que lo leyera varias veces, así podíamos hablar sobre él más adelante. Me quedé levantado toda la noche y me leí el Texto Básico entero. A partir del día siguiente, me llevé el libro conmigo y seguí leyéndolo. Cada vez que releía el Primer Paso, se me aclaraba algo nuevo. No acababa de creerme que pudiera dejar de consumir, pero lo cierto era que ya no tenía la obsesión por consumir. Pasaba la mayor parte del tiempo con la gente de la confraternidad y tenía cada vez más esperanzas. Podía reír y estar contento de veras. Miraba el cielo y me parecía como si hiciera años que no viese.

Me afeitaba todos los días, me ponía ropa limpia y era el primero en llegar a la reunión. Compartía en las reuniones y después me quedaba con otros adictos. Ya no negaba mis problemas, porque creía que todo iría bien. Llamaba a mi padrino unas diez veces por día, que era paciente y me trataba como a un buen amigo. Me sucedía algo curioso: por primera vez estaba dispuesto a escuchar a otra persona incondicionalmente. Me había convertido en alguien al que se le podía enseñar. Cada vez me sentía y estaba mejor. Después de unos meses limpio, me encontré por casualidad con uno de mis viejos colegas de consumo. Cuando consumíamos, hablábamos durante horas, pero esta vez no teníamos nada que decirnos el uno al otro. Era como si fuésemos desconocidos.

Desde el principio mi padrino me hizo tomar conciencia de que esto sólo era el principio y que debía actuar. Me dijo que, para mantenerme limpio, tenía que trabajar los pasos, ir a las reuniones e incorporarme al servicio. En un primer momento no entendía lo que me decía. Por fin estaba limpio después de haberlo intentado durante muchos años, estaba contento. Sin embargo, al cabo de poco tiempo, me di cuenta de que si no hacía algunos cambios fundamentales en mi vida, pronto volvería al lugar del que había salido. Hoy en día, creo que una persona limpia que no ha trabajado los pasos posiblemente sea más peligrosa que alguien que consume.

Cuando empecé el trabajo de servicio, me di cuenta de lo enfermo que estaba. La demanda de atención, el egocentrismo, el egoísmo, el resentimiento, el deseo de venganza y muchos de mis defectos de carácter se interpusieron en el camino y me causaron problemas con los otros miembros. Día a día nuestra confraternidad siguió creciendo, y yo maduré y también me hice más sensato. Poco a poco entré en contacto con la humildad, con una vida centrada en Dios, con la aceptación, el perdón y otros principios espirituales.

Por entonces en Teherán había sólo dos grupos que se reunían tres veces por semana. Yo ayudaba a preparar el té, arreglar las sillas y limpiar al acabar. Empecé a sentir que éste era mi hogar y cada vez que aparecía un recién llegado, hablaba con él y compartía mi experiencia. Me daba cuenta del efecto positivo de mis palabras y era algo que me hacía sentir bien. Me sentía útil. Los compañeros empezaron a pedirme que los apadrinara, pero mi padrino me sugirió que trabajara algunos pasos más antes de hacerlo y que, mientras tanto, siguiera compartiendo con los demás mi experiencia en recuperación. Poco a poco, gracias a practicar los pasos, compartir y trabajar con los recién llegados, el espíritu de servicio creció dentro de mí. Empecé a estar sediento de servicio a NA. Hoy en día, reconozco que el servicio es mi responsabilidad y mi forma de agradecer a la confraternidad.

Mi relación con Dios mejoró. Al principio sencillamente rezaba y agradecía a Dios por estar limpio, y me bastaba para darme una sensación de serenidad. A través del trabajo de los pasos, me di cuenta de que a medida que yo cambiaba y mejoraba, el mundo a mi alrededor también lo hacía y Dios me acompañaba en ese camino de transformación. Empecé a conocerme a mí mismo y a familiarizarme con mis defectos y virtudes. Mis relaciones con la gente y la comunidad seguían mejorando. Tenía la capacidad de resolver mis problemas uno por uno. Practicando los principios contenidos en los pasos, experimentaba una nueva sensación de paz y libertad, y eso contribuía a que hiciera mejor mi trabajo. Mi fe me ayudaba a reconocer que mi dolor o mis defectos eran posibles lecciones para éxitos futuros.

La oración y la meditación pasaron a ser parte de mi vida. La primera vez que trabajé el Undécimo Paso, mi padrino me preguntó si alguna vez había pensado cuál era la voluntad de Dios para conmigo. Al cabo de unos días de analizarlo, la respuesta que me llegó fue que era servir a los demás. Cuando lo compartí con mi padrino, sonrió y me dijo que ya estaba preparado para trabajar el Duodécimo Paso. Creo que me convertí de verdad en miembro de NA después de trabajar este paso. Mi padrino me sugirió que, para trabajarlo mejor, debía aumentar mis conocimientos sobre la forma en que funciona el programa. Me animó a asistir a reuniones sobre las tradiciones y los conceptos de servicio. Leí materiales de servicio. Conseguí entender más a fondo los principios espirituales y comprender mejor mis defectos, que eran obstáculos en el camino del servicio sincero. La práctica de los principios espirituales también me ha ayudado en mi vida fuera de la confraternidad... hasta tal punto que hoy en día soy una persona social y económicamente de éxito.

El programa de NA tiene sólo una promesa: librarnos de la adicción activa. Todos los días agradezco a Dios por haber recibido esto y mucho más. Hoy no tengo que consumir drogas ni que morir. Siento que un Dios bondadoso me acompaña en todo momento. Me siento bien con los demás y conmigo mismo. Ya no tengo que buscar la aprobación ni el reconocimiento. Servir a NA es mi manera de corresponderle a la confraternidad que me ha salvado de una muerte segura. Hacer servicio forma parte de las enmiendas que le debo a la sociedad por el daño causado durante mi consumo. El servicio es la gratitud en acción y me da una sensación de ser útil extremadamente significativa para mí. Todos los días le pido a Dios que me dé la fortaleza para cumplir su voluntad.

Esta artista viajó por todo el mundo, pero,
fuera donde fuese, estaba en el aislamiento de la adicción.
Por fin esta bailarina descubrió la gracia lejos de los focos,
en las salas de reunión de NA.

¡Una brasileña llena de vida!

Narcóticos Anónimos me rescató de las profundidades de la desesperación y me devolvió la vida. Nací en Río de Janeiro y me crié en el norte de Brasil, en una familia grande. Mi padre era una persona irritable y llena de preceptos morales, pero mi madre era amable y buena con todos nosotros. La vida era difícil, pero nos sentíamos queridos. Nos enseñaron a amar a los demás y a ser responsables. Yo me consideraba alguien especial.

A los diecisiete años me emborraché por primera vez. El gusto del alcohol me daba asco, pero me encantaba cómo me hacía sentir. Era como si se me abrieran las puertas del universo. En 1974 empecé a bailar con una compañía de danzas folklóricas y otro bailarín me dio a probar marihuana. Me encantó el efecto que me produjo: era como si algo brillara dentro de mí y me hiciera sentir fuerte. Después de esa primera vez, quise otra, y otra más. Para fumar, mi compañero me llevaba detrás del teatro y me decía que no se lo dijera a nadie. Era muy emocionante. La progresión a otras drogas no tardó en llegar.

Nos fuimos de viaje a Europa, e incluso sin saber el idioma encontrábamos drogas. Empecé a depender cada vez más del consumo. Me invitaron a quedarme en Londres y me incorporé a una compañía de teatro brasileño. La mayor parte de los actores consumían, y yo me sentía en casa. En la obra, todos los intérpretes actuaban desnudos en el escenario. La primera noche me drogué completamente para poder quitarme toda la ropa.

Cuando la compañía volvió a Brasil, me quedé en Londres. Me gasté todo el dinero en drogas y acabé viviendo en una casa ocupada con otros adictos; robaba en las tiendas para comer y bailaba en topless para conseguir dinero. Probé el ácido lisérgico con otro adicto y... la verdad, el efecto fue impresionante. Me quedé embarazada y la decisión de abortar fue como decidir qué iba a comer: sin sentimientos de ninguna clase. (Hoy en día, cuando pienso en aquello, siento un montón de cosas.) Dos días después del aborto, conocí la cocaína... y esa historia de amor duró más de diez años.

La compañía de danzas estaba ensayando un nuevo espectáculo, así que volví. Me llevé LSD para vender. Estaba loca, pero también era arrogante y nunca pensé en las consecuencias. En Brasil empecé a traficar. Sabía que era peligroso, pero me creía invencible.

Un día vino un comprador y quedamos en encontrarnos. Era una trampa, y si hoy estoy viva es sólo porque mencioné a un amigo que ellos conocían. Cuando se marcharon, estaba temblando y el corazón me latía tan rápido que pensé que me iba a explotar. A uno de ellos lo detuvieron y alguien me dijo que la policía buscaba a una pelirroja: que era yo. Así que me rapé la cabeza.

Volví a quedarme embarazada y aborté otra vez. En Brasil era algo bastante difícil. Fui a un médico clandestino y contraje una infección. Me dolía mucho y tuve que decírselo a mi madre, que me llevó a un médico privado. Sabía que mi madre sufría, y mis hermanas estaban enojadas. Mi familia no sabía qué hacer conmigo. No sabían qué pasaba, pero se daban cuenta de que era algo serio. Les robaba para comprar drogas. Era un ser muy infeliz, una figura desesperada, en negación, que mentía pero fingía que todo estaba bien. Todo lo que hacía, lo hacía como si el mañana no existiera. Era impotente.

Al final de la siguiente gira, volví a quedarme en Londres y conocí un hombre que se convertiría en mi amor, mi marido y mi rehén. Me fui a vivir con él. Durante un tiempo fui tan feliz que no consumí mucho. Mi novio me apoyaba, y yo me ocupaba de la casa, estudiaba inglés y cosía para ganarme la vida. Éramos felices.

Una noche, fuimos a una fiesta loca en la que había de todo. A la hora de volver a casa, mi novio no me encontró. Regresé dos días más tarde con una excusa. Empecé a consumir cocaína de nuevo, a fumar hierba todos los días y me volví indigna de confianza. Mi novio me cuidaba tanto... y yo me portaba tan mal. No me daba cuenta de lo que pasaba, pero empecé a consumir cada vez más y a escondidas de él.

Me contrataron como artista para ir a Cannes, Mónaco y Niza. El espectáculo era por las noches, así que lo único que hacíamos durante el día era ir a la playa y consumir. Estaba todo el tiempo drogada. Descubrí mi adicción al juego. No podía parar hasta haber perdido todo el dinero que tenía y hasta que las drogas se me acababan.

Tenía una aventura amorosa y me sentía culpable, pero era una adicta que quería más, de lo que fuera. Consumía cocaína sin parar. Una noche consumí tanto antes del espectáculo que no pude cantar, no me salía la voz y me empezó a sangrar la nariz. Tuve que irme del escenario. El incidente tuvo consecuencias para todo el grupo, pero no me importaba. Cuando el director vino a hablar conmigo, me puse a coquetear con él hasta que todo se olvidó.

En 1980 me fui a trabajar al Caribe. Una noche, después del espectáculo, salí en un yate con un hombre. Consumimos mucho. Él perdió el conocimiento. Yo estaba medio inconsciente y me di cuenta de que algo no iba bien. Sentía que el corazón me latía dentro de la boca y tenía el lado izquierdo paralizado. Pensé, con bastante tranquilidad: «Me voy a morir», y, al cabo de un instante: «No quiero morirme». Estaba perdiendo el conocimiento y me sentía aterrada. Le rogué a Dios que no me dejara morir. Le prometí que nunca más volvería a consumir. Conseguí llegar hasta la ducha de alguna manera y el agua fría me ayudó a que la circulación volviera a reactivarse. Cuando volví, uno de los músicos estaba consumiendo, me ofreció y volví a tomar. Yo era impotente y mi vida ingobernable.

Cuando mi novio me vino a buscar al aeropuerto, no me reconoció. Estaba horrorizado, me dijo que parecía una muerta. Había perdido mucho peso. Durante los dos años siguientes actuaba todos los fines de semana en diferentes ciudades y me llevaba mis drogas conmigo. A veces era consciente de la locura: como si tuviera el cuerpo retorcido y mis manos apretaran tan fuerte la copa que fuera a romperse. Era ingobernable, estaba confundida y me sentía infeliz.

Mi novio me pidió que nos casáramos y nos fuimos a Brasil. Me drogué incluso el día de mi boda. Apenas pude soportar todo aquello sin avergonzar demasiado al novio y la familia. Mi último año de consumo fue una pesadilla. Dejé de actuar e incluso de cuidarme a mí misma. No me importaba lo que pensaba nadie. Iba a ver a los traficantes y volvía a casa días después.

Me llamaron para hacer un espectáculo en París y pensé que me vendría bien un cambio de escenario. Después de la actuación salí y, hasta el día de hoy, esa noche es una laguna total en mi memoria. De camino de vuelta a Londres, monté un número lamentable, iba con un vestido de leopardo ceñido llamando la atención de todos. Me detuvieron en el aeropuerto y me enojé muchísimo. No sabía por qué me detenían. Un policía me dijo que tomar drogas era terrible. «Sí, sí, claro...», le respondía yo en mi cabeza. Fue el principio del fin de mi consumo. Era agosto de 1986.

Mi viaje de recuperación comenzó con un amigo que me llevó a una reunión de NA. Habíamos consumido juntos y él llevaba nueve meses limpio. Yo estaba muy enferma, muy delgada y no sabía si iba o venía. Mi marido me mandó a un centro de tratamiento. No me sentía humana. En lugar de mí, había un enorme pozo de arrogancia, negación, engaños, miedo, dolor y desesperación; era más de lo que podía soportar. Después de pasar tres meses en tratamiento, me marché saludando a todos con el dedo de en medio levantado.

Después de pasar tres meses abstinente y de ir, de mala gana, a las reuniones de NA, para mí estaba claro que lo del consumo se había acabado. Pero tenía que asegurarme. Todo lo que había oído en las reuniones era cierto: mi recaída, breve y devastadora, me dejó con sentimientos que no entendía y volví al centro de tratamiento. Me costó regresar, pero estoy agradecida de haber tenido el valor y la determinación de quedarme y mirar de frente a la enfermedad que me quería muerta. El dolor emocional fue intenso y hubo momentos en los que pensé que me moría, pero el amor y el interés de otros adictos me ayudaron a continuar y a hacerlo día a día. A veces sólo podía hacerlo de minuto en minuto, y también estaba bien.

Rendirme me permitió volver poco a poco a la condición de ser humano. Reconocí que estaba muerta por dentro. Estaba física, mental y espiritualmente enferma. Decidí dejar de luchar, que la gente se acercara a mí, y, poco a poco, me fue devuelto el sano juicio. Ingresé en una casa de reinserción para mujeres. Lo primero que pensé fue: «¡Pero si yo odio a las mujeres!». Me quité ese pensamiento de la cabeza y funcionó (lo hago a menudo). Empecé a analizar mi ira, mi autocompasión y mi negación sobre lo que hacía cuando consumía. Gracias a confiar en el proceso, usar el programa, ayudar y dejar que me ayudaran, me di cuenta de que tenía compasión y me importaban los demás.

Trabajar por primera vez los tres primeros pasos fue como encender la luz. Empecé a levantarme todas las mañanas con esta nueva sensación dentro de mí: esperanza. Escribir el Cuarto Paso fue un punto decisivo. Pude enfrentarme a toda la basura y empezar a reconocer lo bueno que había en mí. Me di cuenta de que podía alimentar esa parte y convertirme en una persona mejor. Tenía mucho trabajo por hacer, ¡pero no me asustaba soltar las riendas, crecer y avanzar!

Pasar por el Quinto Paso, compartir con otro ser humano la naturaleza exacta de mis faltas, es una de las lecciones de humildad más grandes que he tenido. El día que hice ese paso llovía y el cielo estaba cubierto de nubes oscuras. Después fui a caminar por la playa. Hacía mucho frío y yo estaba llorando. Cuando miré arriba, vi un trozo de cielo azul por el que se asomó el sol durante un instante; para mí fue mi Poder Superior que me dijo que todo iría bien. Me sentí feliz, fue un despertar espiritual... Narcóticos Anónimos está en mi vida. Me ha permitido ver, sentir, ser de veras yo misma y lograr grandes cosas a lo largo de los años. Si no practicara la oración y la meditación, no estaría donde estoy hoy. Mi Poder Superior es cariñoso, bondadoso y un amigo de verdad. He aprendido a aceptar mi vida tal cual es, no como me gustaría que fuese. Trabajar los pasos sigue siendo el propósito primordial de mi vida. Me encanta ir a las reuniones y crecer. Me gusta hablar con otros adictos y siempre tengo tiempo para el recién llegado.

La recuperación me dio la oportunidad de ser madre, una de las cosas más maravillosas que me han pasado. La vida no es perfecta. Cuando me hija tenía tres años, le diagnosticaron autismo. En el transcurso de los años ella sido un auténtico reto. Es adorable y nos divertimos mucho juntas, pero a veces es imposible vivir con ella. Tengo la suerte de tener un marido que me apoya. Hace veinte años que estamos casados y, cuando no puedo más, él se hace cargo de la situación. Mi hija tiene ahora dieciséis años y tenemos otro hijo de trece. El programa me ayuda con mi vida y sus desafíos. Hoy en día creo que todo irá bien. Tengo algunos días muy difíciles, pero dispongo de herramientas que me ayudan a ver la forma de abrirme paso.

Cuando empecé la recuperación, estaba muerta emocional y espiritualmente. Era como si estuviera en un agujero negro y profundo. No veía nada ni tenía esperanzas; todo era desesperación. Al ir a las reuniones y compartir, las cosas empezaron a tener sentido. Aprendí de la experiencia de los demás. Gracias a estar dispuesta a callarme y escuchar, hacer servicio y tener el valor de dejar mi entorno seguro, cambié. Antes de que me diera cuenta, estaba fuera de ese agujero para siempre, llena de enormes posibilidades en mi vida. Practico los Doce Pasos a diario y estoy agradecida de que hoy puedo admitir cuando me equivoco. Aprendo de mis errores y ya no soy tan dura conmigo misma.

Llevo dieciocho años limpia. Mi viaje de recuperación está lleno de sucesos maravillosos. Amo mi vida, a mi madrina y mis ahijadas. Tengo mi propia empresa. Si alguien me hubiera dicho cuando empecé la recuperación que sería capaz de gestionar mi propia empresa, habría pensado que bromeaba. NA también me ha ayudado a volver a cantar. Me invitaron a compartir en una convención y, cuando acabé, todo el mundo me pidió que cantara. No sabía qué hacer, pero siguieron gritando: «¡Canta, canta!», y, para mi sorpresa, ¡me puse a cantar y me encantó! Gracias, NA. Con la ayuda de los pasos, de un Poder más grande que yo, el padrinazgo y el servicio, he conseguido ver todo mi potencial. Me he encontrado a mí misma.

*Cuando llegó a un punto en que ya no podía vivir ni con drogas
ni sin ellas, este adicto australiano intentó suicidarse. Sobrevivió
de milagro y ahora lleva más de dieciséis años limpio.*

Otra oportunidad de vivir

En la vida de todo adicto hay encrucijadas: momentos en los
que podemos dejar de consumir y asumir la responsabilidad de
nuestra vida, si es eso lo que elegimos. Yo me enfrenté a esa encrucijada un día en el baño de una estación de autobuses y elegí
el camino equivocado. Pensé que iba a morirme, pero, por la gracia de Dios, me dieron otra oportunidad.

Hace dieciséis años que estoy limpio. Empecé a estarlo a los
veintidós años, así que he pasado la mayor parte de mi vida
adulta siendo miembro de NA aquí en Australia. Tengo una vida
plena y fértil gracias al programa de Narcóticos Anónimos.

De adolescente, estaba dominado por la compulsión de consumir drogas. Las consecuencias fueron problemas, violencia,
prisión y una mala salud. Mi consumo estuvo salpicado de visitas obligadas por la ley a consejeros, funcionarios de libertad
condicional, psicólogos, etc. Apenas escuchaba lo que me decía
aquella gente, o mejor dicho, apenas oía nada que no fuera el ba-
rullo de mi propio ego y el deseo de consumir drogas. Estaba tan
centrado en conseguir lo que creía que necesitaba, que no hacía
caso a la mayoría de los límites morales que casi todo el mundo
da por sentados. Robaba, mentía, engañaba, me metía en chanchullos, atracaba; acabé exactamente como dice el Texto Básico:
«reducido a un nivel animal». Merodeaba por las calles como un
lobo, en busca de dinero y drogas. En lo profundo de mí mismo
aún tenía conciencia, pero no lograba llegar a ella; no me podía
dar el lujo de hacerlo. Estaba enterrado bajo una montaña de
escombros emocionales. La tarea de quitar toda esa basura era
demasiado grande. Tenía demasiadas cosas que abordar para

vivir una vida normal. Mi vida se convirtió en un sufrimiento de responsabilidades sin resolver.

Creo que el trabajo de verdad de todo ser humano es cuidarse a sí mismo; y yo, aparentemente, no sabía hacerlo. Comer, dormir, beber agua, hacer ejercicio, estar abrigado o limpio me parecían cosas irrelevantes y prácticamente imposibles. El resultado era un círculo vicioso de hambre, falta de higiene y mala salud. Estas incapacidades ocultaban un dolor emocional que llevaba entre las capas de mí mismo. No logré sentirlo ni expresarlo adecuadamente hasta que empecé a estar limpio. No sé si este dolor viene de mi infancia o llegó conmigo a este mundo, pero aún lo llevo. No siempre está presente, pero aparece de vez en cuando a medida que me muevo entre esas capas. Si me rechazan, me dejan, me tratan como alguien inferior o, de alguna manera, no me quieren, el dolor se hace agudo. Solía medicarlo con drogas. Durante mucho tiempo ayudaron a que me sintiera mejor, pero al final las drogas pasaron a ser el dolor en sí. Aunque me llevaron al borde de la locura y la muerte, ahora ya no me veo a mí mismo como alguien que tiene esa opción: para mí, consumir drogas es el suicidio.

A los veinte años, cumplí condena por robo con allanamiento de morada en una cárcel de máxima seguridad. Allí dentro vi algunos de los comportamientos humanos más brutales que he visto en mi vida. Tras dos años terribles, me dejaron en libertad con el compromiso absoluto de dejar de consumir. Duré una hora hasta drogarme con unas cuatro drogas diferentes y a partir de ahí tengo una laguna de memoria. Mi vida entró en una espiral sin control durante los meses siguientes. Mi impotencia era evidente; la ingobernabilidad, innegable. Me desperté de un desvanecimiento con sangre que no era mía, el bolsillo lleno de dinero y sin acordarme de nada. Me estaba convirtiendo en algo que me daba miedo.

Una noche, mientras trataba de dormir para pasar el síndrome de abstinencia, tomé algunos tranquilizantes fuertes, pero no me funcionaron como esperaba. Me sumí en un estupor de frustración e inutilidad. El dolor por la ruina en la que se había convertido mi vida se apoderó de mí. Empecé a llorar y maldecir lleno de rabia violenta, a romper todo y a golpearme y arañarme la cara. Mi compañero de habitación, aterrorizado, llamó al funcionario de mi libertad condicional.

Al día siguiente, intervinieron conjuntamente el funcionario, un consejero y mi madre. Me dijeron que iban a mandarme otra vez a la cárcel, a menos que fuera a NA y acudiera a noventa reuniones en noventa días. Dije que haría que lo querían, pero me respondieron que eso no era suficiente, que tenía que elegir por mí mismo, porque la recuperación no sería posible hasta que quisiera de verdad cambiar. Me vi atrapado en un limbo de deseos antagónicos. Por supuesto que quería cambiar, pero no podía; quería consumir, pero no podía. Sentía que no podía hacer nada, así que decidí matarme. Me marché de la intervención de aquel día con una sensación de absoluta catástrofe y desolación. Perpetré un robo, compré todas las drogas que pude y tuve una sobredosis en el baño de la estación de autobuses. Quería morir porque, aparentemente, no había alternativa al sufrimiento en que se había convertido mi vida. Ese día me enfrenté a una encrucijada y elegí el camino equivocado; pero, por la gracia de Dios, me dieron otra oportunidad.

Desperté al cabo de unas horas, acurrucado en el suelo del baño, completamente derrotado y con mi vida hecha añicos. Caminé con dificultad sin saber qué hacer ni adónde ir. En aquel estado de desesperación ciega, los vientos del destino me llevaron a un centro de desintoxicación que estaba al otro lado de la autopista. Se apiadaron de mí y me admitieron, a pesar de que no llevaba las cuarenta y ocho horas limpias que exigían. Me acosté desnudo en la cama, en posición fetal, y me pasé aquella noche sollozando con una sensación especial de libertad porque creo que muy dentro de mí mismo sabía que todo aquello había terminado. Me había rendido. Sólo que aún no sabía lo que eso significaba.

En aquel centro de desintoxicación, nos llevaban todos los días a reuniones. Me esforcé por pasar esos primeros días de dolor, pero el miércoles por la noche, en una reunión en un centro para personas sin techo, escuché y sentí el mensaje de NA por primera vez. Ya no tenía que consumir drogas: había una salida. Me inspiraron las otras personas, que evidentemente eran yonquis pero que al parecer no consumían. Me hicieron creer que yo también podía parar y tener una salida en la vida. Ahora, mientras escribo esto, estoy triste; hoy en día estoy emocionalmente mucho más en contacto con mi vieja vida de locura que entonces.

Ni me imaginaba cómo se desarrollaría mi vida. Sólo veía el agujero negro de lo desconocido, pero había decidido, sólo por la novedad, hacer la prueba por unos días a ver cuánto duraba.

Duré cuarenta y nueve días. Después recaí y la compulsión de tomar drogas volvió a mí como un animal feroz. Mi vida volvió a entrar de inmediato en una espiral sin control y me di cuenta de que esos cuarenta y nueve días habían sido los menos problemáticos de los últimos diez años. La recaída duró unos dos meses hasta pasar por otra desintoxicación y la muerte de otro amigo por sobredosis. Estoy limpio desde el 25 de enero de 1989, y el tiempo que llevo limpio es mi tesoro. Lo protejo con mi vida porque es mi vida.

He continuado haciendo muchas de las cosas que me parece que una persona debe hacer. Tengo una casa y un negocio. Volví a estudiar y tengo una educación. He recuperado todos los bienes sociales y materiales normales. Pero más importante que todas esas cosas: he amado... a veces profundamente. Siento las cosas... ¡siento todo! Creo que siempre he tenido miedo de eso, pero sentir es asombroso, maravilloso y aterrador, triste e impresionante, todo a la vez. Me entusiasma estar vivo. Y me emociona lo que aún no ha llegado. Aún sufro de vez en cuando de angustia existencial, y me pregunto qué hacemos todos aquí, en este planeta, pero he decidido tener un propósito y eso me hace las cosas más fáciles: me preocupo de que la gente pueda estar limpia. Me he dedicado a NA y a servir a los demás. Asisto de forma habitual a las reuniones. Participo en el área local y en la región. Apadrino compañeros y tengo un padrino de NA. Vivo los pasos lo mejor que puedo y trato de convertirme en la mejor persona que puedo ser. Creo que si vivimos así, damos permiso a los demás de que hagan lo mismo. NA me dio la clave para tener otra vida, que consiste en que «sólo podemos conservar lo que tenemos en la medida que lo compartimos».

Creía que le gustaba viajar, pero en realidad era una necesidad de escapar de sí misma. Esta adicta noruega encontró el camino a casa en una isla del Mediterráneo.

Al final del camino

Llegué a mi primera reunión de NA gracias a una visita del Duodécimo Paso. No es que no hubiera tratado de dejar de consumir; no había hecho nada más durante los últimos años. Pero lo intentaba sola, a mi manera. Viajaba por el mundo, cambiaba de ciudades, países y contenientes. Habría cambiado de planeta si hubiera sido posible. Probé de todo para apartarme de las drogas. Paré en varias ocasiones. Sustituí una droga por otra. Lo intenté cambiando de novios. Tuve un hijo pensando que con toda seguridad me iba a hacer dejar de consumir. Pero si no podía dejar de hacerlo por mí, ¿cómo iba a parar por otra persona? Nada ni nadie lograba que parara.

Que yo recuerde, siempre he tenido la necesidad de escapar de mí misma y mis sentimientos. De niña, vivía en un mundo de libros y fantasía para escapar de emociones como el miedo, la vergüenza, la ineptitud, la inseguridad, la inferioridad y la hipersensibilidad. Me convertía en otra. Me alejaba de mi familia siempre que podía para experimentar algo diferente. Tenía que tener emociones, algo nuevo todo el tiempo. Me fui de casa a los dieciséis años. Para entonces, ya había empezado a consumir drogas. Me sumé a los hippies de principios de los años setenta, me marché de Noruega y me fui a Dinamarca. Seguí consumiendo y empecé a vender drogas porque era incapaz de tener un trabajo. Me fui a la India —tras la huella de los hippies— y acabé en la «estación terminal», que era Goa, en la India, donde estaba con freaks de todo el mundo. Conseguía todo tipo de drogas y pensaba que había llegado al paraíso. Desde fuera parecía eso, pero para los adictos en activo el paraíso no existe. Las drogas se volvieron contra mí. Era prisionera de mi propia adicción y traté una y otra vez de salir. Seguí con mi carrera delictiva y me convertí en una traficante internacional de drogas. Acabé en la cárcel, pero seguí consumiendo mientras estaba presa. Me volví una consumidora de drogas desmesurada. Había desarrollado un estilo de vida centrado en las drogas, las fiestas y los viajes. Pero las emociones de las que trataba de huir siempre me alcanzaban: la vergüenza, el miedo, el sentimiento de inferioridad, la desesperación y la soledad cada vez eran mayores. Ya no podía continuar. En un momento dado, estaba segura de que moriría siendo una adicta en activo. Estaba cerca de la muerte. Tenía bronquitis crónica y los ataques eran cada vez más frecuentes. Un médico me dijo que moriría de eso.

Estaba en esas condiciones cuando dos miembros de Narcóticos Anónimos me encontraron y me pasaron el mensaje de recuperación. Me salvaron la vida. Me dijeron que tenía una enfermedad y que la recuperación era posible. Fui a un centro de tratamiento y empecé a asistir a las reuniones de NA. Volví a mi país natal después de diecinueve años fuera. Mientras pasaba unos meses en el sur de Europa, tuve la oportunidad de asistir a mi primera convención local de NA y a mi primera convención regional europea. Volví a Noruega, abrí una reunión de NA en mi ciudad y me puse a trabajar activamente para difundir el mensaje de NA al público. La mayor parte del tiempo solía estar sola en esa reunión, pero cuando dejé de estar a la expectativa de ver si llegaba alguien y en cambio me centré en que estaba allí por mí misma, las cosas empezaron a ir mucho mejor. Era miembro de NA, aunque estuviera sola.

Al cabo de un año, me trasladé al sur —limpia aún— y empecé a participar en una comunidad de NA bien establecida con un par de grupos en funcionamiento. Formamos una estructura de servicio y, sin prisa pero sin pausa, NA empezó a crecer en Noruega. Me puse a trabajar los pasos y, además, poco a poco, también empecé a madurar.

Hoy tengo la enfermedad de la adicción tal como la tenía hace unos años. Soy impotente, pero tengo un poder más grande que yo en mi vida que me ha ayudado a recobrar el sano juicio. Sólo por hoy, ya no necesito escapar de mí misma y de mis sentimientos. He entregado mi voluntad y mi vida a Dios, tal como lo concibo, que me ha librado de intentar controlar a las personas, los lugares y las cosas para que sean de la forma que quiero que sean. Ahora, todo está en manos de Dios... Me refiero a los resultados, el trabajo básico depende de mí. Asisto a las reuniones con regularidad, donde trato de centrarme en llevar el mensaje de recuperación y devolver lo que otros miembros me han dado con tanta generosidad. He tenido la oportunidad de trabajar varios cuartos pasos que me han revelado mis viejos y enfermizos patrones de comportamiento. Me he librado de la vergüenza y la culpa que se habían convertido en una carga. He tenido la oportunidad de centrarme en mis virtudes, en partes de mí misma que ignoraba que poseía. Ni en mis sueños más increíbles me habría imaginado que iba a ser capaz de compartir tan honestamente todo sobre mí con otro ser humano, mi madrina, en el Quinto Paso. Gracias a compartir sobre mí misma, descubrí el amor y la aceptación en los ojos de otra mujer. Y, atreviéndome a ser yo misma, pude empezar a caerme bien. Sólo soy otro ser humano con defectos de carácter y faltas. ¡Qué revelación!

Además, en el Octavo Paso, hice una lista de las personas a las que había hecho daño y me puse a mí misma en primer lugar. Lastimé a mucha gente, pero a nadie como a mí. Sólo me despreciaba, así que no había límites al dolor que me había causado. También hice daño a otras personas cercanas a mí. Gente a la que quería mientras caminaba por la vida cargada con mi necesidad egocéntrica de gratificación instantánea. Reparé directamente el daño causado a esas personas siempre y cuando no las lastimara más al hacerlo. En vez de infligir más sufrimiento, practico el amor, la compasión y el perdón. Según mi experiencia, resulta mucho más fácil hacer enmiendas directas que indirectas, porque estas últimas llevan mucho más tiempo.

Continúo reparando diariamente el daño que me causé a mí misma. Hoy en día, me cuido. Agradezco todos los días mi vida y mi recuperación a mi Poder Superior. Son dos dones que debo ocuparme de cuidar bien, y lo hago trabajando el programa de recuperación de NA y practicando una forma de vida saludable. He dejado de llenarme de sustancias químicas. Como comida sana, descanso, hago ejercicio y pongo límites donde es necesario. Hoy en día me trato a mí misma con amor y respeto porque me lo merezco.

En el Décimo Paso, hago un inventario diario y examino mi comportamiento de todo el día. Hoy, puedo decir más fácilmente: «Lo siento, me equivoqué», cuando no actúo de acuerdo con mis valores. Practico la oración y la meditación de forma diaria y trato de actuar según la voluntad de Dios. Muchas veces me doy cuenta de la voluntad de Dios por la forma en que siento las cosas. Si una respuesta me golpea como un rayo, suele ser mi voluntad. Si va desarrollándose poco a poco, suele ser la de Dios. Ya no me domina el comportamiento interesado.

Esto es para mí un despertar espiritual. He sufrido un cambio radical de personalidad como resultado del trabajo de los Doce Pasos. Sigo participando activamente en el servicio. Trabajo constantemente el Duodécimo Paso. Hoy en día tengo un mensaje que trasmitir: un mensaje de recuperación de la enfermedad de la adicción. Sólo puedo conservar lo que tengo en la medida en que lo comparto, y hay muchas formas de llevar el mensaje.

En aquella primera visita del duodécimo paso hace muchos años en una isla del Mediterráneo, no estaba limpia. Esa noche, mientras ponía a mi hijita en la cama, tomé mis últimas drogas y me senté en el suelo de la cocina durante horas llorando de desesperación. Esos miembros de NA me dijeron que mi recuperación dependía de mí, que era yo la que debía pedir ayuda. Cuando me fui a dormir, ya había tomado una decisión: quería librarme de las drogas. El proceso de rendición comenzó aquella noche y, cuando me desperté a la mañana siguiente, por primera vez en años tenía esperanzas.

Todavía me gusta viajar y estar entre adictos. He tenido la oportunidad de experimentar que NA es una confraternidad mundial. Antes, conocía a adictos activos de todo el mundo. Ahora, conozco a adictos en recuperación de todo el mundo. ¡Qué diferencia y qué privilegio!

Sin que importe...

La enfermedad de la adicción no discrimina, y tampoco Narcóticos Anónimos. Nuestra literatura explica que NA está abierto a todo el mundo «sin que importe su edad, raza, identidad sexual, credo, religión ni la falta de esta última». No importa de dónde venimos, cómo nos criamos ni qué hacemos para ganarnos la vida... las puertas de NA están abiertas para nosotros. Los siguientes miembros escriben sobre el descubrimiento del amor y la aceptación en el programa y dentro de sí mismos, incluso cuando menos se lo esperaban.

Estos miembros comparten brevemente sobre el encuentro con la recuperación en NA independientemente de «su edad, raza, identidad sexual, credo, religión ni la falta de esta última».

Reflexiones

Cuando llegué a mi primera reunión de NA, a los cincuenta y dos años, oí a una mujer decir: «Si alguien está aquí por primera vez, que se acerque por favor al frente a recoger un llavero blanco». Los sesenta asistentes se volvieron y me miraron. Al acercarme, no sabía que estaba a punto de tener el primer contacto físico con otro ser humano en cuatro años. Esa hermosa mujer que me dio el llavero, me abrazó como si tuviera a uno de sus hijos entre sus brazos y me dijo al oído: «No tienes por qué volver a consumir». Me dio algo que hacía muchos años que no tenía: esperanza.

Ahora soy un ciudadano mayor, de sesenta y cinco años, con trece años limpio, abuelo de dos nietos que me enseñan el principio espiritual del amor incondicional. Poder hacer algo por alguien que no sea yo mismo ha sido la experiencia más gratificante de mi vida.

Soy esquimal, he nacido y crecido en el oscuro y frío norte. Cuando me ponía la parka que mi madre me había hecho a mano, los niños se burlaban de mí. Odiaba la parka, a mi madre, mi origen étnico y a mí mismo. Las drogas me calmaban ese sentimiento y me ayudaban a olvidar. Con el tiempo, me fui con una beca que me ofreció mi tribu. Mi enfermedad siguió avanzando y me gasté casi todo el dinero en drogas. Un amigo, que me parecía que estaba peor que yo, me dijo que iba a reuniones de NA. Le pregunté si quería que lo acompañara para apoyarlo y fui. No tenía ni idea de cómo me identificaría con todas las lecturas y con las cosas que compartieron los demás. Me sentí tan bien al salir de aquella primera reunión.

Desde entonces han pasado tantas cosas... Durante mucho tiempo no podía compartir delante de los demás. Con la ayuda de mi padrino y trabajando conmigo mismo, he podido compartir un montón de veces. Es asombroso. Trabajar los pasos e ir a las reuniones me ha ayudado a llevarme mejor conmigo mismo, con mi cultura y con mi origen étnico. Hoy estoy orgulloso de ser quien soy.

La primera vez que dije en una reunión que era gay fue muy duro. Llevaba cinco años limpio y asistía de forma regular a la misma reunión. Nunca mencionaba que era gay. Me refería a «ella» cada vez que hablaba de mis parejas. Me pidieron que compartiera mi historia en una reunión grande y supe que mi recién descubierta honestidad me exigía compartir la verdad sobre mí.

La noche en que tenía que hablar en la reunión abierta, mi padrino vino inesperadamente con su mujer, que no era miembro de NA. Me había invitado muchas veces a cenar y era una cristiana devota. Yo no quería que supiera que era gay y tenía miedo de que me rechazara. Recé para mantener mi compromiso de compartir con franqueza aquella noche. A pesar del miedo, conté mi historia honestamente por primera vez. Cuando terminé, la mujer me miró a los ojos con una sonrisa amplia y hermosa que me hizo saber que no había ningún problema. La gente se acercó y me abrazó, y nadie bromeó ni me ridiculizó por ser gay. Desde entonces, supe que me podía recuperar como gay en Narcóticos Anónimos.

Soy nativa americana y, como tal, me enseñaron que había nacido con un espíritu y con la bendición de otros siete espíritus guardianes. Durante mi adicción activa, éstos se dispersaron y no pudieron ayudarme hasta que estuve dispuesta a ayudarme a mí misma. He llegado a creer que la adicción es una enfermedad con vida propia que te quita lo que más quieres y destruye tu vida hasta que ya no queda nada. Recuerdo que, desesperada, le dije a mi marido que mi espíritu me había abandonado.

Al cabo del tiempo, llegaron a expulsarme de mi tierra y de mi tribu. Me enfrentaba a dos años de cárcel, estaba cansada y quería cambiar de todo corazón. El espíritu de mi hermana muerta vino a mí y me dijo: «Ahora puedes mantenerte limpia». Y le creí. Gracias a NA, he sido capaz de abordar mi vida con humildad. He hecho enmiendas con todo el pueblo y mis antepasados en público. La tribu, en una votación abierta, se pronunció a mi favor y ahora he recuperado a mi pueblo. Mi espíritu ha sobrevivido gracias a mi recuperación.

Me crié en una familia religiosa, sincera y devota. La iglesia era el centro de mi vida social y me eduqué en escuelas religiosas. Sin embargo, no me sentía bien, a pesar de que lo deseaba. Me quedé embarazada de soltera; algo devastador para mi familia. Vi llorar a mi padre por primera vez. Decidí seguir adelante con el embarazo, en parte por mi religión y en parte porque sentía cariño por el padre. Di a luz un niño hermoso al que di en adopción a otra familia. La dolorosa verdad es que sucumbí a la presión de la familia, la iglesia y la sociedad.

Descubrí las drogas después de la universidad y mi carrera no terminó hasta estar mental y espiritualmente destruida. Aterricé en un centro de tratamiento, donde conocí a la mujer que sería mi madrina durante los diecinueve años siguientes. Cuando llevaba unos ocho años limpia, sentí que me faltaba crecimiento espiritual. Entré en contacto con un guía espiritual de una tradición de la India. Empecé a estudiar ese camino y tuve la sensación de estar enamorada de Dios. Tuve miedo de que la Confraternidad de NA me rechazara por mi dedicación a ese camino espiritual, pero mi comunidad me apoyó de una manera asombrosa. Hace poco, emprendí una nueva tradición de desarrollo espiritual, no de la India, sino de México. Tengo un maestro que nos enseña una forma de honrar el espíritu y la tierra. Tengo virtudes que empiezan a despertar de nuevo y estoy redescubriendo una parte de mí, dormida durante mucho tiempo.

Hace unos años, encontré al hijo que había dado en adopción. Es algo muy extraño y maravilloso. No soy la madre que podría haber sido si las cosas hubieran sido distintas. La mejor manera de describir la relación es como de «desconocidos íntimos», pero es una historia que continuará.

Tardé dos meses en estar limpio e implicarme activamente en NA y los pasos hasta perder la obsesión por drogarme. Y nunca he vuelto a tenerla. Como soy ateo, busco el «poder del ejemplo» en otros adictos del programa. Concebí el poder como la capacidad de efectuar cambios. Vi el poder en aquellos que me rodeaban y estaban limpios, disfrutaban del mundo en el que vivían y buscaban soluciones a los problemas de la vida cotidiana. Y, para mí, ver es creer.

Todo lo que he aprendido en recuperación ha sido a través de otros adictos, de aquellos con problemas similares y que han trabajado para superarlos. Hago lo mismo que otros miembros, excepto que no creo en la oración. Creo que si la oración funcionara, no habría gente infeliz en el mundo. Sin embargo, NA funciona, siempre y cuando me comprometa con los pasos y las tradiciones como forma de vida.

Después de toda una vida sintiéndose diferente, esta adicta lesbiana descubrió el secreto de los lazos que nos unen en un taller de necesidades comunes.

Por fin en sintonía

Pasé muchos años luchando contra la incontenible fuerza de la drogadicción activa. Como lesbiana, me sentía odiada y pensaba que la vida nunca me daría las cosas que parecían tan fáciles para los demás. Convencida de que mi orientación sexual era el problema principal de mi vida, día a día estaba más enojada y tenía una actitud cada vez más desafiante hacia la gente y las instituciones. La alienación, los problemas judiciales, la vergüenza, la culpa, la soledad, la degradación y la desesperación llegaron a un ciclo tan frenético que, al final, el suicidio me parecía la única opción posible. De la sala de urgencias de un hospital, me trasladaron a una institución de tratamiento.

Los miembros de Narcóticos Anónimos que facilitaban reuniones en el centro de tratamiento me introdujeron en el programa. Mi única contribución a esas reuniones era el resentimiento, la ira, el dolor y el desamparo que surgían casi cada vez que compartía. Los facilitadores de la reunión no paraban de repetirme que las cosas mejorarían. Aunque me oponía a todos los pasos del camino, siempre recordaré el interés y la preocupación que me demostraron.

Con el tiempo, empecé a prestar atención a lo que otra gente compartía en las reuniones. Las lecturas del grupo me interesaban a pesar de mi sensación de ser distinta de todos. Empecé a esperar esas reuniones porque me daban un alivio pasajero de mi dolor, confusión y miedo. Un día, me di cuenta de que estaba limpia y me aferré a este cambio como alguien que se ahoga y encuentra una tabla de salvación. Fue mi «ingreso» en el programa. Comprendí que la única forma de evitar volver al ciclo de destrucción que había dejado en la calle era reemplazarlo por la recuperación y pronuncié las palabras «soy adicta» con una nueva comprensión de éstas.

Como me mantenía limpia, empezaron a concederme más privilegios en el centro de tratamiento. Iba a reuniones fuera, pasaba ratos con adictos dispuestos a venir a buscarme y asistía a actividades organizadas por diversos grupos de NA. Por primera vez, vivía y me divertía sin consumir drogas. La vida había mejorado de forma espectacular en muy poco tiempo, pero yo seguía sin tener el sentimiento de pertenencia. Otros adictos me decían que eran homosexuales, pero yo pensaba que evitaban compartirlo en las reuniones porque les daba vergüenza. Quería asistir a una reunión de Narcóticos Anónimos para gays y lesbianas para sentir por fin corroborados mi estilo de vida único y mis sentimientos de alienación. Al final, el centro de tratamiento me dejó ir a una reunión de necesidades comunes. Me moría de ganas de explicar al grupo lo irónico que era ese nombre para una reunión de este tipo. Mis necesidades no eran comunes. Era una lesbiana que trataba de trabajar un programa diseñado para heterosexuales.

Salí decepcionada de esa primera reunión de necesidades comunes; nadie mencionó la obviedad de que ser gay era diferente de la norma. Aunque me esperaba otra cosa, la reunión no tuvo nada distinto de cualquier otra a la que había asistido hasta entonces. Volvía cada semana, pensando que sería diferente, pero los adictos hablaban de las mismas cosas que oía en otras reuniones. Tardé tiempo en darme cuenta de que se tenía que buscar una madrina, trabajar los pasos e ir a las reuniones como todos los demás. Cuando por fin reuní el valor para expresar mi indignación y decepción a otro adicto gay en recuperación, me respondió con una carcajada. Me dijeron que mantenerme limpia era lo primero, que la solución a mis problemas vendría después. Me sorprendió que esta persona no reconociera las injusticias y el odio al que nos enfrentábamos los gays en nuestra vida diaria. Estar limpios era maravilloso, pero eso no resolvería los auténticos problemas que se nos planteaban como personas gays, lesbianas, bisexuales y transexuales. Me guardé esos sentimientos para mí, con la esperanza de que algún día pudiera ayudar a otra persona gay a comprender que es posible estar limpia a pesar de la alienación y el odio al que nos enfrentamos.

Poco después de esa decisión, los adictos que venían al centro de tratamiento anunciaron entusiasmados que iba a haber una convención de Narcóticos Anónimos en el estado. Su entusiasmo y buena voluntad para apoyarnos en esa convención convencieron al director del centro. Así que de repente, me encontré en mi primera aventura fuera de la ciudad con uno de los miembros del personal de apoyo. Durante nuestro viaje en coche, me enteré de que ella también era miembro de Narcóticos Anónimos y creía que, con la ayuda de la confraternidad, cualquier adicto podía trabajar el programa de forma satisfactoria y aprender a estar limpio. Formaba parte de los responsables del grupo para esa convención y, seguramente, de mi asistencia. Hablamos todo el camino sobre mantenerse limpio y, algo dentro de mí, se abrió un poquito. Le dije que estaba asustada, que estar limpia en el centro era fácil, pero que me daba miedo pensar que pronto iba a salir y tendría que mantenerme limpia sola. Entonces escuché lo más profundo que me dijo nunca ningún adicto en recuperación: en la Confraternidad de Narcóticos Anónimos, jamás estás sola. Nunca había tenido tantas ganas de creerle a alguien.

La cantidad de gente que había en la convención me dejó abrumada. No sabía muy bien lo que sentía. Al día siguiente, me sugirieron que me ofreciera como voluntaria para recibir y abrazar a las personas que llegaban a la convención. Me resultaba difícil, pero los otros adictos aparentemente no se daban cuenta de mi incomodidad. Como no tenía nada mejor que hacer ni donde esconderme, hice un turno de cuatro horas.

Esa tarde fui a un taller para gays y lesbianas. Estaba tan agotada de abrazar y saludar que ni podía manifestar mi frustración y descontento. Estaba muy confundida y me costó mucho reprimir las lágrimas. Escuché palabra por palabra todo lo que se compartió en aquel taller.

Aunque ya había oído compartir el mensaje en otras reuniones de necesidades comunes a las que había acudido, esa fue la primera vez que escuché a adictos gay y adictas lesbianas hablar de la lucha interna para aprender a identificarse. Me di cuenta de que no era el odio de la sociedad lo que me impedía sentirme parte de ella; lo que tenía que combatir era mi propio odio. Nadie me había hecho tanto daño por mi sexualidad como el que me había hecho a mí misma con mi falta de receptividad y mis sentimientos de ser única y una víctima. El trabajo de los Doce Pasos con alguien que tuviera los conocimientos y la experiencia necesaria me daría cierta paz. Tal vez simplemente estaba demasiado cansada para no dejar entrar el mensaje aquella tarde. Lo único que sabía era que no tenía más fuerzas para seguir luchando intelectualmente con la gente que quería ayudarme. Fue en aquel momento cuando empecé a encontrar el camino que me llevaría al programa de Narcóticos Anónimos.

La experiencia de esa primera convención cambió mi actitud con respecto a mi propia vida y empecé a ansiar esa poderosa sensación de unidad y espíritu de grupo. Se me disparó la buena voluntad y estuve dispuesta a buscar una madrina, compartir mis pensamientos, trabajar los pasos y escuchar a los demás.

Cuando salí del centro, empecé a ofrecerme como voluntaria para todo tipo de trabajos de servicio: hacer café, recibir a los compañeros, apilar sillas, hablar con los recién llegados. Compartía en las reuniones sobre mis esfuerzos para comprender los pasos, en lugar de hablar sobre las cosas del mundo que me parecían inaceptables. Nadie en NA me rechazó jamás para un puesto de servicio por mi orientación sexual. Las mujeres de Narcóticos Anónimos me han brindado la oportunidad de amadrinarlas aunque sea lesbiana, y, cuando busqué una madrina, nunca puse la condición de que fuera gay. La idea de que mi orientación sexual siempre sería un obstáculo entre mí misma y los demás ha desaparecido. Mi grupo habitual me ha mandado a las reuniones de servicio del área y disfruto de la oportunidad de participar a ese nivel. Al cabo de un tiempo en el área, me incorporé al comité de organización de la misma convención que encendió la chispa de mi cambio de actitud.

La oportunidad de trabajar con los demás y convertirme en parte de esta confraternidad me ha calmado la dolorosa necesidad de pertenecer a algo. A través del trabajo de los pasos y de practicar el programa de Narcóticos Anónimos he descubierto mucho sobre mí misma. Uno de los dones que he recibido es un profundo deseo de trabajar con otros. Es la medicina que aplico a las viejas heridas que han dejado la ira, el miedo, el resentimiento y la alienación. No puedo expresar con palabras en una página la gratitud que siento por esta forma de vida; la expreso cada vez que tengo la oportunidad de ayudar a otra gente en su viaje de recuperación. Agradezco a los miembros de Narcóticos Anónimos por crear espacios como las reuniones de necesidades comunes, donde puedo explorar algunos de los sentimientos que he arrastrado conmigo al programa. No tenía idea de que la solución comenzaría con la aceptación de mí misma. A partir de esta postura he desarrollado de forma natural la capacidad de aceptar a los demás y preocuparme por ellos. Éste es un programa que tiene que ver auténticamente con «nosotros», y nada me ha alegrado tanto como saber que siempre he sido como todos los demás.

La adicción lo alejó de sus raíces judías ortodoxas, pero la recuperación lo ayudó a establecer una nueva relación con un Dios de su propia concepción.

Un Tercer Paso para mí, un salto de gigante para mi recuperación

Nací en 1954 y, desde entonces, me adoptó una familia judía ortodoxa de la ciudad de Nueva York. Mis padres eran personas respetables. Mi padre era un hombre honrado, humilde, dedicado a su religión. No habría podido tener mejores padres. Nunca me ocultaron que fuera adoptado. Pero, aunque me querían mucho, siempre me sentí abandonado por mis padres biológicos. Creía que era extraordinariamente afortunado por tener una familia que me quisiera, pero que en realidad no me la merecía. Me sentía diferente, solo e inferior a los demás. Sabía que podía hacer algo para sentirme mejor, pero no sabía qué.

Me educaron de la forma ortodoxa tradicional. Íbamos al templo todas las semanas, rezábamos tres veces por día, sólo comíamos comida kosher,[13] respetábamos el Sabbat[14] y las fiestas religiosas. Aprendí a leer hebreo al mismo tiempo que a leer en inglés. Era un chico que llenaba de satisfacción a mis padres. A los doce años, entré en una casa en llamas y salvé a una mujer ciega de un incendio. Salí en primera plana del periódico. Mis padres estaban muy orgullosos de mí. Pero yo, lo único que quería, era ser como todo el mundo. Nos vestíamos de una forma diferente a los demás, hablábamos otro idioma, comíamos otra comida. Yo quería estar en la onda, ser un tipo interesante.

La adicción no fue un comportamiento aprendido: que recuerde, ya era adicto desde siempre. Al principio usaba la fantasía para escapar de mí mismo. Me disfrazaba de Superman y corría

---

[13] Preparado según el rito judío.
[14] Sábado, día dedicado al descanso y al culto en el judaísmo.

con los brazos desplegados como si supiera volar. Tenía muchas ganas de ser un superhéroe. Me habían enseñado la fuerza de la oración: si rezaba en el momento preciso, en el lugar adecuado y con las intenciones correctas, mis plegarias serían atendidas. Solía rogarle a Dios que me permitiera volar y me diera superpoderes. No pensaba usar mis superpoderes para robar bancos, sino para ayudar a la gente necesitada. Sin embargo, Dios no me dio la capacidad de volar. Cuando dejaron de interesarme los disfraces de superhéroe, los «sustituí por otra cosa» y empecé a tocar una guitarra imaginaria. Todos los días después de clase, me metía en mi habitación, ponía un disco, me paraba frente al espejo y tocaba junto con el grupo. No era un chico judío del Bronx, sino el quinto Beatle, el sexto Rolling Stone. Entonces mi madre me llamaba porque la cena estaba lista y tenía que volver a ser yo mismo.

Una noche, mis padres salieron y, cuando volvieron a casa, me encontraron desmayado en el suelo de la sala con una botella de vino de mi padre vacía. Nunca más volví a tocar la guitarra imaginaria. Había encontrado una nueva manera de huir de mí mismo.

Por aquel entonces, leí un artículo en una revista sobre personas que tomaban determinada droga, creían que podían volar, se tiraban por la ventana y acababan estrelladas contra el suelo. Cualquier otro que hubiera leído ese artículo habría dicho: «Voy a mantenerme lejos de aquello», yo, en cambio, me dije: «Bueno, en todo caso ahora ya sé cómo voy a volar». Pensaba que no se morían por consumir, sino porque eran estúpidos. «Voy a tomar esa droga y, si creo que puedo volar, empezaré a agitar los brazos en el suelo y remontaré vuelo hasta lo alto del edificio.» Ésa era mi lógica.

Al poco tiempo, me alejé de mis prácticas religiosas. Cada vez que tenía que elegir entre mi herencia cultural y el consumo, escogía con dolor y de mala gana el consumo. Me metía cada vez más en un estilo de vida del que no sabía nada y que en realidad no me gustaba. Mi padre hizo todo lo que pudo por ayudarme a dejar de consumir, y habría hecho lo que fuera, pero, aunque yo quería y respetaba a mis padres, la enfermedad de la adicción sólo provocaba que los avergonzara e hiciera sufrir.

Consumía todos los días, iba de una droga a otra y de una ciudad a otra. Conforme iba apartando a la gente de mi lado, ésta empezó a darse por vencida conmigo y yo a darme por vencido conmigo mismo. Todo lo que hacía acababa en desastre. Un matrimonio fracasado, una carrera fracasada, un fracaso en todo. Me mantuve limpio un día para asistir al bar mitzvah,[15] y, en medio de la ceremonia, tuve que irme a consumir crack. Ya no me quedaba nada por lo que vivir. Era una mancha en el nombre de mi familia. Me avergonzaba ver en lo que me había convertido.

En diciembre de 1993, por fin entré en un centro de desintoxicación. Pesaba 51 kilos (112 libras). Tenía las piernas del mismo grosor que los brazos. Parecía un superviviente de un campo de concentración. Estaba enfadado, lleno de odio, testarudez y negación, era arrogante y tenía la mente cerrada. ¡Con eso solo ya tenían bastante para entretenerse! Trataron de convencerme de que tenía un problema con las drogas, pero consumir era la solución a todos los problemas que tenía.

Cuando dejé de estudiar porque consumía todos los días, no tenía un problema con las drogas, sino con la educación. Cuando me marché de casa de mis padres porque consumía, no tenía un problema con las drogas, sino con la familia. Cuando mi mujer me dejó porque consumía delante de los niños, no tenía un problema con las drogas, sino un problema matrimonial. Cuando vendí el coche de la familia por un par de dosis, no tenía un problema con las drogas, sino un problema de transporte. En este estado de negación me encontraba cuando conocí Narcóticos Anónimos.

Hice toda la desintoxicación y el tratamiento y acabé en una casa de acogida al norte del estado de Nueva York. Asistí a mi primera reunión de NA la noche que llegué a aquella casa. Le-

---

[15] Ceremonia de los niños judíos en su 13º cumpleaños, cuando alcanzan la edad del deber y la responsabilidad religiosa.

vanté la mano y dije que era nuevo, así que hicieron circular por la sala una lista de reuniones donde muchos miembros anotaron su número de teléfono para que los llamara. Aún la conservo; la llevé conmigo en la billetera los primeros diez años de mi recuperación. Ahora está plastificada y la tengo en el salón de casa. De vez en cuando miro los nombres y, la mayoría de ellos, siguen limpios.

Empecé a hacer servicio muy pronto en mi recuperación, y la humildad que me proporcionó me ha beneficiado mucho. Comencé a trabajar los pasos con mi padrino. Durante mucho tiempo me costó bastante el Tercer Paso. No comprendía la diferencia entre espiritualidad y religión; tuve que establecer una nueva relación con un Poder Superior. Esa lucha ha sido el mayor desafío en mi recuperación, y también la experiencia más gratificante de mi vida. Mi padrino pensaba que en pocos meses acabaría mi Tercer Paso y empezaría a escribir el Cuarto, al final de mi primer año limpio. En cambio, me pasé casi veinte meses buscando un Poder Superior bondadoso y generoso que me «guiara en mi recuperación y me enseñara a vivir».

El problema era que mi idea de un Poder Superior consistía en un anciano con una barba larga que tenía un boletín de calificaciones de mi vida en una mano y un rayo en la otra. Sin duda iba a mandarme al infierno. ¿Cómo iba a tomar la decisión de poner mi voluntad y mi vida al cuidado de él? Sin embargo, para mí era evidente que las personas que habían trabajado el Tercer Paso y el Undécimo tenían una serenidad que yo no tenía. Y la deseaba con todas mis fuerzas. Debía encontrar una nueva definición de Poder Superior. Busqué en la biblioteca, en Internet. Fui a retiros espirituales. Asistí a servicios religiosos en la sinagoga y conversé con el rabino. Hablé con montones de compañeros de la confraternidad sobre su Poder Superior. Algunas experiencias me servían, otras no. Y seguí buscando.

Poco a poco las cosas empezaron a cambiar. Comencé a hablar de forma habitual con mi Poder Superior. Empecé a ver a mi Poder Superior funcionar en la vida de otra gente y a darle las gracias. Empecé a tener pruebas de que mi Poder Superior también funcionaba en mi vida. Empecé a rezar por los demás y a ver que algunas de mis plegarias eran atendidas. Después, me reservaba un rato de forma habitual para pedirle que me ayudara en la empresa de encontrarlo. Y entonces, un día, mientras meditaba, noté que mi Poder Superior ya no llevaba ese rayo en la mano.

Noté poco a poco el cambio en mí. Empecé a ver el lado bueno de las personas a mi alrededor. Empecé a comprender los problemas de otra gente y a rezar para que encontraran la solución. Y después de construir una relación con mi Poder Superior y la Confraternidad de NA, también dejé de ver ese boletín de calificaciones en la otra mano. Tuve la revelación de que yo era una buena persona y no iba a acabar en el infierno. Ahora me cuesta imaginar que una persona pueda hacer servicio de hospitales e instituciones y, a pesar de todo, creer que se va a ir al infierno.

Mi viaje continúa y sigo creciendo. Mi amor por el Poder Superior cada día es más fuerte. Hay algo que todavía me llama a volver a mi religión. Intenté asistir de nuevo a ceremonias en el templo cuando una amiga adicta me invitó a acompañarla a una festividad religiosa en la sinagoga. No me fue tan mal como la última vez. Poco a poco me voy sintiendo más cómodo con la relación con mi Poder Superior. Sé que hoy en día no puedo volver a las prácticas judías ortodoxas de mi juventud, pero cada vez estoy más cerca. La relación con mi Poder Superior me recuerda una historia que me contaba mi padre sobre un padre cuyo hijo se había extraviado. Un día, al cabo de muchos años, envió a un mensajero a buscarlo para decirle que volviera a casa. «No puedo», respondió el hijo. Así que el padre volvió a enviar al mensajero para decirle: «Entonces ven hasta donde puedas y yo haré el resto del camino para encontrarme contigo». Mi Poder Superior ha recorrido el resto del camino para encontrarse conmigo.

Hoy en día sé que mi Poder Superior está completamente de acuerdo con donde estoy, pero continúa dándome oportunidades a lo largo del camino para que crezca espiritualmente. Estas oportunidades están ingeniosamente disfrazadas de catástrofes. Pueden ser experiencias o experiencia de aprendizaje. Depende de mí. Puedo elegir.

Estoy agradecido de verdad al programa de Narcóticos Anónimos. Mi vida ahora tiene sentido. Me quiero a mí mismo y quiero a quienes me rodean. Estoy agradecido a mis predecesores que vieron que había un lugar para mí, con un sentido, en NA. Tengo una deuda de gratitud con ellos. La única manera que conozco de devolver esa deuda es participar y asegurarme de que hoy haya una reunión con un lugar disponible para el recién llegado. Estoy tan agradecido que he logrado mantenerme limpio. Tiendo la mano a los recién llegados, me acerco a las personas que luchan con su concepción del Poder Superior y comparto mi experiencia con ellas. Hoy, estoy agradecido de que Dios no me haya dejado volar. Este programa funciona.

El mensaje de NA llegó a esta adicta maorí. Empezó a estar
limpia por rencor, pero se mantuvo limpia por esperanza.

Kia Ora Koutou

Ko ... taku ingoa.	*Me llamo....*
Ko Hikurangi te Maunga,	*Mi montaña es la Hikurangi,*
Ko Waipaoa te awa,	*mi río es el Waipaoa,*
Ko Rongopai taku marae,	*mi lugar sagrado es Rongopai,*
Ko Ai-tanga-Mahaki toku iwi,	*mi tribu es la Aitanga Mahaki,*
No Aotearoa ahau	*soy de Nueva Zelanda*
and I am an addict.	*y soy adicta.*

¿Por dónde empiezo la historia que yo no tendría que estar aquí para contar? Soy una mujer maorí que llegó a este programa gritando y pataleando. Tenía veintiocho años y una orden judicial de asistir a un programa de tratamiento en Auckland, Nueva Zelanda. Creía que el tratamiento era la «carta de salida de la cárcel», que jugaría cuando saliera.

Supe que era adicta la primera vez que tomé alcohol, a los trece años. Después de aquella primera copa, recuerdo que pensé: «Caramba, la verdad es que esta sensación me gusta», y después perdí el conocimiento. Empecé a irme de fiesta por un tiempo, bebía los vienes por la noche, y pasé de tomar alcohol a fumar hierba, luego a llamar a la puerta de los médicos para que me dieran recetas de drogas y, por último, a pincharme drogas duras... Ay, la progresión fue rápida. Hasta yo estaba impresionada de la prisa con la que había sucedido. A los dieciocho años, ya era madre soltera de una hija de dos años, vivía de la seguridad social en una vivienda subvencionada y consumía metadona gracias a un programa del gobierno. Desde el principio, mi objetivo era ser adicta. Me encantaba la sensación de estar drogada. Estaba muy metida en el submundo del delito y me entusiasmaba tener un estilo de vida caótico.

Mi familia me quería mucho, pero la engañaba permanentemente. Todas las promesas que les hacía eran vacías. «Te prometo que lo dejaré, mamá, pero necesito un poco de dinero para organizarme.» «Te prometo que iré. Te prometo que buscaré ayuda. Te prometo que estaré allí para el cumpleaños de la niña...» Sí, claro... Mi familia sabía que la adicción me estaba matando, pero yo no lo veía. Decidieron ocuparse de mis hijos para mantenerlos a salvo de mí. ¡Qué suerte tuve!

Yo trataba de cambiar. Me mudaba pensando que una nueva ciudad, un nuevo comienzo... Lo lograba un par de meses, pero cuando empezaba a consumir de nuevo no podía parar. Probé relaciones emocionales para poder estar limpia, pero siempre elegía adictos. Probé hospitales psiquiátricos, pero me daban más drogas. Traté de encontrar un dios propio, pero tampoco me funcionaba. No entendía por qué seguía consumiendo si mi vida se desmoronaba a mi alrededor. Estaba hecha polvo físicamente: perdí todos los dientes y pesaba cuarenta y un kilos (91 libras). No tenía ningún concepto del poder superior y mi *wairua*[16] estaba roto. Sólo pensaba en una cosa: cómo consumir y conseguir más drogas. No veía ninguna posibilidad de curación. Era adicta y los adictos consumen drogas, punto. Si esto significaba matarse por el camino, pues que así fuera.

El final de mi consumo no fue un espectáculo muy bonito: sólo me buscaban supuestos amigos a los que explotaba, mi *whanau*[17] no quería verme, porque lo único que traía era policías y problemas; los polis pensaban que era una adicta pesada que sólo les daba un montón de trabajo y papeleo, querían sacarme de la circulación, perderme de vista. Me odiaba a mí misma y a todos los que me rodeaban. Ni siquiera sabía matarme como era debido; siempre recobraba la conciencia en la sala de urgencias y pensaba: «¿Por qué demonios me salvan la vida?».

Estaba sentada en el lado equivocado del calabozo de la comisaría de Auckland, adonde había ido mi pareja a tratar de sacarme bajo fianza. Había llevado a los niños, que lloraban por-

16 *Wairua*: espíritu.
17 *Whanau*: familia.

que querían saber cuándo volvería mami a casa. Mi pareja me suplicó que dejara de consumir, que viera el dolor que causaba a nuestra *whanau*. En ese instante me dije a mí misma que todo aquello tenía que acabar. Muy dentro de mí, tenía suficiente. Al día siguiente, comparecí ante el juez, que me dio la alternativa de ir a un centro de tratamiento o a la cárcel. Pensaba que elegía el camino más fácil cuando opté por el tratamiento, ¡pero habría sido infinitamente más fácil ir a la cárcel durante tres meses que a todos esos grupos! ¿Quién quiere descubrir cómo se siente de verdad por dentro? ¿Quién quiere descubrir que todas las relaciones que ha tenido no se basaban en nada más que en la adicción? ¿Quién quiere descubrir que tiene una enfermedad incurable, pero que puede detenerse? ¡Yo no!

El primer día de tratamiento tomé el autobús con todas mis maletas para ir a ver al traficante para darme un último gusto. Llegué al centro de tratamiento una hora tarde. Cuando aparecí, la responsable me dijo que había llegado una hora tarde, que había que entrar a las ocho de la mañana, que me fuera y volviera al cabo de una semana. Me puse furiosa, cómo podía negarme la entrada a mí, a una adicta que pedía ayuda a gritos (drogada, en realidad). Le dije que era una estupidez y que ya le demostraría quién era yo. Por pura testarudez decidí demostrárselo. Esa decisión me salvó la vida. Desde ese primer día, hace más de diecinueve años que estoy limpia.

El milagro que sucede cuando un adicto ayuda a otro no tiene igual. Empecé el tratamiento sin saber lo que esperaba. Todas las mañanas me despertaba y el cuerpo me pedía a gritos consumir. «Durante los próximos diez minutos no voy a consumir», me decía a mí misma, y se me pasaba. Esos períodos de diez minutos se convirtieron en días, después en semanas, después en meses.

Empecé a escuchar el mensaje de esperanza a través de NA. Poco a poco mis ojos limpios empezaron a ver en las reuniones gente con la que había consumido. Para mí eran casos perdidos, sin embargo habían dejado de consumir. Parecían felices. Eso me dio esperanzas de que, a lo mejor, yo también pudiera hacerlo. Mi mente aturdida empezó a despejarse a medida que las drogas salían de mi sistema. Había comenzado a aprender a practicar los pasos en el centro de tratamiento y a empaparme del todo el efecto sanador que tenía lugar cuando los adictos se ayudaban entre sí, pero, a pesar de todo, aún tenía mis reservas sobre mantenerme limpia. Creía que no podría. No tenía confianza en mí. Acabé el tratamiento, pero, en el mundo real, estaba muerta de miedo. Seguí adelante, por mucho que me costara, porque estaba demasiado asustada para volver a lo de antes.

Me di cuenta de que librarse de la adicción activa tiene un precio. Hice todo lo que me dijeron que hiciera. Dejé al amor de mi vida porque él seguía consumiendo, y me di cuenta de que no me mantendría limpia si volvía con él. Tampoco veía a mis viejos colegas del consumo por miedo a drogarme. Renuncié a mi casa y a todas mis pertenencias para mudarme a la otra punta de la ciudad. Quería empezar de cero una vida nueva para mí y mis hijos.

Me dijeron que, cuando saliera del tratamiento, buscara una madrina, que fuera a las reuniones y que no consumiera, pasara lo que pasase. Para ser sincera, eso fue lo único que hice. Fui a las reuniones, trabajé los pasos y no consumí, aunque durante los primeros dos años mi primer pensamiento al despertarme era que tenía ganas de tomar drogas. Una vez que me gané el respeto de mi *whanau*, pude tener a mis hijos viviendo conmigo. Seguía siendo una madre soltera con niños pequeños que vivía de la seguridad social en una vivienda subvencionada, pero estaba limpia. Tenía las reuniones de NA y los Doce Pasos para ayudarme. Y aprendí una lección valiosa: pensar en consumir drogas no significa consumirlas.

Empecé a aceptar mi impotencia ante la adicción. Los primeros dos años de recuperación fueron para mí un proceso de duelo. Un duelo por mi viejo estilo de vida, un duelo por el consumo de drogas, como cuando una desea a un viejo amante, un duelo por mis viejos amigos y por los rituales ligados al consumo. Poco a poco, mientras dejaba atrás el duelo gracias a mantenerme limpia día a día, abandoné a la adicta que había en mí. Me sentía vacía por dentro.

Fue entonces cuando le encontré el truco al Segundo Paso: «Llegamos a creer que un Poder más grande que nosotros podía devolvernos el sano juicio». ¡Me encanta este paso! Me permitió ver que necesitaba llenarme de otra cosa. Las reuniones de NA, mi madrina, el grupo y trabajar los pasos... todo me ayudaría a devolverme el sano juicio. Cada uno de esos primeros dos años fue duro, pero se trataba de un «programa de primeras veces». La primera vez que logré alimentarme y alimentar a mi *whanau* limpia; la primera vez que me encontraba con los maestros y llevaba a los niños a la escuela limpia; la primera vez que pagaba las facturas a tiempo y limpia; la primera vez que abría una cuenta de banco limpia, que compartía limpia en las reuniones, que tomaba un café con otros adictos en recuperación limpia; la primera vez que hacía el amor limpia (eso sí que es algo). Poco a poco, empecé a cambiar. Recuerdo el primer día que me desperté sin el deseo de consumir drogas. Tardé dos años, pero en aquel momento el deseo desapareció. ¡Eso sí que fue un hito importante! Durante un momento, había recobrado el sano juicio. Empecé a sentirme bien por lo que era y por el lugar al que pertenecía en este mundo.

Empecé a entender el mensaje de esperanza para esta adicta. Después de ese milagro, decidí dejar la ayuda del gobierno, volví a estudiar y obtuve un título en trabajo social. Había dejado la escuela a los quince años, no tenía educación formal y pensaba que era tonta..., pero fue posible gracias a haber encontrado las reuniones de NA. Mi familia también estaba bastante impresionada, ya que soy la única de mi familia que fue a la universidad. Ya hace un tiempo que soy un miembro productivo de la sociedad y, durante los últimos quince años de recuperación, he tenido un empleo hecho y derecho. A veces alucino y, cuando estoy en una de esas reuniones profesionales, pienso: «¿Soy yo de verdad?». Otras veces, ante los milagros de mi vida, me tengo que pellizcar. He recibo el mayor de los dones: la compañía, el respeto y el *aroha*[18] de mis hijos. Esto ha sido un auténtico milagro. Me compré mi primera casa en recuperación. Tengo un trabajo fabuloso que me encanta y por el que me pagan. Me saqué la licencia de conducir a los treinta años y tengo un coche. Tengo dinero en el banco que me he ganado trabajando mucho. No tengo que robar ni hurtar para llegar a fin de mes. Ya no estoy en las esquinas esperando que aparezca el traficante. La policía ya no llama a mi puerta, y tengo una fe inquebrantable en que todo saldrá bien, pase lo que pase, siempre y cuando no tome esa primera droga, vaya a las reuniones y confíe en mi poder superior.

Si lees esto y eres nuevo en este programa, por favor, date una oportunidad. Sigue adelante, hazlo día a día, minuto a minuto si hace falta, llama a alguien de NA y ve a una reunión porque te prometo que hay esperanza para nosotros los adictos y suceden milagros que superan con creces todos nuestros sueños.

Arohanui:[19] la voluntad de Dios para todos nosotros.

---

[18]   *Aroha*: amor y compasión.
[19]   *Arohanui*: gran amor.

Cuando empezó a estar limpia a los dieciséis años en Chicago, no tenía forma de saber que, al cabo de veinte años, acabaría en Italia sintiendo que el servicio nos vincula a todos.

Crecer en NA

Llegué a NA por todas las razones de siempre, y, gracias a la confraternidad y a los Doce Pasos, crecí en NA, literalmente, mientras NA crecía a mi alrededor.

Empecé a estar limpia en Chicago en 1983, cuando apenas tenía dieciséis años y todas las reuniones del área metropolitana cabían en una sola hoja de papel. Gran parte de nuestra literatura aún no se había escrito, teníamos fichas de póquer en lugar de llaveros y mi primer Texto Básico era una fotocopia de la versión pendiente de aprobación. En las reuniones a las que iba había pocas mujeres y ninguna tan joven como yo. A los seis meses limpia ya me turnaba para atender el teléfono de ayuda de NA, una línea que pagábamos en una casa de acogida para delincuentes juveniles en la que vivía.

Ahora, al mirar atrás, parece como si NA y yo hubiéramos sido adolescentes que crecimos juntos. Fue un período de rápida expansión en la confraternidad: todos los fines de semana viajábamos para asistir a reuniones o talleres, o planificábamos actividades sociales mientras aprendíamos a mantenernos limpios juntos.

La forma en que uno se identificaba en una reunión se convirtió en algo de máxima importancia; forjábamos nuestra identidad como confraternidad diciendo sí, podemos recuperarnos en NA, sólo en NA. En aquellos tiempos no había servicios que se evitaban y, siendo la adicta que soy, me involucré bastante obsesivamente durante los primeros nueve o diez años de mi recuperación. Tuve la suerte de formar parte de un montón de proyectos nuevos: abrir una oficina de servicio de área, crear dos estructuras de servicio regional, planificar convenciones locales y mundiales, crear literatura de NA.

¿Qué he aprendido después de pasar más de la mitad de mi vida en NA? Sencillamente que los fundamentos son sólo eso, fundamentales. No se puede sustituir el servicio, tener un buen padrino o madrina, trabajar los pasos e ir a las reuniones. Tuve la suerte de haber empezado a estar limpia tan joven que, literalmente, crecí con esas doce increíbles herramientas para vivir: los pasos. Tuve que enfrentarme a muchas dificultades durante mi recuperación, pero con las herramientas de recuperación he podido superarlas y, lo más importante, aprender de ellas y madurar en el proceso.

Cuando llevaba unos diez años limpia, me mudé a una reserva de nativos americanos muy remota donde no había reuniones de NA. Pude mantenerme limpia y continuar trabajando los pasos gracias a tener relaciones sólidas con otros adictos y con mi madrina (con la que estoy desde hace quince años).

Hoy en día sé que puedo hacer en mi vida cualquier cosa que decida, siempre y cuando esté dispuesta a hacer el trabajo básico. Practicar este programa me ha ayudado a convertirme en el miembro responsable y productivo de la sociedad del que habla nuestra literatura. Pasé de ser una que dejó la escuela a tener un máster universitario y trabajar con tribus nativas a nivel nacional en Washington, DC. La primera vez que me sometieron a una investigación de antecedentes para que me autorizaran a entrar en la Casa Blanca a ver al presidente me puse a temblar, hasta que me acordé que empecé a estar limpia siendo menor de edad, ¡por lo que no tenía antecedentes penales! He viajado por todo el mundo y he logrado hacer un trabajo en el que creo y que beneficia a los demás.

Volví a Chicago durante unos meses alrededor de la fecha de mi vigésimo aniversario. Muchos de mis viejos amigos ya no estaban, por las razones de siempre: unos estaban en la cárcel, varios habían muerto, muchos consumían otra vez, y algunos seguían limpios, pero no iban a las reuniones. Como cada año en torno a la fecha de mi aniversario, me puse a examinar mi recuperación y los motivos que me hacían seguir yendo a las reuniones. Fuera adonde fuera, aparentemente siempre era la que más tiempo llevaba limpia y, de verdad, tenía la necesidad de estar con otros «veteranos» a mi alrededor y escuchar por qué ellos también seguían viniendo. Gracias a Dios que hice lo que durante todos esos años me habían dicho que hiciera: ir a las reuniones y compartir. Hablé de mi letargo y mis dudas (incluido el clásico: «Empecé a estar limpia muy joven, así que a lo mejor no era realmente adicta»). Busqué activamente gente con tiempo y les pregunté de dónde sacaban la motivación para seguir en el programa. Volví a ponerme en contacto con una mujer que conocía desde hacía quince años, cuando ella empezó a estar limpia, y empezamos a trabajar los pasos juntas de nuevo. Hice otro inventario del Cuarto Paso. En resumen, seguí las sugerencias del programa y, lo que obtuve a cambio, fue otro despertar espiritual y nuevas esperanzas en mi vida en recuperación.

Ahora estoy escribiendo esto desde Italia. He empezado una nueva profesión, algo que me encanta y es exactamente para mí, y he vuelto a hacer servicio en NA. Soy miembro activo de mi grupo habitual y de Narcotici Anonimi de Italia. Tengo una madrina y apadrino a dos mujeres asombrosas. El programa aquí se parece mucho a la confraternidad a la que llegué hace muchos años, me entusiasma y me siento honrada de formar parte de otro ciclo de crecimiento de NA; esta vez en otro lugar del mundo.

Hace tres años, asistí a mi primera convención de NA italiana. El tema de cada reunión era una entrada del libro de meditaciones diarias *Sólo por hoy*. En la primera reunión, oí a un compañero de Italia que llevaba catorce años limpio decir que leía todos los días esas meditaciones, que le habían salvado la vida y lo habían mantenido limpio. Me eché a llorar espontáneamente. Cuando yo tenía dieciocho años era la responsable de literatura regional y había coordinado lo que entonces llamábamos el «proyecto del libro diario». Todos los fines de semanas teníamos talleres para corregirlo en el sótano de la casa de mi madre, y luego yo introducía las versiones corregidas en un viejo procesador de textos.

Durante ese tiempo nunca me había parado a pensar en el impacto que podíamos tener en otros. No me di cuenta hasta años después, en una convención en la otra punta del mundo. Allí escuché a un adicto hablar en italiano sobre los cambios que habían tenido lugar en su vida como consecuencia de la literatura en la que trabajábamos en el sótano de mi madre. Hoy en día, entiendo cómo puede percibirse lo que hacemos en nuestra vida y en nuestra recuperación en distintos lugares del mundo. Cada uno de nosotros, a través de NA y el servicio que hacemos a la confraternidad, está vinculado de alguna manera con los demás. Como provengo de la tradición nativa americana, siempre me enseñaron que estamos todos relacionados e interconectados, pero en los comienzos de mi recuperación, como era muy joven y estaba muy ocupada tratando de mantenerme limpia, no había pensado demasiado en ello. Ahora comprendo por qué tengo que seguir viniendo, por mucho tiempo que lleve limpia. Por fin comprendo lo que mi familia ha estado tratando de enseñarme todos estos años. *Mitakuye oyasin.*[20]

---

[20] Todos estamos interrelacionados.

Cuando llevaba nueve años limpio, le diagnosticaron una depresión y esquizofrenia, enfermedades que continúa tratando con medicamentos y terapia. Este adicto aprendió que, aunque la enfermedad mental es un asunto ajeno a las actividades de NA, ocuparse de ella en su recuperación personal para él es una cuestión que no tiene nada de ajeno.

Un corazón sereno

Soy un adicto en recuperación agradecido que hace poco acaba de cumplir veinticinco años limpio por medio de NA y la gracia de Dios... y convivo con la enfermedad mental: depresión grave y esquizofrenia. Y sí, he tenido la suerte de tener una vida plena y satisfactoria. He notado que muchas personas que admiten sin problemas que son adictas, no pueden admitir que tienen dificultades con su salud mental. Hay diferentes niveles de estigma ligados a la adicción y a la enfermedad mental. Comprendo que admitir algo desagradable da miedo. A fin de cuentas, como miembro de NA, tuve que enfrentarme directamente a mis miedos cuando reconocí por primera vez que era impotente ante mi adicción en el Primer Paso. Más adelante en mi recuperación, aprendí que la enfermedad mental no es algo que puede ocultarse o minimizarse. Tengo que ser honesto y admitirlo, dentro y fuera de las reuniones. Por suerte, los caminos de la recuperación en NA son muchos. A los que viven con enfermedades permanentes y debilitadoras, espero que mi historia los ayude a desarrollar su valentía interna.

Mis recuerdos más antiguos son de malos tratos y gritos continuos, con visitas frecuentes al hospital. Me comportaba de forma distinta a lo «normal» y me diagnosticaron retraso mental e hiperactividad. Por lo tanto, me dieron el tipo de educación prescrita para los niños «especiales»: aislamiento social, supervisión estrecha y poca estimulación. En la escuela primaria, me pasé la mitad del tiempo en programas de educación especial. Pero cuando tenía siete años, me leí una enciclopedia entera en tres semanas, además de muchos libros para adultos. De pronto decidieron que no era un retrasado mental, sino sólo muy hiperactivo. Pero aun así, no me dejaban tener amigos y me mantenían al margen de las actividades por mi comportamiento. Así que como estaba aislado, desarrollé una vida de fantasía.

Consumí drogas por primera vez más o menos en esa época, y consumirlas me quitó la sensación de alienación. Las drogas me permitían sentir que pertenecía a algo, aunque sólo fuera otra fantasía. Fumaba hierba y abusaba de los fármacos recetados para tratar con una familia alcohólica y una vida social problemática. Como no tenía amigos en la escuela, siempre sentía que por un lado estaban «ellos» y por el otro «yo», el chico anormal. A los doce años me escapé de casa y empecé un ciclo de vida en la calle y en comunas. A los catorce años tuve una sobredosis por primera vez. Más adelante, atraqué un quiosco a punta de pistola para robar una caja de fósforos. Sabía que estaba loco, pero con las drogas todo iba bien.

La época divertida ya se había acabado cuando tenía quince años. Dormir en contenedores, morirme de frío en garajes, tener hambre todo el tiempo y abusar de mí mismo eran los compañeros de mi adicción a las drogas. Iba de un grupo a otro. Me perseguía constantemente la sensación de ser diferente de los demás, de ser un extraterrestre entre terrícolas.

Buscaba compañía en las unidades psiquiátricas y centros de rehabilitación, pero ninguna chica quería tener nada conmigo. Sin duda no era el típico estudiante con el que soñaban salir. Deseaba que me quisieran, pero trataba de creer que el consumo de drogas hacía innecesario el amor. Al final enganché una chica que conocí en un concierto de rock. Con la excusa de que no tenía casa, me instalé en la suya, robé a los padres y nos largamos a vivir a la calle. Para entonces, tenía una sobredosis cada pocas semanas. En una de ellas, me internaron en el hospital y ella se fue. Me sentía condenado al fracaso y traté de matarme de varias maneras diferentes. Por último, tuve una sobredosis que me dejó en coma. En el hospital no sabían quién era. No tenía ninguna identificación; me había encontrado medio muerto en un callejón cualquiera. Los médicos me dijeron más tarde que era un tipo de coma del que la gente en general no despertaba. Nadie vino a visitarme. Nadie se preocupó. Sentía el vacío total, con toda su intensidad, típico de la adicción. No tenía nada por lo cual vivir. Ni siquiera recordaba mi nombre.

A esas alturas, cuando más desesperado estaba, tuve la suerte de tomar conciencia de que, si hacía todo lo que estaba en mis manos para mantenerme limpio, no tenía por qué volver a sentirme así. Fui a una reunión de AA y me encontré con el único miembro de NA de mi comunidad. Cuando me explicó la recuperación en NA, algo hizo clic dentro de mí. Ninguna otra cosa me había funcionado, fuera sincero o no. ¿Tal vez no estaba con el tipo de gente que podía entenderme de verdad? Abrimos una reunión juntos. A través del ejemplo, me enseñó el valor de estar dedicado a mi recuperación personal y a NA. Viajábamos cientos de kilómetros para apoyar a los compañeros adictos de otras comunidades. Me puse a escribir los pasos y prácticamente vivía y respiraba recuperación. Tenía una fe absoluta en Narcóticos Anónimos. Creía firmemente que podía convertirme en un ser humano mejor si seguía el camino de la recuperación. Cuando llevaba noventa días limpio, ya había abierto varias reuniones y apadrinaba a miembros más nuevos.

Sucedieron milagros. El despertar espiritual que describe el Duodécimo Paso se manifestaba en mi vida. *Sabía* lo que significaba estar espiritualmente despierto y podía *vivir*lo. No sólo estaba limpio, sino que había perdido el deseo de consumir drogas o incluso de portarme como adicto. Los comportamientos de los adictos me resultaban tan desagradables y espiritualmente vacíos como el consumo de drogas. A pesar de que nunca había trabajado, conseguí y mantuve un empleo en un centro de tratamiento. Empecé como consejero y pronto pasé a ser administrador. Participaba en juntas de servicio dentro y fuera de NA. Dios me había bendecido con capacidades de liderazgo y yo estaba lleno de ganas de ser útil. Fui a noventa reuniones en noventa días, *cada uno* de los noventa días. Aprendí así a ser sistemático, lo que me permitió descubrir y cultivar mis talentos en bien de la confraternidad y mi vida profesional. La oración y la meditación diarias aportaron equilibrio a mi vida. Podía tener una convicción muy profunda, pero se la trasmitía a los demás con amabilidad. Sentí amor por primera vez, el amor profundo por otro ser humano que surge de un espíritu sereno.

Cuando llevaba ocho años limpio, tenía una vida mejor que todo lo soñado. No es que la hubiera construido solo, por supuesto; poseía todas las ventajas derivadas de la recuperación: un Poder Superior, la experiencia de mis compañeros adictos y la fortaleza de su recuperación. Los años de oración y meditación fueron recompensados con un auténtico contacto consciente con Dios y la conciencia de que estaba participando en el plan de mi Poder Superior. Me había ganado el respeto de mis compañeros de NA y de la comunidad. Hasta tenía un alma gemela: una mujer maravillosa que estaba limpia en NA. *Vivía* la vida, en lugar de sobrevivir.

Pero la vida cambió. Durante el siguiente par de años, soporté muchos días negros. Mi mujer dejó NA, empezó a acostarse con otros y, con el tiempo, recayó. Dejé mi trabajo. En medio de esta inestabilidad, me seguían pidiendo que participara en proyectos de servicio de NA. Muchas mañanas, lo primero que pensaba era: «No puedo más; quiero matarme», pero seguí viniendo, con la idea de que era normal para alguien como yo que había perdido tantas cosas. En las reuniones oía a otros miembros compartir sobre el dolor emocional extremo y sobrevivir. Decidí sencillamente aguantar. Pero la cosa empezó a ponerse extraña.

La depresión no sólo no desaparecía, sino que empeoró. Oía voces y veía a gente que no estaba allí. Yo *sabía* que no estaba consumiendo drogas, pero alucinaba. En menos de un año pasé de vivir en una casa de seis dormitorios a estar en la calle. Ni siquiera podía hacer un trabajo de ínfima categoría. Tenía que vender sangre para poder comer. Me pasaba los días sentado en una silla, sin hacer ni sentir nada. En las reuniones, me esforzaba por encontrar las palabras para compartir lo que me estaba pasando. Dormía en el sofá o en el suelo de casas de compañeros de NA.

Varios miembros bondadosos me enfrentaron al hecho de que «no era yo» y me insistieron para que fuera a ver a un psiquiatra. Recordar la experiencia de mi infancia me hacía retroceder ante la idea. Como no iba, me llevaron al hospital. El equipo médico dijo que tenía una depresión grave y esquizofrenia y me recetó medicamentos. Pero me negué a tomarlos porque no quería ninguna droga que alterara el estado de ánimo. Y además, ¿acaso no había estado «bien» durante nueve años de recuperación? Pero mi corazón se alejaba cada vez más. El temido vacío total que había sentido cuando la adicción me derrotó... había vuelto. Una vez más, me sentía alienado, desesperado, inútil y despreciable. Y no consumía drogas.

Un medico tras otro me decía que tenía una enfermedad mental que me incapacitaba, que era algo con lo que tendría que vivir el resto de mi vida. Sentí una sensación de derrota más honda que la primera vez que admití que era adicto. ¿Qué había hecho para merecer esto? ¿Por qué Dios permitía que me pasara algo sí? ¿No había vivido de acuerdo con los principios? ¿No había hecho todo lo que uno tiene que hacer en NA? ¿No se suponía que la gente buena tenía que tener una vida buena? Y lo que más me aterraba era la incertidumbre sobre el futuro. Con respecto a la adicción a las drogas, NA es un camino de salida del infierno del consumo de eficacia comprobada. Pero con respecto a la enfermedad mental, ¿qué tipo de «recuperación» habría? ¿Cómo iba a vivir el resto de mis días... limpio... con todas las pérdidas causadas por la enfermedad mental? No había escondite para mis problemas ni soluciones a la vista. Sentía que mi vida estaba irremediablemente echada a perder. ¿Cómo iba a enfrentarme a la confraternidad?

La confusión que sentía dentro era un reflejo de la reacción de los demás hacia mí. Algunos me decían que no estaba limpio porque tomaba fármacos. La misma gente que había intervenido para buscarme ayuda psiquiátrica más tarde me acusó de haber conseguido prestaciones por incapacidad de forma deshonesta. Otros culpaban de mis problemas mentales a que había hecho «demasiado trabajo de servicio» o que «nunca había trabajado un Cuarto Paso honesto». Muchos compañeros a los que apadrinaba decidieron no seguir trabajando conmigo los pasos. Otros miembros de NA decían que fingía estar enfermo. Por suerte, mi padrino tuvo una presencia muy bondadosa a lo largo de todo esto. Otros miembros de NA siguieron animándome, recordándome que NA no sólo es la gente, sino también los principios. A veces, sentía que el Poder Superior me recordaba que me quería, con o sin enfermedad mental. A pesar del dolor, la confraternidad me mantuvo a flote con la sensatez y el interés suficientes para ayudarme a atravesar este período tan difícil.

Parte de la sabiduría más valiosa de mi recuperación es fruto de mi ignorancia. Durante el primer o segundo año en que viví limpio con una enfermedad mental, aprendí una lección muy importante: *la enfermedad mental es un asunto ajeno a la actividades de NA, pero ocuparme de ella en mi recuperación personal es un asunto muy mío*. El cuaderno de bitácora de los Pasos Décimo y Undécimo fue fundamental para ayudarme a comprender dónde acababa mi recuperación y empezaba mi enfermedad mental. Tuve que hacer la distinción para mantenerme limpio. Aprendí que los esfuerzos de recuperación nunca me mandaron al hospital y que los adictos no son psicólogos ni psiquiatras a menos que tengan el título de doctor debajo de su nombre. Cuando empecé a estar limpio, tuve que aprender a explicar la adicción a gente que no había consumido drogas, mientras aprendía internamente a entender mi adicción. La única forma de hacerlo fue trabajar los pasos y aprender qué eran en realidad la adicción y la recuperación. Ahora tenía que explicar la enfermedad mental a los miembros de NA que tenían ideas muy equivocadas sobre ésta. Debía confiar en los pasos para aprender sobre mi enfermedad mental y cómo vivir con ella, limpio.

Aceptar las pérdidas producidas por mi enfermedad mental ha sido un desafío continuo. En un momento dado, cuando estaba encerrado en una unidad psiquiátrica, algunos miembros de NA llevaron una reunión de HeI pero no me dejaron ir porque no me consideraban suficientemente estable. La única cosa que me separaba de NA y un medallón de dieciséis años limpio era una puerta cerrada. En cierto sentido muy real, así es vivir con una enfermedad grave en recuperación: la dolencia en curso cierra la puerta a las posibilidades. Pero tengo que tratar con ello con madurez espiritual, de modo que pueda disfrutar de estabilidad emocional.

No puedo compararme con otros miembros de NA. Durante los dieciséis años que llevo viviendo con la enfermedad mental, nunca he salido con chicas, apenas he trabajado y en ocasiones he vivido en la mayor de las miserias. Me han internado en el hospital muchas veces y he pasado días, semanas y meses paralizado emocionalmente y metido en casa. Ha habido largo períodos en que lo único que podía hacer era ir a una reunión, y veces que ni siquiera podía hacerlo. Cuando estoy en medio de un episodio grave, tampoco puedo rezar ni meditar. Trabajo los pasos hasta cansarme, pero la enfermedad mental no desaparece. Cuando estoy desesperado, es difícil recurrir a los demás. Pero continuamente me recuerdan que no tengo que recorrer este camino solo.

Comprender por qué unos días son mejores que otros es como saber por qué me resfrié la semana pasada en lugar de ésta. En la recuperación de la adicción, la única garantía es que, si vivo limpio, me mantendré limpio. Cuando trabajo los pasos, no sigo un plan: he aprendido que el plan se pondrá en su sitio si sigo avanzando en recuperación. Por eso para mí es importante seguir trabajando los pasos, para que algo más sea revelado. Y lo mismo es válido para la enfermedad mental. La medicación no me garantiza que me sienta mejor. La terapia es una buena herramienta, pero comprender mi enfermedad no hace que ésta desaparezca. He aprendido a aplicar estas herramientas a la enfermedad mental y los principios de NA a mi adicción.

Las tradiciones de NA me dicen que hay que anteponer los principios a las personalidades. ¿Pero qué viene antes que los principios? ¿Qué da a un adicto la fortaleza y el valor para vivir según los principios cuando la recuperación no tiene sentido? ¿Para qué mantenerse limpio cuando a veces es imposible sentir el placer de la recuperación? Creo que el Dios bondadoso descrito en la Segunda Tradición que se manifiesta en la conciencia de grupo, así como en nuestra labor de servicio, en nuestra confraternización, en el trabajo y en el recreo, es el mismo que fortalece mi recuperación personal para que pueda vivir según los principios. A pesar de la realidad de enfrentarme cada día a una enfermedad grave, y aun así poder mantenerme limpio, ¡es un milagro increíble! Espiritualmente, estoy en un estado de gracia. No siempre lo siento, pero siempre está allí. Podría haberme muerto muchas veces cuando consumía. Ahora vivo con otra enfermedad igualmente dolorosa, que amenaza igualmente mi vida. Conozco mucha gente dentro y fuera de NA que se ha matado por culpa de la enfermedad mental. No voy a ser uno de ellos. No es un camino fácil, pero sé que estoy vivo porque NA me ha bendecido con una vida limpia. La recuperación hace posible que atesore los momentos en que tengo el corazón en paz y que esté agradecido por los milagros, grandes o pequeños, que suceden a mi alrededor.

Este adicto afroamericano, miembro de una pandilla, pensaba
que no tenía futuro. Pero NA cumple su promesa: ahora lleva
ocho años limpio y tiene la vida que siempre deseó.

De líder de una banda
a líder de una reunión

Crecí en el barrio South Central de Los Ángeles. De niño tenía ataques de asma tan severos que necesitaba que me pincharan en semanas alternas para tenerlos bajo control. Me sentía diferente de los otros chicos, ya que no podía correr ni jugar sin tener un ataque. Pelear a puñetazos se convirtió en mi forma de tratar con los sentimientos que me producía el hecho de ser diferente.

En los primeros años de la secundaria, mi estado de salud mejoró, pero no mi comportamiento violento, que empeoró. La casa donde me crié estaba en el límite entre dos pandillas rivales. Esos muchachos me daban miedo, pero quería caerles bien. Un día encontré un cigarrillo de marihuana en el patio de recreo, estaba demasiado asustado para fumármelo, así que se lo di a un chico mayor, miembro de una de las bandas. A partir de ese momento me dejaron acompañarlos y aprendí a caminar, hablar y comportarme como ellos. Después de fumar hierba por primera vez, me sentí de verdad parte del grupo. Fumar marihuana pasó a ser algo diario. Una noche, fumé lo que creía que era hierba, pero resultó PCP,[21] así que empecé a probar diferentes drogas.

Cuando conocí la pasta base de cocaína, todo lo demás dejó de interesarme. Soy padre de dos niños y dos niñas, pero sólo me concentraba en el consumo de cocaína. Empecé a vender todo lo que había comprado, incluido mi querido «lowrider» tuneado.[22] Mis seres queridos y mi familia trataron de pararme, pero fue en vano.

---

[21] Feniciclidina (polvo de ángel)
[22] Un «lowrider» es un automóvil o un pick-up personalizado (o tuneado) para que sea más bajo y circule más cerca de la carretera.

A partir de los trece años empecé a ir por lo menos a un funeral por año, y a veces a dos o tres. Con tantas muertes a mi alrededor, siempre pensaba que yo sería el siguiente, así que mi comportamiento era el de alguien que de verdad pensaba que no tenía futuro. A medida que pasaron los años, aumentó mi consumo y mi actividad violenta con la pandilla. Vivía una vida de delitos, lowriders, drogas y violencia sin saber siquiera que era un problema.

En 1990 me secuestró una banda rival porque un trato con unas armas había salido mal. El primer tipo me apuntó al pecho con una pistola y apretó el gatillo, pero... falló. El que iba al volante les dijo que lo hicieran fuera del coche. Así que me sacaron y yo empecé a luchar con el segundo para quitarle el arma. Me puso la pistola sobre la sien, oí un pum, sentí el calor y vi un resplandor brillante. Al cabo de un instante noté otro fogonazo y oí el segundo disparo, que me perforó el cuello. Me dieron por muerto y me dejaron tirado, pero conseguí salir a trompicones de ese callejón y llegar a una tienda de comestibles, donde pidieron ayuda. De camino al hospital oí que el personal de la ambulancia decía que me iba. Fue la primera vez que creí realmente en un Poder Superior.

En el hospital me dijeron que me habían disparado tres veces: dos en el cuello y una en la cabeza. Los médicos me quitaron una de las balas de la cabeza, pero dejaron la de la nuca y otra que todavía está alojada debajo de la lengua. Me dieron el alta del hospital al cabo de un mes y me fui a casa de mi madre a Atlanta, Georgia.

Estuve limpio por mi cuenta durante un tiempo, pero al final empecé a consumir otra vez. Conocí el programa de Narcóticos Anónimos; compartía limpio y vivía sucio hasta que no pude más. A los once meses limpio recaí y sufrí meses de consumo. Volví a una institución de tratamiento y logré acumular dieciocho meses limpio, pero volví a consumir y perdí todo lo que había conseguido: sobre todo el respeto por mí mismo. «Si las drogas no te matan, tu estilo de vida lo hará», me dijeron. Tenía que estar dispuesto a cambiar mi forma de pensar y, lo más importante, de comportarme.

Me incorporé y me involucré en un grupo habitual muy afectuoso y sólido en Atlanta, donde conocí a mi padrino actual que me dijo que tenía que rendirme para ganar. Hasta entonces, rendirse para mí había sido una palabra negativa. Mi idea era que cuando uno se rinde, automáticamente pierde. ¿Cómo puede uno rendirse y ganar? Entonces me explicaron que si me rendía al programa, no tendría que luchar más, que era lo que yo hacía constantemente: luchar en una batalla perdida de antemano. Llegué a comprender que podría mantenerme limpio sólo si me rendía al programa. Los miembros de mi grupo habitual —de hecho de toda el área— se hicieron cargo de mí y me demostraron un amor incondicional. Soy un firme creyente de que mi Poder Superior opera a través de la gente, y NA es la gente. Les confiaron la tarea de ayudarme, no sólo a mantenerme limpio, sino también a ser mejor persona en general.

Ahora disfruto de ocho años de recuperación con mi mujer y mis hijos. Soy un profesional de éxito, un estudiante a punto de obtener un título y un padre, abuelo y marido orgulloso y dedicado. Con mi Poder Superior y el programa de NA tengo la vida que siempre he querido. He aprendido que éste es un programa de progreso, no de perfección, y que aún me aguardan grandes cambios. La única forma de conseguir la libertad que han conseguido tantos otros antes que yo es, ante todo, no consumir pase lo que pase, aplicar los Doce Pasos y ayudar a otros llevando el mensaje de esperanza. Narcóticos Anónimos me hizo una promesa hace años: librarme de la adicción activa. Gracias, Narcóticos Anónimos, por cumplir tu promesa.

A esta adicta transexual estuvieron a punto de negarle la operación quirúrgica por ser VIH-positiva. La espera la ayudó a construir una relación más sólida con un Poder Superior.

Mortalmente única

Me llamo... y soy sólo otra adicta. A veces necesito recordármelo: soy sólo una adicta más. Como mujer transexual operada no es injustificado que me sienta única; en los Estados Unidos somos menos de 50 000. Somos una minoría ridiculizada y discriminada por muchos y a menudo rechazada por nuestros amigos y familia. Puede ser una existencia muy dolorosa, y a mi enfermedad le encanta explotar el resentimiento, el miedo, la autocompasión y el odio hacia uno mismo.

Nadie sabe por qué algunas personas son transexuales, pero, a fin de cuentas, lo que importa es que me acepte a mí misma. Muchos adictos se describen como personas que no encajan en ninguna parte, y, de niño sentía eso y mucho más. De adolescente, descubrí que la marihuana curaba mi intensa timidez y me hacía sentir más adaptado.

Me alisté a la Fuerza Aérea de los Estados Unidos y allí las juergas que me corría eran aún más salvajes; era un muchacho «alocado y desfrenado». Congeniaba bien con mis compañeros de farra, salvo por una cosa: empecé a travestirme —a vestirme de mujer— en secreto.

No sabía de dónde salía esta compulsión y trataba de resistir el impulso. A veces lo reprimía durante meses, pero siempre reaparecía. Sentía mucha vergüenza de mi secreto, así que consumía aun más para calmar el sentimiento de culpa.

En 1983 me enamoré de una mujer que aceptó mi pasado, siempre y cuando hubiera acabado con aquello, y yo de verdad creía que lo había hecho. Le propuse matrimonio, nos fuimos a vivir juntos y empecé la universidad.

Los estudios me obligaron a reducir mucho mi consumo de drogas, y mi «fetiche» reapareció con más fuerza que antes. Luché contra él durante más de un año hasta que mi investigación del tema en la biblioteca de la universidad me sugirió claramente que tal vez fuera una mujer transexual —una mujer atrapada en el cuerpo de un hombre—, lo que llevó a un divorcio quince meses después de que nos casáramos.

Cuando di los primeros pasos de la transición para ser una mujer completa, todo el mundo alucinó. Todos mis «amigos» me abandonaron, mi familia se retiró totalmente y recibí insultos de completos desconocidos. Ni siquiera la empresa de limpieza en la que trabajaba me permitía seguir con el empleo como mujer. Empecé a maldecir a Dios por hacerme de esa manera, si es que existía Dios.

Impulsada por la rebeldía, tanto como por la pobreza, me entregué a la prostitución; por lo menos la gente que tenía relaciones sexuales conmigo me trataba bien. Aislada en el sórdido barrio de Tenderloin de San Francisco, con poco amigos de verdad y cada vez más desesperada, encontré alivio en las drogas inyectables. Tres meses antes, había jurado que jamás me pincharía. Pero era algo común en mi enfermedad: cruzar líneas que decía que nunca cruzaría.

Admitía que mi vida era ingobernable, pero creía que la causa era la transexualidad, así que intenté volver a ser un hombre. Poco después, me enteré de que era VIH-positivo. Los siguientes dos años fueron como una espiral cuesta abajo en la adicción: tres meses en la cárcel, dos internamientos psiquiátricos, tres centros de rehabilitación y media docena de sobredosis, varias de las cuales estuvieron a punto de matarme. En resumen: cáceles, instituciones y (casi) la muerte.

En los tres centros de rehabilitación me exigieron asistir a las reuniones de NA, donde recibí el mensaje de esperanza. En 1988, por fin admití ante mí mismo que era adicto. Cuatro semanas más tarde seguía limpio; ni la cárcel ni una formación básica habían logrado algo así.

Con la cabeza clara empecé a de nuevo a sentir lo de siempre. Sabía que tenía un problema. Con seis semanas de abstinencia, el sentimiento más abrumador era que tenía una mujer en mi cuerpo de hombre. A las diez semanas, tuve la certeza de que, si no abordaba lo de mi transexualidad, volvería a consumir o me suicidaría.

Me fui de ese centro de rehabilitación sin casa, sin trabajo y sin un centavo, pero con una fecha de tiempo limpio, una madrina y un grupo habitual... y fue suficiente. Me entregué a NA con la creencia de que, de alguna manera, todo iría bien. Al cabo de dos semanas empezaron a suceder milagros. Seis meses más tarde vivía en un albergue libre de drogas y me puse a trabajar en una empresa como programador informático. Apreté los dientes y me presenté como hombre para que me contrataran, pero creía que algún día sería capaz de ser yo misma, una mujer a tiempo completo. Durante seis meses fui un adicto en recuperación modélico y un empleado ejemplar. Iba diariamente a las reuniones, mucho más allá de los noventa días, trabajaba los pasos con mi madrina, leía toda la literatura de NA y tenía muchos compromisos de servicio. Tenía un terapeuta con experiencia en cuestiones de género, pero necesitaba mi programa de NA para tratar, con sano juicio, de ser la persona que yo era.

El mero hecho de estar limpio y no dedicarme al trabajo sexual no significaba que la gente dejara de gritarme «bicho raro» y «maricón». Tampoco mis padres me aceptaron de repente. En las reuniones, alguna gente me miraba. Había días en que tenía que recitar la Oración de la Serenidad un montón de veces. Lo más cerca que estuve de consumir aquel año fue cuando me acerqué a mi jefa con una carta de mi terapeuta y le expliqué que estaba preparado para empezar a vivir todo el tiempo como mujer, incluso en el trabajo. Me quité parte del peso de encima cuando me respondió que era un buen empleado y que ella no tenía problemas, pero que la decisión final estaba en manos del vicepresidente de la división.

Mi madrina y mis amigos de recuperación me dijeron que había hecho todo lo que podía, que tenía que dejárselo a mi Poder Superior... claro que es más fácil decirlo que hacerlo. Por supuesto que cuando compartía en la reuniones usaba mi mejor palabrería sobre el PS, pero tenía dificultades con Dios. Aún no lo había perdonado, a Él o quien fuera, por haberme hecho una mujer transexual, así que tenía poca fe. Pero en lugar de consumir, dupliqué mi asistencia a las reuniones y recé como si en realidad creyera. Para mi sorpresa, un mes más tarde me convertí en la chica más nueva de la oficina. ¡Imagínate si me hubiera entregado a mi enfermedad y hubiera consumido!

Después de vivir y trabajar dos años como mujer, empecé a ser autocomplaciente. Tenía dinero, crédito y amigos. Había olvidado al drogadicto patético que había sido. Estaba profundamente enamorada de una mujer y vivía con ella. No tenía mucho tiempo para ir a las reuniones. Y, encima, estaba harta de que la gente me mirara. Hasta me distancié de mi madrina, por lo que estaba bien preparada para una caída. Durante todo ese tiempo había estado ahorrando dinero para la operación que me convertiría anatómicamente en mujer. Mi terapeuta consideraba que estaba preparada, pero me quedé destrozada al saber que ninguno de los cirujanos dignos de confianza y especializados en cambio de sexo quería siquiera estudiar la posibilidad de operarme, debido a la infección por el VIH.

Afloró todo mi miedo, mi resentimiento y mi autocompasión, pero, en lugar de acudir a mi madrina y a las reuniones, me refugié en mi novia.

Cuando la relación se hizo disfuncional, me puse directamente en modo adicta y consumí durante seis días después de comerme el pastel de celebración de mi cuarto cumpleaños. Regresé brevemente a NA, pero volví a recaer. Me pasé tres años y medio olvidándome de que el alcohol es una droga. Por fin volví al programa, impulsada por una enfermedad hepática que resultó ser una hepatitis C. Empecé otra vez los pasos, pero me empantané en el Tercero. Dios era el que me había puesto en este cuerpo de hombre en el que me quedaría atrapada para siempre por un virus mortal. Tal vez los nuevos fármacos para el VIH me mantendrían con vida, pero, ¿y qué? Sería un bicho raro durante el resto de mi existencia. No quería tener nada que ver con Dios.

Durante dos años lo único que hice fue ir a las reuniones, pero, con el paso del tiempo, hasta eso dejé de hacer. A los tres años y medio limpia estaba hundida en profundas depresiones y una rabia súbita estaba siempre a punto de aflorar. Me trataba mal. Sin embargo, no quería consumir. Quería matarme. En cambio, busqué una madrina nueva, volví al Primer Paso y fui a noventa reuniones en noventa días. Esta vez trabajé los pasos como no lo había hecho nunca. Estudié la literatura como si preparara exámenes finales. Escribí un texto sobre cada paso. Me pasé una semana con un Cuarto Paso exhaustivo y una tarde entera haciendo el Quinto con mi madrina. Tampoco dudé cuando llegó el momento del Octavo y el Noveno. Hasta hice enmiendas con personas que se habían aprovechado de mí durante mucho tiempo, porque ésta era mi limpieza espiritual, no la de ellas. Al cabo de un año, había hecho todos los pasos lo más minuciosamente que podía.

Durante aquel año noté cambios sutiles. No me enojaba tan deprisa y me trataba mucho mejor. Sobre todo, no vivía con el miedo y la autocompasión perpetuos. Mi despertar espiritual no llegó como un rayo, sino poco a poco, con el tiempo. La primera gran prueba apareció con mi cuarto cumpleaños de NA, cuando la empresa en la que trabajaba desde hacía doce años efectuó despidos masivos. Por alguna razón, no me dejé llevar por el pánico como solía hacer, sino que respiré hondo y busqué otro puesto. De la nada, me ofrecieron un trabajo mejor. El milagro de esa terrible experiencia no fue la oferta de trabajo de última hora, sino la reacción tranquila tan atípica en mí. Fue el primer signo del aumento de mi fe.

Puede que parezca extraña la razón por la cual ahora tengo una fe inquebrantable, pero fue el momento más poderoso de mi despertar espiritual. En 2001, me enteré de que había un cirujano talentoso que podía convertirme en una mujer completa a pesar del VIH. El problema era que debía tener estable el sistema inmunológico, y el recuento de mis células T, el indicador principal de mi salud, que siempre había mostrado fluctuaciones. Le confesé mi preocupación a mi madrina con los ojos llorosos y me dijo que lo dejara en manos del Poder Superior. «Si esta operación tiene que ser —me recordó—, será.» Mientras se me llenaban los ojos de lágrimas, me preguntó con amabilidad: «¿Quién manda?».

Era lo que menos quería, pero lo que más necesitaba oír. En el momento en que me arrodillé para mi oración nocturna, ya había soltado las riendas. Aquella noche dormí como un bebé. Pocos días antes de la operación, tuve una revelación sorprendente: mi Poder Superior siempre había sabido qué era lo mejor para mí. Hasta aquel momento, cuando no me salía con la mía con cualquier cosa que quisiera, nunca me paraba a pensar que las cosas pasaban por algún motivo.

Por fin comprendí que se habían negado a operarme en 1992 porque no estaba preparada para ello. No escatimaba elogios a la recuperación y me llenaba la boca de tópicos sobre Dios, pero tenía casi tanto miedo y era tan egocéntrica como cuando tenía una aguja clavada en el brazo. No me había montado de verdad en la montaña rusa de la confianza. Pensaba que estaba preparada, pero Dios sabía que no era así. En realidad fue una bendición que me obligaran a esperar. Sólo ansío acordarme de esta profunda lección la próxima vez que no consiga lo que quiero cuando quiero.

Escribo esto mientras me acercó a mi noveno aniversario de NA, agradecida de que mi hepatitis esté en remisión y después de casi tres años de no consumir nicotina. Además de estar limpia, el mayor don es una fe auténtica en mi Poder Superior, a quien yo prefiero llamar Diosa. La fe me ayudó a superar la enfermedad que regía mi vida. Cada vez que me sorprendo a la deriva en mis defectos, me acuerdo de que la Diosa manda. Lo único que necesito hacer es vivir los principios del programa lo mejor que puedo y Ella se hará cargo del resto.

Este descendiente de iroqueses acabó en una institución para «casos difíciles». Cuando los miembros de NA llevaron una reunión a ese lugar y compartieron, fue como si se viera en un espejo por primera vez.

Un caso de manual

Soy adicto. En Narcóticos Anónimos aprendí lo que eso significa: quiénes somos, qué tenemos en común, adónde nos lleva nuestra naturaleza y cómo nos recuperamos juntos.

Mi familia desciende los canyenkehaka, el pueblo iroqués que los europeos llaman mohawks. Me enseñaron que dentro de todas las criaturas hay un alma que desea sólo paz y consuelo junto al tibio fuego del corazón. El alma es la guardiana del espíritu que ansía volar más allá del cuerpo y de la mente. Podemos ser un todo con el Gran Espíritu sólo cuando nuestras almas se liberan y dejan en libertad a nuestro espíritu. Este concepto de espiritualidad para mí tiene sentido. Sin embargo, mi alma es oscura. Cualquier cosa de la que me desprendo tiene la marca de mis garras. La recuperación espiritual para mí empezó cuando descubrí Narcóticos Anónimos, comencé a trabajar los Doce Pasos y a vivir a la manera de NA.

Muy pronto en la vida perdí esa fe sencilla con la que nací. Como sin ella era hipersensible y frágil, me volqué en mí mismo. Creo que mi alma tomó a mi espíritu como rehén por miedo y lo encerró. Me convertí en un niño distante que vivía en un mundo de sueños. Quizá siempre he sido adicto. Le atribuía cualidades mágicas a la gente, los lugares y las cosas, como si la cura de mi vacío estuviera en ellos. Al principio, otros chicos problemáticos, guaridas secretas y juguetes —y más adelante amantes, resacas y drogas— se convirtieron en objetos de mi obsesión.

Cuando tenía siete años me rompí la pierna bastante gravemente. Aprendí lo que era el dolor insoportable, el miedo y el terror que lo acompañaban, y la capacidad de una sustancia química de aliviarme tanto del dolor como del miedo. Era milagroso. En un santiamén, mis problemas desaparecían. Mis huesos seguían rotos, pero lo importante es que no los sentía.

Tres cosas caracterizaron mi consumo de drogas desde el principio. Primero, sabía que era algo malo, lo que lo hacía más atractivo. Segundo, consumía para aliviar el sufrimiento, ya fuera físico, emocional o psíquico, y por lo general acababa inconsciente por el camino. Y tercero, ninguna consecuencia podía disuadirme de consumir.

Corría riesgos extraños. A los catorce años, ya me había roto los dos brazos, las dos piernas y un diente de delante, y todo el tiempo me recompensaban con analgésicos. Me metía en problemas con las autoridades y, cuando tuve edad suficiente, empezaron a detenerme. Estaba enfadado y tenía un tono de superioridad. Mi consumo de drogas avanzaba sin cesar. Era adicto a todo tipo de cosas: a las sustancias químicas, al sexo, a las relaciones, al juego, al robo y a cualquier forma de escapismo, a correr riesgos, romper las reglas, comer y gastar en exceso, abusar de cualquier placer... hasta al caos de mi vida diaria. Estaba esclavizado al pensamiento impulsivo y al comportamiento compulsivo. Traté de dejarlo montones de veces, pero nada me funcionaba.

Acabé en una institución para casos difíciles, desde delincuentes a psicóticos. Todos comíamos juntos en un comedor muy grande. Durante mi primer día allí, una mujer me clavó un tenedor porque me senté en una silla supuestamente ocupada por un amigo imaginario. Recuerdo que miré a mi alrededor, a todas las otras almas perdidas: esquizoides con alucinaciones, catatónicos condenados a cadena perpetua con encefalopatía alcohólica en silencioso remordimiento, adolescentes con tajos en las muñecas que inhalaban sacarina en las mesas... y me di cuenta de que yo era uno de ellos. La suma de todos mis recursos y experiencia me había hecho aterrizar en aquel lugar. Ésta era ahora mi familia. Me di cuenta de la auténtica magnitud de mi enfermedad. Pero no tenía ni idea de lo que me aquejaba.

Un día, algunas personas de fuera de la institución vinieron a hablarnos. Se presentaron como adictos, miembros de Narcóticos Anónimos. Leyeron unas cosas de un pequeño librito blanco y lo que logré entender tuvo sentido para mí. Una mujer contó su historia. Habló de sentimientos que siempre había tenido pero que nunca había sabido traducir en palabras. Después hablaron otras personas. Me identifiqué con sus luchas y reconocí la desesperación que habían sentido. Sin embargo, estaban llenos de esperanza y humor, lo que me pareció sospechoso. Decidí que predicaban algún culto antidrogas. A pesar de todo, lo que escuché me tocó una fibra sensible. Cuando volvieron, fui otra vez a escucharlos.

Cuando salí de allí, pregunté por las reuniones de Narcóticos Anónimos de mi zona. Presté atención a las experiencias que compartían. Algunos habían pasado por momentos muchos más difíciles que yo. Otros hablaron del «tiempo limpio» prolongado o de volver «después de una recaída»; ambos me dieron esperanza. Lo que me fascinó fue la capacidad de los miembros de NA de expresar sus sentimientos, buenos y malos. En una reunión, un muchacho se pasó la mano por el pecho y dijo: «El Gran Cañón está aquí». En otra, una mujer se señaló la cabeza y la llamó «mil payasos en un carrusel». Otro compañero habló con lágrimas en los ojos sobre una recaída reciente y dijo: «Sé que tengo una enfermedad de vergüenza, pero esto es como la vergüenza multiplicada por diez». Me impresionó como si me dieran un mazazo. Era evidente que éste era el lugar donde tenía que estar.

Mientras iba a las reuniones y aprendía cosas sobre la naturaleza de la adicción, seguía viendo a mis viejos amigos en los lugares de siempre. Al cabo de seis semanas consumí, pero, ahora, ninguna cantidad de drogas me bastaba para reprimir el asco que me daba lo que estaba haciendo. Volví a mi vieja forma de pensar y de comportarme, que me despojó de cualquier vestigio de humanidad. Fueron los peores meses de mi vida.

Durante aquella temporada, tenía internalizado lo que había oído en las reuniones de NA. Era verdad lo de la naturaleza progresiva de mi enfermedad. Mantenerme limpio durante un tiempo no me había curado. Era verdad lo de la naturaleza involuntaria de mi instinto de destrucción, mi completa incapacidad para controlarme por medio de la fuerza de voluntad. Comprendía todo lo que me había llevado a recaer. En lugar de estar con gente de la confraternidad, había vuelto con mis compinches del consumo. Nunca había trabajado los pasos ni buscado un padrino. La primera vez que leí los Doce Pasos, me di cuenta de que eran los principios más radicales que había visto en mi vida. Pero me fastidiaba toda esa «cháchara espiritual».

Llegó un día en que ya no pude continuar. Estaba harto de mí mismo y no sentía nada más que ira, asco y vergüenza. Cuando fui a una reunión de NA, me senté delante y lloré, fue la última vez que salí de ese lugar tan frío y entré en la tibieza de NA.

Llegaría a creer que el grupo era un poder más grande que yo que podía devolverme el sano juicio. Con esa esperanza, empecé a aceptar sugerencias. Recurrí a un padrino para que me guiara a través de los pasos. Tomé la decisión de poner mi vida al cuidado de un Espíritu bondadoso al que podía rezarle. Pedí con humilde sinceridad liberarme de mi autodestrucción. Desaparecieron mis ganas de consumir y nunca han vuelto.

¡Qué familia tan bondadosa y solidaria! Nos queremos, nos respetamos, nos apoyamos y nos protegemos los unos a los otros. Juntos, llegamos a los recién llegados. Apadrinamos nuestro crecimiento espiritual individual y colectivo. Llevamos el mensaje de esperanza y libertad de NA a los adictos que sufren. Y amamos y cuidamos al otro hasta que aprendemos a amarnos y cuidarnos a nosotros mismos.

Hoy en día, cuando me enfrento a un desafío, estoy enojado, asustado o confundido, trabajo los pasos. Nuestros pasos producen milagros en mi vida cada vez que los practico. En Narcóticos Anónimos he aprendido quién soy y lo que ello me exige. He aprendido que soy un caso de manual, y está bien, ya que tenemos un manual que da la solución: el Texto Básico. He aprendido a vivir la vida tal cual es y a estar agradecido a los dones de la naturaleza. Y rezo diariamente al Poder Superior con el que me he reencontrado en NA: «Gran Espíritu, permite que mi alma esté en paz, que mi espíritu sea libre y que tenga la mente despejada y limpia».

Para este adicto ateo, el proceso de recuperación y los principios de NA son un poder más grande que él mismo.

Los ateos también se recuperan

Crecí sin que me enseñaran ninguna concepción de dios. Mi padre, aunque se crió en una familia muy devota, renunció a la fe en la religión que le habían inculcado. Yo tampoco podía creer que hubiera algo más allá con el poder mágico de lograr lo imposible, de desafiar las leyes físicas. Había muchas cosas más allá de mi entendimiento, pero atribuírselas a una deidad era, en mi mente, otra forma de evitar el miedo a lo desconocido. Demasiada gente usaba a dios, o al diablo para el caso, para desviarse de lo que se merecían y para evitar asumir la responsabilidad de sus errores. Consideraba la institución de la religión como un medio de controlar a las masas y no quería que me controlaran.

Negar a ese dios en el que otra gente creía y ponía su fe se convirtió en mi misión, pero los demás se resistían. De hecho, a pesar de todos mis esfuerzos, no convencí a nadie de que estuviera equivocado y de que yo tuviera razón. Simplemente me aisló aún más.

Así que cuando empecé a estar limpio era muy aprehensivo, para decirlo con suavidad. Sin embargo, estaba preparado para una nueva forma de vida, así que me centré en el hoy y, sólo por hoy, yo estaba en el Primer Paso. Además, en el Primer Paso no había ningún dios. Busqué un padrino que me enseñó a ir a las reuniones y a ser digno de confianza. Me enseñó también a ser accesible y a no ser juez de nadie. Compartió su experiencia y me dejó compartir la mía. La base de mi recuperación se sentó en nuestra relación. Quería lo que tenía él y empezaba a conseguirlo.

Pasamos al Segundo Paso y llegó el momento de cruzar el puente de dios. Me puse a buscar un poder más grande que yo. Salí de lo viejo conocido y busqué gente que practicaba tanto cultos religiosos convencionales como poco convencionales. Abrí la mente a lo que les funcionaba a los demás. Cuestioné, escuché y practiqué. Mi búsqueda me llevó a muchos grupos espirituales y religiosos diferentes, pero no encontré mi sitio en ninguno de ellos. Lo que yo buscaba era algo cuantificable, algo tangible que poder mostrar: «¿Ves esto? Pues esto es en lo que creo. Éste es el dios que yo concibo». Si encontraba ese dios, a lo mejor la recuperación me sería más fácil. Pero no fue eso lo que encontré.

Sin grandes avances, solo y desalentado, decidí enfocar el Segundo Paso de otra manera. Quizá los pasos, la confraternidad, el servicio y mi padrino eran suficientes para ayudarme a hallar la recuperación sin un dios.

El Tercer, el Séptimo y el Undécimo Paso suponían un gran desafío por sus referencias a dios y a la oración. El Segundo y el Sexto también exigían algunas ideas creativas. Al practicar el Segundo Paso, NA y el grupo se convirtieron en un poder más grande que yo. Por medio de la participación y el servicio pude anteponer las necesidades del grupo y al adicto que todavía sufre a mis deseos. Mi egocentrismo empezó a calmarse y comencé a recuperar un poco de sano juicio. Estaba exactamente donde tenía que estar. Me di cuenta de que mis luchas no eran en vano, incluso en las épocas difíciles. Como resultado estaba experimentando lo que era vivir y estaba creciendo.

En el Tercer Paso, empecé a poner mi voluntad y mi vida al cuidado del proceso de recuperación y de los principios espirituales que podían encontrarse en los pasos. Me dijeron que fuera honesto con mis creencias, aunque éstas carecieran de dios; de lo contrario, el resto de los pasos no tendría valor. Empecé a tener fe en aquello que la recuperación podía ofrecerme. Con la fortaleza y el valor que encontré, continué con el resto de los pasos.

En el Sexto Paso, tenía mis defectos de carácter demasiado presentes en mi mente. A medida que me hacía cada vez más consciente de sus efectos en mi vida, traté de controlar mis defectos eliminándolos. El resultado fue que, aparentemente, empeoraron y causaron más daño tanto a quienes tenía cerca como a mí mismo, hasta que llegué a un punto en el que estuve enteramente dispuesto a deshacerme de ellos y pasé al Séptimo Paso.

Como creía que la humildad era un aspecto importante del Séptimo Paso, recurrí a otros en busca de experiencia. Al procurar de todo corazón conocer la experiencia de los demás, incluida la de aquellos con los que tenía poco en común, estaba llevando a cabo un acto de humildad. Me esforzaba por vivir la vida según los principios espirituales para mitigar mis defectos de carácter. En lugar de limitarme meramente a tratar de deshacerme de éstos, procuré reemplazarlos por algo positivo.

El Undécimo Paso fue un poco un acertijo. Empecé a hacerme famoso por decir: «Soy un ateo que cree en el poder de la oración». La afirmación, que pretendía impresionar a los otros, empezó a convertirse en una convicción. La oración no tenía que ver con ponerme de rodillas y hacer peticiones a una deidad, sino más bien con cómo vivía. Como en una plegaria, todas mis decisiones pasaron a ser importantes y pertinentes, por muy insignificantes que parecieran en la superficie. Veía la meditación como una herramienta o un ejercicio que contribuía a ampliar mi conciencia. Me ayudaba a ponerme en el ahora y a mantener mi presencia de ánimo durante todo el día.

El resultado fue un despertar espiritual, la toma de conciencia de que podía mantenerme limpio, trabajar los pasos, ser un miembro cabal de Narcóticos Anónimos, tener una vida digna de vivirse y llevar el mensaje de recuperación. Todo esto fue posible sin un dios. Se me había pasado el miedo inicial a no ser capaz de mantenerme limpio por no poder «llegar a creer» en un dios. Ahora tenía la prueba de que era posible, y la prueba era cómo vivía.

He apadrinado a muchas personas, algunas de la cuales tenían dificultades para creer en dios y otras con creencias sólidas religiosas. Los primeros se dan cuenta de que no están solos y son aceptados tal como son. Los segundos descubren que pueden compartir abiertamente conmigo y que escucho y acepto sus creencias. En ambos casos, mis ahijados y yo tenemos la oportunidad de crecer juntos. Confío en que aquello en lo que han llegado a creer tiene la fuerza para ayudarlos, y ellos tienen la misma confianza en aquello que he llegado a creer yo. A veces no estamos de acuerdo en algunos detalles específicos, pero no son los detalles lo que nos mantiene limpios, sino la decisión que cada uno de nosotros toma de no consumir y de vivir de acuerdo con esta forma de vida lo mejor que puede.

Éste no es un programa religioso, sino espiritual. Pruebo diferentes criterios para trabajar los pasos. Sigo leyendo y ampliando mis conocimientos sobre temas espirituales, constantemente reviso mi experiencia y analizo su significado en mi vida. Esto no significa que de vez en cuando no cuestione aquello en lo que creo o que no luche; porque lo hago. La vida no siempre es fácil. A veces, en momentos difíciles, me siento solo. Creer en dios es atractivo, porque sé que los demás encuentran consuelo en eso, pero yo no. Sin embargo, hoy tengo una solución espiritual. Los pasos me da un marco para aplicar los principios espirituales. El servicio actúa como un conducto para aliviarme de mis ideas egocéntricas. La confraternidad me recuerda que no estoy solo y mi padrino es un guía a lo largo del proceso. Sigo siendo alguien que busca. Cualquier persona con el deseo de mantenerse limpia, puede mantenerse limpia.

Esta adicta empezó a estar limpia junto con su marido, con el que llevaba veinte años casada. Al cabo de ocho años lo cuidó durante un cáncer terminal mientras tenía a sus padres gravemente enfermos. Ahora, a los sesenta y un años de edad, comparte que el programa puede ayudar a cualquiera, independientemente de su edad o circunstancia.

Nunca sola

Tengo sesenta y un años y hace quince que estoy limpia. Mi marido y yo empezamos a estar limpios juntos. Él tenía cincuenta y dos años y yo cuarenta y seis. Nuestros hijos eran mayores que casi todas las personas que nos encontrábamos en las reuniones. NA nos parecía un grupo de jóvenes. No creíamos que pudiéramos identificarnos.

Aunque éramos mayores que todos los que veíamos en las reuniones, nos quedamos y recibimos el mensaje de recuperación de NA: que cualquier adicto puede vivir limpio y perder el deseo de consumir. Sentados en las reuniones día tras día como ese grupo de chicos, prestamos atención a sus historias. Escuchamos a gente que hablaba del sentimiento de desesperación que la adicción le había provocado y del dolor de tratar de parar y no poder hacerlo. Al escuchar estas historias, nos dimos cuenta de que, independientemente de la edad, el dolor de la adicción es el mismo para todos y que aquél era nuestro sitio. Con el tiempo, conocimos a otra gente de nuestra edad.

Yo consumía desde niña, cuando empecé a arrasar el botiquín de mi madre. En la secundaria, el padre de mi mejor amiga era anestesista. Solíamos usar un vademécum médico como una especie de catálogo para decidir qué tomábamos. En aquel momento, otra amiga me hizo conocer la hierba. «Fuma esto», me dijo. Yo quería ser tan moderna como ella, así que lo hice. Me pasé los siguientes treinta y tres años buscando drogas de una costa a otra y se convirtieron en el centro de mi existencia.

A finales de los sesenta y principios de los setenta, parecía como si todo Estados Unidos hubiera descubierto las drogas. Tenía la impresión de estar a la vanguardia de la cultura. Pero cuando todo el resto del país aparentemente había dejado de consumir, yo seguía. Al final, cuando quise hacerlo, ya no podía.

En algún momento de finales de los ochenta, mi marido tuvo una depresión. ¡Figúrate! Te hinchas de antidepresivos y te preguntas por qué estás deprimido. Empezó un tratamiento por su adicción y conoció NA. Se fue a vivir a una pensión, iba a las reuniones y trataba de mantenerse limpio a pesar de que seguía comprando drogas para mí. Duró tres meses así, hasta que recayó durante los siguientes tres años.

Mientras tanto, yo consumía más que nunca. Estaba enganchada a algo que ni siquiera me gustaba. Con el tiempo, me di cuenta que no podía renunciar a las drogas, así que renuncié a la vida. Sabía que había gente que no consumía; era evidente que tenían una vida mejor que la de todos los que conocía y consumían, y sin duda mejor que la mía. Pero nunca se me ocurrió que yo pudiera cambiar, que pudiera ser una persona diferente que no consumiera. No quería seguir así, pero no veía ninguna forma de cambiar. Así que compré una enorme dosis y me la metí toda. Y Dios entró en mi vida.

Aunque era un día de semana al mediodía, mi hijo pasó por casa. Hasta el día de hoy no sabe por qué se le ocurrió ir. Me encontró desmayada, pero aún con vida, y llamó a una ambulancia. No era un grito de ayuda como tantos otros del pasado, esta vez intentaba morirme de verdad. Me desperté en el hospital atada a la cama.

Me dieron a elegir entre un compromiso voluntario de diez días o uno involuntario indefinido. Elegí el primero. La sorpresa fue la sensación de alivio que tuve. Ya no tenía que fingir que estaba bien. Ya no tenía que esforzarme por mantener las cosas bajo control. Necesitaba ayuda, y me la iban a dar.

Mi marido ya había ido a NA, así que sabía lo que había que hacer. Venía al hospital, me recogía con un permiso y me llevaba a una reunión. Después me devolvía al hospital y se iba a casa a drogarse. Cuando pasaron los diez días y estaba lista para volver a casa, se dio cuenta de que para que yo me mantuviera limpia, él también debía hacerlo. Así que fuimos los dos a una reunión. Fue su primer día, y yo ya llevaba diez más.

Durante el primer año, fuimos a una reunión por día, y a veces a dos o tres. Buscamos padrinos, trabajamos los pasos y toda nuestra vida social la hacíamos dentro de NA. Teníamos puestos de servicio, un grupo habitual y amigos. Nos dimos cuenta de que la diferencia de edad no importaba porque nuestros sentimientos eran los mismos que los de todos los demás.

Al principio, el trabajo de los pasos fue duro. Los Pasos Primero, Segundo y Tercero no fueron muy difíciles porque la impotencia y la ingobernabilidad eran más que evidentes. Sabía que estaba viva gracias al Poder Superior. Pero el Cuarto Paso era otra cosa. ¿Cómo iba a escribir sobre cuarenta y seis años de resentimientos y mala conducta? No tenía idea de a quién había lastimado, destrozado o hecho daño. Creo que más o menos a todo el mundo que había tenido cerca. Un miembro con más experiencia me guió y me dijo que mi Poder Superior me revelaría lo que hacía falta que viera en aquel momento. Con el tiempo volvería a hacer los pasos y surgirían otras cosas. Eso me permitió avanzar.

Cuando estaba en medio de mi Octavo Paso, me invitaron a pasar una semana con mi familia. Vivían a casi 5 000 kilómetros de casa. Pasé rápidamente al Noveno Paso con mi madrina, así podría hacer enmiendas con mi madre, con mi padrastro, con mi hermano y mi cuñada... todo en una semana. Todos me dijeron que la mejor enmienda que podía hacer con ellos era mantenerme limpia.

La vida empezó a ir bien. Volví a estudiar. Primero me saqué una diplomatura y después una licenciatura. Abrí mi propio consultorio de psicoterapia. Mi padre hasta me dijo que estaba orgulloso de mí, algo que no me había dicho nunca en la vida.

Cuando llevaba seis años limpia, un amigo con más experiencia en NA murió de cáncer. La confraternidad se unió para apoyarlo en su enfermedad. Además de los cuidadores de atención domiciliaria, había dos adictos con él todo el tiempo. Uno de sus ahijados se trasladó a su casa para dormir allí. Mientras se moría, habló de su experiencia; dijo que se estaba transformando de espina a rosa. Murió limpio, con gran dignidad y entereza. Nos había enseñado a vivir limpios y a morir limpios.

Dos años más tarde, le diagnosticaron un cáncer a mi marido. Mi padre se estaba muriendo de cáncer y mi madre padecía una enfermedad del corazón. Estar limpios nos da la oportunidad de abordar lo que nos sucede en la vida, nos guste o no lo que nos pasa, de una manera que nos permite sentirnos bien. No importa lo que ocurra, sino cómo reacciono yo cuando ocurre. Perder a mi marido o a mi hijo era la única reserva que tuve con mi Primer Paso.

Fui a las reuniones y compartí sobre ese paso. Tenía miedo de no poder mantenerme limpia sin mi marido. No estaba segura de si quería seguir viviendo sin él. Hacía veintiocho años que estábamos juntos, habíamos criado juntos a nuestros hijos, viajado juntos, nos habíamos cuidado el uno al otro durante los peores años de nuestra adicción y juntos habíamos empezado a estar limpios. Desde aquel momento, nuestra relación se había profundizado y florecido hasta transformarse en un profundo respeto mutuo y amor incondicional. Era mi gran amor. No podía imaginarme la vida sin él.

Mi marido estuvo seis meses enfermo. Durante ese tiempo viajamos a México y a Hawai. Fuimos a la convención mundial en San José. Allí aprendí por primera vez a tender la mano y pedir ayuda. La gente del programa se portó maravillosamente durante su enfermedad. Sus ahijados, mi madrina, mis ahijadas y los amigos de la confraternidad llamaban y venían con frecuencia a visitarnos. Una de mis ahijadas es enfermera. En aquel momento no trabajaba, así que acudía en cuanto la llamaba para relevarme si necesitaba salir. Todo el tiempo estuvimos rodeados de gente cariñosa y amable. La trabajadora social de la residencia de cuidados paliativos, que se había ocupado de otro amigo de NA, nos dijo que NA era el mejor sistema de apoyo que había visto en su vida.

No pude ver a mi padre antes de que muriera, porque falleció sólo once días antes que mi marido. Mi madre murió al cabo de dieciocho meses. Me aterraba la idea de estar sola a partir de ahora. Pensaba que el dolor de todas esas pérdidas me helaría el corazón. Creía que me ahogaría por no poder respirar. Lo único que podía hacer era ir a una reunión y hablar de mi dolor. Y seguí hablando hasta que me pareció que la gente me huía cuando me veía venir. Recurrí a mi Poder Superior. Estuve anclada en el Undécimo Paso durante los siguientes años. Llegué a conocer y a confiar en mi Poder Superior, cuyo único deseo hacia mí es que use las oportunidades que me brinda la vida para crecer y sanar.

Ha sido, y sigue siendo, muy difícil. Pero no he consumido, ni he tenido que hacerlo. Me he mantenido en contacto con mi programa. Asisto a un promedio de tres a seis reuniones por semana, aun ahora. Tengo una madrina. Trabajo los pasos. Apadrino a muchas compañeras. Hago servicio y leo literatura. Tengo una comunidad espiritual, fe, confianza y mi relación con Dios se ha profundizado y fortalecido. Tengo días buenos y días malos. Aún me queda mucho por aprender sobre vivir limpia. Cuando las cosas se ponen difíciles, voy a una reunión, llamo a algún amigo, trabajo con una ahijada, ayudo a alguien o rezo, rezo y rezo. Trabajo el Duodécimo Paso tratando de practicar los principios espirituales que he aprendido en NA en todos los aspectos de mi vida, tanto dentro como fuera de nuestras reuniones.

Tengo una vida plena. Estoy muy agradecida a NA por haber aceptado a una chiquilla herida y enferma de cuarenta y seis años y enseñarle a vivir... limpia.

*Esta adicta, a pesar de ser la persona más joven de la reunión,
se sintió identificada enseguida y, con el tiempo, llegó a darse
cuenta de que la recuperación de la adicción es un vínculo que
trasciende la edad.*

Sin que importe la edad

La primera persona de NA con la que hablé tenía la edad de mi
madre. Yo estaba limpia desde el verano en que había acabado
mi primer año de secundaria. Había consumido drogas sólo por
unos meses, los peores de mi vida. En ese breve período, me
habían puesto bajo custodia policial, me habían expulsado del
colegio y mis padres me habían internado en un centro de rehabilitación. Sabía que tenía un problema y que necesitaba ayuda.
La primera vez que oí hablar de Narcóticos Anónimos fue cuando lo vi mencionado en un folleto del centro. No tenía muchas
opciones, así que decidí probar. Lo primero que noté en NA fue
que todos eran mucho mayores que yo. Era raro ver a alguien
que me llevara menos de diez años. Esas personas ya se drogaban antes de que yo naciera. Cuando yo estaba en el jardín de
infancia jugando con cubos, ya traficaban con drogas, iban a la
cárcel o vivían en las profundidades de la adicción activa. ¿Qué
podía tener en común con esos viejos?

La pregunta quedó respondida incluso antes de que comenza-
ra la reunión, cuando una compañera, que podría haber sido mi
madre, me preguntó si era adicta. Era la primera vez que me pre-
guntaban algo así, y no supe qué contestar. Pero no hacía falta
que dijera nada, porque sentí algo, una conexión entre nosotras
que trascendía la edad. Lo percibí en su voz, en su mirada, en
su espíritu. Había algo que no había sentido nunca y que quería
volver a sentir.

Me senté al fondo de la sala. No recuerdo nada de lo que se
compartió en aquella reunión, pero sí que escuché que «cualquiera puede unirse a nosotros sin que importe su edad» en las

lecturas. Era lo único que necesitaba oír. Estaba tan desesperada por encajar en alguna parte y pertenecer a algo que me aferré a esas palabras y seguí yendo. Cuanto más escuchaba compartir a la gente, menos pensaba en su edad. Cuando empecé a relacionarme con los miembros después de las reuniones y a ir a cenar con ellos, dejaron de ser «gente mayor» y se convirtieron en mis amigos. Cuando les contaba cómo me sentía, reaccionaban con una identificación imposible de encontrar en personas no adictas de mi edad.

Ahora estoy en mi tercer año de universidad y tengo una vida bastante extraña para una estudiante. Los viernes por la noche, cuando la mayoría de mis compañeros sale de fiesta y consume drogas, yo voy a mi grupo habitual de NA. Comparto cómo me siento, lo que aún debo trabajar y cómo me parece que puedo mejorar. Después de la reunión salgo con otros adictos que me doblan la edad. Muchas veces sigo siendo la más joven de las reuniones. Tener la oportunidad de empezar a estar limpia a una edad temprana es un don poco común y preciado. La recuperación es un proceso para siempre, y estoy agradecida por tener toda la vida por delante. Necesito todo el tiempo del que pueda disponer. Cuando veo a otros jóvenes llegar a una reunión, trato de trasmitir el mensaje de que es posible recuperarse a cualquier edad. Puede ser tentador pensar que no estoy tan enferma como para necesitar recuperarme, que no consumí drogas lo suficientemente duras, que no toqué fondo de una manera tan terrible. Tal como me dijo mi madrina, tu fondo acaba cuando decides dejar de hundirte. La condición de miembro no depende de una amplia experiencia previa.

Trato de devolver lo que tengo a los miembros más jóvenes de NA. Cuando llevo el mensaje a centros juveniles de tratamiento, me siento profundamente agradecida de tener la oportunidad de compartir lo que poseo. Cuando me acerco a hablar con los recién llegados jóvenes, me recuerdan dónde empecé y hasta dónde he llegado en la recuperación. Hace unos años tuve ocasión de hablar en un taller llamado «Juventud en recuperación», organizado en la convención de mi región. Acepté este compromiso de servicio con un auténtico espíritu de humildad. Mientras miraba ese salón lleno de adolescentes y jóvenes, sentí la presencia de mi poder superior. Nunca había visto tantos adictos jóvenes. El lugar parecía una sala de conferencias de una universidad. Ahí estaban todos esos adictos como yo. Me di cuenta de que, en todo caso, no soy tan diferente. Después de la reunión, un adolescente me dijo que yo había contado su propia historia. No sé cuántas veces que he estado en una reunión pensando que el orador, ya fuera de mi edad o mucho mayor, contaba mi propia historia. Sé que siempre habrá gente con la que pueda identificarme, tanto a nivel de experiencias específicas como a nivel espiritual.

Es extraño cuando los miembros mayores que yo me dicen que tengo tanta suerte de haber empezado a estar limpia tan joven. Sí, soy muy afortunada, igual que cualquier otro miembro de Narcóticos Anónimos. Prefiero considerarme parte de una confraternidad de gente afortunada, más que una persona con una especie de suerte excepcional. Suelo perder el rumbo cuando empiezo a creerme diferente de los otros miembros de NA. El fondo de la cuestión es que cualquiera puede unirse a nosotros y sentirse tan parte del programa como cualquier otro.

Siempre recordaré la vez que estaba en una reunión sólo con otro miembro. Había una tormenta de nieve terrible, pero como vivía muy cerca fui de todos modos. El compañero tenía cincuenta años más que yo. Yo no siquiera había empezado a trabajar, y él ya estaba jubilado. Ya lo había oído compartir sobre el hecho de sentirse diferente porque todos los demás eran mucho más jóvenes. Esa noche, compartimos sobre nuestra vida y nuestras experiencias. Los detalles eran diferentes, pero los sentimientos y el espíritu eran iguales. No pudo resultarme más claro qué era lo importante. Somos una confraternidad con una gama de experiencias diversas y una identidad en común: la de ser adictos en recuperación.

Cuando hacía el doctorado en farmacología, sus conocimientos de las drogas casi lo mataron. Ahora es profesor, lleva más de veinte años limpio y no concibe la recuperación como una ciencia.

Un adicto del mundo académico

La voz entrecortada a todo volumen en la frecuencia de radio de la policía lanzó una descripción de mí a las autoridades. Eché a correr en zigzag en medio de la mañana helada hacia mi apartamento. Me quité la chaqueta y me la puse del revés para que el color fuera diferente. Me escurrí a gatas por los jardines de casas ajenas en un pueblo universitario de la región central de Estados Unidos: un Rambo joven, escuálido y enloquecido. Con los ojos desorbitados por el pánico, la chaqueta del revés y sin dormir desde hacía días, pregunté ansioso a los vecinos si habían visto algún policía por ahí. Se mostraron nerviosos, pero me tranquilizaron diciendo que no habían visto a nadie, así que entré, tiré el alijo que tenía y me hundí en un sueño profundo.

Ni se me pasó por la cabeza dudar de que hubiera escuchado la «emisora de la policía» en un baño de un edificio vacío de la universidad, a las cuatro de la madrugada de la víspera del Día de Acción de Gracias. El delirio de mi inminente detención parecía absolutamente real y alimentó mi pánico y mi patética reacción. Me había estado pinchando un derivado de metanfetamina durante tres días seguidos sin dormir, y la sobredosis me había provocado una psicosis temporal.

Descubrí esa droga en concreto en el departamento de farmacología[23] en el que estaba haciendo el doctorado. Era la última sustancia obtenida como resultado de mis continuos experimentos. Mis estudios se habían convertido en una tapadera inconsistente; la búsqueda de drogas era mi actividad principal y empezó a circular el rumor entre los compañeros de estudios,

---

[23] Farmacología: ciencia que estudia el efecto de los fármacos o drogas.

el personal y los profesores, cada vez más preocupados por mi extraño comportamiento y mi aspecto que no hacía más que empeorar. Se empezó a correr la voz de que salían sustancias del laboratorio, y aumentaron las medidas de seguridad. A medida que bajaban mis exigencias de calidad y aumentaba mi apetito de drogas, mi afán de búsqueda se hizo más fuerte. No llamaría a una esquizofrenia paranoide efecto placentero de las drogas, pero yo ya estaba mucho más allá de ese punto en que el consumo tenía una remota conexión con la recreación. Las drogas se habían convertido en el centro de mi vida.

La «noche de la persecución policial» es sólo una historia del fondo que toqué antes de poder buscar ayuda. Las consecuencias de mi consumo —que me hubiera abandonado una novia que finalmente se dio por vencida, la palidez grisácea de mi tez, los brazos y las piernas llenos de marcas de pinchazos, la decadencia completa de mi rutina, la canalización de toda mi energía, recursos y creatividad en buscar drogas, el poner en peligro la carrera y la reputación de mis colegas— dejaron en evidencia, hasta para mí, que tenía un problema con las drogas. Casi al final, incluso admitía que la muerte por sobredosis podía ser una salida. Hasta ese extremo me había llevado la adicción. Lo único que tenía era miedo y la necesidad de tomar drogas a cualquier precio. Pero mi mayor error era pensar que mi problema sólo me competía a mí: o lo resolvía yo, o no podía hacerlo nadie. El aislamiento allana el terreno a la adicción activa, y casi me mató.

Mis acciones finalmente me llevaron a la solución, pero no a la que yo imaginaba. En un cuarto de baño me inyecté una droga para contrarrestar los efectos de otra. Me desmayé y, cuando desperté, me encontré con dos guardias alucinados que creían que estaba muerto. Me llevaron al hospital y me expulsaron del curso de doctorado con la advertencia de que si volvía al edificio avisarían a la policía. Mi carrera científica acabó, pero comenzó mi recuperación.

Que me echaran del curso de posgrado fue lo mejor que me pasó en la vida. No, no dejé de repente de consumir, aún no estaba preparado, pero algo había cambiado. Esa pérdida, junto con todas las demás, me hizo admitir que quizá no podía manejar mi problema. Tuve la sensación de que las cosas, a lo mejor, podían ser diferentes, pero todavía no sabía nada sobre vivir limpio. Iba a ser otra gente la que me lo mostraría.

La enfermedad de la adicción trasciende todas las diferencias sociales y económicas. Cuando las personas tienen esta enfermedad, las drogas las encuentran a ellas. Los caminos pueden variar enormemente, pero el destino final siempre es el mismo. No crecí en una familia en la que hubiera malos tratos. Vivía en una ciudad acomodada y me eduqué en un excelente sistema escolar. Tenía un hogar cómodo y una familia cariñosa, pero desconcertada por mi conducta autodestructiva. Tenía talento, salud, oportunidades, amigos y apoyo material de todo tipo. Pero soy diferente de las personas normales; estoy estructurado para la adicción. Ahora me doy cuenta de que algunos de mis pensamientos y comportamientos más antiguos indicaban lo que vendría.

Hice las mismas cosas que todos en la época de estudiante para drogarme, pero en mi caso esas experiencias fueron importantes. Recuerdo claramente la primera vez que me emborraché y la primera vez que consumí cada una de una larga lista de drogas. Aunque mi consumo parecía controlado, en la secundaria me drogaba todos los días, y cualquier droga que tuviera cerca pasaba a formar parte de la mezcla. En la universidad, hacía de forma habitual cosas descabelladas, egoístas y peligrosas para drogarme. Me encantaba ser estudiante y aprender, pero la vida paralela del consumo constante también estaba siempre presente.

El adicto que llevo dentro es increíblemente ingenioso para buscar drogas y consumirlas. Cuando llegó el momento del posgrado, la farmacología me pareció fascinante. Pero esa elección también hizo accesibles las drogas a alguien que no era muy listo para buscárselas en la calle. En los años siguientes, tuvo lugar un proceso letal junto con mis legítimos intereses. Con el tiempo, los objetivos que se interponían en el consumo se fueron quedando por el camino. La progresión de mi enfermedad podría medirse por una serie de tratos que hice conmigo mismo y que fui rompiendo para gestionar el consumo. «Esta semana no consumiré ni una vez» pasaba a ser «No consumiré durante el día», y luego: «Nunca me inyectaré drogas» y después: «No dejaré que las drogas destruyan mi profesión», hasta que por último las drogas se convirtieron en mi profesión. Mi conocimiento académico de las drogas era un obstáculo peligroso para mi recuperación. Estaba convencido de que mi conocimiento de las drogas las haría más gobernables. Ahora me doy cuenta de que es como si un experto en balística se creyera inmune a los tiros. Mi arrogancia y el autoengaño serían graciosos si no hubieran estado a punto de liquidarme.

Mi recuperación empezó con la inmerecida bondad de uno de los muchos profesores a los que había fastidiado durante mi consumo. En un acto de pura generosidad, encontró un terapeuta especializado en drogadicción que no se dejó engañar por mi tendencia a manipular a la gente con mi cultura. En las primeras sesiones, yo estaba fatal, tenía un aspecto horrible y no paraba de decir locuras, pero pensaba que estaba de lo más equilibrado. Sin embargo, en algún lugar de mi cerebro iluso, estaban las ganas de cambiar. Aquel terapeuta fue la primera persona que conocí que se consideraba adicto y que había descubierto cómo vivir sin drogas. Era algo intrigante; y yo quería saber más. Primero se ganó mi confianza y, luego, al cabo de una semana, me tendió la trampa: «Si quieres seguir viéndome, entonces tienes que hacer algo más». ¿Más tests? ¿Hacer deberes, leer cosas? ¿Visitas a médicos? No. «Si quieres seguir viniendo aquí, tendrás que empezar a ir también a unas reuniones.» Aunque era escéptico y tenía miedo, decidí que lo mejor era ir. ¡Un adicto en recuperación había logrado manipular perfectamente a un adicto manipulador!

Fui con mi «radar de diferencias» encendido y encontré todo tipo de diferencias con respecto a aquella gente: definitivamente yo no era uno de ellos. Era arrogante y crítico y me centraba en todo tipo de diferencias superficiales en lugar de en las semejanzas profundas. Sin embargo, había una diferencia que me sorprendió. Me imaginaba que los pasos serían una serie de instrucciones de algún tipo para no consumir. «Primer Paso: no tomamos opiáceos. Segundo Paso: no nos inyectamos nada...». Pero cuando leyeron los Doce Pasos en voz alta, ¡vi que ni siquiera hablaban de drogas! Había una habitación llena de gente que se mantenía limpia haciendo uso de una serie de ideas que ni se me habían pasado por la cabeza. Como mis ideas sobre mantenerse limpio habían fracasado estrepitosamente, el hecho de que aquella gente hiciera algo diferente y obtuviera resultados diferentes me dio esperanzas.

Alguna gente experimenta la recuperación como un rayo de luz: un relámpago súbito de comprensión y claridad, la desaparición inmediata del deseo de consumir. El efecto de este programa en mí fue más como la lluvia o el viento: poco a poco fue erosionando mis falsas creencias. Es un proceso que continúa cada día que me mantengo limpio. Aprendí gradualmente que tengo una enfermedad incurable y mortal, que tenerla no es culpa mía, pero que tratar de recuperarme es mi responsabilidad. Lentamente llegué a comprender que la confraternidad es un producto tóxico para la adicción y que el aislamiento es una condición esencial para la recaída. Todavía tienen que recordarme que la mejor información sobre la recuperación la obtengo de los demás y no de mi mente vociferante. Aún lucho con la certeza de que, en recuperación, actuar con decisión suele preceder a la comprensión plena; cosa que hace que se le pongan los pelos de punta al científico que hay dentro de mí. Algunos días aprendo algo nuevo, y otros me parece que no hago ningún progreso. Pero, siempre y cuando me mantenga limpio, el ritmo lento de mi recuperación no es problema. Es un proceso que no tiene un final, así que no hay prisa.

La vida que tengo es el insólito regalo de la recuperación. Soy profesor en una gran universidad. Mis colegas son increíblemente brillantes, creativos y entusiastas; trabajar con ellos me llena de humildad y me siento muy honrado por su confianza y respeto. Tengo amistades duraderas dentro y fuera de NA, una relación sana con mi familia y el lujo de ganarme la vida haciendo lo que me gusta y respeto. Me siento auténticamente afortunado y todo proviene de vivir a la manera de NA. Esto no significa que mi vida sea perfecta. Tengo problemas, miedos, frustraciones y una lucha constante con mi baja autoestima. Pero me imagino dónde estaría si no estuviera limpio. Recuerdo que en la secundaria conocí a un chico llamado Mike. Los dos recorrimos caminos muy parecidos. A ambos nos interesaban las ciencias, los dos acabamos en departamentos de farmacología, consumíamos desenfrenadamente y pensábamos que nuestros conocimientos nos protegerían. Pero Mike murió de una sobredosis hace más de veinte años. Mi vida es un don, al margen de los detalles cotidianos, y se lo debo a la recuperación.

«Puedes conseguir lo que quieras, siempre y cuando estés dispuesto a pagar por ello.» Es un viejo tópico de NA que solemos oír en la reuniones. Para mí, no sólo tiene que ver con lo que quiero, sino también con lo que estoy dispuesto a recibir. Mi padrino me dijo que cada día limpio es una deuda con NA, así que estoy dispuesto a pagar por la recuperación que tengo hoy. El precio para mi crecimiento permanente en recuperación es ofrecer el mismo regalo a los demás. Cuando aún no conocía este camino, los demás, tanto los adictos como los no adictos, me ayudaron a encontrarlo. Hacían el trabajo de mi Poder Superior, y ahora me toca a mí hacer lo mismo participando en la recuperación de los demás. Cuando pienso de esta forma, me resulta claro por qué la confraternidad es la base de la recuperación.

Incluso con más de veinte años limpio, aún tengo que luchar contra el impulso de centrarme en las diferencias para distanciarme de los demás en las reuniones. Pero ahora sé que sólo es mi enfermedad que muestra su incomodidad con NA. Siempre trato de buscar las semejanzas entre mis compañeros adictos y yo. Pero eso no significa que seamos todos iguales. En NA, unidad no es uniformidad, y no hay mejor ejemplo de esto que lo diferentes que pueden ser los adictos. NA es una casa lo bastante grande para todo tipo de personas. Podemos hablar distintas lenguas, tener diferentes ideas políticas o sobre nuestro Poder Superior y provenir de distintos niveles culturales. En este grupo de gente diverso y cada vez mayor, hay una persona para cada uno, como padrino, confidente o recién llegado confiado. Es nuestra diversidad lo que hace la recuperación posible para cada uno. No hay necesidad de que ningún adicto sienta que no forma parte, tanto si ha vivido en una torre de marfil como en una barraca.

Cuando se creó NA en Japón, ni los miembros creían que fuera posible que los adictos en recuperación, especialmente las mujeres, pudieran tener una vida normal. A medida que la confraternidad fue madurando, esta compañera y otras como ella se dieron cuenta de que «no existe un modelo de adicto en recuperación».

Lo que ahora me hace feliz

Tardé más o menos diez años en darme cuenta de que podía ser miembro de NA y tener una vida normal. Antes de empezar a estar limpia, aparentemente apenas había mujeres adictas a las drogas en Japón. Parecía que yo fuera la única. Nadie en mi familia sabía nada sobre la adicción y nadie a mi alrededor hablaba de ello. Las mujeres en NA son muy especiales para mí, porque cuando empecé a estar limpia yo era la única. Me dijeron que, como adicta, evitara tener hijos. La confraternidad pensaba que si tenía una criatura ya no iría a las reuniones. Nadie tenía experiencia para compartir sobre el hecho de tener hijos en recuperación. Ahora sé que mi recuperación no es algo a corto plazo, que es un programa para toda la vida, y que habrá momentos en los que no pueda acudir a las reuniones. Pero en aquel entonces, pensábamos que si uno no iba todos los días a las reuniones, volvería a consumir. No teníamos historia ni experiencia.

En aquellos primeros años de NA, íbamos también a las reuniones de AA y muchos miembros, incluida mi madrina de AA, me decía: «¿Cómo te atreves a casarte y tener hijos antes de ponerte bien?». Esos primeros miembros no tenían ningún ejemplo que seguir. Mi hijo, que ahora tiene catorce años, fue el primer niño que nació de una pareja de miembros activos de NA en Japón. Todo el mundo lo vio crecer. Todo el mundo decía que mi marido y yo nos divorciaríamos en cualquier momento. Ahora llevamos diecinueve años juntos y tenemos una vida normal.

Cuando entré en NA hace veintidós años, había unos diez miembros. Los siete miembros de Tokio solíamos tomar el tren bala para visitar a los tres miembros de Osaka. Cada vez que nos juntábamos, hablábamos sobre cómo difundir el mensaje de NA. Durante los primeros cinco años la confraternidad apenas creció. Teníamos que salir a buscar a los recién llegados. Cuando nos enterábamos de que había algún adicto en una institución psiquiátrica lejana, íbamos allí y hablábamos a través de las rejas. Hacíamos servicio en hospitales e instituciones e información pública de forma habitual, pero no teníamos contacto con los médicos. Mi marido simplemente iba a las instituciones psiquiátricas y preguntaba si había algún adicto. Acudía a pequeñas aldeas de las montañas y hablaba con los adictos internados, incluso con los que no tenían intenciones de parar. De vez en cuando, algún hospital nos pedía que volviéramos. Tomábamos el tren bala para ir a ver incluso a un solo adicto. Para nosotros era muy importante seguir haciéndolo. Yo solía ver la televisión con las adictas ingresadas en una institución psiquiátrica. Cualquier cosa. Como miembros de NA, lo que de verdad necesitábamos era otros miembros.

Como éramos muy pocos, me sentía muy presionada a tratar de ser un miembro perfecto de NA. Por entonces, NA era el lugar al que acudían chicos muy jóvenes, de quince o dieciséis años, y yakuzas[24] mayores. Cuando era nueva en NA, no quería que me vieran con hombres con todo el cuerpo tatuado y zapatos de cocodrilo. Además, algunos de ellos me daban miedo. Algunos de nuestros miembros tardaron muchos años en dejar de ser lo que eran y comprender que ser un jefe en la calle no es lo mismo que ser un padrino. Un miembro de NA perfecto asiste con regularidad a las reuniones, pero, a veces, ir a las reuniones puede asustar bastante a una mujer.

A medida que creció la confraternidad en Japón, tradujimos más literatura de NA. Cuando al fin pudimos leer el mensaje en nuestra propia lengua, el programa me resultó mucho más cla-

---

[24] La «yakuza» es la mafia japonesa.

ro. Me quedé impresionada al leer que nuestro problema principal no eran las drogas, sino nuestra forma obsesiva de pensar y nuestra conducta compulsiva. Cuando lo leí, pensé: «¡Eso es! Así es la vida que he tenido».

El mensaje de NA influyó profundamente en las mujeres de la confraternidad. Solían decir que habían tocado fondo antes incluso de empezar a consumir drogas. Dejar de consumir, significa enfrentarse a diario con el dolor emocional, y las adictas en Japón a menudo sufren relaciones de abuso, en las cuales el abuso físico, además del dolor emocional y psicológico, forma parte de la vida. Muchas comparten que las drogas fueron algo bueno hasta que su consumo se hizo ingobernable. Yo no entendía este concepto hasta que volvió a traducirse. Estas mujeres también tenían muchas dificultades con la palabra «recuperarse». En japonés, «recuperar» significa «volver a como eran las cosas antes». Las supervivientes del abuso no quieren «volver a como eran las cosas antes», quieren avanzar y crecer. A las personas que no tenían nada a partir de lo cual empezar les daba miedo no tener nada que recuperar. Las nuevas traducciones, a medida que comenzamos a leerlas, nos aclararon que las mujeres japonesas compartíamos la misma experiencia que los miembros de otras partes del mundo.

Compartir nuestras historias hace que éstas iluminen el camino de otra gente. Si no compartimos, estamos solas en la oscuridad. En cambio, cuando lo hacemos, nuestra experiencia pasa a formar parte de la de los demás. Muchas adictas japonesas cuentan en las reuniones sus historias de abuso sexual y violencia doméstica. Siempre se ha dicho que en Japón nadie sufre abusos sexuales. Creerse esa historia es lo que nos ha mantenido solas en la oscuridad, pero compartir en NA ha cambiado la cultura en el Japón. Todas estas adictas empezaron a compartir sus historias, y ahora la gente habla de violencia doméstica y abuso sexual como problemas reales. Durante mucho tiempo nadie nos creía. Yo ni siquiera me creía a mí misma.

Cuando nació mi hijo pasé por momentos difíciles porque tenía que estar en casa cuidándolo. Mi marido estaba siempre ocupado, así que yo nunca fui en realidad un miembro perfecto de NA porque no podía asistir sistemáticamente a las reuniones. En cambio, lo que hice durante más o menos mis primeros diez años limpia fue responder las llamadas telefónicas de los miembros de NA en casa. Todo el mundo en NA sabía el número de casa, así que era casi como una línea de ayuda. Por lo general cuidaba a mi hijo y atendía llamadas para explicar dónde quedaban las reuniones. Hay muchas maneras de servir y ser útil al programa. Aunque no pudiera acudir de forma habitual a las reuniones, pasaba el mensaje.

Durante ese período difícil, encontré una madrina nueva en California. Como no había muchos miembros con experiencia en Japón, teníamos que buscar miembros con experiencia en el extranjero que pudieran compartir sus conocimientos sobre el programa. Mi madrina siempre me apoyó mucho y me decía: «Estoy orgullosa de ti. Estás haciendo todo lo que puedes. No tienes por qué sentirte culpable».

En la guardería de mi hijo conocí un grupo de madres y nos ayudábamos mutuamente a cuidar de los niños. Para mí significó poder ir a algunas reuniones de NA, aunque después me viera obligada a pasar más tiempo con otras criaturas. También antepuse las actividades de NA a las del jardín de infancia de mi hijo. El niño siempre estaba presente en las actividades de NA y no tenía mucha relación con otros niños. Ahora sé que trabajar los Doce Pasos es lo más importante; siempre y cuando lo haga, puedo establecer las prioridades en mi vida de la forma que me parezca más adecuada.

Hace poco perdí mucho dinero en un negocio. Fue una de las peores épocas de mi vida y no sabía cómo superarla. Era algo en lo que creía y que se hizo añicos. Empecé a perder la confianza en mí misma. Debido a esta adversidad y a la pérdida de confianza, me puse a trabajar los Pasos Sexto y Séptimo. Cuando comencé a ver mis propios defectos, la terrible tensión que sentía comenzó a disiparse. Al cabo de seis meses, ya estaba pensando en la idea de compartir mi historia y describir lo que me hace feliz. Lo que me hace realmente feliz es que en medio de esta época tan difícil, me doy cuenta de que soy miembro de NA. Dispongo de las herramientas que me ha dado este programa y sé que puedo usarlas para superar las dificultades. No sé si llamarlo felicidad, pero creo que ser un miembro de NA que tiene herramientas me permite ser feliz.

Los momentos difíciles que creo no ser capaz de superar son de verdad un don de mi Poder Superior y, cuando pasan, siempre me siento aliviada. Cuando he cometido un error es cuando más me siento vinculada a mi Poder Superior. Cometer errores echa abajo mis falsas creencias. Mi Poder Superior me da la oportunidad de ver claramente aquello en lo que de verdad creo. Cuando pienso que sé como es el éxito en los negocios o en mis relaciones personales, el Poder Superior siempre me da una oportunidad para mirar atrás y ver lo insignificante que eran mis ideas. Los errores que cometo son los mejores regalos. Ahora sé que el objetivo no es ser perfecta. Cuando empecé a estar limpia, pensaba que era mejor no cometer errores, pero ahora tengo un profundo respeto por la personas que, aunque recaigan muchas veces, vuelven al programa y lo intentan lo mejor que pueden.

En esos primeros años, teníamos falsas ideas de lo que significaba ser feliz en el programa. Creíamos que era convertirnos en miembros de NA modélicos. Hace poco, hablaba con un compañero que había entrado y salido del programa, de instituciones y de matrimonios durante muchos años. Al principio, cuando me enteré de lo que le pasaba, pensaba que, por sus fracasos, su Poder Superior no lo quería. Yo, por mi parte, seguía yendo a las reuniones desde hacía muchos años y amaba a un solo hombre. Pensaba que el Poder Superior quería a los miembros dedicados como yo, no como él. Afortunadamente he cambiado completamente esa forma de pensar gracias a trabajar el programa. «¿Quién es más feliz en realidad? —le dije una vez—. No sabemos si tú o yo... Pero sé que no puedo juzgar.»

No importa cuántas veces recaigas, NA te acepta de nuevo; eso es el programa de NA. NA no te echa, sino que siempre está allí para ti. La verdad es que no sé quién tiene una vida mejor, si el miembro perfecto de NA que ha tratado de estar allí durante los últimos veinte años o esas personas que entran y salen del programa. Da la casualidad de que yo me he mantenido limpia porque me he involucrado en la confraternidad. No me he mantenido limpia porque haya tratado con todas mis fuerzas de mantenerme alejada de las drogas, sino por miedo a no poder permitirme no ser un miembro de NA modélico. No soy tan diferente de aquellos miembros que recaen. Cuando pienso así, me siento más tranquila. Siento más respeto por esos miembros que se esfuerzan por mantenerse limpios. Creo que el Poder Superior no discrimina. Lo que más feliz me pone en recuperación es ver el cambio en los compañeros adictos. Siempre es un gran placer y una sorpresa verlos cambiar. Aunque sea testigo muchas veces de ese cambio, siempre me hace feliz.

Cuando era nuevo en el programa, se enteró de que, a pesar de
su formación profesional y su nivel de educación, pertenecía a
NA. Se mantuvo limpio desde que su historia se publicó en una
edición anterior de este libro. La revisó para esta nueva edición
pero, lamentablemente, no vivió para verla publicada.

Yo era único

No tenía adónde recurrir. Pensaba que nadie podía ayudarme,
ya que mi situación era demasiado diferente de la de los demás.
Creía que estaba condenado a continuar en un camino de locura hacia la autodestrucción que ya había socavado mi determinación para luchar. Pensaba que yo era único... es decir, hasta
que encontré la Confraternidad de Narcóticos Anónimos. Desde
aquel día, mi vida ha tenido un nuevo sentido y un nuevo rumbo.

Provengo de una familia blanca, de clase media, donde el éxito
se daba casi por sentado. Tuve un expediente académico excelente y estudié en facultades de medicina en California y Escocia.
Solía mirar con petulante desprecio a mis compañeros de clase
que experimentaban con drogas; me creía demasiado bueno y
demasiado inteligente para eso. Pensaba que un drogadicto era
una persona de poca voluntad, débil, que no tenía ningún objetivo en la vida ni sentido de la dignidad. Yo no caería, o mejor
dicho, era imposible que yo cayera en la trampa, porque era un
triunfador, un ganador en el juego de la vida. Tenía todo ese maravilloso potencial.

Después de haber empezado la residencia en un prestigioso
hospital de la Costa Oeste, tuve mi primera experiencia con opiáceos. Pensaba que era por curiosidad; tal vez estaba buscando
«algo mejor». Me sorprendía lo relajados que se quedaban los
pacientes que sufrían dolores agudos cuando se les inyectaba
por vía intravenosa una pequeña cantidad de morfina. ¡Eso era
para mí! Durante los siguientes meses, el mundo a mi alrededor
se desmoronó. La experimentación me llevó rápidamente al abu-

so y luego a la adicción, con toda la desconcertante impotencia y la culpabilidad que sólo los adictos conocen.

Al poco tiempo de haber empezado la formación en neurocirugía como residente, la falsa ilusión de que podía controlar el consumo de opiáceos se evaporó. Pedí ayuda a un psiquiatra y me internaron en una institución para enfermos mentales durante unos días. Cuando empecé a sentirme mejor, convencí al psiquiatra de que ya estaba bien como para volver a mi formación como residente. No sé si era ingenuo, crédulo o simplemente ignoraba lo que era la adicción, pero me dejó marchar alegremente. Tardé sólo unos meses en recaer. Sin cambios en mi manera de pensar ni de comportarme, y recaída tras recaída, establecí un patrón de conducta que mantendría durante los siguientes casi diez años. Continué probando psiquiatras y clínicas psiquiátricas, pero después de cada hospitalización, volvía a recaer.

Después de llevar a cabo muchos procedimientos quirúrgicos drogado, me invitaron a abandonar mi trabajo de residente. Me internaron otra vez en un hospital y volví a mi patrón de recaídas. Además de la institucionalización, probé trabajos, traslados geográficos, libros de autoayuda, programas de metadona, consumir sólo los fines de semana, pasar a tomar pastillas, casarme, balnearios, dietas, ejercicio y religión. Nada me funcionó por mucho tiempo. Debido a mi historial, me dieron por irrecuperable y me dijeron que no tenía esperanzas.

Al cabo de cinco años de consumo intenso, desarrollé una alergia a mi droga favorita. Cada vez que la consumía, moría el tejido alrededor del punto donde me inyectaba. Al principio podía prevenir el proceso usando cortisona, pero el problema reapareció. Mientras tanto, empecé a sufrir todos los efectos secundarios de los esteroides. Cuando me ingresaron por última vez en el hospital, mi sistema inmunitario estaba destruido y yo era una ruina física. Y, lo que es peor, me sentía totalmente desmoralizado y estaba en una bancarrota espiritual de la que no era consciente. La negación y el autoengaño eran tan grandes que me impedían ver que me había convertido en un ser lastimoso.

Ingresé en un centro de tratamiento y allí, por primera vez, me enfrenté a médicos que también eran adictos. Primero me preguntaron si quería ayuda y después si estaba dispuesto hacer todo lo que hiciese falta para recuperarme. Me explicaron que cabía la posibilidad de que perdiera todos mis bienes materiales, mi consultorio, mi profesión, mi esposa y mi familia... hasta mi brazo. Al principio rehusé. Pensaba que no me pasaba nada tan terrible que un poco de descanso y tranquilidad no pudieran resolver. Pero en cambio, hice un pacto con ellos: escucharía y haría caso a las órdenes sin cuestionar nada. Siempre había sido independiente y esto sin duda ya significaba un cambio en mí. Éste fue mi primer encuentro con el amor duro que tanto me ha ayudado en NA.

Durante aquel mes en el hospital, se operó un gran cambio en mí. Me obligaron a salir para ir a las reuniones de NA. Al principio, me rebelé. Esa gente no era como yo; eran drogadictos comunes, tipos que se pinchaban o estaban enganchados a las anfetas, las pastillas o la coca. ¿Cómo iba a identificarme con ellos? No venían de donde venía yo. No habían experimentado lo que había experimentado yo. No habían logrado lo que había logrado yo. Sin embargo, cuando los escuchaba, oía mi propia historia una y otra vez. Tenían los mismos sentimientos, la misma sensación de pérdida, muerte y degradación que yo. También habían acabado desvalidos, desesperados y golpeados por el mismo monstruo espantoso. Pero podían reírse de su pasado y hablar del futuro en términos positivos. Parecía haber un equilibrio entre la seriedad y la frivolidad, con una apabullante sensación de serenidad. Y yo me moría por tener lo que tenían ellos.

Oí hablar de honestidad, tolerancia, aceptación, dicha, libertad, valor, buena voluntad, amor y humildad. Pero lo más importante: oí hablar de Dios. No tenía problemas con el concepto de Dios, ya que me consideraba creyente. Simplemente no comprendía por qué Él me había abandonado. Le rezaba a Dios de la manera que un niño le reza a Papá Noel para pedirle regalos,

pero aferrado a mi terquedad. Si me desprendía de ella, razona-
ba, perdería el control sobre mi vida y no podría sobrevivir. Me
indicaron que quizá todo el problema radicaba en eso. Primero
tenía que pedir la voluntad de Dios y después adaptarme a Ella.
Hoy en día, rezo sólo para conocer su voluntad para conmigo y
la fuerza para cumplirla diariamente, y todo va bien. He visto
que los dones de Dios son infinitos cuando pongo de forma sis-
temática mi voluntad y mi vida a Su cuidado.

A través del proceso de estudiar, escribir, trabajar y, en última
instancia, vivir los Doce Pasos de Narcóticos Anónimos, he podido recorrer un camino que me ha llevado a una nueva relación
con Dios, tal como lo concibo. Eso sólo demuestra el poder de
producir cambios que tiene este programa. Y ese cambio, cuando se multiplique por muchos adictos, hará del mundo un lugar
mejor para todos, adictos y no adictos por igual.

Puesto que todo lo que he obtenido de mi participación en
Narcóticos Anónimos me lo han dado desinteresada e incondicionalmente, me corresponde dárselo también a los otros de
la misma manera. Y el modo que he encontrado de hacerlo es a
través del servicio.

Para mí, una forma especial de servicio ha sido el privilegio
del padrinazgo. Para recordarme de mis actitudes xenófobas
anteriores, Dios, con su infinita sabiduría y humor, ha dispuesto
que apadrinara muchos hombres de diversos orígenes. Muchas
veces nuestro único terreno común es la enfermedad de la adicción. Las diferencias de drogas consumidas, de origen étnico, de
entorno socioeconómico, de orientación sexual o de sistemas de
creencias espirituales ya no suponen ningún obstáculo para esas
fructíferas relaciones de cariño. Cada uno de ellos me ha enseñado más de lo que puedo describir aquí, y parece que la metáfora
de la «calle de dos direcciones» que usamos para referirnos al
padrinazgo se inclina mucho más hacia mi crecimiento personal y mi toma de conciencia. La interacción con esos adictos que
han sido objeto de mis miedos me ha enriquecido mucho más de
todo lo que esperaba cuando llegué a las reuniones de NA.

He encontrado un nuevo hogar en la Confraternidad de Narcóticos Anónimos. He descubierto mi vocación en la vida: llevar el mensaje al adicto que todavía sufre. Estoy muy agradecido a Dios y a NA de poder hacerlo hoy en día.

La percepción de las diferencias en las que estaba centrado era sólo otra manera en que mi enfermedad podía separarme de los compañeros y decirme que no estaba «capacitado» para la recuperación en NA. He descubierto que los compañeros son como yo. Ya no soy más ni menos que nadie. Siento auténtico amor y camaradería en la Confraternidad de Narcóticos Anónimos. Mi gran despertar espiritual ha sido el de reconocer que soy un adicto corriente... *¡No soy único!*

La vida tal cual es

Recuperarse de la adicción es más que limitarse a no consumir drogas. A medida que nos mantenemos limpios, nos enfrentamos con dificultades y recibimos distintos dones. Estos adictos comparten su práctica de los principios del programa mientras se mantienen limpios y viven la vida tal cual es.

Los miembros se turnan para reflexionar aquí sobre su experiencia respecto de vivir la vida tal cual es.

Reflexiones

La hepatitis C me estaba matando, así que tuve que empezar un tratamiento. Tuve que aprender a vivir con jeringas en mi casa. Tuve que aprender a *inyectarme* en la mesa de la cocina con la ventana abierta, en lugar de *pincharme* en el baño con la puerta cerrada como hacía con la droga. Tomar los medicamentos fue lo más doloroso que he hecho en mi vida, y tuve que hacerlo durante un año. Fue un auténtico infierno. Pero contribuyó a un maldito Tercer Paso minucioso. No hubo alternativa, porque el tratamiento no me funcionó y necesitaba esa fe. La hepatitis aún está conmigo. Sigo siendo adicto. Los pasos y mi padrino me han enseñado cosas que nunca me imaginé. Estoy en paz con el mundo. Tengo una nueva forma de vida. Tal vez tenga que volver a tomar la medicación, tal vez no. Lo dejo en manos de mi médico y de Dios. Todo saldrá bien. Tengo NA. Tengo una vida.

Cuando me puse a estudiar empezó una vida nueva para mí, en busca de una sensación de autoestima. La vida era interesante, llena de desafíos, agradable... me empujaba a superar los límites intelectuales y sociales a los que estaba acostumbrada. Aunque casi nunca tenía dinero, estudiar fue una experiencia increíble. Mi madrina empezó a preocuparse cuando disminuyó mi asistencia a las reuniones por la carga académica que tenía. A pesar de todo, seguí en contacto con mi red de apoyo de NA y, durante las vacaciones, iba a todas las reuniones que podía. Me gradué con honores y continué hasta obtener un título universitario. Mis hijos y mi madrina asistieron a la ceremonia de graduación, y aún tengo en el corazón el recuerdo de lo orgullosos que estaban. Estoy tan agradecida a NA por todo lo que he logrado en recuperación.

Una mañana, decidí ir a donar sangre para poder comprar un poco de droga. Esperé un buen rato en el centro de plasma y me extrañó que no me llamaran. Por fin, un médico con bata blanca me hizo entrar en su consultorio. Me dijo sin rodeos: «Su prueba del VIH ha dado positivo. Queda eliminado de forma permanente del programa de donantes de plasma». Caminé por las calles como anestesiado por dentro. Y me entregué a un festival de consumo sin precedentes. Acabé en Nuevo México casi muerto e ingresé en un centro de rehabilitación. Recuerdo que un adicto mencionó lo mucho que quería a NA y sus principios. Me eché a llorar, admití que era adicto y pude participar activamente en Narcóticos Anónimos.

Más adelante tuve una novia VIH-positiva que acabó muriendo de sida. Tuve que darle de comer con cuchara y cuidarla. Fue una experiencia espantosa. Recuerdo que iba a las reuniones y decía: «Yo puedo mantenerme limpio», pero en realidad me preguntaba si era posible. La noche que murió, llamé a mi padrino y a otro miembro de NA. Vinieron a apoyarme. Cuando se la llevaron y todo el mundo se marchó, tuve miedo. ¿Qué iba a hacer? Así que empecé a escribir mi Tercer Paso y mi Poder Superior me demostró que, si no consumía y seguía trabajando el programa, en realidad no había nada que temer.

¡No podía creer que estuviera haciendo algo así tras cinco años limpia! No podía echarle la culpa a nada, no tenía excusas. No estaba drogada ni era una joven inexperta. Era responsable y, saberlo, me hacía sentir sucia y desesperada. Por fin llegué a entender completamente la frase: «Cuantos más secretos, más enfermos».

Parecía que la forma de acabar con esa aventura era contárselo a mi marido. Aquel día empezó el punto más bajo de mi vida; estaba sumamente avergonzada. No sólo había traicionado a mi marido y a la esposa del otro compañero, sino también a mi confraternidad por la desunión que causó toda esa terrible historia en nuestra pequeña comunidad. Trabajé los pasos durante ese capítulo de mi vida, y creo que sin el programa de NA no habría sobrevivido a mi comportamiento. Con el tiempo, mi marido y yo volvimos a unirnos. Me enseñó lo que era el amor incondicional, el perdón y la integridad. Hoy en día, ambos tratamos de ayudar a otras personas en recuperación que tal vez estén pasando por la misma situación.

Un día, mientras pelaba papas, noté cierta debilidad en mis manos. No le hice mucho caso pensando que era la artritis, que me fastidiaba. Después se me empezaron a dormir y a hormiguearme las piernas y los pies. Poco después, ya no podía ponerme de pie ni andar. Me llevaron a urgencias y después me trasladaron a un hospital de rehabilitación física, donde me diagnosticaron un trastorno de tipo nervioso. Durante ese período no podía asistir a las reuniones, y mi madrina me ayudó mucho. Seguí trabajando los pasos y leyendo el Texto Básico. Echaba mucho de menos las reuniones y estaba muy sola sin el mundo exterior. Al cabo de dos años pude levantarme de nuevo y dar unos pocos pasos. Ahora puedo moverme con un andador. Tengo tanta suerte de haber contado con el apoyo de mi madrina y el Poder Superior durante esa época tan dura. Creo que no habría podido superarla sin ellos.

Estaba en casa de mi madre decorando el árbol de Navidad. Mi esposa me llamó drogada. Me dijo cosas espantosas, irrepetibles. Cuando volví a casa, la encontré en el sofá, aparentemente desmayada. En ese momento vi mi escopeta tirada, delante de su cuerpo. Llamé a la policía y me quedé allí, en estado de shock, llorando y maldiciendo a Dios. Había rezado por ella, pidiéndole su voluntad para con ella, que hiciera algo para que dejara de sufrir. Me detuvieron como sospechoso hasta que se demostró que la causa de la muerte era el suicidio. Me dejaron hacer una sola llamada telefónica y llamé a mi padrino. Vino a verme y al día siguiente también llegaron otros compañeros de la confraternidad a ofrecerme toda la ayuda que pudieran darme.

Pasó el tiempo, pero no el dolor. Sabía que tenía que rendirme. No podía hacer que ella volviese, pero podía procurar el sano juicio para mí mismo. Al final, alguien compartió que la respuesta era la fe y no abandonar cinco minutos antes de que se produjera el milagro. Seguí el consejo y le escribí una carta a mi esposa compartiendo mi recuperación y todas las cosas no dichas que necesitaba decir, y me sentí aliviado del peso del duelo. Lo dejé en manos de Dios. A veces vuelvo a aferrarme a mi voluntad, pero el dolor ya no es tan terrible como antes.

Este programa me ha enseñado que puedo recuperarme de la adicción, a pesar de mis otras dolencias. Sufro de dolor crónico y debo aceptar que los hospitales, los médicos y los medicamentos son parte del «aquí y ahora» si quiero seguir en NA y salir de la negación. Antes, hacía caso a la gente que me decía que no estaba limpia y no podía unirme a NA porque debía tomar medicamentos. Permití que los demás me echaran del único lugar en que encontraba alivio: las salas de reunión de NA. Hace casi dos años que he vuelto y estoy muy agradecida de tener la capacidad de trabajar el programa, como todos los demás. Tengo madrina y trabajo los pasos. Hago servicio y asisto habitualmente a las reuniones. La meditación y la oración me ayudan a reducir el dolor. He podido mantenerme limpia en NA sólo porque estaba dispuesta a aceptarme a mí misma. ¡Y esta vez no me voy!

Cuando este adicto perdió un hermano y un hijo por la enfermedad de la adicción, se le rompió el corazón y su fe se vio puesta en tela de juicio. Ir a las reuniones y trabajar los pasos lo han ayudado a sobrevivir a tanta pérdida.

Vida y muerte en NA

Llegué a NA por primera vez en agosto de 1986. Buscaba las diferencias, las encontré y seguí consumiendo durante otro año y medio más. Cuando regresé, me rendí con la buena voluntad de hacer lo que hiciera falta para mantenerme limpio. Acepté sugerencias, cometí nuevos errores y, con el tiempo, disminuyeron los altibajos emocionales junto con mis deseos de consumir.

Cuando llegué al programa, tenía dos hijos maravillosos. A los dos años limpio, Dios me bendijo con un tercer hijo. En el transcurso de mi recuperación he hecho todo lo posible para ser un buen padre. Cometí errores, pero también aprendí a amar, proteger y mantener a mis niños en lugar de intentar controlarlos, dominarlos y atemorizarlos como había hecho la mayor parte de mi vida. No quería que mis hijos vivieran como había vivido yo: con odio, ira, miedo y desprecio por la vida. Independientemente del mensaje que les trasmita con palabras, mis hijos observan cómo me comporto y reacciono a las situaciones. Tuve que aprender a recorrer el camino de NA y hacer todo lo posible por practicar los principios en todos los aspectos de mi vida, porque mis hijos imitarían tanto mis rasgos positivos como mis defectos de carácter.

El programa funciona de formas misteriosas. Mi padre me dijo que me quería dos veces en mi vida: una cuando los Chicago Bears ganaron la Supercopa y otra en alguna fiesta de Año Nuevo. Pero gracias a NA, los últimos años de mi vida fueron diferentes. Le diagnosticaron un cáncer en 1996, y mis hijos, en el hospital, le dijeron: «¡Te queremos, abuelo!», como solían hacer. En NA me enseñaron a decir «te quiero». Se lo enseñé a mis hijos y, para mi sorpresa, ellos se lo enseñaron a mi padre. Aquel día en el hospital, delante de mis propios ojos, el macho de mi padre les dijo a mis hijos: «¡Yo también los quiero!». Estuve junto a él durante su lucha. Murió unos seis meses más tarde. Gracias a NA, mi padre se fue sabiendo que mis hijos lo querían y mis hijos supieron que él también los quería. Murió a los cincuenta y ocho, tras diecinueve años limpio.

Mi hermano luchó con la enfermedad de la adicción durante años. Sabía que yo iba a las reuniones de NA. Solía invitarlo para que viniera conmigo. Probó otras vías para tratar su enfermedad, pero sólo eran soluciones temporales. La adicción siempre salía ganando y poco a poco lo exprimía. En NA me enseñaron a estar disponible para cualquier adicto que desea recuperarse. Él sabía que yo lo amaba incondicionalmente, pero, cuando consumía activamente, me veía obligado a amarlo desde lejos. Mi hermano también sabía que yo estaba dispuesto a llevarlo a una reunión cuando él estuviera preparado para ir.

El 21 de junio del 2001, me llamaron del hospital y me dijeron que mi hermano había tenido un accidente muy grave. No sabía muy bien cómo habían conseguido mi número de teléfono. No me dijeron cómo estaba, pero supe que no estaba bien. Cuando llegué al hospital, me pidieron que identificara el cuerpo de mi hermano; no había sobrevivido. Yacía magullado y muerto; nos dejó para siempre a la edad de treinta y cuatro años. Se había ido a comprar drogas, consumió y, de camino de vuelta, chocó violentamente en un viaducto a toda velocidad. Murió en el acto.

El día anterior, había venido a almorzar conmigo en el trabajo (era una hora y un lugar seguros para encontrarnos). Estuvimos un rato juntos y, al marcharse, me dijo: «Te quiero, hermano mayor». «Yo también te quiero», le respondí. Gracias a lo que había aprendido en NA, las últimas palabras que compartí con mi hermano fueron «te quiero». Más tarde me enteré de que el personal del hospital había encontrado en su bolsillo la tarjeta que le había dado el día anterior. Gracias, NA, por recordarme no cortar completamente los lazos con los adictos que luchan. Ojalá él hubiera querido lo que podemos ofrecer y hubiera estado dispuesto a hacer el esfuerzo de aceptarlo.

Una vez más, se me rompió el corazón, mi espíritu flaqueó y dudé de mi fe. Mis hijos estaban destrozados. Hice lo que me habían enseñado a hacer: trabajar los pasos, rezar, llamar a mi padrino, ir a las reuniones y estar disponible para mis seres queridos. Necesitaba estar rodeado de seres queridos, tanto dentro como fuera de las salas de reunión de NA. Mis compañeros de la confraternidad estuvieron allí ese día, como siempre han estado desde mi primer día limpio. Sé, de corazón, que siempre estarán donde hagan falta.

Hasta ahora no me ha resultado muy difícil escribir porque he tenido algunos años para llorar estas pérdidas. Pero no le deseo a nadie pasar por lo que voy a contar ahora. Durante los últimos nueve meses he perdido la esperanza, los ánimos y las ganas de vivir. Donde tenía el corazón, sólo siento un vacío. He llorado más en los últimos meses que en toda mi vida.

Hace unos dos años mi hijo mayor se vino a vivir conmigo y me di cuenta de que consumía. Él sabía que yo era miembro activo de NA desde hacía quince años. La enfermedad de la adicción, y el horror y la destrucción que la acompañan, no le eran desconocidos. Nos llevamos las manos a la cabeza. Pedí ayuda a otros adictos en recuperación para tratar con la adicción activa de mi propio hijo. Su consumo avanzó y a mí se me rompió el corazón la primera vez que lo vi cabecear medio dormido. Al cabo de un año me dijo que no tenía esperanzas con su vida ni creía que podría estar limpio alguna vez.

Decidió buscar ayuda y acudió a NA en marzo del 2004. Fuimos a algunas reuniones juntos, pero él prefería ir por su cuenta. Empezó a trabajar el programa y a compartir conmigo a un nivel más profundo que nunca. Hicimos limpieza de los destrozos del pasado, de lo cual estoy muy agradecido. Daba gusto verlo confiar en el programa y empezar a desahogarse de algunos secretos que lo perseguían. Comenzó a tener ese resplandor que da NA.

Nuestra literatura dice que «las personas que asisten a nuestras reuniones con regularidad se mantienen limpias», pero, cuando me fui a Afganistán, mi hijo decidió no seguir yendo a las reuniones. Sé que no puedo sacarme este programa del alma y dárselo a otro, aunque esperaba poder hacerlo con mi hijo. Recayó a finales de noviembre de 2004. Regresé del extranjero y me lo encontré en un hospital, esquelético, en posición fetal, después de una sobredosis. Cuando despertó, me dijo que lo suyo era irremediable, que lo único que quería era sentarse en una habitación y consumir sin parar. Me dijo también que no era tan fuerte como yo y que no podía mantenerse limpio. Le aseguré que si yo podía mantenerme limpio, él también, pero tenía un nudo en el estómago.

Como había estado lejos del área tanto tiempo, decidí ir a noventa reuniones en noventa días para conocer a algunos de los adictos locales en recuperación e involucrarme otra vez en el servicio a NA. Sé que si no hubiera hecho esos «noventa» para refrescar con fuerza la base de mi recuperación, lo que estaba a punto de pasar me habría dejado espiritualmente lisiado.

Mi hijo ingresó en otro centro de tratamiento a principios de diciembre, pero no quería recibir visitas y raramente llamaba. Cuando me llamó desde el centro, le pregunté si iba a las reuniones de NA. «Los muchachos de NA dejaron de venir más o menos por Navidad», me contestó. A finales de enero, decidió trasladarse a una casa de acogida en California. Cuando me lo dijo, me opuse a la idea. Le dije que la última vez había tenido una recaída tan terrible que me daba miedo no volver a verlo con vida. Se me llenaron los ojos de lágrimas cuando le di un abrazo y me despedí de él antes de que se marchara a la estación de tren con su madre. Cuando vio mis ojos llorosos me preguntó si estaba bien. Me quedé sin palabras y asentí con la cabeza. Mi hijo sabía que yo no quería que se fuese. Tenía mis dudas con respecto a su decisión.

Dejó el tratamiento el 3 de febrero y se marchó a la casa de acogida el 5, el mismo día que yo fui como coordinador de un panel a la reunión de hospitales e instituciones recién abierta en la unidad de la que mi hijo acababa de irse.

Me llamó al cabo de una semana desde la casa de acogida. Parecía muy preocupado y me contó que estaba asustado porque él y sus compañeros de habitación habían recaído la noche anterior. Entonces dijo las palabras que yo esperaba: «Quiero volver a casa». Me sentí cautelosamente aliviado, porque sé que los adictos en activo son capaces de decir cualquier cosa por dinero. Le mandé un pasaje de tren no reembolsable. Salió al día siguiente para venir a vivir conmigo y mi otro hijo. Al día siguiente, recibí una llamada de su madre. Pensaba que estaba simplemente confirmando que iría a recogerlo a la estación. Me equivocaba.

Lloraba histéricamente y balbuceaba: «¡Nuestro hijo ha muerto!» No podía creerlo... ¡ya casi estaba en casa! Se me encogió el corazón cuando me dijo que lo habían encontrado muerto en un baño del tren en Kansas City. Mi hijo maravilloso, divertido, sociable, amante de la familia, respetuoso, cariñoso, ha muerto a los veintiún años. Esa última dosis lo mató. Nunca más volveré a abrazarlo. Nunca más me reiré con él. Nunca más volveré a ir a pescar o al cine con mi hijo. Mi sobrina dice que sigue vivo en nuestros corazones. Pero soy egoísta: lo quiero aquí, a mi lado. Lo normal era que me sobreviviera.

Vivir con esta pesadilla que te cambia la vida ha sido un desafío. Ver a mi propio hijo en un ataúd me destrozó el corazón. Ya he pasado por todos los «y si...», «podría haber», «debería haber», «si hubiera». Hice todo lo que pude. Lo amaba incondicionalmente y siempre estuve presente para ayudarlo.

Trabajar los pasos ha reducido la culpa y el arrepentimiento que sentía. He aprendido a comunicarme con las personas que quiero, respeto y admiro para que sepan la influencia que tienen en mi vida. También debo estar presente para mi familia y los amigos que se enfrentan a tragedias en la vida, aunque me sienta incómodo y no sepa qué decir. Sólo tengo que estar a su lado, no hacen falta palabras mágicas.

Lo esencial es que si no hubiera sido por Narcóticos Anónimos, no habría tenido las herramientas para enfrentarme a la muerte de mi padre, de mi hermano y, sobre todo, de mi hijo. El viaje continúa. Me esperan más lecciones en las reuniones, y en las reuniones antes y después de las reuniones en sí. En los últimos nueve meses hemos tenido cuatro muertes por sobredosis en nuestra área. La muerte por la enfermedad de la adicción es algo real. Ésta es una enfermedad grave que mata. Pero hoy en día puedo elegir.

Sí, hay pérdidas y dolor en la recuperación, pero el viaje en NA también ha sido mucho más gratificante de lo que jamás habría imaginado. Para mencionar sólo unos pocos sueños que se han cumplido: desde que estoy limpio soy el único de siete hermanos que ha conseguido un título universitario. He viajado por el mundo y tenido la suerte de asistir a reuniones de NA en Japón, Turquía, la India y Malasia. El año pasado estuve en Alemania, Uzbekistán y Afganistán. El viaje continúa mientras aprendo poco a poco a vivir con el dolor de haber perdido un hijo maravilloso, sociable y apuesto. Espero que nos proteja, a mí y a sus hermanos.

No culpo a Dios ni a nadie por la muerte de mi hijo. Eligió clavarse una aguja en el brazo y la muerte fue la consecuencia. Estaba volviendo a casa conmigo, pero en el camino la enfermedad de la adicción hizo lo que mejor hace.

Ahora sé que la vida es algo precioso y trato de mandar las flores antes del funeral. Hago todo lo que puedo para tender siempre la mano a los recién llegados. Continúo haciendo las mismas cosas que me mantuvieron limpio los primeros noventa días.

Incluso en un remoto rincón del paraíso, la enfermedad puede encontrarnos... y también la recuperación. Esta compañera siguió viniendo y descubrió la libertad al hacer, sin miedo, un inventario.

El aliento de la vida

No tengo problemas en aceptar el hecho de que nací adicta. Está en mis genes. En el lugar donde me crié era la única niña blanca, o *haole*, de la clase. En hawaiano, *haole* significa «sin aliento o espíritu de vida». Pecosa y pelirroja, era tan blanca que me sentía repulsiva. La gente me miraba y decía: «¿Qué le pasa? Parece enferma. ¡Qué blanca está!». Me daba mucha vergüenza. En cuarto grado, le pedí a mi hermano que me dibujara un tatuaje con una cadena grande y un ancla. Mi padre estaba en la Marina, y ese año teníamos un capitán de barco chileno en casa. Quería ser él, o Pippi Langstrump, que era muy rica, lo bastante fuerte como para levantar un caballo, tenía un mono como mascota y se pasaba la mayor parte del tiempo sola. Además se parecía a mí.

Diversas personas abusaron de mí: amigos de mis padres, niñeros y gente del barrio, desde el jardín de infancia. Me endurecí por dentro. Me volví fría y también descubrí lo que valía. Me convertí en un objeto y mi sexualidad pasó a ser mi único poder. De ahí saqué la confirmación de mi valor; ahí era donde creía que tenía mi fuerza y mi talento.

A los quince años, ya hacía la calle en Waikiki. Descubrí la recuperación en la adolescencia, pero entré y salí del programa durante muchos años. Me sentaba al fondo de una reunión y no decía nada. Le pedía a alguna mujer que me amadrinara porque necesitaba dar un nombre cuando alguien me preguntaba quién era mi madrina.

Debido a mi adicción y a las formas y los medios que utilizaba para conseguir más droga, causé mucho daño: a mí misma y a los demás. Toda degradación era poca para calmar el dolor que llevaba dentro. Recaí muchas veces. Perdí embarazos. Estaba llena de enfermedades, vergüenza, miedo e ira. En un momento dado vivía en una casa de adictos al crack en el Este de Los Ángeles y tenía una sola prenda, que se suponía era un vestido elástico. Estaba sucia. Vivía como un animal. Observaba por la ventana a las mujeres en la parada del autobús que iban a trabajar o tendían la ropa en los patios, mientras yo me estaba muriendo, mi espíritu se estaba muriendo. «¿Por qué no puedo tener algo así? —le pregunté a Dios—. ¿Por qué no puedo tener una vida sencilla? No necesito mucho... Lo único que quiero sentir... es que soy una persona decente.» Con los escasos recursos que pude reunir, me trasladé a un rincón remoto y rural de Hawai, donde no conocía a nadie.

Le pedí a Dios que me ayudara a ayudarme a mí misma. Estaba desesperada. Llamé a la línea de ayuda y fui a una reunión de NA. Había tres personas en la mesa. Cuando acabaron de compartir... ¡las tres me miraron! Había llegado el momento de que abriera la boca y hablara. Empecé a ir a las reuniones. Éramos un grupo pequeño. Salíamos juntos, íbamos a las reuniones, al cine, a cenar. Tomábamos café toda la noche y hablábamos. Nos llamábamos antes de dormir y nos despertábamos para pasar otro día limpios. Conseguí sumar unos cuantos días limpia. Acudí a encuentros de nuestra región y vi que la gente de otras islas estaba limpia. Después fui a una convención y descubrí que había gente de otros estados, e incluso de otros países... ¡que estaba limpia! Mi vida en recuperación empezó a ampliarse y la oscuridad a desaparecer. Estaba dejando entrar la luz de la recuperación.

Tomé una decisión y una vida espiritual se hizo realidad. Empecé a sentirme un poco libre. De repente, podía elegir. Volví a estudiar y acabé una carrera. Hice enmiendas y arreglé mis problemas legales. Me dediqué al servicio en el programa.

En un determinado momento me volví muy seria. Podía concentrarme un poco mejor y, en el servicio, usaba —no, mejor dicho, empuñaba— las tradiciones y nuestra política como una espada. Alguien me dijo: «Si todos viviéramos según la regla del ojo por ojo, estaríamos todos ciegos». Tuve que dejar de sacarle los ojos a todos los que me rodeaban en el servicio. Aprendí que mi vida dependía de la unidad de NA y que necesitaba tener la piel más dura y el corazón más blando.

Empecé a darme cuenta de que seguía teniendo comportamientos que me estaban matando. Tenía que acabar con ellos. Había compartido inventarios con mi madrina que tenían que ver con delitos contra la sociedad y las instituciones, pero no me había desprendido de los «delitos contra mí misma». Las consecuencias de guardarme la vergüenza del pasado hacían que me dejara llevar por la deshonestidad, la ira violenta, la adicción sexual, las relaciones una detrás de otra, el juego, la terapia de las compras, las deudas, la anorexia y la bulimia. Era auténtica adicción sin droga. Estos comportamientos son defectos de carácter que se interponen en mi capacidad de tener una vida plena. Había entrevisto lo que podía ser la libertad, pero no sabía cómo conseguirla. Estaba agotada.

Algunas de las convicciones que tenía metidas dentro me estaban matando. Era preciso que desaparecieran toda la ira y el resentimiento del pasado, mi infancia, mis errores, mi pena, mis pérdidas —ese dolor tan profundo que ningún comportamiento espantoso podía calmar—. Si no me desprendía de todo aquello, no viviría. Con lágrimas en los ojos, lo escribí todo en un papel. Encontré una madrina que, cuando se trataba de inventarios, era como un cirujano. «¿Estás dispuesta a conocerte?», me preguntó. No lo sé, pensé. ¿Qué pasará si me desprendo de esto que tengo dentro? Tenía miedo. «El PS ahora está aquí mismo —me dijo—. Nos quiere y estamos a salvo.» Así que me rendí y, acto seguido, me sentí aliviada. ¡Me pregunté por qué no lo había hecho antes! Me sentí viva y, además, ¡limpia! ¡Me di cuenta de que estar limpia era una nueva embriaguez! ¿Esto era trabajar los pasos? ¡Me gustaba! Aprendí que no era algo que me fuera a lastimar. También sabía que me quedaba mucho trabajo por hacer. La construcción estaba en marcha.

Quiero a mi madrina. Me ayuda a vivir de acuerdo con los principios espirituales. Me mira fijo a los ojos y me veo reflejada en ellos. Me ha querido tanto cuando llevaba a la mesa generosidad como mezquindad, y me ha enseñado a quererme a mí misma a pesar de todo. Me di cuenta de que yo no era una sola persona; no podía serlo después de estar tan fracturada. Estoy dividida en tres. Está el «yo más bajo», que es la adicta. Puede ser deshonesta, pellizcar a un bebé cuando no la ve nadie. Es la que se fumó el dinero de tu fianza. Sigue formando parte de mí. Después hay un «yo intermedio»: la ciudadana. Paga los impuestos, las facturas; es buena hija, hermana, esposa y trabajadora. Es decente. Es una servidora de confianza. Cumple con sus obligaciones y es responsable. Es generosa, divertida y cariñosa. Y el «yo superior»: mi naturaleza exacta, la que mi PS intenta que yo sea. Es esa parte de mí compasiva, que no juzga nadie, que es receptiva y llena de gracia. Esa parte de mí es pura luz y puro amor. La primera vez que apadriné a alguien, pregunté: «¿Cómo lo hago? ¿Qué tipo de papel es éste? ¿Qué tipo de voz debo tener?» Aprendí que si sólo soy humana, la adicta en recuperación que soy, y permito que el PS nos guíe a las dos, todo irá bien. Mi PS me manda gente para que yo pueda aprender sobre mí misma.

Segura de estar rodeada del amor de la confraternidad y a través del trabajo de los pasos, he empezado a sanar. He aprendido a perdonar a aquellos que me han hecho daño de pequeña. ¡Es posible! Esos recuerdos me entristecen, pero ya no los llevo como una carga. He llegado a entender nuestro símbolo de cuatro caras como un marco según el cual vivir: uno mismo, Dios, sociedad y servicio. Es la base de la forma en que vivo este programa y trabajo los pasos.

He aprendido a transformar mi ira en acción creativa. He aprendido a estar en desacuerdo, e incluso a discutir, y a pesar de todo llevarme bien. He aprendido patrones de conducta saludables en las relaciones y con la familia. He aprendido que buena voluntad significa que creo que todo lo que otra persona hace o cree es tan importante como mis propias acciones o creencias. Es una afirmación simple, pero me ha llevado a un camino de descubrimiento muy complejo. Han sucedido algunas cosas muy asombrosas y sé que es la magia de la recuperación. Estaré trabajando un paso y, en el momento en que esté preparada, caerá un velo ante mis ojos y podré ver la verdad. Éste es un camino de libertad.

Me siento embriagada de vida. Me río desde el fondo de la barriga con la boca bien abierta. Me siento feliz y despreocupada. Y lo siento a un nivel muy profundo. Tengo un contacto consciente. La oración y la meditación han producido una relación con los demás y conmigo misma que la adicción había hecho imposible. La adicción me separaba de la vida. NA me ha permitido encontrar el camino al corazón, escucharlo y pensar con él. Mi corazón ya no está helado, desprende calor. Es la misma diferencia que hay entre estar sentado a la sombra y estar sentado al sol. Estoy tan agradecida. He recibido el aliento de la vida. Gracias, Narcóticos Anónimos.

Este adicto de la India cree que «no hay días malos, sino solo días buenos y días de aprendizaje», y él ha aprendido mucho en recuperación. Quizá, lo más importante que ha aprendido es a amar el proceso y a confiar en él.

Di que sí

Me crié en una familia tradicional sij de la India, donde incluso fumar cigarrillos es tabú. Los sijs son personas marciales, y *sardar*, la palabra india para sij, significa líder. Como los sijs se identifican por su turbante, yo era un adicto muy visible. Un sij que fuma es una desgracia para la comunidad, y yo encima consumía. Hasta los traficantes me llamaban «Smacky Sardar».[25]

Tenía por lo menos dos vidas: mi vida profesional y mi vida de adicto. Acabé los estudios en una universidad muy buena, aunque me las había arreglado para que me suspendieran durante un año y, por impulso, me fui a las montañas con una «urgente» necesidad de tomar hongos. Al principio, trabajé en entornos empresariales dinámicos, y después, como cada vez me era más difícil conciliar las exigencias del trabajo con las necesidades de adicto, me fui a trabajar de profesor a las montañas. Mi justificación era que no quería estar en un ambiente con esa competitividad febril. Daba unas peroratas apasionadas a cualquiera que quisiera escucharme sobre hacer cosas significativas. Pero creo que lo que más me atraía era el estilo de vida despreocupado y la marihuana formidable que cultivaba en mi casa de campo. Una casa de campo sobre un acantilado en un internado no es un lugar muy fácil para aislarse. Al principio fue divertido, y después se convirtió en algo infernal. No soportaba la soledad, así que volví a la ciudad a buscar trabajo.

Con cada viraje, asimilarme en el nuevo entorno se hacía más difícil. La culpa, la vergüenza y el miedo fueron parte de mi consumo desde el principio. Llevé a cabo muchas huidas geográficas durante mi adicción activa para alejarme: de las personas que

[25] El «sij heroinómano».

me querían porque ya no soportaba mirarlas a los ojos, de los trabajos que ya no podía seguir conservando, de los amigos a los que había abandonado. Pensaba que si cambiaba mis circunstancias, por fin arreglaría mi vida. Creía que mi problema era sencillamente haber nacido en el lugar y el momento equivocados. Lo mío era ser una estrella de rock de los sesenta en California, pero en cambio era un informático indio de los noventa. A la larga, ya no pude seguir con los malabarismos. Para mí, oír que mi vida se había vuelto ingobernable fue un alivio: por fin los compañeros le habían puesto nombre a mi afección.

Llegué a mi primera reunión como la mayoría de los adictos: abatido, desesperado y con tendencias suicidas. Aparecí al final de la reunión. En el momento en que entraba, dos personas de cada lado me tomaron de la mano y recitamos la Oración de la Serenidad. Aquel día aprendí una lección importante: toma con una mano a un recién llegado y con la otra a un miembro con experiencia, así no te queda ninguna para tomar drogas. Fuera de la reunión, un compañero habló conmigo y compartió su historia. Empezó a decir cosas que yo mismo había sentido, cosas que no le había dicho a nadie. Al final describió otras que ni siquiera me había dicho a mí mismo pero que, cuando las oí, resonaron en lo profundo de mi ser. Le había dado voz a mis sentimientos. Alguien me comprendía. Y dijo: «No tienes por qué volver a sentirte así. No tienes por qué volver a estar solo. Sólo sigue viniendo». Se convirtió en mi primer padrino. Desde aquel día, no he vuelto a consumir.

Al día siguiente, le conté a mi mejor amigo, con el que había consumido durante diez años, que había estado en una reunión y le pregunté si quería venir. No sé por qué se lo pregunté ni por qué, lo más asombroso, dijo que sí. ¡Pero fue mi primer éxito con un Duodécimo Paso incluso antes de saber que existían los Doce Pasos! Empezar a estar limpio con él, y mantenernos limpios, ha sido uno de los placeres de mi recuperación.

Como mucha gente, cuando llegué a NA era agnóstico. Cuando mi padrino me dijo que rezara, le contesté que no creía en

Dios, por lo que consideraba hipócrita rezar. Se rió hasta las lágrimas, pero me pidió que rezara de todas formas. «Limítate a pronunciar las palabras», me dijo. Y lo hice. Estaba tan lastimado que estaba dispuesto a hacer lo que fuera. Y, un día, me desperté y creí en un poder más grande que yo: un Poder Superior bondadoso y cariñoso que se convirtió en Dios, tal como lo concibo. Descubrí el principio de que actuar antecede a sentir. La oración tuvo que anteceder a la creencia. A todos los lemas que tenemos en NA, yo añadiría uno: «¡Cuanto más cursi suena, mejor funciona!».

A los veinte días de llegar a NA, me quedé sin trabajo. Mi padrino me dijo que seguramente era lo que necesitaba. No tenía mucho más que hacer que estar con miembros de NA, ir a las reuniones, escribir los pasos e involucrarme en el servicio. Mi lema de recuperación se convirtió en: «¡Di que sí!». Me pidieran lo que me pidieran, decía que sí. Estaba dispuesto a llegar a cualquier extremo.

Cuando llevaba un año limpio, me trasladé a Qatar, en el Golfo Pérsico. De repente tenía un trabajo nuevo en el extranjero. Y sólo dos reuniones por semana... de AA. Los primeros meses me gasté la mitad del sueldo llamando a mi padrino a la India. No se limitó a decirme lo de siempre, sino que me tomó de la mano y me acompañó a través del día, y varios días, minuto a minuto con todo mi dolor. Me levantaba con un nudo de miedo en el estómago y sólo quería morirme. Llamaba a mi padrino a casi 5 000 kilómetros de distancia para oírlo decir: «Dúchate y vuelve a llamarme». Volvía a llamarlo y me decía: «Desayuna y vuelve a llamarme». Descubrí que el desayuno es un principio espiritual: con honestidad, receptividad, buena voluntad y un desayuno vamos por buen camino.

Me iba a trabajar y estaba bien durante un rato. Entonces el papel se atascaba en la impresora, me lo quedaba mirando y pensaba: «¿Qué estoy imprimiendo? ¿Qué diablos estoy haciendo aquí? Esto no tiene sentido. Tendría que matarme». En aquel entonces, pasaba de la serenidad al suicidio en tres segundos. No podía controlar mis sentimientos, pero cada vez que sentía esa rabia y esa frustración, corría al baño. Pasaba mucho tiempo en el baño, igual que cuando consumía, sólo que esta vez era para tener intimidad para rezar.

Mi padrino me sugirió que buscara alguien en Qatar para que me apadrinara. La idea de construir otra relación de padrinazgo, establecer intimidad con otra persona, me parecía abrumadora. A pesar de mi resistencia, tenía buena voluntad y actué. Como no había NA en Qatar, le pedí a alguien de AA que me apadrinara. Trabajé los pasos de las *Guías para trabajar los pasos de NA*. Todas las mañanas me sentaba durante una hora y escribía las respuestas a la interminable lista de preguntas. Mi nuevo padrino se hizo una copia de la guía y la estudió para poder ayudarme. Era un hombre humilde y tolerante. Cuando repasaba lo que escribía, todo me parecía equivocado y absurdo, no entendía qué provecho podía sacar a escribir todo aquello, pero ahora sé que eso no era lo importante. Lo importante era la hora que comprometía todos los días a mi recuperación. Gracias a hacerlo todos los días, he progresado con los pasos, no de forma perfecta, pero lo mejor que he podido.

Creo que lo que me ayudó de verdad fue estar dispuesto. Como sólo había dos reuniones por semana en Qatar, empecé a participar en reuniones de NA por Internet. Incluso tenía un puesto de servicio: era el secretario de una de las reuniones online. Aunque no hubiera nadie, seguía el protocolo de la reunión, tecleaba mi testimonio y pensaba: «¡Y a esto lo llaman devolvernos el sano juicio!».

Al cabo de un año me trasladé a Omán. Fue difícil: mudarse cada año significaba crear nuevas relaciones, confiar cada vez en gente nueva. Conocí a otro adicto en recuperación y abrimos una reunión de NA. Empezó a llegar gente a las reuniones. Mi amigo, al que le había hecho un Duodécimo Paso, se trasladó a Omán, de modo que teníamos una Confraternidad de NA. Mi casa se convirtió en el punto de reunión de NA. Nos encontrábamos, hablábamos de recuperación, teníamos reuniones, conversábamos sobre hospitales e instituciones y sobre iniciativas de información pública. Tenía un ahijado y trabajábamos los pasos juntos.

Entonces me embarqué en una relación afectiva malsana. Estaba en Omán, un país extranjero e islámico. Si me descubrían, el precio a pagar era inimaginable, pero no podía parar. Una vez más, supe lo que significaba impotencia. Tenía miedo y me sentía culpable y avergonzado; y poco a poco desapareció uno de los dones más preciosos de la recuperación: ya no me sentía bien conmigo mismo. Mi contacto con Dios, tal como lo concebía, era escaso. Iba a las reuniones, pero ya no podía compartir honestamente. Creo que lo que me salvó fue el padrinazgo. Seguía compartiendo honestamente con mi padrino. Probé de todo para romper con esa obsesión, pero siempre fracasaba. Al final, mi padrino me dijo: «Es demasiado peligroso para tu recuperación y tu vida. Deja el trabajo, vuelve a la India y empieza de nuevo». Quería discutir, pelear, despotricar... había trabajado mucho y no quería renunciar a mi éxito profesional. Pero he aprendido a hacer caso a la orientación. Aquel día me fui a casa y recé. «Dios, si ésta es tu voluntad para conmigo, entonces la acepto. Pero si hay una manera, por favor, quítame esta obsesión. Yo no puedo.»

A la mañana siguiente, mi jefe me llamó a su oficina y me dijo que nuestra empresa había conseguido un contrato grande en Bahréin y que debía trasladarme de inmediato. Las soluciones de Dios siempre me han sorprendido. Un amigo mío dice que no hay días malos, sino sólo días de aprendizaje. En cada situación puedo preguntar a Dios, tal como lo concibo: «¿Cuál es tu voluntad para conmigo? ¿Qué tengo que aprender aquí?». Puedo practicar esto en todos los aspectos de mi vida. Incluso en el trabajo puedo preguntar: «¿Qué puedo aportar a esta situación?», en lugar de «¿Qué puedo sacar de esta situación?». Cuando aplico este enfoque, por lo general salgo ganando.

Mi padrino me hizo escribir sobre la fascinación que tenía con las mujeres comprometidas... sobre mi miedo al compromiso. «La única forma de vivir es atravesar el miedo. Es hora de que te cases», me dijo. Siempre había enarbolado mi buena voluntad como bandera, así que le contesté:

—Sí, pero hacen falta dos para casarse.

—Hazlo al estilo tradicional de la India. Pídele a tu madre que te busque una chica —me recomendó.

—Y el amor, ¿qué?

—El amor es acción —me dijo—. Aprenderás a amar. Tú le propondrás matrimonio a una parte de la anatomía, pero tu madre te buscará una mujer con la que puedas tener una vida durante el resto de tu vida.

También me pidió que le contara a la candidata lo de mi adicción y NA. Pensé que esa sería la solución. Le contaría mis batallitas y me diría: «¿Quién demonios querría casarse con semejante chiflado?», y ahí se acabaría. Podía seguir las indicaciones de mi padrino y no tendría que casarme. Ése era mi plan. Evidentemente la voluntad de Dios era diferente. La chica escuchó mi historia, me apoyó y se mostró comprensiva de inmediato. Nos casamos poco después.

El día de mi primer aniversario de bodas, mi esposa tenía hecho el equipaje. Estaba lista para largarse a la mañana siguiente... para siempre. Recuerdo que pensé, caramba, esta vez has ido demasiado lejos con lo de la buena voluntad. No tendrías que haberte casado.

Esa noche, fui a un taller sobre las tradiciones cuyo orador era alguien que estaba de visita. Yo no estaba muy entusiasmado con el taller, consideraba las tradiciones algo árido. Pero estaba triste y confundido, así que pensé ir a pasar el rato. Pero oí algo que nunca olvidaré. La persona que compartió sobre la Primera Tradición dijo: «Siempre y cuando estar limpio sea más importante que drogarse, uno se mantiene limpio. Siempre y cuando preservar al grupo sea más importante que tener razón, uno estará bien». Me fui a casa, abracé a mi mujer y le dije: «Estoy dispuesto a hacer el esfuerzo para que esto funcione». A partir de aquel día nuestra relación cambió y me enamoré. Y las tradiciones nunca volvieron a parecerme áridas.

Cuando trabajo el Undécimo Paso y pido la ayuda de mi padrino, sea cual sea la decisión que tome, es la adecuada para mí. Eso también lo aprendí en una reunión sobre las tradiciones. En nuestro grupo de NA, a un miembro le preocupaba que en este país, donde cabía la probabilidad de que nos vigilaran, las personas que seguían consumiendo pusieran en peligro las reuniones. El grupo discutió la Primera Tradición —nuestro bienestar común debe tener prioridad, sin reuniones nadie se recupera—, la Tercera Tradición —el único requisito para ser miembro es el deseo de dejar de consumir—, la Quinta Tradición —nuestro propósito primordial es llevar el mensaje al adicto que todavía sufre—. Tuve la oportunidad de hablar con alguien de los servicios mundiales en un taller y le pregunté qué decisión hubiera tomado él, sin decirle lo que habíamos hecho. «No importa mucho lo que tu grupo haya decidido al final —me dijo—. Ya sé que tomó la decisión correcta porque usó las herramientas: mantuvo una discusión, habló de las tradiciones y llegó a una decisión.» Para mí fue una lección enorme: confiar en el proceso.

Donde vivo ahora, la Confraternidad de NA está creciendo muy rápido. Creo que no me he sentido tan en casa en ninguna parte como me siento aquí. Compartí mis secretos íntimos con NA, y no me rechazaron. Así que empecé a abrirme aún más. A través de estas relaciones estoy aprendiendo lo que es la intimidad en mis otras relaciones: con mi mujer, mis colegas de trabajo y mis padres. He aprendido a confiar, a ser vulnerable y a pedir ayuda, especialmente con las cosas con las cuales no tengo experiencia: desde qué hacer para el cumpleaños de mi mujer hasta cómo hacer enmiendas con mi padre.

Día a día, he llegado a comprender que el amor es acción. Tengo una vida y una pareja y todos los días me enfrento a diferentes opciones. Me cuesta tomar decisiones. Dicen que con la recuperación continuada tendremos una idea más clara de quiénes somos y qué queremos. Pero, para mí, todavía no es algo automático. En todos los grandes acontecimientos de mi vida —casarme, mudarme de casa, trabajar en el extranjero—, la confraternidad me ha apoyado y ayudado. NA no sólo me ha cambiado, sino que además me ha hecho sentir cómodo con el cambio.

Cuando llevaba años limpia, la depresión casi mató a esta adicta en recuperación. Pero un compromiso renovado con la recuperación le produjo alivio y una relación más profunda con su Poder Superior.

Un trabajo interno

Mi consumo fue bastante parecido al de todos los demás, ¡pero mi droga favorita era mucho más! Siempre que me mantuviera fuera de la realidad y no tuviera que enfrentarme a la vida, me iba bien. Pero al cabo de un tiempo, perdí las ganas de vivir. Estaba constantemente en el juzgado por delitos que mi adicción me hacía cometer. Pasé de hurtar en las tiendas, ser carterista y robar los regalos de mis propios hijos a delitos que no puedo ni mencionar. Siempre y cuando lograra olvidar, no me importaba.

Mis hijos vivieron mi adicción conmigo; vieron las drogas, la delincuencia, la muerte, las redadas policiales, la enfermedad, el aislamiento, el sufrimiento de una existencia que tenía el descaro de llamarse «vida». Siempre y cuando fueran todos los días a la escuela, así yo podía salir a conseguir dinero, no me importaba, ni siquiera cuando estaban enfermos.

En resumidas cuentas, así pasaron diecinueve años: día tras día la misma triste realidad de vivir con una enfermedad que quería matarme y la tortura de aquellos que habían tenido la mala suerte de formar parte de mi vida.

Conocí el infierno en la Tierra. Mi pareja se había marchado, me estaban quitando a mis hijos y yo estaba otra vez camino a la cárcel. Me habían ofrecido ayuda durante años pero siempre la había rechazado. El orgullo, la terquedad y el amor a las drogas me estaban matando, a mí y a mis hijos. Un médico me dijo que si no dejaba de consumir me daba seis meses de vida. «Sí, sí —pensé—. Siempre dicen lo mismo.» Pero se me quedó grabado. Algo (que ahora llamo «Dios») me dijo: «Cambia o muere». Pedí ayuda, y comenzó mi viaje de recuperación.

¡Y qué viaje! Durante el tratamiento me dijeron que tenía que asistir a una reunión de Narcóticos Anónimos. Estaba tan aterrorizada que no puedo ni describir el miedo. Me escondí en el armario; no iba a ir a ninguna reunión... ¿Qué se pensaban esos desgraciados? Unos soplones (salvavidas, más bien) fueron con el cuento y me obligaron a subir al autobús. Me senté en aquella reunión pero no oí nada más que lo que tenía en la cabeza. Estaba tan paralizada por la autoobsesión que hasta me daba miedo ir al baño. Era el infierno. Seguí yendo, al principio porque tenía que hacerlo, pero... gracias a Dios que me obligaban. En algún momento de aquella época empecé a prestar atención, empecé a tener un poco de esperanza, empecé a reírme y a comprender un poquito, ¡y empecé a querer vivir!

Entonces se acabó el tratamiento; a partir de ahora dependía de mí misma. Asistí a dos reuniones por día durante el primer año, levantaba la mano para todos los compromisos de servicio (no acabé ninguno), cambié de madrina cuatro veces porque... ¡había llegado el momento de hacer el Cuarto Paso! ¿Cómo iba a decirles quién era yo si ni siquiera lo sabía? Así fue mi primer año: reuniones, madrinas, hacer amigos, aprender muy poco a poco a hacer la compra, vestirme, comer, comunicarme, pagar facturas, aprender a ser madre... habilidades básicas para vivir. Conducía ilegalmente y pensaba que la policía no me paraba porque... «¡deben saber lo bien que me estoy portando!». Eso es falta de sano juicio, pero así pensaba yo durante el primer año y, ¿saben qué? ¡Me encantaba! Sentía que por fin formaba parte de algo.

Estaba bastante chiflada, pero empecé a tener una vida más equilibrada. Iba regularmente a las reuniones. Tenía una madrina nueva y tomé la decisión de entregar la mayor parte de mi voluntad. Sabía que tenía que avanzar con los pasos o seguiría estando loca y posiblemente volvería a consumir. Para mí, ese fue el comienzo de la honestidad, la receptividad y la buena voluntad reales, y practicar estos principios me abrió las puertas al crecimiento y la sanación.

Fui a la universidad durante cuatro años y conseguí un trabajo que desempeñaba bien. Mis hijos volvieron a vivir conmigo. Viajé. Tuve y perdí mis primeras relaciones afectivas limpia. La vida era divertida. Me encantaba estar limpia, formar parte de una confraternidad fantástica que en realidad era como una familia.

Entonces, de repente, empecé a hundirme. La depresión se instaló en mí. Me sentía triste, taciturna, abatida. Seguí adelante pensando que esto también pasaría. Asistía a diario a las reuniones, compartía, hablaba con amigos, iba al trabajo y trataba de vivir lo más normalmente que podía. Pero no pasó. Dos meses se convirtieron en tres, cuatro, cinco... Iba al trabajo, volvía a casa y me metía en la cama, no acudía a las reuniones, no contestaba el teléfono, no comía. Me sentía como en un agujero negro del que no podía salir. «Se suponía que no sería así», chillaba mi cabeza. Recuerdo que estaba sentada al pie de mi escalera meciéndome y apretándome las costillas por el dolor físico que tenía. Sollozaba y gritaba: «¡Ayúdame!». Pensaba en consumir, cualquier cosa que me aliviara el dolor, pero sabía que no era la solución. Consumir sólo empeoraría las cosas. Entonces pensé que la solución era la muerte; quería morirme. Llevaba siete años limpia y toqué un fondo emocional en recuperación. Había probado todo para arreglarme, salvo encontrar un auténtico poder superior bondadoso en mi vida. Mis dioses habían sido el trabajo, las compras, los novios, el sexo, y ni siquiera lo sabía. Llamé a mi madrina y le pedí ayuda. Empecé a ir de nuevo a las reuniones.

Desde entonces trabajo en la relación más importante de mi vida: la que tengo con mi poder superior —Dios. He llegado a comprender que no hay gente, lugares o cosas que puedan hacer sentirme plena, sólo lo hará el programa de Narcóticos Anónimos. La frase «es un trabajo interno» es completamente cierta, a pesar de que a esta adicta le ha costado mucho entenderla. Estoy más involucrada que nunca en el servicio. El año pasado fui la coordinadora de la convención de nuestra área y este año vuelvo a participar, además soy coordinadora adjunta del comité de servicio de área. Me encanta y me gustan mucho las relaciones que entablo al hacer servicio. Asisto a las reuniones con regularidad, ayudo a los recién llegados y trato de estar agradecida. Hoy en día busco la paz de espíritu y la satisfacción a través del trabajo del programa de Narcóticos Anónimos.

Entre los desafíos a los cuales este adicto se ha enfrentado
en sus treinta años limpio están el cáncer y una operación
a corazón abierto. De todo esto, ha aprendido lo que es
la rendición y el amor.

Y apareció Dios

Cuando llegué a Narcóticos Anónimos pensaba que no podía estar sin consumir drogas treinta horas... y no hablemos de
treinta años. Estaba aterrado de que NA no me funcionara. Había probado la religión, la psiquiatría y el ejército. Como era un
veterano, pensaba que el gobierno podía salvarme, y que me salvaría, pero no pudo. Entré en mi primera reunión de Narcóticos
Anónimos solo; atrás quedaban la cárcel, los hospitales, la violencia, los hogares de acogida, una madre enferma que dependía de los vales de alimentos y de la asistencia social y un padre
que nos abandonó. Un par de miembros me llevaron a una casa
donde había otros adictos que vivían limpios. No comí ni dormí
durante días, pero descubrí el mensaje de recuperación.

Uno de los regalos que recibí en NA ha sido haberme enamo-
rado y casarme con mi mujer. Hace veintiséis años que estamos
juntos, y nos hemos sido fieles durante todo este tiempo. Antes
de conocer a mi esposa, era un tipo bastante duro y temerario;
es indudable que el trabajo de los pasos me ha ayudado a tener
una relación con ella. A los cinco años de casados, mi esposa me
dijo que necesitaba intimidad. Ojalá me hubiese pedido un millón de dólares... dárselos habría sido mucho más fácil para mí.
Al principio pensé que se refería al sexo, pero no era eso, sino a
compartir con ella quién era yo. Los pasos me han dado el valor
para ser honesto y tener intimidad con otro ser humano.

Narcóticos Anónimos también me ha dado la capacidad no
sólo de conservar un trabajo, sino de abrirme paso en una empresa desde abajo hasta la vicepresidencia. Nunca pasé del noveno
grado, así que ser vicepresidente de una industria líder fue un

logro. Acudía al trabajo todos los días, era disciplinado y digno de confianza. Cuando iba al trabajo no importaba si me iban a aceptar o a promover, a contratar o a echar; lo que importaba era mantenerme limpio y tratar de obrar de acuerdo con los principios que descubrí en los pasos.

Cuando llevaba dos años en el trabajo, la empresa contrató un psicólogo clínico para hurgar en el cerebro de los empleados. Le dije a mi mujer que descubrirían quién era y me echarían. Cuando fui a entrevistarme con aquel hombre, me había dicho a mí mismo que mentiría, pero empezó a hacerme un montón de preguntas y acabé compartiendo con él el equivalente a un inventario. Cuando acabamos, supe que él iba a explicarlo. Pero me dijo que, aunque debía informar a los ejecutivos de la empresa de lo que le había contado, en toda su carrera nunca se había topado con el tipo de honestidad e integridad que yo había compartido con él. Quería agradecérmelo y dijo que él me contrataría sin dudarlo un instante.

También me siento afortunado de haber tenido la oportunidad de servir y devolver a la confraternidad lo que me ha dado. Una de las cosas más emocionantes que me pasaron fue que después de postergar el compromiso de ser orador de HeI, me obligué a acudir a un panel en la unidad de desintoxicación de un hospital. Aunque tenía el tiempo limpio requerido, me seguía intimidando ir allí por mi cuenta. Era un panel mixto con adictos con un diagnóstico doble: la mayor parte con problemas físicos y muchos veteranos de guerra. Estaba ordenando la literatura y haciéndole el inventario a todos, porque estaba asustado y eso me hacía sentir mejor. Entraba un tipo, y yo me decía: «Yo me he drogado más que éste»; entraba una mujer y pensaba: «Va a creer que soy un débil». Hasta que por fin entró Dios. Y Dios entró bajo la forma de una persona que parecía que proviniese del mismo clan que yo: tenía tatuajes similares, llevaba el pelo peinado de la misma forma, la única diferencia entre él y yo era que estaba escoltado por dos camilleros. Era lo que se llama un adicto cata-

tónico. Se había clavado una aguja en el brazo con heroína sinté-
tica, y se quedó bloqueado para el resto de su vida. Por dentro,
la mente le iba a mil por hora, pero por fuera se le caía la baba.
Nunca podría hablar con otra persona, y no hablemos de llamar
por teléfono o escribir un paso. ¿Cómo iba a hacerle el inventario
a un hombre así? En aquel momento supe, de una forma nueva,
que estamos todos juntos en esto, y que allí, por la gracia de Dios,
también entraba yo. Supe que si algo podía hacer por ese hombre
era pensar en él cuando tuviera ganas de quejarme por no tener
ganas de escribir un inventario o llamar por teléfono. Aquella
noche, cuando hablé en la unidad de desintoxicación, vi que se
le llenaban los ojos de lágrimas. Aquel hombre cambió mi vida.

Cuando celebré veintidós años limpio, me encontré con una
serie de situaciones difíciles. Primero, después de veinte años en
la misma empresa, me despidieron debido a un recorte de personal. Me avisaron pocas horas antes, y me fui. Me sentí abandonado, incómodo, avergonzado. Al cabo de una semana, murió
mi suegra, a la que quería de todo corazón. Luego un familiar
atacó físicamente a mi mujer, y necesité todas mis fuerzas para
no devolver el ataque. Durante un año y medio me esforcé por
encontrar un trabajo fijo, y mi economía quedó seriamente afec-
tada. Y, justo cuando estaba reunido con unos ejecutivos para un
buen puesto de trabajo, se me cruzaron los ojos y se me nubló
la vista. Tuve un ataque de apoplejía. En el hospital, me dijeron
que había tenido tres derrames cerebrales debido a una afección
cardíaca. Tenía un agujero en el corazón; debían operarme a corazón abierto para poder cerrarlo y salvarme la vida. Me enojé
mucho con Dios: a fin de cuentas no había pasado todo este tiempo limpio para tener que enfrentarme a tanto sufrimiento. Una
vez más, mi padrino me recordó que debemos afrontar la vida
tal cual es y que, además, tenemos la suerte de disponer del apoyo de un Dios bondadoso y un programa de recuperación. Cuando acabó la operación, me llevaron a cuidados intensivos; tenía
todo el cuerpo lleno de tubos. Estaba saliendo de la anestesia y el

dolor era terrible... no podía hablar y tenía mucha sed. Mi familia y mis seres queridos estaban a mi alrededor, pero había una persona en especial —me di cuenta de que era una figura masculina— que aparentemente podía adivinarme el pensamiento. Si yo tenía sed, me humedecía la boca; si sentía dolor, me hacía un masaje en los pies. Más adelante supe que era un adicto al que hacía muchos años que no veía. Se había enterado de que estaba en cuidados intensivos, había acudido al hospital y entrado con mi familia y, en cierto modo, se había hecho cargo de todo. Mi familia observaba el cariño con el que me trataba ese hombre... Aún me emociono cuando pienso en ello. Para mí, resume lo que es este programa.

Ojalá pudiera decir que después de aquello todo mejoró. De alguna manera fue así a un nivel espiritual profundo, pero seguí teniendo problemas físicos. Dos años después de la operación a corazón abierto, me diagnosticaron un cáncer. Seguía sin trabajar de manera constante y me dijeron que se trataba de un cáncer agresivo. Recé, lloré y hablé y, una vez más, me rendí a un poder superior bondadoso. Fue una experiencia de humildad y al mismo tiempo liberadora. Me sometieron a una operación quirúrgica radical y me informaron que habían extirpado todo el tumor. Con todos estos problemas físicos, uno de mis mayores miedos era quedarme enganchado a la medicación recetada. Leí *Cuando estamos enfermos* y encargué a mi padrino y mis ahijados que me vigilaran la medicación; el milagro fue que no tuve la obsesión de consumir.

Hace poco me he enterado de que el cáncer ha reaparecido y que en los últimos tres análisis los valores son cada vez más altos. La última vez que vi al oncólogo me dijo que quería que me sometiera a ocho semanas de radioterapia diaria. Me dijo también que las perspectivas de curación de este cáncer son muy buenas. Aún me estoy rindiendo. Todo esto me ha cambiado profundamente. Sin embargo, lo cierto es que el miedo y la ansiedad que acompañan a un diagnóstico de cáncer y a una operación a corazón abierto son mínimos en comparación con los que sentí cuando crucé por primera vez las puertas de NA. El miedo, la soledad y el aislamiento que me embargaban entonces eran mucho peores que los que me embargan ahora. Mis amigos de NA me han apoyado mucho, especialmente los veteranos. Algunos ahijados salieron corriendo. Uno de ellos, cuando le dije que tenía cáncer, saltó y me dijo: «¿Cómo puedes hacerme esto? Mi padre me hizo lo mismo». Sabía de dónde venía. Se echó a llorar y trató de marcharse. «Esto no tiene nada que ver contigo —le dije—, y lo sabes.»

Afrontar tanta enfermedad sin duda ha sido un reto. Cuando empiezan a quitarte la próstata, los ganglios y otras partes, es difícil tener relaciones sexuales. Lo que me preocupaba, a pesar de que mi mujer y yo no tenemos hijos, era que nunca podría ser padre. La idea me volvía loco. Era como si todo me golpeara de repente. Tuve que trabajar para poder rendirme a la realidad de que no voy a tener hijos y que nadie llevará mi apellido. Lo que he recibido de este proceso es una profunda sensación de querer ser útil, no sólo a la confraternidad de NA, a la que tanto amo, sino también a la humanidad. Como resultado de estar limpio todos estos años he tenido la oportunidad de envejecer físicamente y experimentar aquello a lo que todos los seres humanos se enfrentan: problemas de salud, altibajos financieros y familiares, amigos que atraviesan dificultades y cambios en la vida, y, en última instancia, de enfrentarme a la propia mortalidad física. He tenido la suerte de haber pasado por todas las situaciones de la vida a lo largo de los años; pero sin los pasos, mi familia de NA y los principios que he aprendido, habría sido mucho más difícil afrontar, y también celebrar, estos cambios. Creo que cuanto más tiempo paso en este planeta, más sabiduría adquiero, pero también creo que esa sabiduría se hace más honda, y acabo dando toda la vuelta hasta llegar a un profundo estado de inocencia... ¡y qué libertad que trae esa inocencia!

Me han pasado muchas cosas y me gustaría estar enojado con Dios, pero sé que todo esto no tiene nada que ver con Dios ni con enfadarme con Dios. Estos desafíos me han enseñado mucho sobre el amor, el amor que ha sido para mí lo más difícil de aceptar en recuperación. Y más difícil aún es aceptar ese amor y darlo. Qué don tan profundo: amar y ser amado. Agradezco a NA, a mi padrino y especialmente a los Doce Pasos por seguir enseñándome.

Esta lesbiana VIH-positiva, que escribe esta historia desde una residencia para enfermos terminales, nos cuenta cómo ha sobrevivido a grandes adversidades para encontrar la gracia en algunos lugares inverosímiles.

Una patata

Escribo esto desde una residencia para enfermos de sida en Toronto, Ontario, Canadá, donde vivo en la actualidad. Me rendí a la enfermedad de la adicción y descubrí la recuperación en 1983. Cuando llegué a nuestras reuniones, tenía todas las razones posibles para no querer estar allí. ¡Era la única lesbiana, la única persona nativa y había muy pocas mujeres! Sólo al cabo de un mes de asistir diariamente me di cuenta de que eso no era tan importante: a los compañeros en las reuniones no les importaba quién era, de dónde venía ni lo que había consumido. Sólo les importaba yo: una adicta que deseaba recuperarse.

Siempre llegaba tarde y me iba antes de la Oración de la Serenidad del final. De ninguna manera iba a dejar que nadie me abrazara, y mucho menos que me conociera. Y de ninguna manera le iba a rezar a un Dios que, en mi opinión, nunca había hecho nada por mí. Había rezado a diario de niña: le rogaba a Dios que dejaran de abusar de mí, le rogaba a Dios que ayudara a mi madre a dejar de beber, le rogaba a Dios que hiciera que mi papi volviera. Y esas plegarias nunca fueron atendidas, así que no iba a rezarle ahora.

Cuando llevaba unos diez días limpia, hice mi equipaje y me trasladé a la otra punta del país. Acabé en Seattle, donde ya había vivido. Mi primera parada fue en la casa de una ex pareja, porque sabía que tendría drogas. Hacía unos años que no la veía y tenía un aspecto diferente. Le dije que me sentía muy mal y necesitaba una dosis. Me miró y me dijo que sabía exactamente dónde conseguir lo que yo necesitaba. Fuimos de su casa a una casa grande de color amarillo. Qué sorpresa cuando me di cuenta de que me había llevado a una casa de recuperación, ¡donde se celebraban reuniones todos los días! Esa noche había una reunión de oradores y mi ex compartió su experiencia, fortaleza y esperanza. Acabó sugiriendo a todos los recién llegados que buscaran un grupo habitual, un padrino y asistieran a noventa reuniones en noventa días.

Miré a mi alrededor en la sala y vi una mujer con la que podía identificarme. Me imaginé que sería una buena madrina, así que se lo pedí. Me dijo que sí, pero que nos reuniéramos para hablar de ello. Esa misma noche, ella y otros dos se drogaron y tuvieron un accidente de tráfico. Los que iban con ella murieron instantáneamente. Ella se salvó. Al día siguiente, cuando me enteré en una reunión, la fui a visitar al hospital. Lo que vi me impresionó. Había perdido los brazos y las piernas en el coche. La miré y pensé: «Esto es mi madrina». Murió al día siguiente.

Cuando llevaba noventa días limpia, volví a hacer mi equipaje y me trasladé a Portland, Oregón. Allí, la primera persona que me saludó era una policía militar en recuperación. Después de la reunión, me invitó a ir con ella y otros a tomar un café. Me quedé asombrada de cómo nos divertimos esa noche. Nos reímos mucho y hablamos de todo —no sólo de recuperación— y me enteré de que había muchas otras madres solteras en las reuniones. Los miembros de mi grupo habitual me regalaron un Texto Básico cuando se enteraron de que no tenía ninguno. Iba a las reuniones diariamente y llevaba a mis hijos cuando era necesario. Contribuía con la Séptima Tradición y pensaba que tal vez me ofreciera como voluntaria para una lectura... alguna vez.

Nadie se enteró de que se acercaba mi primer aniversario porque nunca compartía. Mis hijos se habían ido a dormir a casa de un amigo, así que esa noche fui a una reunión, pero rechacé todas las invitaciones para ir a tomar un café. Tenía otros planes. Mi fui a casa y me colgué en el sótano. El Dios que yo no quería ver hizo que aquella noche hubiera una inundación en casa y cuando llegó el fontanero me encontró colgada en el sótano. Cortó la soga inmediatamente, me desperté en el hospital al cabo de unos días y me encontré a una compañera de las reuniones sentada en mi cama.

Me tenía cogida de la mano y me decía que esperara, que le rogara al Dios que ella amaba que me diera otra oportunidad. Cuando estuve lo suficientemente despejada para hablar, me preguntó si había llamado a mi madrina antes de intentar suicidarme. Meneé la cabeza y le dije que no tenía madrina. «Bueno, ahora tienes una —me dijo, porque sabía que nunca se lo pediría—. Te haré de madrina temporal hasta que puedas encontrar una.»

Acabó «apadrinándome temporalmente» los siguientes ocho años. Esa relación terminó sólo porque su Dios la había llamado de regreso a su pueblo. Unos seis meses después de que empezara a apadrinarme, me dirigía yo a hacer unas enmiendas en coche por la autopista y me sorprendí hablando en voz alta. Todo aquello del «Poder Superior» me daba muchas vueltas por la cabeza, porque lo oía todos los días en las reuniones. Como me habían educado en la religión católica, estaba familiarizada con los milagros. Pedí que si había Dios, que me diera una señal. Lo dije en voz alta. De repente, el camión que tenía delante perdió su carga. Kilos y kilos de papas estaban desparramados por la autopista. Paré el coche y me bajé a ayudar al agricultor. Estaba muy agradecido y me ofreció una bolsa. «No, gracias —le dije—. ¿Puede darme sólo UNA patata?» No entendía por qué quería sólo una, pero me respondió: «¡Por supuesto!».

Cuando llegué a casa, llamé inmediatamente a mi madrina. «Creo que he encontrado a mi Poder Superior», le dije. Me invitó a su casa para hablar de ello. Recogí mi papa y me fui a su casa. La llevaba en la mano y se la enseñé. Ella miró la patata, me miró a mí y, con su sabiduría, me preguntó si tenía nombre. Le dije que se llamaba Spud.[26] Me sonrió y me dijo: «¡Qué bonito! ¡SPUD: «protección especial con orientación!».[27]

El tema de la reunión de esa noche era, naturalmente, «con el Poder Superior». Compartí mi experiencia. Nadie se rió de mí.

---

[26] Spud : papa o patata en inglés.
[27] Special Protection Under Direction (SPUD).

Después de la reunión, permití que los miembros de nuestra confraternidad me abrazaran por primera vez. Empecé a trabajar los pasos y me sorprendí a mí misma recibiendo un pastel y un llavero por el aniversario que no había celebrado. Los compañeros también me hicieron muchos regalos: patatas fritas, bolsas de patatas...

Durante aquella época Patrick entró en mi vida. Solía asistir a muchas reuniones, pero hacía tiempo que no venía. Todo el mundo suponía que estaba consumiendo. Cuando volvió a las reuniones, estaba muy delgado y visiblemente enfermo. Compartió que había pasado unos meses en el hospital con complicaciones relacionadas con el sida y que se estaba muriendo. Yo no conocía muy bien a Patrick, pero había compartido que no tenía familia, y yo ya tenía suficiente recuperación dentro de mí como para saber que nadie tiene que morir solo si es miembro de NA. Le tendí la mano y me ofrecí para estar en su equipo de cuidadores. Durante los siguientes meses, Patrick me enseñó mucho sobre el hecho de vivir. Lo tomé de la mano mientras exhaló el último suspiro, la confraternidad se ocupó de que tuviera un funeral decente. Patrick me mostró cómo vivir y cómo morir limpio.

Cuando llevaba dos años limpia, me puse a trabajar el Noveno Paso. Sabía que para continuar la recuperación tenía que ser realmente honesta con mi madrina y, después, entregarme a la policía por antiguos delitos. En 1980 había secuestrado a mis propios hijos en un intento de protegerlos de más malos tratos por parte de su padre. Como consecuencia, me buscaban por cinco delitos. Mi madrina no me juzgó. Sólo me preguntó si estaba segura de que debía hacerlo y si podía asumir las consecuencias. Me parecía que no tenía alternativa. Sabía que para recuperarme tenía que estar dispuesta a llegar a cualquier extremo, y hacer enmiendas era algo imprescindible.

Para entregarme a la policía, tuve que volver a Canadá. Presentarme ante el juez me recordó muchas cosas. Pero esta vez estaba limpia y mis plegarias a Dios no eran «por favor, haz que no me metan en la cárcel y te prometo que no volveré a hacerlo». Esta vez solté las riendas y le pedí a Dios que decidiera lo mejor. Tras un largo juicio, el jurado me declaró culpable. Me enfrentaba a un total de quince años de cárcel. Sabía que sería duro, pero también sabía que los miembros de los comités de hospitales e instituciones irían a la cárcel para llevar el mensaje de recuperación, y que también podíamos celebrar reuniones dentro por nuestra cuenta. La jueza, sin embargo, vio que estaba en recuperación y anuló cuatro de los cinco veredictos y me condenó por un solo delito: «ocultación». En la sentencia dijo que no había dudas de que yo tenía la necesidad de ocultar a mis hijos, pero que estaba en recuperación y que había facilitado información veraz que podría haberme guardado. Acabé viviendo en Ottawa, Ontario, trabajando en un refugio. Allí volví a conectar con mis raíces y espiritualidad nativas.

Llevaba siete años limpia cuando me violaron y apuñalaron durante la crisis de Oka.[28] El médico me cosió y me hizo la prueba de los anticuerpos del VIH, que salió negativa. Igual que la siguiente prueba, a los seis meses. Me resultó extremadamente difícil quedarme en Ottawa después del ataque y me trasladé a Rochester, Nueva York, donde tenía muchos amigos en recuperación. Sabía que me ayudarían afrontar este acto de violencia y a continuar la recuperación.

Un mes después de mi llegada a Rochester, una amiga compartió que tenía miedo de ir a hacerse la prueba del VIH. Accedí a ir con ella. Su prueba salió negativa; la mía, reactiva. Le pregunté al médico qué significaba y me dijo que tenía el VIH, que desarrollaría el sida y me moriría. No se lo dije a nadie. Durante seis semanas me quedé sola en mi apartamento, sin atender el teléfono ni el timbre, y sin ir a las reuniones. Aunque sabía que había contraído el VIH por una violación, estaba muerta de vergüenza. Sentía como si me hubieran tirado una bomba. Después de haber visto tantos amigos morir de sida, me aterraba lo que me esperaba.

---

[28] En 1990, hubo un conflicto armado durante tres meses entre la nación iroquesa de Kanesatake (nativos) y el gobierno de Quebec en la ciudad de Oka.

Decidí que, en lugar de avergonzar a mi familia o lastimar a las personas en recuperación que me querían, era mejor morirme. No deseaba consumir, así que me acerqué a un puente. Estaba a punto de saltar cuando sentí la energía de mi padre. ¡Juro que hasta olí el perfume de la gomina que se ponía en el pelo! Recordé lo que solía decirme de pequeña: «Si alguna vez dudas del amor del Creador, ve y abrázate a un árbol». Bajé del puente despacito y llegué hasta un viejo árbol que había en la orilla. Me senté, abrazada a él, y lloré. Asistí a una reunión al día siguiente y compartí.

Al cabo de un año, resolví volver a Canadá con la esperanza de que mi enfermedad contribuyera a reunir a mi familia disfuncional. Pensaba que necesitaba estar juntos a mis hijos y mis nietos. Pronto me di cuenta de que el contacto continuo con ellos no haría más que enfermarme. Esta vez nada iba a interferir en mi recuperación. Decidí que si Dios consideraba adecuado que tuviera el VIH, haría su voluntad y, primero, cuidaría de mí misma. También recibí formación y me convertí en educadora sobre el sida. Viajé por todo el país haciendo prevención del sida y talleres educativos, llevando el mensaje de esperanza a aquellos que aún estaban empantanados en la enfermedad de la adicción: ¡no era demasiado tarde, podían recuperarse! Han pasado quince años desde que contraje la infección por el VIH. Esta enfermedad me ha afectado, pero hice lo que me sugirieron. Y, lo más importante, ¡no he consumido!

Sólo cuando un médico me dijo que iba a morir empecé a vivir de verdad. Cada día, agradezco al Creador por otro día de vida, otro día de recuperación, y le pregunto qué puedo hacer para ayudar a alguien ese día. Espero que compartir mi historia ayude a algún adicto a descubrir la recuperación.

Ni el ejército, ni la prisión, ni la hospitalización ayudaron a este adicto ruso a estar limpio hasta que algunos miembros llevaron una reunión —y un Texto Básico— al hospital. Leer el libro le dio la buena voluntad de probar el camino de NA. Ahora hace cinco años que está limpio y trabaja los pasos.

Mosaico

Al mirar atrás a mi vida para contar esta historia, veo que las situaciones individuales que aparentemente no tienen relación se interconectan para convertirse en parte de una imagen, como un mosaico hecho de pequeños fragmentos.

Crecí en una república meridional de la Unión Soviética. No recuerdo conmociones significativas en mi infancia. Mis primeros desengaños llegaron con las chicas: yo era bajito. Una de ellas, simplemente me dijo: «Primero tienes que ser más alto, después, a lo mejor, podemos ser amigos». Pensaba que tenía que demostrar mi aptitud a toda costa. Las peleas en la calle y los conflictos constantes con mis profesores y mis padres convirtieron mi vida en algo bastante extremado. Los sentimientos, para mí, eran algo excesivo. Mi lamentable fama me llevó a rodearme de malas compañías, donde las drogas y la delincuencia se usaban como medicación para evitar la realidad.

A los dieciocho años, mi adicción ya era evidente. Traté repetidamente de resolver el problema con ayuda médica, pero fue en vano. El servicio militar era obligatorio, pero los que tenían problemas de salud, incluida la adicción activa, eran eximidos. Fui voluntariamente al ejército porque pensé que ello resolvería mis problemas con la justicia y las drogas. Conocí a otros adictos que me dijeron dónde conseguir drogas. Mi servicio militar se convirtió en una búsqueda incesante de drogas y dinero. Recogía opio en los campos de amapolas y robaba dinero en la ciudad. En otoño no había opio en los campos así que, desesperado, robé una farmacia y me atrapó la policía.

A los veintiséis años, me soltaron de la cárcel por segunda vez. Había habido grandes cambios mientras estaba preso. La Unión Soviética se había desintegrado y mis padres se habían trasladado a Rusia. Estaba claro que yo también debía cambiar, y lo antes posible. Unos parientes trataron de ayudarme. Me bautizaron y yo también me mudé, pero ni la religión ni los cambios geográficos resolvieron mis problemas. La nueva ciudad tenía sólo cincuenta años de historia y, vivir allí, me deprimía y me ponía melancólico. Me sentía como si estuviera separado para siempre de mi patria y mis amigos. Conocí una chica y me dediqué completamente a ella. Cuando me dejó, era incapaz de superar el dolor. Mi vida entró otra vez en el círculo vicioso de la delincuencia y el consumo.

Acabé con otra condena de cárcel. Después hice otro intento de comenzar otra vez mi vida. Pero me desperté en cuidados intensivos, enchufado a un respirador y comprendí que había estado en coma después de otra sobredosis. En cuanto me dieron el alta en el hospital, volví a las calles a buscar drogas y dinero. El policía que me interrogó me dejó en libertad hasta que se dictara sentencia con el compromiso de no abandonar la ciudad. Mi primer pensamiento fue esconderme, pero la vida que llevaba no merecía semejante esfuerzo. Estaba tranquilo cuando fui a juicio y recibí una condena asombrosamente breve.

En la cárcel, seguí consumiendo hasta que me di cuenta de que no me había entregado voluntariamente a las autoridades sólo para drogarme. Esa noche junté todas las drogas que me quedaban y las tiré. Tomé la firme decisión de dejar de consumir. Tuve mi primera experiencia con la oración sincera. No era religioso, pero le pedí a Dios con mis propias palabras que me ayudara. Me daba vergüenza pedirle que me rescatara de las consecuencias de mis propios actos. Creía que mucha gente que había sufrido por mis actos necesitaba mucho más que yo la ayuda de Dios. Le pedí a Dios que ayudara a todo el mundo a resolver sus problemas. Al poco tiempo me dejaron en libertad condicional.

Me impresionó ver que el mismo día que me soltaron volví a consumir. Comencé con una copa y toqué fondo al cabo de cuatro meses. Me asusté tanto que de nuevo paré.

Me encontré con una vieja amiga que me invitó a ir a Narcóticos Anónimos con ella. Era una chica bonita, así que le dije que sí. La reunión no me impresionó. Cuando el secretario anunció que el tema era el Primer Paso, me sorprendí. Pensaba que todos estaban en el Primer Paso. No me di cuenta de que el tema era para mí. Estaba seguro de que mi tiempo de limpieza era el resultado de mi fuerza de voluntad. Dejé de ir a las reuniones y, al poco tiempo, estaba consumiendo otra vez.

Mi siguiente tratamiento no fue fácil. Los médicos me consideraban incurable. Estaba totalmente desanimado. Un día, mientras hablaba con otro paciente sobre Narcóticos Anónimos, apareció alguna gente que había visto en mi primera reunión. Estaban llenos de energía y trataban sinceramente de ayudar. Por entonces, la Confraternidad de NA en mi ciudad tenía apenas siete meses de vida. Sólo había un ejemplar del Texto Básico y lo dejaron para nosotros en el hospital. Lo leí casi del principio al fin. La visita de los miembros de NA y la lectura del libro tuvieron un efecto en mí. Empecé a trabajar mi Primer Paso.

Escribí sobre las evidencias más vivas de problemas graves, pero, cuando llegó el momento de reconocer mi impotencia e ingobernabilidad, me negué en redondo a escribir sobre ello, pensaba que era completamente absurdo. Le pedí a todo el mundo que me explicara por qué estaba redactado así ese paso; tal vez había un error. Las explicaciones no me ayudaron hasta que me di cuenta de que toda mi vida había tenido el sueño de ser sano, rico y vivir en una hermosa casa en la ciudad. Soñaba con el amor, siempre había querido ser una persona sofisticada. Pero lo cierto es que tenía una salud deteriorada, antecedentes penales e inestabilidad social y, en aquel momento, estaba en un tipo de hospital que hablaba por sí solo. Fue la primera vez que logré ver la diferencia entre mis sueños y la realidad. Lo que descubrí me dejó helado. Por fin me rendí: todos mis intentos por controlar la realidad no habían valido nada.

El Primer Paso me ayudó a enfrentarme a mis miedos. Empecé a acudir con regularidad a las reuniones de NA. No tuve más problemas en reconocer mi impotencia y mi falta de sano juicio. Era el momento oportuno para pedir ayuda. Traté de aplicar todo lo que había oído en las reuniones. Además de asistir todos los días, escribía los pasos, hablaba con mi padrino, compartía honestamente y analizaba mi día y mis sentimientos por la noche. Funcionó: mi vida empezó a cambiar. Lo más asombroso de todo era cómo me sentía. Adquirí confianza, fortaleza interior y entereza. Esos principios sobre los cuales había oído hablar en las reuniones estaban fuera de toda duda para mí.

El Tercer Paso me resultó confuso. ¿Tenía que poner mi voluntad y mi vida al cuidado de Dios? Pensaba que nunca lograría esa disposición y esa fe. Hablé sobre ello con otros miembros de NA. Sin decir palabra sobre la religión, compartieron sobre Dios, el amor y la perspectiva que surge en el Tercer Paso. No entendía lo que me decían. Escribí sobre ello, asistí a reuniones y pensé mucho sobre el concepto de poner mi vida al cuidado de Dios.

Mientras tanto, entré en un conflicto en el que intervenían una chica por la que tenía sentimientos y otra persona. Estaba dispuesto a tomar medidas drásticas para resolverlo. En cambio, decidí confiar en mi Dios... y esperé los resultados con gran interés. Mi relación con esos amigos no se arregló, y la chica dejó de hablarme, pero experimenté una tranquilidad asombrosa. Descubrí que podía estar por encima de mis impulsos y vivir sin hacerme daño ni hacérselo a los que me rodean. La experiencia me enseñó a ser honesto al perseguir mis objetivos y dejar los resultados en manos de Dios.

Mi grupo habitual era bastante joven y a veces celebrábamos reuniones sólo con dos personas. Cuando teníamos dudas, llamábamos a otras ciudades. Asistí a convenciones en comunidades de NA vecinas. El grupo creció un poco, después hubo una serie de recaídas y volvió a ser muy pequeño. Había sido muy amigo de los que recayeron. No entendía por qué sucedía. Si no hay garantías, ¿para qué sirve la recuperación? No estaba satisfecho con las respuestas que me daban. Estuve deprimido durante semanas.

Un día que estaba sentado solo en una sala de reunión, noté que las paredes estaban cubiertas de papeles rotos, que hacía tiempo que nadie limpiaba el suelo. Los libros que usábamos estaban en malas condiciones y parte de la literatura no guardaba relación con nuestra confraternidad. Pensé que había descubierto la causa de las recaídas. La gente no recibía lo que venía a buscar porque no estábamos preparados para dárselo. Empecé a llegar más temprano para limpiar. Elegí frases clave de nuestra literatura para decorar las paredes. Mi necesidad de comprender por qué el desarrollo del grupo se había detenido me empujó a estudiar las tradiciones.

Empecé a comprender que mi servicio no era sólo para mis amigos. Hay personas que no tienen ocasión de cambiar y podemos darles esa oportunidad. Al leer sobre la creación del Texto Básico, aprendí los principios del servicio. Las palabras «con gratitud, amor y dedicación» fueron un llamamiento a la acción.

Como comprendí la necesidad de una recuperación personal, seguí trabajando los pasos. Como tenía miedo del Cuarto Paso, tomé precauciones. Encargué una pequeña caja de madera, le puse una cerradura y guardé en ella mi cuaderno con el inventario. Llevaba la llave conmigo todo el tiempo. El Cuarto Paso me permitió ver las razones auténticas de mis actos, que no siempre eran agradables. A veces, cuando analizaba otro resentimiento, tan parecido a los anteriores que me hacía daño, perdía de vista lo que estaba haciendo. Pero la confianza en mi Poder Superior y el programa me ayudó a seguir adelante. Sabía por experiencia que las pausas en el trabajo de los pasos pueden ser peligrosas. Sabía que tenía que escribir con regularidad, aunque fuera poco, pero escribir.

Mientras trabajaba el Cuarto Paso, me puse a buscar alguien con el que hacer el Quinto Paso. Pedí ayuda a Dios y mis plegarias fueron atendidas. Una persona que conocía del aniversario del grupo de otra ciudad vino al aniversario de nuestro grupo. Compartió su experiencia con el Sexto Paso. Cuando le describí mi situación, también compartió sobre el Cuarto y el Quinto e hicimos un plan para reunirnos. Mi nuevo padrino me escuchó durante toda la noche. Cuando acabé de leerle la última página, dijo que comprendía mis sentimientos y compartió sobre situaciones similares en las que había estado él. No obstante señaló que, en su opinión, no había sido minucioso en un área de mi vida. Me recomendó que estudiara y escribiera un poco más.

Para ponerme a escribir otra vez, tuve que superar el miedo a la opinión de mi oyente. Llegué a comprender que la confesión ante mí mismo y ante Dios no es menos importante que compartir con otra persona, y que esa persona sufría por mi miedo a ser malinterpretado. Nuestro siguiente encuentro fue muy productivo. «¿Qué sentimientos te ha dejado el trabajo que has hecho?», me preguntó. «No soy sólo un adicto a las drogas —le dije—. Tengo una personalidad adictiva. Mi vida sexual tiene los mismos síntomas de adicción que cuando consumía drogas.»

Mientras trabajaba el Sexto Paso, practiqué principios tales como la autoaceptación y el reconocimiento honesto de los defectos de carácter que constituían el eje de cualquier conflicto, interno o externo. Comprender la necesidad de avanzar me hizo pasar al Séptimo Paso. Estaba seguro de que estaba «enteramente dispuesto», pero no notaba cambios en mi comportamiento ni en mi manera de pensar. Me di cuenta de que mi deseo de librarme de los defectos de carácter expresados por escrito no siempre coincidía en mi corazón. Volví al Sexto Paso y trabajé otra vez el Séptimo. Necesité más de un año para comprender lo que había elegido en los Pasos Sexto y Séptimo. Estos descubrimientos fueron el comienzo de una nueva relación con Dios.

Ahora, en mi quinto año de vida limpio, comprendo que necesito asumir la responsabilidad de mis actos. El Octavo Paso, por mucho que quiera postergarlo, es un hito en mi recuperación, siempre y cuando esté en el buen camino.

A veces, hay momentos en mi recuperación en que parece que todos mis esfuerzos sean en vano. La realidad me desespera, las palabras de mis amigos no me consuelan, las reuniones me parecen aburridas y la oración no es sincera. En tales situaciones, sólo trato de vivir esos sentimientos. Y la vida continúa: la gente confía en mí, las actividades profesionales me producen satisfacción, aparecen nuevas perspectivas y, con el tiempo, llega el amor.

Mi recuperación no es sólo una serie de coincidencias sin sentido. Tanto si estoy comprometido con el servicio en un comité, como si practico el Duodécimo Paso o si simplemente vivo el programa, descubro valores dentro de mí que serían imposibles de reemplazar con algo externo. Mi vida es un mosaico, y Narcóticos Anónimos es la estructura y la base de ese mosaico. Cada vez que observo mi vida, veo más piezas que se añaden al mosaico, y no sólo se hace visible una imagen más grande, sino también toda la grandeza de aquel que, de un montón de piezas rotas, ha sabido crear belleza: Dios, tal como lo concibo.

Como madre, a veces la recuperación significa aceptar también la enfermedad de los hijos. Esta mujer ayudó al suyo a encontrar el camino a casa.

Enfermedad de la familia, recuperación de la familia

Con diez años limpia, me enfrentaba a una crisis familiar. Vivir el programa de Narcóticos Anónimos me había dado las herramientas para crear una vida agradable en torno a mí y a mis hijos. Quería que participaran en su propia vida y prosperaran. Pero a pesar de todos mis esfuerzos y atención, de todos los consejos y su trascendencia, mis dos hijos adolescentes estaban fuera de control con su consumo de drogas. No sabía qué hacer ni cómo ayudarlos.

Criar dos niños ya de por sí supone un desafío, pero cuando tenía un hijo de menos de dos años y estaba embarazada del segundo, un día llegué a casa y me encontré a mi marido muerto de una sobredosis. Mi vida era dolorosa y agotadora, pero agaché la cabeza, abracé a mis hijos y seguí adelante. Los efectos de la muerte de mi marido aún me afectan de repente de forma sorpresiva: me embarga la pena al oler el aroma de su colonia mientras hojeo una revista o cuando me doy cuenta de que los únicos recuerdos de él que tienen nuestros hijos son las historias y las fotos.

Pocos años después de su muerte, ya no podía seguir guardándome el dolor dentro. Mi larga historia de consumo esporádico pasó a un nivel nuevo e ingobernable. Al cabo de un año renuncié a mi carrera y todo se deterioró rápidamente: mente, cuerpo y espíritu. No perdí mi casa ni a mis hijos, pero sí mi entusiasmo, mi compasión y mi energía.

Ya no era capaz de conectar emocionalmente con mis hijos, así que contraté a un educador para que se ocupara de atender sus necesidades físicas, que demostró ser el ángel de la familia. Alimentaba y vestía a mis pequeños cuando yo no tenía fuerzas, los peinaba y los llevaba a la guardería y a la escuela. Se convirtió en la única persona con la que podía contar. Y después pasó a ser parte de la solución a mi auténtico problema: participó activamente cuando mi familia intervino para ayudarme. Fui a un centro de tratamiento y, mientras mi familia se ocupaba de mis hijos en otra parte del país, él les escribía todos los días. Sigue siendo parte de nuestra familia, vive en nuestra casa y educa a los niños; es parte esencial de nuestra vida.

Me enteré de la existencia de NA durante el tratamiento y dudaba de que pudiera ser la respuesta para mí. Empecé a participar en Narcóticos Anónimos de mala gana. No me sumé a los grupos, no sabía cómo pedir ayuda, no tenía un poder superior ni quería encontrar ninguno, y no me llevaba bien con las otras mujeres. Crecí en un hogar en el que me enseñaron a ser independiente y ocultar mis sentimientos. Pero seguí yendo a las reuniones y, con el tiempo, logré escuchar el mensaje. Por fin busqué una madrina, que me sugirió que empezara a conocer a algunas mujeres, me incorporara a un puesto de servicio y me pusiera a trabajar los pasos. Para mí, fue el principio de la auténtica recuperación. Las mujeres del programa me han enseñado a amar y ser amada, a pedir ayuda, a ser útil en todos los aspectos de mi vida, a encontrar un poder superior en todo y a experimentar la alegría en mi vida cotidiana.

Empecé a vivir mi vida en recuperación. Nuestra casa estaba llena de gente de la confraternidad. Mis amigos de NA formaban parte de mi vida diaria. Mis compromisos de servicio me mantenían involucrada y me aseguré un sitio como miembro de la comunidad de NA. Asistía a muchas reuniones y me sentía un buen ejemplo de persona que vive en recuperación.

Lamentablemente, vivía con la creencia equivocada de que ser una adicta en recuperación «bastante buena» podía proteger a mis hijos de sufrir alguna vez la adicción activa. Como había perdido a mi marido y a mis padres por la enfermedad de la adicción, me comprometí a acabar el ciclo de adicción con mi propia recuperación. Pretendía proteger a mis hijos de la adicción activa. Esto, sin embargo, estaba fuera de mi control.

Parecía como si nuestra vida estuviera siempre sumida en el caos. Cada vez que sonaba el teléfono, me encogía y me preguntaba qué crisis me esperaba. Me pasaba el día tratando de saber dónde y con quién estaban, con la esperanza de desviar los problemas. Hablaba con los profesores, consejeros, tutores, otros padres, mi madrina y con amigos en recuperación. Uno siempre intenta ver las cosas color de rosa, y me comportaba como si todo estuviera bien. Traté de minimizar, justificar y negar que las cosas estuvieran tan mal como estaban. Practiqué el «pensamiento mágico», diciéndome a mí misma que todo se arreglaría solo. La realidad era que mis dos hijos se estaban hundiendo.

Lo que sí entraba dentro de mis posibilidades era estar presente para ayudarlos cuando ellos estuvieran preparados para recibir ayuda. A los quince años, mi hijo menor tomó la decisión de dejar de consumir. Prometí que lo ayudaría si no podía hacerlo solo. Como no lograba mantenerse limpio por su cuenta, lo llevamos a un centro de tratamiento para adolescentes. No sabía si había alguna manera de ayudar a mi hijo de diecisiete años y, en cierto modo, con él ya me había dado por vencida. La terapia familiar era uno de los elementos principales del centro de tratamiento e íbamos todos juntos a las sesiones. Empecé a tener otra vez algo de esperanza. Continuamos con las sesiones, cada uno por separado, y toda la familia en conjunto, y empezamos a desenmarañar los comportamientos malsanos que nos habían llevado a ese caos.

Mientras tanto, yo rezaba y trabajaba los pasos. Iba a las reuniones, atendía mis compromisos de servicio y permanecía cerca de mi comunidad. Busqué gente en NA que hubiera pasado por experiencias similares. Recibí una y otra vez el mensaje de que mis hijos también tienen un poder superior y que nuestra vida se desarrolla tal como toca. Pero no me lo parecía mientras observaba a mi hijo mayor luchar con su compromiso de mantenerse limpio por el bien de su hermano menor. Cuando este último acabó el programa de tratamiento, fuimos todos a recogerlo y dejamos en su lugar a su hermano mayor. Seguimos el camino que habíamos empezado de terapia familiar continua.

Somos parte de los muchos que lograron, por diversos caminos, llegar a Narcóticos Anónimos, y soy testigo de los milagros que nos han traído hasta aquí. Lo importante es que estamos aquí, y ahora todos en recuperación. Hemos tenido que aprender a apoyarnos mutuamente y a mantener al mismo tiempo programas separados. Nuestra familia está en una senda diferente y tenemos nuevas formas de relacionarnos entre nosotros. No siempre es fácil, pero siempre es mejor de lo que conocíamos en la adicción activa.

Durante muchos años he estado agradecida a Narcóticos Anónimos por lo que había hecho por mi vida. Ahora, mientras veo a mis hijos rodeados del amor de la confraternidad, estoy inconmensurablemente agradecida.

Este adicto canadiense pasó muchos años limpio hasta estar
dispuesto a enfrentarse a su comportamiento adictivo en
recuperación. Ahora sabe que ya no necesita hablar
limpio y vivir sucio.

Basta

Con lo único que me quedaba dentro, grité: «¡Basta!». No sé
ni cuántas veces había dicho lo mismo. Sinceramente no quería consumir más. Sin embargo, alargué la mano sobre la mesa,
hacia la causa propiamente dicha de mi dolor. No quería hacerlo, pero ahí estaba, buscando otra dosis. «¡No!», resonaron mis
palabras, pero estaba solo. Oí una voz débil: «¿Quieres morir o
vivir?». Ahí estaba yo, sentado, mirando a mi aparentemente
interminable suministro de destrucción. Me pregunté si al fin
me había vuelto loco. ¿Había oído de verdad el ultimátum de la
muerte? ¿Me había hablado Dios? Sentí un cambio brusco. Mi
espíritu, con lo que debieron de ser los últimos restos de fuerza,
me arrastró, golpeado y apaleado, hacia la vida. Me inundaron
los recuerdos de promesas vacías, de toda la gente a la que había
abandonado y de aquellos a los que había lastimado. Esperaba
de verdad que esta vez fuera diferente. Miré el reloj y le pedí a
Dios que me ayudara. Por fin, a las seis y media de la mañana,
llamé por teléfono.

Eso pasó hace más de siete años. Conocí Narcóticos Anónimos
a través de las reuniones de hospitales e instituciones mientras
estaba internado en una unidad de desintoxicación. Tuve una
recaída breve tras cinco meses y medio limpio. Después, empecé a estar limpio y a trabajar los pasos, me incorporé al servicio,
me mantuve en contacto con mi padrino y empecé a aplicar mi
recuperación. Cuando volví a estudiar para tener una carrera,
me mudé a una ciudad cercana y conseguí un trabajo que me
gusta y en el que estoy hasta hoy. Desde el principio de mi recuperación, comencé a tener sentimientos de pertenencia a algo, de

esperanza y paz. Sigo estando muy agradecido por la vida que NA me ha ayudado a desarrollar. Atrás han quedado los días de desesperación, soledad y vergüenza.

Cuando llevaba limpio unos años, después del fracaso de una relación amorosa, mi padrino me animó a empezar a abordar el tema de las relaciones a través del trabajo de los pasos. Comencé a ver un patrón en el tipo de dificultades que tenía en las relaciones con las mujeres. Empecé a comprender las razones por las que iba en busca de relaciones insatisfactorias: era algo que me permitía centrar la culpa fuera, en lugar de mirarme a mí mismo. En vez de enfrentarme a estas dificultades, empezaba otra relación con otra mujer en recuperación antes de acabar la anterior. Estaba dispuesto a examinar mi esquema de buscar mujeres para sentirme valorado, pero me quitaba de encima ese golpecito insistente en el hombro que me decía que debía examinar el papel que tenía el sexo en mi vida.

Durante esta última relación, seguía secretamente dejándome llevar por la sexualidad, mientras justificaba y excusaba estos comportamientos ante mí mismo y usaba mi tiempo de limpieza como un defensa contra la marea creciente de culpabilidad. Una vergüenza constante y secreta crecía dentro de mí. El sexo me permitía, por un instante breve, sentirme buscado y deseado. Y después de practicarlo, una vez calmado el placer, la vergüenza volvía a instalarse en mí. Pero seguía sin hablar de ello.

Cuando mi novia me decía que mi adicción estaba desbocada, me resistía, le echaba la culpa, me iba por la tangente, buscaba excusas y después empezaba a divagar sobre la libertad de expresarme, rematando todas mis defensas con la justificación. Y volvía a hacer lo mismo con el mismo resultado: un placer pasajero seguido de una culpabilidad insidiosa que trataba de pasar por alto. Poco a poco, cada «dosis» de sexo creó una tolerancia que exigía dosis mayores para tener la misma experiencia de escape. En aquella época no veía la semejanza entre esto y mi consumo de drogas. Mis defensas y el secreto me cegaban a mi comportamiento. Inevitablemente, empecé a pensar en cómo las drogas podían ampliar mi experiencia sexual. Al principio, esta idea me resultó tentadora y atractiva, pero después la deseché como un fastidio. El día que le resté importancia a la fuerza devastadora de la adicción, me convertí en un contribuyente consciente de mi enfermedad.

Una noche, que había salido a buscar alguna chica por la calle, empecé a ver si veía algún traficante. Esta vez el pensamiento era cualquier cosa menos sutil. Las ganas de consumir drogas me golpearon con una fuerza mortal, un fuerza de la que me había olvidado. Era como si me hubiera tomado unas breves vacaciones mentales. En cierto modo, me veía a mí mismo tal como estaba, pero como si fuera un observador de mis propios actos. Vi una ambulancia estacionada y al personal sanitario que estaba cargando a alguien detrás. Se me ocurrió que quizá el incidente estaba relacionado con la adicción, o tal vez con una sobredosis. Seguí manejando y vi a cuatro agentes de policía que hacían su ronda. Entonces, como si regresara una parte de mí mismo perdida, me quedé helado y me asusté. Me pregunté qué estaba haciendo en esa parte de la ciudad y me fui derecho a casa.

En cuanto llegué, me metí en la cama. Empezaron a darme vueltas por la cabeza viejas películas. «¿Qué te pasa?» «¡Estás enfermo!» «¿En qué estabas pensando?» «No se lo digas a nadie.» «Déjalo y olvídate.» Me sentía solo, inútil, incorregible y desesperado. Ansiaba sentirme aliviado. Recé pidiendo ayuda y, a través de la oración, empecé a comprender lo que tenía que hacer.

Al día siguiente, conecté con otro miembro de NA, un ahijado. A pesar de mis miedos, le conté a mi amigo los acontecimientos de la noche anterior y mis secretos. Derramó lágrimas de auténtica preocupación, y me sentí aceptado, comprendido y querido incondicionalmente. A pesar de la vergüenza, me comprometí con él a asistir a una reunión esa noche. Estuve todo el día cerca de él, asistí a la reunión y después me comprometí a estar en contacto con él también al día siguiente. Fui a una reunión por la mañana y compartí sin tapujos mi reciente experiencia, expuse mis secretos oscuros y vergonzantes a la luz de la recuperación ante un grupo de hombres. Lloré. Después de esa reunión, pasé por la casa de mi padrino y empecé el proceso de ser honesto con él. Varios compañeros en recuperación me llamaban con regularidad para expresarme su amor, preocupación y darme ánimos. Un día llegué a una reunión y me di cuenta de que no me había comprometido con nadie para asistir a ella. Por primera vez casi desde que consumía, estaba en una reunión por mí mismo.

Al poco tiempo, fui honesto con mi novia. Reconocí mi comportamiento y le di la razón en sus preocupaciones. Al hablar de mis secretos, di los primeros pasos para cambiar mi conducta. Hoy, admito mi comportamiento adictivo y lo trabajo a través de los pasos. Una cosa que he aprendido de todo esto es que tanto la respuesta que me dan las personas más cercanas como mi reacción a ellas son un indicador directo de dónde estoy en mi recuperación. «Cada uno de nosotros somos los ojos y los oídos del otro», y construir relaciones con los adictos de Narcóticos Anónimos me proporciona el apoyo que necesito para enfrentarme a mí mismo y crecer en recuperación.

Durante buena parte de mi recuperación he participado en el servicio, asistido a reuniones con regularidad, me he incorporado a grupos de pasos y los he acabado, y he establecido relaciones con otros adictos en el programa. Y he rezado. Como consecuencia, he creado un enorme sistema de apoyo para ayudarme cuando más lo necesito. Una cosa es aplicar este programa cuando quiero estar limpio, y otra muy diferente es aplicarlo cuando quiero volver a consumir. Así funciona el programa para mí.

Creo que aquella noche que salí a buscar un «plan», mi Poder Superior bondadoso me mantuvo a salvo. El trabajo que había hecho al principio de mi recuperación sentó las bases para que construyera hoy en día un programa de recuperación más profundo y significativo. Ahora comprendo que puedo hablar limpio y vivir sucio. Y he tenido bastante. Hoy en día, no sólo quiero estar limpio de drogas, quiero vivir limpio.

Se alistó en la Marina para evitar una segunda condena de cárcel, pero siguió consumiendo hasta que por fin tocó fondo. Empezó a estar limpio cuando NA era nuevo en Colombia y, veinte años más tarde, él y la confraternidad han crecido juntos.

Vale la pena

Cuando yo era un niño, mi hermano mayor comenzó a consumir drogas; él tenía problemas mentales y en casa decían que las drogas eran la causa. A mí me daba vergüenza que los otros niños del barrio se dieran cuenta de que era mi hermano. Las drogas me daban miedo, pero no sé por qué cuando entré en la adolescencia las probé y, en vez de rechazarlas, me sentí atraído por ellas. Aparte de las sensaciones físicas, sentía que formaba parte de un *parche*,[29] me hacían sentir mayor. Desde el principio creí que podría controlarlas y que a mí no me iba a suceder lo que a mi hermano: estar internado en clínicas psiquiátricas.

Pasé la adolescencia cada vez más metido en el consumo de drogas; era bastante perezoso e irresponsable, y mi único interés eran las drogas y quedarme sentado consumiendo en las esquinas del barrio. Me creía mas inteligente que los demás, soñaba con volverme rico y tener de todo, y «todo» era poder drogarme sin que a nadie le afectara, sin que nadie se entrometiera, sin tener que trabajar ni tener que hacer nada más que disfrutar de la vida. Y la única forma que conocía de disfrutarla era consumiendo drogas y poseyendo cosas. Mi sueño era convertirme en mafioso y tener así todo lo que soñaba, pero era demasiado cobarde para arriesgarme a traficar, tenía miedo de que me metieran preso o que me mataran.

Cuando estaba a punto de cumplir los dieciocho años, íbamos con dos amigos de acampada bien aprovisionados de drogas y la policía nos atrapó. Ingresé por primera vez en la cárcel y mi vida empezó a cambiar drásticamente. Por primera vez en la vida

---

[29] Grupo de amigos.

conocí lo que era pasar hambre, dormir incomodo y no tener la libertad. Sin embargo, las drogas siempre estaban allí como un alivio, como una salida. Cuando salí de la cárcel, los jueces volvieron a ordenar mi captura y comencé a huir. Me parecía una crueldad que me persiguieran sólo por que me gustaran las drogas. Pensaba que no le hacía daño a nadie, ni siquiera me daba cuenta de que me lo hacía a mí mismo. La droga me había apartado de mi familia, mis estudios, mi barrio y mis amigos. Sentía que era mi destino, que así estaba escrito; no cuestionaba mi consumo para nada.

Buscando una salida legal me presenté a prestar el servicio militar en la Marina de Colombia. Mi familia esperaba que la disciplina militar me hiciera cambiar. El golpe a mi ego fue muy duro cuando me cortaron el pelo y me uniformaron. Sentí que me convertía en un número, un fusil, un juguete que marchaba en formación, pero por dentro seguía siendo el mismo soñador que, cuando niño, se sentía diferente y más inteligente que los otros, y allí estaba la droga para demostrarlo. Con ella escapaba de mí mismo, con ella encontraba a otros que eran como yo y la vida parecía menos dura.

Un mes antes de terminar el servicio militar, uno de mis compañeros me dijo que quería dejar de consumir. Hablamos del tema y planeamos hacerlo cuando saliéramos de la Marina. Dos días después se suicidó. Me afectó tanto que por primera vez decidí conscientemente dejar de consumir, empecé a pensar que quería una vida normal, sin drogas. Logré parar con un gran esfuerzo y, cuando regrese a casa un mes después, me sentía transformado. Volver a dormir solo en un cuarto limpio después de tanto tiempo, poderme bañar y comer los frisoles[30] de mamá era casi como estar en el cielo. Mi familia me consiguió un empleo y creí que la pesadilla había terminado.

Pero la droga tenía otros planes para mí. Al poco tiempo una nueva sustancia llegó a mi vida, fue como empezar un nuevo amor. Las cosas cambiaron: el consumo empezó a ser desenfre-

---

[30] Plato típico regional.

nado, tenía una constante necesidad de usar y una desesperación cuando se estaba acabando. Esta droga costaba mucho más
dinero del que yo me ganaba trabajando y empecé a robar en mi
casa y en mi trabajo. Volví a perder el trabajo y la familia. Cuando consumía, siempre perdía algo. Esta vez ya no compartía la
droga como antes. Ahora era cuestión de estar con otros para que
me dieran y apartarme a consumir la mía solo.

La droga ya no me daba bienestar, era más bien un dolor constante, angustia cuando no la tenía, miedo, delirio de persecución,
culpa, mentiras. Caminaba solo hasta el amanecer, avergonzado
de que la gente me viera pidiendo en las calles, dispuesto a hacer cualquier cosa con tal de conseguir drogarme. Quería dejar
de consumir, pero no sabía cómo. Todos mis intentos, todas mis
promesas siempre fallaban.

Mi padre murió y volví a casa, pero ahora todo era peor: me
sentía culpable y vacío. Consumía cada día más, quería morirme. Un día mi madre, desesperada, se arrodilló llorando y me
ofreció un cuchillo diciéndome que la matara de una vez y no
poco a poco. Mis hermanos me echaron a rodar por las escaleras
de la casa, y salí a la calle dispuesto a suicidarme lanzándome
bajo un carro. Fue el día el más oscuro de mi vida, toqué fondo
y, buscando ayuda, llegué a NA.

Cuando llegué a los grupos, la confraternidad en mi país
apenas estaba comenzando. Eran tres personas sin literatura,
con poco tiempo de limpieza, que se reunían en el salón de una
iglesia dos veces por semana. No entendí mucho en esa reunión,
pero sentí que ellos eran como yo, que habían sufrido por causa
de la droga como yo y que querían ayudarme desinteresadamente. Por primera vez sentí que había una esperanza. Si ellos
podían, ¿por qué no yo?

Lo que más me ayudó en un comienzo fue saber que era un
enfermo y que podía recuperarme si quería. Para empezar, lo
único que tenía que hacer era no consumir esa primera dosis, pasara lo que pasara, sólo por hoy. Ya no estaba solo: ellos estarían

allí para ayudarme. Al día siguiente uno de los compañeros del grupo me llamó para saber cómo estaba y me invitó a una nueva reunión. Con toda mi alma deseaba estar limpio. Me quedaba encerrado en la casa y sólo salía para ir a la reunión. Mi única prioridad se convirtió en parar de consumir. Empecé a sentir que la recuperación era posible y a vivir el milagro de no tener que drogarme.

Toda mi experiencia me había demostrado mi impotencia, pero poco a poco empecé a descubrir que mi vida era ingobernable. Estaba lleno de culpa, tenía miedo de enfrentarme a la vida, de asumir responsabilidades. Creía que por el hecho de estar limpio el mundo debía premiarme. El grupo me enseñó que parar de drogarme no era la meta. Empecé a creer que el Poder que me estaba ayudando a liberarme de la obsesión de consumir podía también ayudarme a cambiar.

Empecé a pedirle a Dios que transformara mi vida, y nació en mí un poderoso deseo de servir. Aún no había trabajado sobre mis defectos de carácter, todavía me dejaba llevar por mis impulsos, pero tenía una enorme necesidad de dar y empecé a servir con la convicción de que era la voluntad de Dios para mi vida. Quería desesperadamente que otros adictos tuvieran la oportunidad de conocer el programa que yo había recibido. En nuestros grupos estaba todo por hacer, casi nadie sabía que existíamos, no teníamos literatura ni estructura. En todo el país sólo había dos reuniones. Empezamos a trabajar unidos por la fuerza del propósito primordial, y los grupos empezaron a crecer y a multiplicarse. Después nos pusimos en contacto con los servicios mundiales y descubrimos que no estábamos solos y que había ayuda disponible. Cuando recibimos las primeras traducciones de los pasos de NA logramos tener una identidad propia. Con la literatura, el mensaje tuvo más poder y más adictos lograron identificarse con nosotros y parar de consumir.

Gracias a mi Poder Superior, seguí viniendo y he podido ser testigo de los milagros. He visto a esos cuatro miembros iniciales transformarse en cientos; y de ese pequeño grupo, el único que había en Colombia, hemos pasado a más de ochenta grupos, con más de trescientas reuniones por semana. Hemos vivido momentos maravillosos en el servicio, como los primeros contactos con adictos de otras ciudades del país o de otros países. Compartíamos con ellos las traducciones y los folletos que teníamos, con la esperanza de que el mensaje echara raíces. Cuando Colombia fue sede de la convención mundial, sentimos de verdad que pertenecíamos a una confraternidad universal.

Mi recuperación siempre ha estado ligada al servicio. En un comienzo, las responsabilidades de servir me hicieron sentir que no era el inútil que creía y mi vida empezó a tener una razón. En ocasiones, la responsabilidad de abrir la reunión me ayudó a no consumir.

También me ha tocado pasar momentos difíciles en el servicio, pero las dificultades me enseñaron a escuchar a mi corazón. Al principio, se respetaba la Segunda Tradición, pero más adelante el grupo pareció convertirse en la extensión de la personalidad de un líder. Fue un tiempo de mucha confusión y dolor; me tocó escoger entre la lealtad a mi padrino o defender los principios del programa. ¿Debía quedarme callado para conservar la unidad o por el contrario debía manifestar mi conciencia tal como me habían enseñado? Muchos miembros se alejaron, pero con el apoyo de otros miembros de fuera de la región y de la literatura, los que quedamos seguimos adelante de acuerdo con nuestros principios y volvimos a crecer.

El padrinazgo me ha enseñado a comprometerme con los pasos y a confiar en el proceso. Trabajar los pasos me ha llevado a descubrir qué persona no quiero seguir siendo, me ha ayudado a desarrollar una visión de la persona que quiero llegar a ser. Hoy creo profundamente que Dios quiere que me conserve limpio y que sea feliz, que dé y reciba amor, que viva aquí y ahora aceptando la vida como es y cambiando mi vieja forma de reaccionar cuando las cosas no salen como espero. He desarrollado una relación con mi Poder Superior que me ha abierto a relacionarme mejor conmigo mismo y con los demás. Estoy aprendiendo a perdonar y a perdonarme. Soy testigo del milagro que tiene lugar cada día que me conservo limpio y cuando hago lo que tengo que hacer con alegría. Ya no tengo que estar buscando mi felicidad afuera. Si sigo este camino, mi vida está destinada a ser más serena y feliz.

Este programa se ha convertido en mi forma de vida. Hoy tengo la libertad de elegir de acuerdo a los principios, sé que ya no estoy solo. Tengo mucha gratitud en mi interior y la expreso sirviendo. Ha valido la pena haber pasado por los horrores de la adicción para participar en el desarrollo de NA aquí en Colombia. De corazón quiero seguir perteneciendo a NA el resto de mi vida porque no encuentro un lugar mejor en el planeta.

Cuando por primera vez escuché que la recuperación era una tarea para toda la vida, me pareció demasiado. Pensar que siempre tendría que trabajar este programa me parecía imposible. Veinte años después, esto es lo que más me gusta: saber que no termina, que siempre tendré un lugar en NA y que nunca terminaré de aprender.

La adicción no es la única enfermedad a la que esta compañera debe enfrentarse. Con un diagnóstico de esquizofrenia, ha pasado de ser una paciente suicida a consejera de salud mental.

Alcanzar la plenitud

Hola, soy adicta y me llamo... Digo primero que soy adicta porque si no me acuerdo de lo que soy, tampoco importará quién sea. Hoy ha sido un buen día en el trabajo. Para una persona que en otros tiempos ha vivido de una incapacidad laboral de la Seguridad Social y ha estado alojada en una vivienda a cargo del Estado, esto es un auténtico milagro de recuperación. Ahora trabajo con gente a la que, como yo, se le han diagnosticado trastornos de salud mental graves.

Cuando otros consejeros en el trabajo hablan de sus pacientes, pienso: «Si supieran que yo también tenía todos esos síntomas y consumía todas esas drogas...». En los días de baja autoestima, a veces me siento tan transparente, como si los demás pudieran ver a través de mí y sólo toleraran mi existencia como una especie de proyecto mimado. Lo bueno es que esos días pasan. La autoestima bajo cero solía ser mi forma de vida.

Cuando llegué a la recuperación, lo intenté sin medicación, sólo con reuniones... sin Dios, ni madrina ni pasos. A los noventa días limpia y al día siguiente de una pelea terrible con mi marido en activo, llegué a casa y me lo encontré muerto. Seguí yendo a las reuniones, pero trabajar el programa a mi manera y la falta de medicación me llevaron, once meses más tarde, a una crisis psicótica completa y otro intento de suicidio, esta vez limpia. Me costó aprender que soy impotente ante la vida y la muerte. El intento de suicidio no me mató... ni pararon los pensamientos psicóticos incesantes que tenía. Pensaba que la gente podía adivinarme el pensamiento y me metía ideas en la cabeza. Incluso creía que me habían capturado unos extraterrestres durante una toma del poder hostil y que los compañeros de NA formaban parte de la conspiración.

Estaba tan enferma, no solo de adicción, sino también de otra enfermedad llamada esquizofrenia. Muchas veces me habían diagnosticado distintos tipos de esquizofrenia, incluida la esquizofrenia paranoide. Después de varios meses de tormento, durante los cuales viví horrores que hasta el día de hoy me parecen increíbles, me interné en una sala psiquiátrica, donde me estabilizaron con medicación. Qué maravilla fue no seguir sufriendo tratando de no oír voces. Los fármacos psicotrópicos me dieron cierto alivio.

Poco después de esa hospitalización, murió mi padre. Creo que él sabía que, por fin, cuidarían de mí. Había empezado a hacer las cosas básicas de NA y nunca he dejado de hacerlas. Además, a pesar de que hasta entonces había sido una atea devota, me convertí en una especie de exploradora espiritual que probaba todos los credos a ver qué tal le iban. Las sugerencias de la confraternidad que escuchaba en las reuniones me ayudaron a desarrollar una relación práctica positiva con un Poder Superior. Tomé medicación durante más o menos un año y medio, mientras aprendía a usar algunas herramientas nuevas. Tuve mucha ayuda externa hasta que mi médico me autorizó intentar vivir sin medicación haciéndome exámenes periódicos que, desde entonces, continúo haciendo.

Uno de los grandes temas de mi vida es la búsqueda de la familia. Soy hija única y nunca he estado unida a mi madre. Ella siempre me pasaba mensajes contradictorios y me sentía un fracaso tanto si hacía cosas como si no las hacía. Me enseñaron que a los niños se los veía, pero no se los escuchaba. Perdí la inocencia muy joven. Cuando tenía trece años, ya consumía y me iba de fiesta todos los días. Como no me habían valorado mientras maduraba, sentía que me veían, pero no me querían. Mi vida antes de Narcóticos Anónimos era una vida sin amor y sin normas.

Gran parte de mis comportamientos perturbados eran maneras enfermizas de tratar de recuperar la inocencia y crear una familia. Quería una familia nueva que estuviera cuando la necesitara y me quisiera incondicionalmente. Cuando me abandonaba y me entregaba a mi «poder inferior», revivía mi juventud en relaciones disfuncionales y volvía una y otra vez a buscar consuelo en la fuente de mi dolor.

He llegado a entender que en NA estoy en una familia extensa donde no me pasan mensajes contradictorios. Gracias a Dios es un programa sencillo. En NA encuentro la claridad y la orientación que siempre he buscado. Gracias a Dios por estos simples mensajes espirituales y la sabiduría colectiva que he encontrado en NA. En casa las reglas siempre cambiaban. Me tranquiliza que estos simples principios espirituales no cambian nunca.

Narcóticos Anónimos me ha ayudado a detener mi enfermedad de forma diaria. Hace quince años que estoy en NA y que no consumo, no me voy de farra ni me mutilo. Desde aquel lejano intento de suicidio, no he vuelto a oír voces. He tenido mucha ayuda externa para afrontar mis problemas de salud mental, pero también abordo los síntomas residuales de mi enfermedad a través de la recuperación. Las veces que he tenido ganas de suicidarme, no me he dejado llevar por esos arrebatos. En momentos así me digo a mí misma que tal vez lo haga en el futuro, pero hoy no, y entonces las ganas y los sentimientos pasan. El suicidio es una solución permanente para un problema pasajero. La Quinta Tradición nunca me deja sin objetivos ni sola; como miembro de un grupo siempre puedo llevar el mensaje de recuperación al adicto que todavía sufre.

En NA he aprendido a sentir mis sentimientos y a convertirme en un ser humano integrado y pleno. Hoy en día, sé que las consecuencias de no sentir son mucho peores que las de hacerlo. Mis sentimientos existen por una razón. No están allí sólo para atormentarme de forma exagerada. Cuando estoy atenta y soy consciente, comprendo lo que me dicen. Entonces no tengo que tomar decisiones emocionales, reaccionar ni huir del dolor o el miedo. Los hago míos, y después los suelto y se los dejo a Dios.

Hace poco una pareja me ha dejado y, en lugar de detenerme en el rechazo, hice un inventario. Compartí y compartí. Cansada y abandonada, profundicé mi rendición y sentí que la gracia y el amor de Dios me llenaban más que nunca. Sé que para poder vivir debo dar y perdonar... devolver lo que tan desinteresadamente me dieron, perdonar y no aferrarme a los esquemas de victimización en las relaciones. Hoy en día tengo relaciones basadas en el respeto y la igualdad. He aprendido en NA que, cuanto más suelto las riendas, más libre soy, y cuando lo hago en las relaciones por fin puedo dar y recibir amor incondicional.

Con la ayuda de los demás y los pasos, y si permito que me enseñen y dejo que lleguen a mí, no tengo miedo. Dispongo de una fuerza que no es mía. Los pasos me han ayudado a convertirme en una mujer fuerte. He aprendido que mi historia evoluciona de forma continua, con cada nuevo día se escriben unas páginas más del libro. Saber que algo más será revelado me entusiasma: cada día es un misterio en las manos de mi Poder Superior. Mi experiencia humana no siempre es mi enfermedad y no la culpo por cada experiencia humana. No es una pena vivir sólo por hoy. Tengo derecho a ser feliz, a estar triste, a ser falible, alegre, ignorante y a veces estúpida, con deudas o sin ellas, abandonada por un chico o feliz con alguien, y muchas otras cosas.

Al principio de mi recuperación, alguien me dijo que escribiera un diario de milagros. Veo tantos milagros y coincidencias a diario que ya no puedo negar el valor de mi vida. Así que me gustaría tender la mano y decir: no te vayas antes de que suceda el milagro. La vida tal como es está llena de milagros.

Una serie de «coincidencias» llevó a este adicto a buscar un padrino y ver que nuestros actos de servicio pueden tener efectos de largo alcance.

El bien que hacemos

A veces tengo la nítida sensación de que estoy exactamente donde tengo que estar, que la gente aparece en mi vida por una razón y que las coincidencias son... bueno, no son coincidencias. Nuestros actos tienen consecuencias que no siempre podemos ver. Nunca sabremos cómo repercutirán en el mundo nuestros pequeños esfuerzos. A veces el más insignificante acto desinteresado cobra vida propia y marca la diferencia en la vida de mucha gente.

Después de acabar en un centro de tratamiento en mi ciudad natal, pasé a una casa de acogida a más de mil kilómetros de distancia. Cuando salí de ella, ya formaba parte de la comunidad local de NA y tenía un trabajo estable, así que me quedé. Cuando llevaba cerca de cuatro años limpio, volví a la ciudad donde me había criado. Acababa de perder a mi padrino y sabía que necesitaba otro para que me ayudara con todo el estrés y los cambios del traslado. Quiso la suerte que se celebrara una convención de NA a pocos kilómetros, una semana después de mi traslado. Fui a la convención con la esperanza de conocer gente nueva y, quizá, encontrar un padrino.

No conocía a nadie, me sentía muy solo y no me lo estaba pasando bien. Pero me quedé, recordándome que mi propósito en esa convención era buscar un padrino, aunque me sintiera aislado. Ya llevaba el suficiente tiempo limpio para saber que la recuperación a veces exige hacer cosas que no quiero hacer, como empezar a conocer gente nueva aunque tenga miedo de hablar con ella. A veces sólo tengo que hacer un poco de trabajo de base, enfrentarme a un poco de miedo y esperar lo mejor.

Mis primeros años de limpieza también me habían demostrado que los miembros comprometidos con el servicio en NA a menudo tienen una recuperación sólida, así que fui a los talleres sobre las Doce Tradiciones. En el taller sobre las Tradiciones Décima a Duodécima, el segundo orador se presentó como Jim. Tenía muchas cosas buenas que decir; también me resultaba vagamente familiar. Mientras lo escuchaba, pensé que tal vez era la misma persona que había llevado una reunión al centro de tratamiento en el que estaba. Mis recuerdos de aquellos primeros días limpio eran confusos, así que no estaba seguro de que fuera el mismo que había visto hacía cuatro años.

Después de la reunión me acerqué. La situación me intimidaba, era un compañero con mucho tiempo de limpieza y estaba hablando con un grupo de gente. Le pregunté si había llevado una reunión al centro de tratamiento en el que había estado hacía unos cuatro años. Me dijo que sí y, cuatro años después, tuve la oportunidad de agradecer a ese adicto sin nombre que me había pasado el mensaje. Le dije que él era la persona que me había presentado NA, que la reunión de hospitales e instituciones en la que había hablado me había causado una impresión profunda y me había ayudado a captar el Primer Paso, y que estaba limpio, a más de mil kilómetros de distancia, desde hacía cuatro años.

Aunque apenas lo conocía, confié en que nos habíamos encontrado por alguna razón y le pedí que fuera mi padrino. «Será un honor», me dijo, y me invitó a ir a cenar con él y unos amigos. Cuanto más hablábamos, más seguro me sentía de mi elección de padrino. Me apadrinó durante los últimos ocho años y me ha servido de ejemplo en muchos aspectos de mi vida. Hasta el día de hoy seguimos muy cerca. ¿Qué probabilidades había de que me topara con ese hombre durante mi primera semana en mi ciudad, entre miles de adictos en recuperación de la región? ¿Cómo fui a parar a un taller donde él era el orador? ¿Por qué esa convención se celebró tan oportunamente sólo pocos días después de mi traslado? De repente, vi la serie de coincidencias que desembocaron en aquel momento.

Se me ocurrió que nunca sabemos el bien que hacemos. Un acto de servicio puede marcar una gran diferencia, y las buenas obras de un adicto tienen un efecto en cadena más allá de nosotros mismos que no podemos prever. Para mí, hay algo mágico en todo esto, algo que me ayuda a seguir creyendo en un poder más grande que yo. Él no sabía que me había mantenido limpio, que me había convertido en un miembro responsable de la sociedad y que yo mismo llevaba el mensaje a los hospitales y las instituciones. Yo era apenas uno entre muchos adictos a los que había hablado en el transcurso de un compromiso de servicio semanal a lo largo de un año y hacía cuatro. Había tenido lugar el ciclo completo de la recuperación —un adicto en recuperación que ayuda a un recién llegado a estar limpio, y que éste, a su vez, crece y empieza a llevar el mensaje— sin que él lo supiera. Desde aquel momento, nunca he dudado de que mis esfuerzos de servicio valgan la pena.

Esta adicta fue una de las primeras mujeres que empezó a estar limpia en NA en Irán. Al cabo de cinco años, la confraternidad había crecido, pero ella se había alejado del programa. Cuando su marido murió, recayó. Ahora, limpia otra vez, tiene paz de verdad y respeto por sí misma.

Los lugares sagrados interiores

Soy una de las primeras mujeres que encontró la recuperación en el programa de NA en Irán.

Nací en una familia de clase media alta en la que todo el mundo tenía una buena educación y éxito, pero yo me sentía diferente. Tenía miedo de expresarme porque no quería que me catalogaran de distinta o rara. Quería ser una buena hija y me esforzaba mucho por complacer a los demás, pero aparentemente nunca lo lograba. Las cosas me iban bien durante un tiempo hasta que volvía a perder la esperanza y a sentirme culpable e impotente para cambiar. La mayor parte de mi vida me odié a mí misma por esos sentimientos.

Al ir creciendo, los sentimientos de incomodidad y aislamiento se fueron haciendo cada vez más fuertes. Mi incapacidad para formar parte de algo era el origen de algunos de mis sentimientos más dolorosos. No encontraba a nadie con quien sentirme cómoda ni del cual sentirme cerca. Hacía de todo por llamar la atención o conseguir la aprobación de los demás. A veces era muy gritona y activa; otras, muy callada. No paraba de buscar algo a lo que sentir que pertenecía. Nadie en mi familia fumaba, bebía ni consumía drogas. Empecé a fumar cigarrillos a los dieciséis años y continué probando cosas nuevas.

Mientras iba a la universidad, decidí casarme para llenar el vacío que tenía dentro. Mi hija nació a los dos años de casada. Mis sentimientos de soledad me siguieron hasta la vida adulta. Seguí buscando cosas nuevas para llenar mi vacío. Cada vez que encontraba algo nuevo, pensaba que era la solución. Sin embargo, todo lo que probaba me interesaba durante un rato y, con el tiempo, me provocaba más problemas y dolores de cabeza. Por fuera parecía que tenía una vida buena, cómoda, pero por dentro estaba lista para explotar.

Descubrí las drogas a los veintiocho años. Al principio, mi marido y yo consumíamos de forma ocasional por placer. A medida que nuestro consumo fue avanzando, me asusté y traté de controlarlo. Sin embargo, mi enfermedad estaba activa y poco a poco había ido invadiendo diferentes aspectos de mi vida. Mi compulsión por consumir aumentó de forma impresionante. Estaba enamorada de las drogas. Consumía más que aquellos que hacía años que se drogaban. Creía que por fin había encontrado lo que siempre había buscado y no sabía cómo había podido vivir hasta entonces sin drogas. Estaba en conflicto con mi consumo y conmigo misma.

Los primeros años de mi consumo fueron placenteros. Pero después, lo único que me quedó fue dolor, aislamiento y culpa. Lo hacía todo en secreto. Era preciso que me enfrentara a la dolorosa realidad de mi vida; fingir me estaba matando. Tras siete u ocho años de consumo, el único vínculo que quedaba entre mi marido y yo eran las drogas. Al final, llegué a la conclusión de que la única forma de librarme de las ellas era separarme de mi esposo. Estaba cansada y odiaba todo y a todos. Hoy en día me doy cuenta de que mi vida entera era puro egocentrismo. Tanto mi matrimonio como mi separación se basaban en el egocentrismo. Todas mis grandes decisiones consistían en huir, escapar de la realidad y seguir en negación.

Después de la separación, volví a huir hacia las drogas y a consumir hasta perder casi la conciencia. Me sentía como un muñeco a cuerda, como una sonámbula. Llegué a un punto de desesperación total.

Los últimos meses de mi consumo lloraba todas las noches. Como había tratado de parar unas pocas veces y enseguida había vuelto a consumir, creía que haría falta un milagro para lograr estar limpia. Una noche, le pedí a Dios casi hasta el amanecer que me mostrara el camino para salvarme. Al día siguiente, mientras miraba la televisión por satélite, vi a una persona hablar de la adicción y de mantenerse limpia. Decía cosas increíbles sobre él mismo y la recuperación. Al final del programa, dio un número de teléfono en Irán. Llamé muchas veces a todas horas, pero nadie respondió. Al cabo de unos días empecé a perder la esperanza y a pensar que era una crédula y que ese programa era un embuste comercial, un montón de mentiras. Sin embargo, seguí llamando todos los días a aquel número hasta que al fin alguien atendió... ¡sólo para decirme que no tenía tiempo de hablar en aquel momento! Pero me dio otro número al que llamar. Llamé llena de miedo y dudas. La persona que me atendió hoy en día es uno de mis mejores amigos en recuperación.

Yo había llamado para buscar algún tipo de medicación o una manera sencilla de dejar de consumir sin mucho dolor ni verme obligada a faltar unos días al trabajo. Tenía miedo, así que no hablé mucho de mi consumo. No obstante, sucedió el milagro. Me dijo que tenía que empezar a estar limpia e ir a las reuniones. Cuando le pregunté cómo desintoxicarse, preguntó si conocía algún médico. Le respondí que no. Entonces me explicó que algunos nos desintoxicábamos sin medicación. Aunque yo consumía una dosis muy elevada de drogas, empecé ese mismo día. Durante catorce días me quedé en casa y pasé por el dolor de la desintoxicación. Mi único contacto con el mundo exterior eran tres personas en recuperación que me llamaban regularmente desde Teherán.

A los cincuenta y un días, fui a Teherán y asistí a una reunión. No había mujeres, sólo unos diez hombres. No teníamos donde reunirnos, así que lo hacíamos en un parque, de pie, incluso bajo la lluvia o la nieve. No sabía qué estaba haciendo allí, tenía miedo, pero sin embargo algo me hacía volver. Como no tenía otra alternativa, seguí yendo a la reunión y no perdí las esperanzas. Trabajé los pasos y me mantuve limpia durante cinco años.

Por entonces no conocía a ninguna mujer en recuperación en mi ciudad, y me daba miedo ir a las reuniones allí. Cada tanto iba a Teherán por unos días y asistía a las reuniones mañana, tarde y noche, y después volvía a casa. Pasados los cinco años, empecé a creer que podía mantenerme limpia para siempre. Me alejé de las reuniones y me separé del programa. Estaba ocupada con mi vida cotidiana y me olvidé de por qué había consumido drogas. Me olvidé de que tenía una enfermedad y, lo más importante, que la enfermedad es progresiva y resulta difícil de detectar. Me había olvidado de la necesidad de proteger mi recuperación en todo momento, trabajar los pasos en mi vida cotidiana, asistir con regularidad a las reuniones y formar parte del programa.

Iba a las reuniones de mi grupo habitual en Teherán cuando tenía tiempo o cuando me resultaba fácil. Para entonces las reuniones en Teherán habían crecido y había muchas mujeres. Ya no estaba sola, pero me había alejado y separado. Durante aquel período perdí a mi marido, al que amaba con locura. Su muerte me resultó insoportable y recaí. Todavía pienso que si hubiera estado comprometida e involucrada en el programa, tal vez no habría sucedido. Mi recaída no duro mucho; sólo consumí un par de veces. Pero dejé de creer en mí misma y volví a un completo aislamiento. Quería morirme.

Había estado limpia durante cinco años y había construido una relación íntima con Dios. Y sentía como si Dios estuviera siempre conmigo porque todo iba bien y las cosas me salían como quería. Después de mi recaída, maldije a Dios durante mucho tiempo. Creía que como me había mantenido limpia, Él debía protegerme de la recaída. Al final, tuve que volver a Dios y pedirle ayuda. Una vez más, me demostró Su milagro. Me trasladé a Teherán, donde estaban mis reuniones habituales, pero seguía sin ir a ellas. Estaba inmersa en la desesperanza.

Mi primer amigo en recuperación volvió a aparecer en mi vida. Con su ayuda, volví a las reuniones, busqué una madrina y empecé a trabajar los pasos. Esta vez sabía que necesitaba profundizar más en los pasos y mi recuperación. Con un nuevo nivel de receptividad, poco a poco me fui involucrando cada vez más en el programa. Esta vez comprendí que no podía vivir sin NA. Empecé a apadrinar a compañeras y a participar en el trabajo de servicio. Y una vez más sucedió el milagro en mi vida. Mi recaída se había convertido en el punto decisivo y, en un período breve, crecí mucho más que en los primeros cinco años de mi recuperación. Esta vez, como me he rendido al programa, estoy aprendiendo a vivir. Antes de mi recaída tenía todo: familia, dinero, amor y una vida cómoda. Tras la muerte de mi marido y mi recaída, cuando volví a NA, había perdido muchas cosas, incluidos el amor de mi marido y la seguridad económica, pero poco a poco he conseguido cosas mucho más importantes. Tengo una sensación de satisfacción con respecto a mi vida, paz de espíritu, fe y una actitud positiva ante la vida. Me he dado cuenta de que dentro de mí hay cosas profundas y sagradas que los acontecimientos no me pueden arrebatar. Mi miedo ha disminuido notablemente. He estado dispuesta a trabajar los pasos en mi vida y mis acciones diarias, vivo los principios del programa y me he convertido en una integrante auténtica de Narcóticos Anónimos.

Como mis padres eran personas muy conocidas en la comunidad, siempre tenía miedo de hacer algo que dañara su reputación. En mis primeros cinco años de limpieza, nunca tuve el valor de asistir a un encuentro muy concurrido ni de admitir delante de los demás que era adicta. Hoy en día, voy a reuniones y convenciones y, siempre que es necesario, le hago saber a los demás que soy adicta. Hablo de mi adicción y mi recuperación sin miedo con mis padres. Hoy puedo ser yo misma y no tengo necesidad de esconder mis sentimientos. No lamento el pasado, no temo el futuro. No vivo con miedos. NA me ha ofrecido una vida que no esperaba.

Creo que me hacía falta una recaída para poder recuperarme de verdad. Me doy cuenta de que la recaída no es algo fácil y no todo el mundo consigue volver. Pasé días terribles y perdí muchas cosas importantes para mí. Hoy sé que no puedo estar alejada de las reuniones, que necesito seguir el camino de la recuperación a diario y que hago progresos constantes. Comprendo que, para conservar lo que tengo, debo compartirlo con los demás. He llegado a saber lo que es el amor incondicional y tengo un mayor equilibrio en mi vida. Experimento la serenidad y sé que NA funciona de verdad.

La recuperación ha permitido a este adicto de los barrios marginales estudiar y tener una carrera. A través de la entrega generosa, descubrió que su relación con la comunidad y Dios son las claves del auténtico éxito.

Estoy tan agradecido de que Dios siga escuchando la oración de un adicto

Mi historia es similar a la de muchos que han llegado antes que yo y a la de muchos que llegarán después. Lamentablemente, es la historia típica de demasiados varones urbanos y afroamericanos. Incluye una infancia caracterizada por la delincuencia, el consumo de drogas intravenosas y un bloqueo espiritual impuesto por la enfermedad: de niño sabía lo que era Dios, pero durante mi adicción activa mi enfermedad me prohibió tener una relación con él.

Al crecer, me sentí atraído por la gente de mi comunidad que vivía la vida de la calle. Los admiraba y aspiraba a imitarlos. Sin duda no era la actitud de todo el mundo en mi comunidad. Algunos de mis amigos los consideraban nada más que «chupasangres de la comunidad», indignos de elogios y de respeto. Tenía una hermana y un hermano con estudios que eran auténticos modelos a seguir, así que es difícil explicar por qué me atraía la calle. Quizá era por la soledad y el vacío que tenía de niño, tal vez por mis ganas de aceptación o la necesidad de sentir que «era alguien». Sea como fuere, mi obsesión con la «calle» me llevó, en última instancia, a pasar años de dolor y sufrimiento.

De niño me sentía aislado de mi familia y la comunidad, y nunca encajé de verdad en ningún segmento en particular de la sociedad. Siempre estaba triste y deprimido, y la marihuana, en cierta medida, me liberaba del aislamiento, el dolor y la soledad. Además, era un chico enclenque que necesitaba que los demás lo protegieran de los matones y me hicieran sentir aceptado. Consumir me daba esa sensación de aceptación y protección. Nunca me gustó fumar hierba. Me ponía paranoico, hacía que me comportara «tontamente» y me provocaba ataques de hambre. A pesar de estos efectos desagradables, seguía fumando, porque en aquel entonces sentirme aceptado por mis compañeros era un valor importante.

En la secundaria, probé la heroína; reemplazó instantáneamente a la marihuana y se convirtió en mi droga favorita. Aparentemente me aliviaba de todo el dolor, la angustia y los sentimientos de desesperanza... al principio. Me liberaba de mi necesidad de «protección» porque me daba una falsa sensación de dureza y valentía. Cometí delitos para pagarme el consumo. Hasta entonces, nunca había tenido el valor de hacer esas cosas. Mi adicción me llevó a aislarme de mi familia y a relacionarme sólo con otros adictos, a tener problemas con las autoridades y a un completo desinterés en los estudios. Dejé la escuela y me dediqué a viajar por el país tratando de «encontrarme a mí mismo».

Me fui y volví de Atlanta en tres ocasiones diferentes, la última en 1984. Supliqué que esa vez pudiera sentar la cabeza, poner mi vida en orden y superar mi problema de drogas. Sin embargo, la enfermedad tenía sus propios planes. Volví a consumir a diario. Compartía casa con mi sobrino y un amigo, que también eran adictos, y los tres consumíamos juntos. Un día, después de tener casi una sobredosis y de llegar al punto de estar «harto de estar harto», me puse de rodillas y recé: «Ayúdame, Dios, por favor». Estoy tan agradecido de que Dios siguiera escuchando la oración de un adicto. Poco tiempo después fui a mi primera reunión de Narcóticos Anónimos. Desde aquel día, Dios, los Doce Pasos, mi padrino y la confraternidad han trabajado juntos para ayudar a que me liberara de la vida de la adicción activa.

Al principio de mi recuperación, aprendí el valor de participar en la confraternidad y convertirme en un miembro activo en el trabajo de servicio a NA y, rápidamente, pasé a comprometerme para ayudar a los demás. Asumí una amplia variedad de compromisos de servicio y, gracias a esas experiencias, adquirí confianza en mi capacidad de servir.

Mi primer «trabajo real» fue como consejero. Sin embargo, como ni siquiera había acabado la secundaria estaba limitado profesionalmente. Me decían constantemente que no tenía la titulación necesaria. Mi resentimiento me impedía estudiar y sacarme una carrera. Creía que mi experiencia y mi recuperación personal eran más valiosas.

Por sugerencia de mi padrino, al fin decidí proseguir mis estudios. Esa decisión supuso la aparición de diversos obstáculos y desafíos. Hacía casi veinte años que no estudiaba y, literalmente, no sabía por dónde empezar. Había abandonado la escuela secundaria porque interfería con mi misión de adicto a tiempo completo. Al principio de la recuperación, alentado por muchos miembros «mayores» de la confraternidad, había aprobado el bachillerato para adultos, pero tenía treinta y cinco años y me sentía muy viejo para empezar una carrera universitaria. Me imaginaba acabando la carrera con más de cuarenta. Y no tenía la menor idea de cómo iba a hacer para estudiar y mantenerme económicamente. Sin embargo, sabía que Dios no me había liberado de la adicción activa para dejarme empantanado en un trabajo sin futuro.

Jamás habría llegado a ese punto de mi vida, habría estado muerto y enterrado, pero por la gracia y misericordia de Dios tuve la suerte de ser miembro de Narcóticos Anónimos. Dios me apoyó gracias a la orientación que recibí de mi padrino, los Doce Pasos de NA y mis amigos en recuperación. Todos me habían convencido de que Dios tenía planes positivos para mí, pero yo debía ser obediente y confiar en él. Y esta confianza sólo podía ejemplificarse a través de la práctica diaria de los principios de NA.

La universidad me resultaba extremadamente difícil. Tenía hábitos de estudio deficientes (en realidad, no tenía ninguno) y no sabía leer muy bien. Podía leer el Texto Básico y literatura del programa de NA, pero ninguna otra cosa atraía mi interés. Me vi obligado a participar activamente en grupos de estudio, lo que resulto un desafío adicional. Mis compañeros de los grupos de estudio no tenían «programa» y me resultaba difícil interactuar con ellos. Me costaba estudiar en la biblioteca. El silencio me volvía literalmente loco. En lugar de estudiar, me sorprendía con frecuencia soñando despierto. A pesar de todos estos obstáculos, por medio de la oración y la meditación diarias, conseguí acabar la carrera con honores y hacer un máster en una facultad puntera en trabajo social.

Los estudios de posgrado supusieron una nueva serie de desafíos. Me preguntaba si era lo suficientemente inteligente y sospechaba que tanto mis profesores como los otros alumnos creían que estaba allí debido a la discriminación positiva y no por mi talento. Tenía problemas por el número relativamente pequeño de estudiantes afroamericanos en el campus. No creía que los estudiantes blancos se pudieran identificar con mis experiencias. Me había pasado lo mismo durante los primeros años de mi recuperación, cuando sólo había unos diez o doce miembros afroamericanos activos en mi comunidad de NA. Cuando surgía el tema de la raza, enseguida nos recordaban que la adicción era una enfermedad «de igualdad de oportunidades» y que nos afectaba a todos, independientemente de la raza. Si queríamos recuperarnos, teníamos que descubrir una estrategia que nos permitiera hacerlo de manera que la incidencia de la raza o el racismo no impidiera nuestro progreso.

A pesar de estas dificultades, acabé el máster en trabajo social. En el transcurso de una vida Dios me ha dado dos oportunidades de vivir, y estoy en una posición que me permite ayudar a los demás a evitar algunas de las experiencias dolorosas que he sufrido yo. Para mí, es el mayor regalo que he recibido. Como miembro de NA y como trabajador social, tengo la responsabilidad de ayudar a otros.

He mencionado que durante mi primera época en Atlanta vivía con mi sobrino y un amigo. En 1991, mi sobrino murió de complicaciones relacionadas con el sida. Poco después, a mi amigo lo condenaron a veinticinco años de cárcel. Hoy celebro más de veintiún años de recuperación en NA. Estoy haciendo un doctorado en trabajo social. Además, soy director ejecutivo de una organización sin fines de lucro que he fundado orientada a la recuperación. Ninguno de estos logros habría sido posible sin mi poder superior y la Confraternidad de NA.

Durante los primeros diecisiete años de recuperación, conseguí todas las cosas materiales con las que un «hermano del gueto» puede soñar, incluidas unas prácticas de trabajo en Sudáfrica, donde tuve el privilegio de contribuir al crecimiento de la Confraternidad de NA. Sin embargo, durante este período de logros materiales, me sentía como si hubiera perdido el alma. Tenía un «poder superior» en mi vida, pero no una relación auténtica con él, no el tipo de relación de la que hablamos en nuestro Undécimo Paso.

Un día, en que estaba limpio pero triste, me presentaron a otros miembros de NA que hablaban abiertamente sobre su amor a Dios y una conexión entre su creencia en Dios y su recuperación de la adicción. Hablaban de progreso espiritual más que de perfección espiritual, y fue muy importante para mí porque nunca creí que pudiera alcanzar o mantener el nivel con el que parecía vivir la gente de fe. Hoy en día, no comparo mi recuperación en NA, mi camino de fe o mi amor a Dios con nadie. Mi relación con el poder superior es real y personal. El acuerdo que tengo con él es el siguiente: yo haré las cosas lo mejor que pueda día a día y él seguirá ayudándome a lo largo del camino. Comprender mi responsabilidad ha sido el despertar espiritual que he descubierto a través del trabajo de los Doce Pasos de Narcóticos Anónimos.

Este miembro de Irlanda era un chico callado y retraído, pero la recuperación lo ayudó a superar su miedo a hablar en público para encontrar su propia voz y encontrarse a sí mismo.

Hablar claro

Fui un niño muy callado. Y ser silencioso me funcionaba. Cuando las cosas se ponían difíciles, descubrí que un silencio impenetrable era mi mejor defensa. Tengo una foto mía a los diez años en la que se ve a un niño muy solemne mirando de frente a la cámara. Me recuerda lo que fue crecer en el tipo de hogar en el que era mejor guardarse las cosas para uno. Ya a esa edad buscaba constantemente un escape y me pasé buena parte de la infancia perdido en las lecturas.

Las veces que sacaba la cabeza del libro el tiempo suficiente para decir lo que pensaba, mis miedos no hacían más que verse reforzados. A los once años me eligieron para leer en voz alta en un servicio religioso en la iglesia católica en la que me habían confirmado. Toda mi familia estaba presente, así como el arzobispo local. Aunque mi fe no era desbordante, sabía que se trataba de una ocasión importante y no quería estropearlo. Cuando unos de los curas se me acercó y me preguntó en voz baja si estaba preparado, me lancé de inmediato a leer el pasaje escogido. Hablé en voz alta y clara, y mis palabras retumbaron amplificadas por la enorme iglesia. Cuando acabé, me di cuenta de que algo había salido mal. Levanté la mirada y vi al arzobispo que me miraba por encima de sus gafas. Tuve un ataque de vergüenza cuando me di cuenta de que el arzobispo tenía que hablar primero. Fue uno de esos momentos que pareció eterno. Cuando empezaron de verdad con la ceremonia, me sentí muy pequeño y muy equivocado, y odié esa sensación. Esto contribuyó a infundirme terror de hablar en público. Más tarde en la vida, me enteré de que mucha gente teme más hablar en público que a la muerte. Algo que, para mí, tenía mucho sentido.

Esta fobia no hizo más que empeorar cuando mis hormonas entraron en juego y de repente descubrí que poseía lo que era, para un chico de trece años, una voz de barítono asombrosamente profunda. Estaba muy acomplejado con el murmullo subsónico que salía cada vez que abría la boca y el efecto que tenía en la gente la primera vez que lo oía. Más o menos por esta época también empecé a consumir. Tanta lectura había valido la pena: había investigado mucho sobre los diferentes tipos de drogas y esperaba empezar a degustar ese enorme menú. Me dije a mí mismo que, siempre y cuando no me pasara de la raya y tomara una droga en concreto, no habría problemas.

A medida que avanzaba la adolescencia y mi consumo de drogas se hacía más fuerte, descubrí que me resultaba más fácil hablar con la gente si estaba drogado. Claro que cuando digo gente, en realidad me refiero a las chicas. Cuando no consumía, volvía a hundirme en un estricto silencio. Al cabo de un tiempo, sólo podía hablar con cierto grado de seguridad sobre las drogas.

En mi vida adulta, la única razón de que no me echaran del trabajo era que trabajaba por cuenta propia... aunque no resultaba muy útil a mi reputación profesional que la brigada local antidrogas me registrara constantemente en la calle. Lo único que podía hacer era atribuir buena parte de mi comportamiento ingobernable a mi «temperamento artístico». Cuando mi familia y mis colegas trataban de averiguar qué me pasaba, se topaban con un silencio pétreo. Las únicas personas que sabían de verdad el tipo de vida que tenía eran aquellas con las que consumía. Empecé a tener sentimientos terribles de inadaptación y odio hacia mí mismo que ni las drogas podían seguir tapando. Hacía tiempo que había cruzado la raya que yo mismo me había impuesto. Lo único que podía esperar era cruzar otras en las que ni siquiera había pensado.

Entonces, una de mis amigas empezó a ir a NA. Aunque deseaba desesperadamente estar limpio, la idea de hacer de tripas corazón delante de una habitación llena de desconocidos me provocaba una ansiedad tan intensa que decidí buscar otra manera. Traté de sustituir una droga por otra, de consumir sólo cuando tenía ciertas combinaciones de drogas, y empecé a ver a un terapeuta. Nada me funcionó: podía dejar de consumir, pero no podía parar de pensar en las drogas. Aparentemente la única forma de dejar de hacerlo era consumirlas. Por supuesto que, en cuanto consumía, el siguiente pensamiento siempre era: «Tengo que dejar de hacerlo».

Con el tiempo, al no ver otra manera, llamé a mi amiga y me llevó a mi primera reunión. Cuando llegué, reconocí a la gente que estaba en la sala. A algunos ya los conocía, de la escuela o del consumo, pero en cierto modo los reconocí a todos. Eran como yo, y yo era como ellos, menos en un aspecto: no se tomaban tan terriblemente en serio. De hecho, algunos hasta se reían de sí mismos. Y, lo más importante, hablaban de todos los sentimientos, miedos e inseguridades que yo había arrastrado toda mi vida. Siempre había pensado que era el único que sentía esas cosas. Fue una experiencia muy profunda y me sentí en casa por primera vez en mucho tiempo. Este sentimiento fue rápidamente reemplazado por un miedo cada vez mayor al darme cuenta de que era una reunión en la que se iba hablando en círculo y poco a poco me llegaba el turno. Me acuerdo de desear con todas mis fuerzas que la reunión se acabara antes de que me tocara. Por supuesto que no tuve esa suerte, así que por pura educación dije mi nombre, que era adicto y que no tenía ganas de hablar de mí. Fue lo único que logré decir en mi primera reunión de NA. Aunque me pareció que me definía como adicto sólo para encajar, cuando pronuncié esas palabras algo cambió dentro de mí. Por entonces no lo sabía, pero había empezado a trabajar el Primer Paso.

Me encantaría decir que en cuanto empecé a experimentar el amor y la aceptación de los compañeros de las reuniones desapareció inmediatamente mi miedo a hablar en público, pero no fue así. Tuve que superar algo dentro de mí para poder compartir. Si acaso, cuando me di cuenta de que lo que necesitaba era hablar sobre mí, compartir en las reuniones se hizo aún más difícil... porque me molestaba no saber de lo que estaba hablando.

Por aquella época también empecé a ver con claridad que «compartir era comparar». Estaba rodeado de gente que parecía mucho más inteligente, que sabía expresarse mejor y era más divertida que yo. Cada vez que abría la boca luchaba por hablar en medio de una avalancha de pensamientos del tipo «no lo haces lo suficientemente bien». Era evidente que muchos de estos pensamientos se reflejaban en lo que decía. Desde mi rincón de la sala me machacaba más que un poco. Parecía que cuando compartía, lo primero que emergía a la superficie eran mis defectos de carácter, hasta tal punto que a veces pensaba que era lo único que tenía dentro. A posteriori veo que fue un proceso útil, aunque no demasiado cómodo en aquel momento. No sólo mi voz era distinta, mi acento también revelaba que procedía de una parte de la ciudad diferente que la mayoría de la gente de las reuniones. Al principio, tuve la tentación de cambiar el acento para amoldarme mejor, pero incluso entonces ya me daba cuenta de que era sólo otra manera de no sentirme lo bastante bueno.

Durante un período muy prolongado fui muy cruel conmigo mismo cuando compartía, y me obsesionaba con lo que diferentes personas pensarían sobre lo que había dicho. Tardé bastante tiempo en darme cuenta de que muchos de ellos probablemente estaban tan obsesionados con ellos mismos como yo. Cuando llevaba casi dos años limpio, fui a una convención europea y, mientras compartía con mi habitual murmullo apenas audible en una reunión maratoniana, una voz chillona gritó que hablara más alto. Mientras subía un punto el volumen (hasta un murmullo en voz baja), se me ocurrió la espantosa idea de que tal vez durante los últimos dos años nadie hubiera logrado oír una palabra de lo que decía —pero que nadie me lo había dicho por pura educación—, de modo que tendría que empezar otra vez desde el principio.

Lo cierto era que aunque a un nivel profundo sentía que nunca sería bueno compartiendo y que nunca tendría esa tranquilidad que percibía en otros miembros, era muy importante que siguiera intentándolo. A pesar de que me sentía morir un poco por dentro cada vez que abría la boca y lo que me salía aparentemente no tenía sentido —o incluso peor, muchas veces me quedaba completamente en blanco—, era consciente de que tenía que insistir porque necesitaba compartir para formar parte de NA. Y muy dentro de mí sabía que tenía que formar parte de NA si quería sobrevivir. Hasta aquel momento mi forma de ver la vida había sido bastante simple: si no tenía éxito de entrada, abandonaba. Era bastante atípico en mí enfrentarme a este tipo de fracaso constante —tal como lo veía— y, a pesar de todo, seguir insistiendo. Una cosa que me ayudó mucho fue empezar a darme cuenta de que todas las críticas venían de mí mismo, y que lo que recibía de la gente que me rodeaba en las reuniones era aliento y aprobación.

Una vez pasados los primeros años en recuperación, incluso empecé a soltar las riendas y a aceptar que una forma de compartir fácil y expresiva estaría siempre fuera de mi alcance, pero el hecho de que no pudiera hablar tan bien como las personas que admiraba no significaba que fuera un adicto en recuperación inferior a los demás. Me puse a trabajar los pasos de verdad y uno de los beneficios que logré ver de forma inmediata fue que, cuanto más los trabajaba, más fácil me resultaba compartir abierta y honestamente.

De modo que, como ya había pasado en muchos otros ámbitos de mi vida, empezaron a suceder milagros en éste. Gran parte se debía a la práctica, que es la única manera en que he podido aprender a hacer algo bien en recuperación, incluidos el trabajo de los pasos, el apadrinamiento de miembros y el servicio. En lugar de considerar el compartir en las reuniones como un mal necesario, me empecé a sentir más relajado al hacerlo e incluso lo disfrutaba de vez en cuando. Hasta me pidieron en mi asociación profesional que presidiera algunas de las reuniones, una habilidad que había aprendido gracias a hacer servicio en NA. Más adelante, cuando murió mi abuelo hace unos años, mi familia me pidió que hiciera el panegírico en el funeral. Después de ser la oveja negra durante mis años de consumo, poder servir de esta forma significó mucho para mí. Preparé un panegírico breve y añadí las palabras «habla despacio» en letras grandes de imprenta en el encabezamiento de la página. Mientras me acercaba al púlpito, recé para tener la capacidad de hacer lo que tenía que hacer. Cuando subí, respiré hondo y hablé desde el fondo de mi corazón de ese hombre al que había admirado tanto y del que mi familia estaba tan orgullosa. Cuando acabé, la congregación me aplaudió y volví a sentarme al lado de mi madre. Le brillaban los ojos de orgullo y yo me sentí muy agradecido a NA por toda la ayuda que había recibido para superar ese desafío.

Los milagros continúan hasta el día de hoy y no hay indicios de que disminuyan. El año pasado, mucho después de que ya hubiera perdido las esperanzas de que me lo pidieran, fui el orador principal en nuestra convención regional. Mientras se acercaba el momento de la verdad, tenía los nervios de punta. Un veterano de mi mesa se inclinó y me dijo en voz baja: «Limítate a ser tú mismo». Seguí su consejo y, para mi sorpresa y placer, en realidad disfruté hablando delante de casi toda la confraternidad local. Mientras me acercaba al final de mi testimonio, hubo un educado aplauso cuando mencioné que había hecho todo bien en recuperación, seguido de risas cuando señalé que también había hecho todo mal. Y cuando dije que el error más grande que había cometido en recuperación era pensar que no era lo suficientemente bueno, sentí una oleada de identificación de todos los miembros junto con el aplauso.

Estoy muy agradecido a Narcóticos Anónimos por muchas cosas, entre ellas por la capacidad de sobrevivir el tiempo suficiente para aprender a conocerme y apreciarme. Ha habido muchos despertares y milagros por el camino, y uno de los más importantes para mí fue haber encontrado mi propia voz a través de las reuniones y el programa de NA. Y gracias a encontrar mi voz, me he encontrado a mí mismo.

Este adicto portugués pensaba abandonar a su hija pequeña e ir a comprar drogas, cuando un grupo de miembros de NA lo invitaron a una reunión. Ahora su hija ha crecido y ve lo que NA le ha enseñado a su padre acerca de la intimidad, el respeto y el amor.

NA es un mapa de ruta

Mis amigos dicen que soy un protegido de Dios. Mi historia debería haber acabado en una cárcel, una institución psiquiátrica o en el cementerio. He estado en las primeras dos, y he visto a mi hermana menor y a muchos amigos morir de una sobredosis. Pero hace casi diecisiete años que estoy en recuperación y, debido a una extraña coincidencia, nací en 1953, el mismo año que vio la luz Narcóticos Anónimos. A lo mejor mis amigos tienen razón.

Nací en Lisboa, único hijo varón de una familia de seis mujeres: abuela, madre y cuatro hermanas. Me sentía protegido por mi familia y mis vecinos; la vida parecía consistir en exigir que sucedieran las cosas o usar la fuerza para que se hicieran. Cuando salí de la protección de mi barrio e ingresé en la escuela secundaria estaba asustado. La ira se convirtió en mi mejor defensa y, a los catorce años, descubrí las drogas, que pasaron a ser mis mejores aliadas.

En 1974 huí a Holanda para evitar que me detuvieran. Al cabo de unos meses, cayó la dictadura portuguesa. La revolución me permitió volver a casa. Durante ese período de anarquía y confusión, traficar drogas con una banda me hacía sentir orgulloso y seguro. Si alguien cierra los ojos y se imagina todo lo que un adicto puede hacer para alimentar su obsesión, puede tener la certeza de que lo hice todo.

Narcóticos Anónimos me encontró en una institución psiquiátrica a los treinta y seis años, en una de muchas desintoxicaciones. Había pasado por veintidós años de adicción activa. Un grupo de adictos decidió, en lugar de ir a la playa en medio del calor de Lisboa, llevar el mensaje de NA a esa institución. Cuando salí de allí, fui con un amigo a mi primera reunión de NA. Después de la tercera reunión, decidí que los grupos de Narcóticos Anónimos eran un lugar seguro para traficar drogas porque todo el mundo decía que tenía ganas de consumir, aparentemente tenía dinero y hablaba sobre la confidencialidad. En mi novena reunión me explicaron que las reuniones no eran un lugar para vender drogas, sino para aprender a vivir sin ellas. Decidí que NA no era para mí y me marché.

Había pasando la mitad de mi vida consumiendo; estaba harto y no podía vivir ni con drogas ni sin ellas. Quería dejar de consumir, pero no sabía cómo. Por entonces ignoraba que tenía una enfermedad; lo único que sabía era que no podía estar ni un minuto sin consumir. Cuando no podía dormir me lastimaba, así el dolor físico me distraía de la angustia. Seguí consumiendo durante otro año.

En junio de 1990 decidí ir a acampar con mi hija de siete años a un lugar aislado del sur de Portugal. Se me ocurrió aquello porque la quería y allí podría no consumir. Pero todas las noches dejaba a la niña sola en la tienda de campaña y conducía hasta seiscientos kilómetros[31] para poder consumir «sólo una vez más». Pronto se me acabó el dinero. Mi hija lloraba porque tenía hambre. Fui a un restaurante y pedí comida para ella y vino para mí. Tenía un plan: mientras mi hija comía, robaría un coche y me iría a Lisboa. Con lo de la venta del coche, podría volver a consumir. Me convencí a mí mismo de que como ella sabía el número de teléfono de su madre, estaría a salvo.

Cuando crucé la puerta, oí a unas personas reírse. Loco como estaba, creí que se reían de mí. Me fui directo a la mesa para darles un golpe y borrarles la sonrisa. Cuando me acerqué al grupo, los reconocí y me reconocieron: eran miembros de NA que asistían a la reunión a la que había ido yo hacía un año. Mi ira desapareció como por milagro y nos invitaron a mi hija y a mí a sen-

---

[31] 373 millas

tarnos con ellos. Pagaron nuestra cena, escucharon mis quejas y me dijeron que necesitaba una reunión. Traté de convencerlos de que lo que necesitaba era dinero para comprar drogas. Al final, accedí a ir a una reunión con la esperanza de hacerlos cambiar de idea. Sacaron un Texto Básico del coche e hicimos una reunión en el bosque, al lado de la carretera. Durante aquella reunión, que hoy en día considero la primera a la que fui, lloré a lágrima viva. Lloré por todos los años de angustia y desesperación.

Me pusieron gasolina en el coche y me fui a casa con la promesa de volver a las reuniones. Fui, a pesar de que no podía dejar de consumir. Con la ayuda de un amigo de NA, me internaron en una institución y, desde entonces, no consumo. ¡Mi primer año en recuperación fue fabuloso! Aprender a disfrutar de los placeres básicos de la vida y del simple hecho de estar limpio —poder dormir, comer, bañarme y no tener diarrea— era más que suficiente. Las reuniones eran increíbles: las risas, compartir, la vergüenza de mi primer baile en recuperación, las amistades, la disponibilidad de los otros miembros, las reuniones de servicio, las «peleas» por los puestos de servicio, el entusiasmo por llevar el mensaje al adicto que todavía sufre... todo era una maravilla.

Durante mi segundo año en recuperación a mi padrino le diagnosticaron un cáncer y me mudé a su casa para poder cuidarlo. Admiraba su recuperación; fue uno de los que me ayudó a creer que era capaz de mantenerme limpio. No quería tomar calmantes a pesar de que tenía un dolor terrible. Yo estaba confundido; me parecía ilógico aguantar tanto dolor. Estaba asustado, inseguro y cansado. Trabajaba durante el día y lo cuidaba por la noche. Como no lo dejaba solo, ya no iba a las reuniones. Necesitaba a mi padrino, pero él estaba enfermo y me necesitaba a mí. Una noche en la que no había dormido, contemplé la posibilidad de matarlo. La intensidad de ese pensamiento me asustó: ya no consumía drogas, pero la ira aún vivía dentro de mí y se manifestaba cada vez que el miedo me invadía. Empecé a verme otra vez como una mala persona, sin principios, capaz de hacer cosas terribles.

Al final lo internaron en el hospital. Yo estaba solo y asustado y empecé a tener una relación tras otra. No quería volver a consumir, pero necesitaba algo que me quitara la angustia. Entré en un círculo vicioso: cuando más evitaba las drogas usando a la gente, más vergüenza y resentimiento sentía. El servicio se convirtió en una herramienta para imponer mi voluntad a los demás. Me peleé con un miembro delante del grupo y la gente empezó a criticarme. Evitaba las reuniones.

Cuando me ofrecieron un trabajo fuera de Lisboa, no me lo pensé dos veces. Huí. No iba a las reuniones —la más cercana estaba a doscientos cincuenta kilómetros[32]— y no hablaba con mi padrino. Me involucré en otra relación, a pesar de que ni siquiera sabía vivir conmigo mismo. Cuando ella me dejó por otro, me sentí perdido y sin rumbo.

Unos días más tarde me llamó mi padrino y me preguntó cómo estaba. Hablamos durante horas y le dije que NA no me funcionaba. «¿Cómo puedes decir eso si no le das ni una oportunidad al programa? —me preguntó—. ¿Qué te parece si también te das una oportunidad a ti? ¿Por qué no empiezas a trabajar los pasos?» ¡Esas sencillas preguntas fueron como un relámpago!

Empecé a trabajar los pasos con mi padrino, que me ayudó a darme cuenta de la profundidad de mi enfermedad. Cuando yo tenía seis años, tuve una parálisis causada por la fiebre reumática. Tardé mucho tiempo en curarme y no podía correr ni jugar. Me sentía diferente de los otros niños. Me sentía un lisiado y no comprendía la diferencia entre limitaciones y deficiencia. Recordar que dejé el tratamiento de esa enfermedad en cuanto pude y la forma obsesiva en que empecé a competir con los demás para ser el mejor, a toda costa, me ayudó a comprender la fuerza de mi negación.

Cuando comencé a trabajar el Segundo Paso, necesitaba confiar en alguien fuera de mí; necesitaba estar con otros adictos. Acepté una oportunidad de trabajar profesionalmente con adictos. Al mismo tiempo, un amigo y yo abrimos una reunión de

---

[32] 155 millas

NA. Al principio, éramos sólo nosotros dos, pero poco a poco aparecieron los recién llegados. Hicimos trabajo de servicios de hospitales e instituciones en una cárcel. Día a día, reunión a reunión, crecimos. Formamos un área y organizamos nuestra primera convención. Me sentía otra vez vivo y con un objetivo en la vida.

Pero empecé a tener problemas con mi jefe, que quería que dejara de ir a las reuniones de NA. Me negué. Le había vuelto la espalda dos veces a Narcóticos Anónimos y mi vida se había convertido en una pesadilla. No volvería a cometer el mismo error. Me echaron y volví a Lisboa. Me sentía inseguro, tenía miedo de lo que la gente pensaría de mí. Pero esta vez las cosas eran diferentes: tenía a Narcóticos Anónimos en mi vida y el deseo de cambiar. Descubrí que los Doce Pasos de NA son un mapa de ruta que me indican la mejor dirección para llegar a mi destino: tratar a los demás con respeto y consideración, aprender a apreciarme y a aceptar la vida tal cual es y dejar de vivir basándome en la fantasía —abandonar la idea de que soy el centro del universo—.

En Lisboa seguí haciendo servicio y asistiendo con regularidad a las reuniones. Me recibieron con los brazos abiertos; y si algunos me criticaron, no me afectó. Encontré un grupo en el que me sentía cómodo, que sigue siendo mi grupo habitual. Mi vida se convirtió en un ejercicio constante de despertar y aprendizaje. Aprendí a perdonarme a mí mismo y a asumir la responsabilidad de mi cambio y crecimiento. Para mí, la espiritualidad de la que habla NA es la calidad de la relación que construyo conmigo mismo, con la Vida (Dios tal como lo concibo) y con los demás. Trabajar los principios espirituales de este programa, con la ayuda de los Pasos Quinto, Sexto y Séptimo, es el vehículo que me ayuda a recorrer este camino.

Cuando llevaba nueve años limpio pasaron dos cosas: mi padrino recayó y mi hija, de dieciséis años, se vino a vivir conmigo. La pérdida de mi padrino y la felicidad de tener a mi hija conmigo eran emociones contradictorias que viví simultáneamente. Me di cuenta de que la vida es una suma constante de momentos buenos y malos, y que lo único que puedo controlar es mi actitud. Nunca desaparecerán los rasgos de mi carácter, pero puedo aprender a manejarlos de forma saludable.

Vivir con mi hija me ha ayudado a compartir mi espacio y a aceptar a los demás tal como son. La participación en el servicio también me ha ayudado a aceptar que las ideas de los demás son tan importantes como las mías. NA no es un lugar para «mí» y los «otros», sino más bien para «nosotros». Mi fe en Narcóticos Anónimos se vio renovada por el trabajo duro y la dedicación de nuestra tarea conjunta en favor de la evolución de NA. Para mí, el despertar espiritual ha sido darme cuenta de que a pesar de nuestras diferencias, nuestro propósito común es el mismo y es en realidad lo que nos une. Durante muchos años mi percepción de la confraternidad apenas traspasaba las fronteras de mi país. La oportunidad de vivir la Universalidad de NA es una experiencia espiritual que resulta difícil de expresar con palabras. Le debo la vida a NA porque no me dejó morir en manos de las drogas, pero también porque pude renacer como ser humano.

Cuando mi hija cumplió veinte años, murió mi padre. Una vez más la vida me presentaba lo bueno y lo malo, la felicidad y la tristeza, la vida y la muerte mano a mano. Tuve la oportunidad de estar con mi padre durante sus últimas horas de vida, de hacer las paces con él después de haber estado alejado por culpa de mi adicción. Nuestras miradas se encontraron y pudimos decirnos adiós sin necesidad de palabras. Ese mismo día celebramos la vida, el cumpleaños de mi hija, en una cena de familia.

Hoy en día me siento un hombre diferente, capaz de respetar a mi familia. Soy un padre orgulloso y una persona feliz. Soy un privilegiado: me gusta mi profesión y disfruto de los bienes materiales que he podido conseguir. Lo más importante es que mi familia y mis amigos me quieren y me respetan. Los compañeros de NA me ayudan a ser consciente de que tengo una enfermedad que nunca descansa y que sólo a través del programa de Narcóticos Anónimos puedo aprender a impedir que se apodere otra vez de mi vida.

Durante tres años no pude establecer una relación con otro padrino. Yo era uno de los miembros con más tiempo de limpieza de mi país que seguía yendo a las reuniones y participaba regularmente en el trabajo de servicio. Probé el padrinazgo a distancia, pero no funcionó. Para mí, la intimidad sigue siendo algo muy difícil y la distancia y la falta de contacto hacían la tarea más difícil aún. Durante esos años, las reuniones, el servicio y mis ahijados eran mi sistema de apoyo. Hace un año empecé una nueva relación de padrinazgo; no es fácil, pero no abandonaré porque quiero seguir trabajando los pasos y creciendo como persona.

Hace poco, en otra cena de cumpleaños de mi hija, conseguí hacerle una pregunta que hacía años que me rondaba por la cabeza: ¿qué tipo de padre había sido? «Me has enseñado a tener valores, principios —me respondió— y a vivir con dignidad.» Mi corazón casi reventó de amor y gratitud. Sólo puedo dar lo que tengo, y si tenía todo eso para darle es porque antes lo recibí de los compañeros, de la Confraternidad de Narcóticos Anónimos.

Su viaje de recuperación lo llevó de un trabajo de farmacéutico
a otro con adictos en recuperación y le ha dado las herramientas
para tratar con los desafíos de la vida: la enfermedad,
el dolor y la intimidad.

La gratitud y las circunstancias

El momento de mi recuperación en que más asustado estuve fue cuando llevaba doce años limpio, y este miedo intenso me duró los siguientes cuatro años de mi viaje personal.

Una serie de fallecimientos en mi red de seres queridos tuvo lugar en rápida sucesión: mi hermano, mi madre, mi padre y un amigo íntimo que me había ayudado a ponerme en recuperación. Era como un duelo de veinticuatro horas al día, todos los días, sin parar. En medio de todas esas pérdidas, contraje una infección muy grave y pasé noventa días en el hospital, donde apenas podía mover las extremidades. No me moví de la cama durante sesenta días enteros. Durante cinco semanas estuve conectado a un respirador que inhalaba y exhalaba por mí con ritmo pausado y sonoro, y tenía una herida espantosa en la pierna, abierta hasta el hueso, que debían limpiarme y curarme cada pocas horas. Todo eso junto de repente era demasiado. Estaba allí, acostado, sin valor, sin fe y sin esperanzas de que sucediera nada bueno nunca más. No paraba de pensar que, si no hubiera estado internado en el hospital, probablemente no me habría mantenido limpio. En cierto sentido, estar cautivo no me dejaba alternativa.

Pasé el siguiente par de años aprendiendo poco a poco a caminar, trabajar y funcionar de nuevo. Era extenuante y exigía todo lo que tenía y que los demás me daban: apoyo, amor, tiempo y lágrimas. Los compañeros de NA, mi padrino y su mujer, mi devota esposa y mis tres hijos me animaban.

Eran desafíos directos, inevitables. Los llamaba los «desafíos sin alternativa». Tenía que hacer todo lo posible para recuperar cierto grado de funcionamiento y comodidad. Aunque también había otros desafíos. Sobre todo, cómo podía encontrar lo que necesitaba en los Doce Pasos y en las reuniones de NA, y en el apoyo que me daban mis amigos. Y de ninguna manera me resultaba tan claro.

Mi padrino y su mujer fueron una inspiración para superar todo esto. Compartían conmigo sobre el vivir con limitaciones, con problemas médicos o simplemente sobre vivir la vida día a día. Hablábamos de esa segunda oportunidad extra, de cómo era tener otra ocasión de vivir cuando en realidad podría estar muerto y, sobre todo, de cómo era empezar a estar limpio. Hablábamos de la obligación que teníamos todos; o sea, llevar el mensaje a otros para poder continuar con nuestra propia recuperación. En lo único que podía pensar era en lo difícil que me resultaba hacerlo cuando el deseo de que las cosas fueran diferentes me consumía. Buscaba algo que me diera la oportunidad de sentir gratitud por mi vida, para rendirme y dejar de estar obsesionado con mis propios problemas. Si no sabía cómo estar agradecido por mis circunstancias, ¿cómo iba a llevar un mensaje de recuperación? Éste ha sido el motor de mi trayectoria desde principio hasta ahora. Todos los días trato de dejar que mi propio yo me absorba durante un rato en concreto, los días malos un poco más, y después paso a una perspectiva un poco más positiva.

Revisar los tres primeros pasos todos los días significa pasar por el proceso de reconocer lo impotente que soy, confirmar que un Poder Superior está allí para ayudarme y abandonar mi terquedad. Lo que me lleva al lugar de la gratitud, la esperanza y la amabilidad que me permiten trabajar los nueve pasos restantes. Es lo que hago cada día y mi forma de estar hoy en recuperación. Es la base de mi programa.

Recuerdo cuando empecé a consumir como si fuera ayer. Había quedado fuera de la circulación por una enfermedad intestinal crónica intermitente y estaba en una lucha permanente con tomar y dejar de tomar calmantes. Durante doce años ininterrumpidos pasé varias semanas por año internado en el hospital tratando de no tomar calmantes, con poco éxito. Tras una serie de acontecimientos muy dolorosos, mi única hija enfermó gravemente. Murió inmovilizada en una habitación de hospital tras una operación quirúrgica de envergadura y un prolongado sufrimiento. Yo la había llevado a que la operaran, y esa última imagen suya, tal como era en realidad, nunca me ha abandonado. Recuerdo con claridad haber tomado la decisión consciente en ese mismo instante de hacer lo que hiciera falta para no volver nunca a sentirme así. Estuve muy cerca de lograr ese objetivo durante un período breve, pero me di cuenta de que tenía un problema inesperado: no podía dejar de consumir drogas, incluso aunque quisiera hacerlo. Al poco tiempo, perdí las esperanzas y me convencí de que moriría consumiendo, y bastante rápido.

Después de recibir tratamiento por una infección provocada por una aguja sucia y de que mi familia y mis compañeros de trabajo me hicieran el vacío, llegué a NA en Boulder, Colorado, a los treinta y cinco años de edad, en enero de 1981. Había acabado en un centro de tratamiento donde la vida cotidiana transcurría en medio de un sinfín de síntomas del síndrome de abstinencia de opiáceos y un ansia constante de narcóticos. Me dieron una cinta grabada de un adicto en recuperación que hablaba sobre mantenerse limpio y me dijeron que tenía que ir a las dos reuniones de NA de nuestra ciudad. Lo hice y no me sorprendió no encontrar allí a ningún otro profesional sanitario. No obstante, conocí otros adictos, algunos de los cuales tenían marcas de pinchazos en los brazos, como yo, y me sentí bien en aquel lugar. Una cosa estaba clara: no sabía cómo sentirme a gusto sin consumir. Los adictos de la reunión compartieron con gran pasión su desesperación por no poder dejar de consumir drogas, hablaron de cómo habían ahuyentado a todas las personas que tenían cerca, de cómo habían perdido todas las esperanzas, de no saber mantenerse limpios hasta que llegaron a NA. Pronto me resultó evidente que me sentía mucho mejor en una reunión de NA que en cualquier otra parte, así que acudía lo más a menudo que podía.

Otros adictos de mi reunión de NA me dijeron que quizá tenía que pensar en abandonar mi profesión para mantenerme limpio. Tenía sentido, porque cuando dejé de consumir durante unas semanas, me aterrorizaba la idea de volver a trabajar de farmacéutico y estar rodeado de todos esos fármacos. No me imaginaba trabajar rodeado de drogas y jeringas sin acabar automedicándome. Después de decidir no consumir sólo por ese día, mi rendición más importante a la recuperación fue abandonar todo lo que había puesto en mi profesión y mi identidad como farmacéutico porque lo que más quería en la vida era mantenerme limpio.

Así que seguí el camino que otros miles de adictos habían seguido antes que yo. Fui a las reuniones, leí literatura, pedí a mi padrino que me ayudara a descubrir el modo de que los pasos fueran significativos para mí y empecé a participar en nuestra confraternidad local de NA. Más o menos a los dos años limpio, creamos un comité regional y una línea telefónica. Los compañeros me dijeron lo que había que hacer, e hice todo lo posible para hacer lo que me decían. Como consecuencia de la línea telefónica de NA, nuestras reuniones crecieron y pasaron de dos a más de cien. Fue mi primera experiencia de servicio en NA y de intentar hacer algo bueno por otro adicto. En aquel momento ni siquiera sabía que necesitaba hacerlo para mantenerme limpio; sólo quería hacerlo porque deseaba que otros adictos encontraran lo que estaba descubriendo yo. Más adelante, vi que algunos pasajes de nuestra literatura decían que debemos «compartirlo para conservarlo», y por primera vez me identifiqué con eso.

Empecé a estudiar con la esperanza de buscar otra forma de ganarme la vida. Mientras estudiaba, y con cinco años de limpieza, me presenté a un empleo que suponía trabajar con otros miembros de NA. Acudí a trabajar y estuve en ese trabajo durante dieciocho años, en situaciones que me dieron el privilegio de interactuar con muchos elementos de Narcóticos Anónimos en todo el mundo. Esta situación de trabajo rápidamente se convirtió en una bendición y una maldición a la vez. Era muy gratificante y especial trabajar en ese campo, pero, para mi sorpresa, me resultaba emocional y espiritualmente extenuante y, a menudo, ponía en peligro mi recuperación personal de maneras que nunca había imaginado. Estaba todo el tiempo con personalidades muy fuertes. Tuve que aprender a cuestionar mis motivaciones constantemente en mi trabajo: ¿trabajaba realmente para ayudar a los demás o sólo trataba de llevar a cabo lo que pensaba que debía pasar?

Mi padrino fue una ayuda fantástica y me enseñó algunas pautas sencillas para emplear todos los días. Por ejemplo, averiguar cuáles eran exactamente mis responsabilidades y hacer todo lo posible para cumplirlas, pero sin involucrarme en asuntos periféricos o en cuestiones políticas del servicio. También me enseñó que mi trabajo no podía ser mi recuperación bajo ninguna circunstancia. Tenía que mantener mi recuperación fuera de trabajo y en otras horas, de lo contrario, no haría bien mi trabajo ni mantendría mi integridad personal.

Algunas de las cosas más importantes que he aprendido en mi recuperación han tenido lugar en el ámbito de la familia. Hoy en día sigo junto a la mujer con la que estaba cuando consumía. De hecho, he tenido tres relaciones con la misma mujer: antes de consumir, durante mi consumo y en recuperación. Cada período ha sido distinto de muchas maneras. Mis propios niveles de compromiso y honestidad también han sido diferentes en cada fase de forma muy clara, pero también a un nivel muy profundo y no tan evidente que mi trabajo con los pasos me ayudó a corregir. He aprendido, después de muchos años en recuperación, que no hace falta que le diga a mi esposa todo lo que se me pasa por la cabeza en el momento en que lo estoy pensando. A veces incluso es mejor no decir nada y saber que en realidad puedo darme la vuelta y salir de la habitación en vez de decir algo hiriente. Además, tengo la responsabilidad de honrar a esta mujer tan especial y comunicarme con ella con honestidad, pero también con gran sensibilidad. La cuestión ya no tiene que ver sólo conmigo, puedo y debo darle lo mismo que le doy a los adictos;

de hecho, tengo la obligación de entregarle al cien por ciento lo mejor de mí mismo, a ella y a mis tres hijos. Es un objetivo hacia el cual trabajo todos los días, y mi relación con todos ellos es mejor gracias a este esfuerzo.

Hay un recuerdo muy nítido de antes de llegar a la recuperación que siempre tengo presente. Sucedió incluso antes de que empezara a consumir, mientras hacía prácticas en una farmacia de mi comunidad. Yo estaba muy comprometido con la salud pública y siempre aprovechaba la oportunidad de denunciar a los que traían recetas falsas de drogas. Estaba convencido de que era por su bien y por el de la comunidad. Una noche, llegó un adicto con una receta de un opiáceo, evidentemente falsificada. Llamé a la policía y, cuando llegó el agente, el adicto rompió a llorar. «Prefiero que me maten ahora, que me peguen un tiro», decía entre sollozos. Su pasión era tan auténtica que nos conmovió a todos. Al cabo de un rato, todos —el adicto, el policía y yo— estábamos llorando por él porque resultaba evidente que prefería morir a no poder conseguir lo que necesitaba. Entonces, y durante mucho tiempo, no lo comprendí del todo. Hoy en día, lo entiendo desde lo más profundo de mi alma porque he sentido lo mismo y con la misma pasión. Es una de las muchas razones por las que estoy dedicado a ayudar a otros adictos. Tal vez algún día incluso pueda ayudar a ese mismo adicto a encontrar la recuperación en Narcóticos Anónimos, al mismo que llegó aquella noche a la farmacia.

Aunque cada nuevo día es el más importante en mi recuperación, he visto el gran valor de mantenerse limpio durante un período prolongado. Llegué a la recuperación a los treinta y cinco años; ahora, mientras escribo esto, tengo más de sesenta. Durante estos años me han pasado muchas cosas difíciles, pero mi programa de recuperación me ha permitido enfrentarme a ellas, en la mayoría de los casos, sin lastimar ni hacer daño. La pérdida de seres queridos, los problemas físicos y emocionales, y otras penurias, son sin duda parte de la vida a medida que envejecemos, y estoy muy agradecido de haberme mantenido en recuperación durante la mayor parte de ellos hasta llegar a estas alturas de la vida. He aprendido, con mucha ayuda, a practicar los principios espirituales en todos los aspectos de mi vida y a encontrar un poco de paz interior.

Aunque la persona que era aún sigue dentro de mí, ya no me conocen por ser el que era; mi identidad tiene mucho más que ver con la persona que soy hoy y por la forma en que vivo la vida ahora. Mi recuperación es mi primera prioridad, incluso tras todos estos años. Hago lo que tengo que hacer para vivir con mis problemas y limitaciones físicas, y trabajar con otros adictos, de uno en uno, me da la fortaleza para hacerlo. Tengo un mensaje confirmado que dar: un profesional instruido, con una enfermedad que altera la vida, puede mantenerse limpio en Narcóticos Anónimos si ayuda a los demás a hacer lo mismo y sigue pidiendo ayuda.

Otras personas han descrito el mensaje de mi historia con muchas menos palabras que las que he usado aquí: la historia de cómo un hombre corriente puede estar consumido por la adicción y encontrar la recuperación en Narcóticos Anónimos. Es sencillo y es mi puerta para liberarme de la adicción activa. Y eso me gusta.

Índice analítico

recuperación, cont.

obstáculos para la 93, 203,
294, 315, 352, 384
recaída y 90, 215
relaciones y 48, 104, 201, 386
responsabilidad de la 18,
103, 116, 210, 227, 284, 316,
351, 371, 378, 397, 421
servicio y 200, 265, 274, 317,
350, 391, 397

relaciones 93, 358, 421
como manifestación de la
enfermedad 345, 352, 386,
420
con la familia 65, 317, 382,
428
con un Poder Superior 28,
232, 266, 308, 328, 406, 410
durante la adicción activa 8,
181, 198, 207, 225, 270, 373
Noveno Paso y 47
Primera Tradición y 354
saludables (aprender a estar
en) 159, 227, 232, 307, 346,
396
Undécima Tradición y 86

relaciones 18

rendición 101, 194, 213, 220,
238, 243, 249, 425
al programa 96, 102, 288,
337, 404, 427
a un Poder Superior 53, 105,
363
necesidad de 93, 101, 336,
364
Primer Paso y 26, 366
Tercer Paso y 31
Undécimo Paso y 53

resentimientos 110, 151, 209,
408

Cuarto Paso y 35, 376
Décimo Paso y 49
Duodécimo Paso y 261
Noveno Paso y 47
recaída y 91, 213, 292

reservas 6, 25, 62, 63, 90, 147,
202, 271, 307

respaldos
Sexta Tradición y 80

respeto hacia uno mismo 19,
119

responsabilidad 120, 334
aceptar la 15, 109, 117, 217,
241, 275, 378, 428
del grupo 66
evitar la 91, 137, 139, 242,
300, 387, 390
Novena Tradición y 84
Primer Paso y 24
servicio y 232, 259, 428
Undécimo Paso y 56

reuniones 13, 139, 158, 215
abiertas 13, 76, 254
abrir 132, 180
aprender en las 239, 342, 354,
375, 394
asistir a las primeras 17, 169,
175, 190, 194, 199, 202, 209,
224, 229, 237, 246, 253, 265,
309, 349, 357, 360, 367, 402,
407
asistir a noventa en noventa
días 64, 209, 243, 281, 293,
340, 367
asistir regularmente a 94,
133, 204, 245, 291, 320, 340,
357, 380, 386, 421